눈에 쏙! 머리에 팍!
고사성어

엮은이 : 편집부

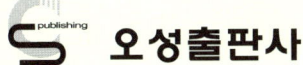

오성출판사

머리말

하루가 다르게 신조어가 생기고 세대간에 통하지 않는 말들이 무수히 쏟아져 나온다고는 하지만 아직도 우리의 언어생활은 많은 부분 한자에 의존하고 있다. 사람과의 대화 속에서, 매일 보는 신문 속에서, 고도로 정제된 문학 작품 속에서 한자를 제하고는 의사소통이 이루어지지 않을 만큼 우리의 일상 깊숙이 자리 잡고 있다. 따라서 한때 경시하고 폐지하자고까지 했던 한문 교육이 절실히 요구되고 있는 요즘이다.

특히 일상생활에서 가장 많이 쓰이는 고사성어는 생활의 지혜다. 짤막한 한 마디의 언어 속에 선조들의 지혜와 슬기가 담겨 있다. 고사성어는 선조들의 압축된 삶이요, 생활의 자산이기 때문에 우리는 현대생활에서 온고지신(溫故知新)으로 삼아야 할 것이다.

이 책은 우리의 생활에서 많이 쓰이는 고사성어의 현재의 의미와 그 쓰임에 대해 이해하기 쉽고 외우기 쉽게 설명하고 있다. 또한 알고 싶은 고사성어를 바로 바로 찾기 쉽도록 ㄱ ㄴ ㄷ 순으로 구성하였으며 체계적인 학습이 가능하도록 음과 뜻, 출전, 유사어 등과 함께 신문, 잡지 등 시사와 관련한 예문들을 실었다. 그리고 800여 종의 방대한 고사성어를 수록하고 있어 내신이나 수능을 준비하는 학생들은 물론 취업을 준비하는 취업준비생 등 다양한 사람들의 지식과 교양을 크게 증진시켜 주리라 믿어 의심치 않는다.

2005. 7.
오성출판사 편집부

차례

눈에 쏙! 머리에 팍!
고사성어

呵呵大笑
가 가 대 소

유사어 박장대소(拍掌大笑), 앙천대소(仰天大笑)
뜻 너무 우스워서 한바탕 껄껄 웃음

꾸짖을 가, 큰 대, 웃을 소

보기

➡ "백남봉입니다."라며 한마디 던질라치면 그만 박장대소한다. 웃기지 않아도 절로 가가대소하는 사람들. 엄숙한 얼굴로 점잖은 체하면 더욱 앙천대소한다.

➡ 작년 세밑에 있은 민주당 3의원의 탈당-자민련 입당을 보면서 철든 사람치고 가가대소하지 않은 이가 없었다. 그건 누군가가 말한 '개판정치'도 아니고 그렇다고 희극도 아니었다.

街談巷說
가 담 항 설

출전 한서(漢書)의 예문지(藝文志)
뜻 길거리나 사람들 사이에 떠도는 이야기나 뜬소문을 이르는 말

거리 가, 말씀 담, 거리 항, 말씀 설

보기

➡ 지난 한해 천당과 지옥을 오간 여의도 증권가 역시 세밑 루머치고는 심상치 않은 가담항설이 끊이지 않고 있다. "정현준, 진승현 게이트는 시작에 불과하다.", "점점 더 나빠질 일만 남았다."는 등의 절망적 진단마저 나돈다.

➡ 며칠 후에 이 물에서 이웃에 사는 일본인 부인이 야채를 씻는 것을 보았는데 얼마 있지 않아서 그녀의 남편이 콜레라로 죽었다는 이야기였다. 나는 이 이야기가 마치 가담항설로만 들려서 잘 믿어지지가 않았다.

苟斂誅求
가 렴 주 구

뜻 가혹하게 세금을 거두거나 백성의 재물을 억지로 빼앗음

독할 가, 거둘 렴(염), 벨 주, 구할 구

보기
- 조선 말기 가렴주구가 계속되고 일제의 착취가 본격화될 때 농민들은 또다시 개척의 길을 떠났다.
- 린촨현의 농민들은 1995년부터 지금까지 지방정부의 '가렴주구'를 중앙에 알리기 위해 모두 8차례 베이징에 올라왔고, 천안문 광장에서 네 차례나 집단으로 무릎을 꿇은 바 있다.

家書萬金
가 서 만 금

출전 두보(杜甫)의 시(詩)
뜻 타국이나 타향에 살 때는 가족의 편지가 더없이 반갑고, 그 소식의 값이 황금 만 냥보다 더 소중하다는 말. 가서저만금(家書抵萬金)의 준말

집 가, 글 서, 일만 만, 쇠 금

보기
- 가서만금이라 했던가! 아이들의 유학을 핑계로 떠나오긴 했지만 늘 맘 한 곳에는 한국에서 외롭게 지낼 남편의 소식이 궁금하다.
- 타향에서 뜻밖의 고향 소식을 들으니 새삼 가서만금이라는 말이 떠오른다.

嘉辰令月
가 신 영 월

뜻 좋은 달. 좋은 날. 경사스러운 날.

아름다울 가, 날 신, 하여금 영, 달 월

보기
- 일본 축구를 대파한 오늘은 한국에게 있어서는 가신영월이라 할 수 있다.
- 가신영월에 사람들의 축복을 받으며 결혼을 올리는 신랑신부는 오늘처럼 늘 행복할 것이다.
- 이런 가신영월에 온 가족이 모여 맛있는 것도 먹고 담소도 나누는 것이 진정한 명절의 기쁨이 아닐까?

佳人薄命

가 인 박 명

출전 두보(杜甫)의 시(詩)

뜻 여자의 용모가 너무 빼어나면 운명이 기박하다는 뜻.

아름다울 가, 사람 인, 메마를 박, 운명 명

보기

● 거드름 피우는 양반도 바우덕이가 공연할 땐 그의 발 아래에서 우러러보며 탄성을 지르는 한낱 구경꾼이다. 가인박명이라던가. 바우덕이는 스물셋 꽃다운 나이에 세상을 떠났다.

● 소동파가 가인박명이라 했던가. 사랑을 지키기 위해 얼굴을 망가뜨린 아랑처럼 심신하는 자신의 삶을 위해 배우의 화려함을 버린 것일까.

苛政猛於虎

가 정 맹 어 호

출전 예기(禮記)의 단궁편(檀弓篇)

뜻 포악한 정치, 관리들의 가렴주구는 호랑이보다 무섭다는 뜻.

독할 가, 정사 정, 사나울 맹, 어조사 어, 호랑이 호

보기

● 서울 S구청 맞은편에서 주점을 하던 P씨는 구청직원들의 등쌀에 못 이겨 최근 업소를 처분해 버리고 장사를 포기하고 말았다. P씨는 "술집을 경영하면서 '가정맹어호' 라는 말을 실감했다." 고 말했다.

● 백성이 두려워 피하는 것은 내가 아니라 과중한 세금과 부역(가정맹어호)이니 호랑이의 위세를 빌려 거드름 피는 여우(호가호위)처럼 권력 후광으로 판치는 갈가마귀 인간들을 지탄한다.

刻苦勉勵

각 고 면 려

유사어 각고정려(刻苦精勵)

뜻 심신을 괴롭히고 노력함. 또는 대단히 고생하여 힘써 정성을 들임.

새길 각, 괴로울 고, 힘쓸 면, 힘쓸 려

보기

● 한 걸음씩 내딛는 족적이 늘 예사롭지 않은 지적 성찰과 각고면려의 피아니스트 백건우가 프로코피예프 피아노협주곡 전곡 연주로 새로운 역사를 썼다.

● 과거에는 수년 간 도서관이나 실험실에서 각고면려해야만 박사 학위를 취득할 수 있었지만 최근 들어서는 알파벳 깨우치기에서 조금만 더 진도를 나가면 될 정도로 취득이 수월해졌다고 전했다.

各自爲政

각 자 위 정

출전 춘추좌씨전(春秋左氏傳)

뜻 사람이 저마다 자기 멋대로 행동한다는 말로, 전체와의 조화나 타인과의 협력을 고려하지 않으면 그 결과가 뻔하다는 뜻.

각각 각, 스스로 자, 할 위, 정사 정

보기

➡ 각자위정의 현 상황을 조속히 해결하지 않는다면 우리 조직은 와해라는 결말을 맞이할 수밖에 없을 것이라고 강력하게 주장하였다.

➡ 어떤 기업이든 임원과 사원과의 조화가 잘 이루어져야 발전할 수 있다. 지금처럼 어려운 때일수록 각자위정에서 벗어나 서로 이해하고 돕고자 하는 노력이 필요하다.

刻舟求劍

각 주 구 검

출전 여씨춘추(呂氏春秋)의 찰금편(察今篇)

뜻 칼이 물에 빠지자 배가 움직이는 것은 생각지도 않고 뱃전에 칼자국을 내어 표시해 두었다가 찾는다는 의미로 세상의 형편에 융통성이 없음을 비유한 말.

새길 각, 배 주, 찾을 구, 칼 검

보기

➡ 물 흐르듯 변하는 민심과 시대정신을 따라잡지 못하는 각주구검은 결국 패배의 씨앗이 된다.

➡ 공무원들이 국민의 신뢰를 받지 못하는 가장 큰 이유는 '경제성장의 동력'이었다는 과거의 영광에 젖어 급변하는 시대적 요구에 부응하지 못하는 '각주구검'의 잘못을 범하고 있기 때문이다.

➡ 국제무대에서 한국을 제대로 알리고 신용도를 높이는 것이 한국의 흥망에 얼마나 중요한지를 모르는 '각주구검형 정부'라 부르지 않을 수 없다.

侃侃諤諤

간 간 악 악

유사어 악악지신(諤諤之臣), 의론백출(議論百出)

뜻 '간간'은 강직하고 옳은 것이며, '악악'은 주저함 없이 사실대로 잘라 말하는 것을 뜻하는 것으로 주저함 없이 생각하는 바를 주장하고 토론함을 일컫는 말.

간직 간, 바른말하다 악

보기

➡ "우리 정치 이대로 좋은가"에 모인 토론자들 중 간간악악하는 그의 카리스마가 유난히 눈에 띈다.

➡ B형 남자의 간간악악하는 성격에 끌릴 때도 있지만 너무 강한 나무는 부러지기 쉽다고 유연함이 더하면 좋지 않을까?

艱難辛苦
간 난 신 고

뜻 몹시 고되고 어렵고 맵고 쓰다는 뜻으로, 몹시 힘든 고생을 이르는 말.

어려울 간, 어려울 난, 매울 신, 괴로울 고

보기
- 혜초는 723년에 광주를 떠나 뱃길로 동천축에 도착한 뒤 온갖 간난신고를 이겨내면서 4년간 인도를 비롯한 서역의 여러 지역을 살펴보고 당나라에 돌아온다.
- 이런 상황을 틈타 '친일파'가 '반공애국자'로 변신, 여전히 떵떵거리며 사는 상황이 벌어졌고 '독립투사'들은 '좌익'으로 몰려 또다시 간난신고의 세월을 겪어야 했다.

肝膽相照
간 담 상 조

출전 한유(韓愈)의 유자후묘지명(柳子厚墓誌銘)
뜻 간과 쓸개를 서로 본다. 즉, 서로 마음을 터놓고 격의 없이 지내는 사이라는 것.

간 간, 쓸개 담, 서로 상, 비출 조

보기
- "한국과 중국도 간담상조하는 마음으로 허심탄회하게 교류하는 게 가장 중요하다고 생각합니다." 장쩌민 주석은 내 말에 "전적으로 옳은 말씀"이라고 맞장구를 쳐 주었다.
- 성경은 "성실한 친구는 안전한 피난처요, 그런 친구를 가진 것은 보화를 지닌 것과도 같다."고 전한다. "속까지 툭 터놓고 이야기할 수 있는(간담상조) 형제"가 한 명이라도 있다면 이 세상에 부러울 것 없는 강자요, 부자일 것이다.

間於齊楚
간 어 제 초

출전 맹자(孟子)
뜻 강한 제나라와 초나라 사이에 끼임. 즉, 약한 자가 강한 자들 사이에 끼어서 괴로움을 받음.

사이 간, 어조사 어, 제나라 제, 초나라 초

보기
- 간어제초라고 LG그룹 계열 신용카드 회사가 현금서비스를 일시 중단하는 일까지 벌어져 민초들의 생계는 이만저만 위태로워진 게 아니다.
- 전교조 교사들을 전보조치한 뒤 18일부터 수업이 정상화됐다고는 하지만 그간 아이들이 수업을 받지 못한 것을 생각하면 가엾은 아이들만이 간어제초의 꼴이 되고 말았다.

ㄱ

干將莫耶
간 장 막 야

출 전 순자(荀子)의 성악(性惡)편

뜻 명검도 사람의 손이 가야 빛이 나듯, 사람도 교육해서 선도해야 한다는 것.

막을 간, 장성할 장, 깎을 막, 그런가 야

보기

❶ "내 너희들을 보면 간장막야의 임무를 절실히 느끼는 바이다. 어려운 환경 속에서도 나를 믿고 나의 가르침을 따라준 너희에게 고마울 따름이다." 나이 지긋하신 선생님께서는 이런 말씀을 하시면서 눈시울을 붉히셨다.

❷ 사람이라고 다 사람이 아니다. 사람다운 사람이 진정한 사람이다. 진정한 사람이 되려면 타고난 품성도 중요하지만 간장막야라고 어떻게 가르침을 받느냐도 중요하다.

渴而穿井
갈 이 천 정

출 전 설원(設苑)

뜻 목이 말라야 우물을 팜.

목마를 갈, 말이을 이, 뚫을 천, 우물 정

보기

❶ 최근 금융감독 당국의 움직임을 보면 갈이천정이라는 고사성어가 자주 떠오른다. 올해 들어 '유령 주식'과 '유령 계좌'에 시달려 온 감독 당국이 후속 조치 마련에 분주하기 때문이다.

❷ 일을 도모함에 있어 전혀 준비없는 것을 갈이천정이라고 한다. 학원수강 봉쇄보다는 공교육의 내용을 충실히 해 과외유혹을 버리도록 함이 '백년대계'를 책임진 당국이 취할 태도가 아닐까.

竭澤而漁
갈 택 이 어

출 전 여씨춘추(呂氏春秋)

뜻 연못의 물을 모두 퍼내 고기를 잡는다는 뜻으로 눈앞의 이익만을 추구하여 먼 장래를 생각하지 않는 것을 말함.

다할 갈, 못 택, 그리하여 이, 고기잡을 어

보기

❶ 생활이 너무 바빠 공부할 시간이 없다면 오늘을 위해 자신의 미래를 갉아먹는 갈택이어의 우를 범하고 있는 것이다.

❷ 최근의 가장 중요한 문제인 기업간 빅딜을 보면 '갈택이어'의 고사를 떠올리지 않을 수 없다. 경제위기의 극복이라는 문제가 시급하긴 하지만 이런 때일수록 원칙과 정도(正道)에 따라 문제를 해결해야 하며, 임시 방편적인 방법을 사용해서는 안 된다.

甘棠之愛
감 당 지 애

출전 사기(史記)의 연소공세가(燕召公世家)

뜻 정치를 잘한 자를 흠모하는 간절한 정을 나타냈으며, 감당애(甘棠愛)라고도 한다.

달 감, 감당나무 당, 어조사 지, 사랑 애

보기
- 그 기본은 사라지고 정치를 함으로써 얻어지는 이익에만 집착하는 정치인들이 많은 것 같아 가슴이 답답하다. 지금 우리는 감당지애의 표본이 될 그런 정치인을 애타게 기다리고 있는지도 모르겠다.
- 홈페이지를 통해 자신의 고민과 정견을 충실하게 담기보다는 '인기몰이'에만 급급하다. 따라서 우리나라에서 감당지애라 하여 인기 있는 정치인들의 개인 홈페이지가 거의 없는 것도 이 같은 이유 때문이다.

甘呑苦吐
감 탄 고 토

뜻 달면 삼키고 쓰면 뱉는다는 뜻으로 사리에 옳고 그름을 돌보지 않고 자기 비위에 맞으면 취하고 싫으면 버린다는 뜻.

달 감, 삼킬 탄, 괴로울 고, 토할 토

보기
- 지방분권화가 진행되면서 지자체들도 먹고 살려면 감탄고토할 수밖에 없다. 정부의 조정 능력도 한계에 부딪힌 모습이다. 이미 원전센터 후보지 선정 과정 등에서 여실히 드러났다.
- 한나라당과 민주당이 검찰수사를 놓고 이해관계에 따라 감탄고토의 자세를 보여 눈총을 받고 있다. 검찰 수사가 자기 당에 불리하면 '편파수사'라고 몰아붙이더니 유리한 듯 싶으면 '검찰수사에 간섭 말라.'면서 상대방을 비난하고 있는 것.

甲論乙駁
갑 론 을 박

뜻 갑이 논하면 을이 논박한다는 뜻으로, 서로 논란하고 반박함을 이르는 말.

갑옷 갑, 논의할 론, 새 을, 얼룩말 박

보기
- 열린우리당의 새 원내지도부 구성을 기점으로 정부 여당이 '실용 노선'을 본격화하면서 당 게시판을 비롯해 노사모, 서프라이즈 등 친여권 인터넷 사이트들을 중심으로 젊은 당원들과 네티즌들 사이에 개혁과 실용주의를 둘러싼 갑론을박이 한창이다.
- 축구가 다시 우리를 들뜨게 한다. 박주영 선수 때문이다. 그를 당장 국가대표로 뽑아야 하느냐를 놓고 가정에서도 직장에서도 갑론을박이 한창이다.

强弩之末
강 노 지 말

출전 사기(史記)의 한장유열전(韓長孺列傳)

뜻 힘차게 나간 화살도 어느 거리에 가면 힘이 떨어지듯, 강한 군사도 원정을 가면 군력이 쇠퇴되기 마련이라는 것.

강할 강, 쇠뇌 노, 어조사 지, 끝 말

보기

- 현 여당이 가을의 조락기(凋落期)에 접어든 것이 아닌가 하는 지적이 나오는 것도 어쩔 수 없다. 어차피 인심은 조석변(朝夕變)이고 '강노지말력'이라는 말도 있지 않은가.
- 권세가의 '강노지말력'이란 참담토록 허망하다. 비근한 현대사만해도 이런 허망한 강노지말력의 예는 숱하다. 권좌에서 축출된 호네커 전 동독 공산당 서기장이 거처를 정부 영빈관내 한 아파트로 옮기려 했다. 그러나 주민의 반대로 무산됐다.

江郎才盡
강 랑 재 진

출전 강엄전(江淹傳) 고사(故事)

뜻 사람이 갑자기 무능해지거나 뛰어났던 재능이 차차 쇠퇴함을 이르는 말

큰내 강, 사내 랑, 재주 재, 다할 진

보기

- 교원정년 단축은 갑자기 정년이 줄어들게 된 교원들에 대한 정책적인 배려가 없었고 나이 든 교사는 강랑재진이라 갑자기 무능해진다는 인식을 심어 교사들에게 상처를 준 것이 문제였다.
- 뛰어난 재능만으로 갑자기 성공할 수 없듯이 강랑재진이라 뛰어난 재능이 하루아침에 사라지지도 않는다. 그것은 재능 여부를 떠나 자신이 얼마나 평소에 그 재능을 위해 노력하였는가에 있는 것이다.

强顔女子
강 안 여 자

출전 잡사(雜事)

유사어 후안무치(厚顔無恥)

뜻 얼굴이 강한 여자라는 말로 수치심을 모르는 여자라는 뜻이다.

강할 강, 얼굴 안, 여자 여, 아들 자

보기

- MBC 일일연속극 '귀여운 여인'은 '가진 것 없는 강안여자의 처절한 '남자 유혹하기'를 통해 결혼할 때도 조건을 따지는 세태를 풍자하겠다는 취지로 기획됐다.
- 영화 속 여자들이 이런 기대와 달리 너무나 '쿨' 한데다가, 행여 사랑스러운 아내가 이 '못된 여자들'에게 한 치의 동정이라도 보낼까 싶어 우리의 건실한 가장들은 화가 난 것일 수 있다. 그 '강안여자'들이 응징 당하지 않는 모습에 더욱 화가 났을 법하다.

改過遷善

개　　　과　　　천　　　선

출전 진서 본전(晉書 本傳)

뜻 지난 잘못을 뉘우치고 새롭게 착한 사람이 되는 것.

고칠 개, 허물 과, 옮길 천, 착할 선

보기

◐ 영화는 원작대로 울라프가 죽거나 개과천선한 것으로 끝나지 않는다. 사라진 그가 이제까지 그랬듯 3남매 앞에 다시 나타날 것이라고 암시한다. 이를 통해 아이들의 말을 귀담아 듣지 않는 어른들에게 일침을 가한다.

◐ 북한의 운명이 어떻게 될지는 사실 누구도 정확히 알 수 없는 일이다. 북한체제가 어느 날 갑자기 무너질 수도 있고 개과천선한 북한 지도부가 성공적인 개혁개방을 이끌 수도 있다.

蓋棺事定

개　　　관　　　사　　　정

출전 두보(杜甫)의 군불견간소계(君不見簡蘇係)

뜻 사람은 죽어 관 뚜껑을 덮고 난 뒤에야 정당한 평가를 할 수 있다는 것

덮을 개, 관 관, 일 사, 정할 정

보기

◐ 최근 10·26을 주도한 김재규를 의사로 추모한 묘비가 건립된 사실이 뒤늦게 알려져 화제가 되고 있다. 예부터 개관사정이라고 했다. 역사의 무서움을 일깨우는 말들이다.

◐ 결국 소비예트 사회주의 공화국연방이라는 초이데올로기 국가의 잔해위에 지금 남은 것은 옐친의 '독립국가공동체' 다. 개관사정이라고 했다. 지금 우리는 유라시아 대륙에 걸쳐 있던 거대한 이데올로기 제국의 실체를 판단할 수가 있다.

開卷有益

개　　　권　　　유　　　익

출전 승수연담록(繩水燕談錄)

뜻 책을 읽으면 유익하다는 뜻으로 독서를 권장하는 말.

열 개, 책 권, 있을 유, 더할 익

보기

◐ 교육인적자원부는 개권유익이라고 하여 독서교육 강화를 위해 학교도서관 예산에 매년 600억 원을 투자하겠다는 의지를 밝혔다. 여기엔 전담인력 확보도 포함된다는데, 전담인력을 단순히 사서 교사 정도로 생각해선 안 된다.

◐ 개권유익이라 그 중에서도 일본에서 벌어지고 있는 '아침 독서운동'에 관한 책들을 번역하고 있는 그는 3월 초 개학에 맞춰 우리나라에서도 '아침독서운동'을 시작할 생각이라고 말했다.

開門揖盜

개 문 읍 도

출전 삼국지(三國志)의 손권전(孫權傳)

뜻 문을 열어놓고 도둑을 맞이한다는 말로 스스로 화를 불러들인다는 것

열 개, 문 문, 읍할 읍, 도적 도

보기
- 총기로 무장한 강도가 곳곳에 출몰, 국민의 생명과 재산을 노리고 있다. 공안당국을 나무라는 것도 좋지만 문 열어놓고 도둑 맞아들인다는 개문읍도는 없는지 스스로 돌아볼 만도 하다.
- 전체 사고 중 음주사고의 비율도 1990년 2.9%에서 지난해 13%로 사상 최고치를 기록했다. 개문읍도라고 스스로 화를 불러들일 것이 뻔한 데도 음주운전이 줄어들지 않는 이유는 무엇일까?

蓋世之才

개 세 지 재

출전 소식(蘇軾)의 유후론(留侯論)

뜻 세상을 마음대로 다스릴만한 뛰어난 재능.

덮을 개, 세대 세, 어조사 지, 재주 재

보기
- 노벨문학상 수상자인 일본의 소설가 오에 겐자부로는 도쿄대 불문학과 재학시절 문필로 개세지재를 발휘해 미시마 유키오 이래 가장 장래가 촉망되는 신인이라는 찬사를 받았다.
- 한국축구의 차세대 스트라이커로 평가받는 박주영은 어느 경기에서나 돋보인다. 개세지재의 능력을 타고난 어린 선수를 발굴, 그 재능을 꽃피울 수 있도록 도와주는 임무는 지도자에게 부여된 신성한 사명 중 하나다.

巨卿之信

거 경 지 신

뜻 거경의 신의라는 뜻으로 굳은 약속을 뜻하며 성실한 인품을 나타내는 말.

클 거, 벼슬 경, 어조사 지, 믿을 신

보기
- 각 분야 각 영역에서 거경지신이라고 나라를 염려하고 개혁에 앞장설 수 있는 양식의 사람들을 집결해 우국과 자기희생의 모델을 보여주려고 노력해야 하리라고 생각한다. 이것이 바로 21세기를 향한 우리의 과제가 아니겠는가.
- 반면 황 총리 내정자와 같은 전북출신인 김원기 최고위원은 '거경지신'이라고 부정적 평가를 삼갔고 다른 호남출신 의원들도 "지역감정 해소를 위한 노력의 일환으로 본다."고 일단 긍정적인 입장을 표시했다.

居安思危
거 안 사 위

뜻 편안할 때도 위태로울 때의 일을 생각하라는 뜻.

- 잘 나갈 때 조심하라는 주위의 충고에 장 총재는 이렇게 답했다. "우리는 '거안사위'가 아니라 '거위사진(居危思進·위험에 처했을 때도 전진할 방법을 생각한다)'의 가르침을 따른다. 우리에게 '안(安)'이라는 개념은 없다."
- 정부와 공기업이 IMF충격 이후 비로소 '군살빼기'라며 허둥대지만 별다른 진척을 보지 못하고 있다. '거안사위'하지 못한 죄업을 치르는 셈일까.

擧案齊眉
거 안 제 미

출전 후한서(後漢書)의 일민전(逸民傳)

뜻 밥상을 눈 위까지 들어올린다. 아내가 남편을 지극히 공경함을 말함.

- 결혼한 여자는 오른손이 위에 오도록 한 후 눈높이에 올리는 거안제미의 자세로 조용히 앉으면서 큰절로 세배를 드린다. 아이들이나 미혼여성은 평절로 세배드려도 무방하다.

居移氣養移體
거 이 기 양 이 체

출전 맹자(孟子)의 진심편상(盡心篇上)

뜻 처해 있는 위치에 따라 기상이 달라지고, 먹고 입는 것에 의해 몸이 달라진다는 것.

- 중국조기가 영광굴비로 둔갑하고 있다 한다. 한가위를 앞두고는 그 값을 7배 이상 받았다니 그야말로 도깨비 장난질 같기만 하다. 거이기양이체라 하지만 중국조기를 영광굴비로 알고서 사먹게 돼있으니 딱하다. 사람들은 외모에 속는다. 웃는 얼굴만 볼 뿐 호연건아래 감춘 사막스런 얼굴을 못 본다. 그래서겠지. 영광굴비 얼굴로 뻔뻔스럽게 행세하는 중국조기 사람들이 좀 설치는 세상인가.

舉一反三
거 일 반 삼

뜻 하나를 알려주면 셋을 안다는 뜻으로 매우 영리함을 이르는 말.

들 거, 한 일, 되돌릴 반, 석 삼

➡ 9일 인터넷 취업포털 잡링크에 따르면 대리급 이상 직장인 1234명에게 가장 인기 있는 신입사원의 유형을 물은 결과, 전체의 33.5%가 '업무파악을 잘 하는 거일만삼형 사원'을 꼽았다.

➡ 김씨는 거의 매일 윤씨의 집으로 가거나 윤씨가 김씨의 집으로 와서 자수를 배웠다. 자수만 배운 것이 아니라 활옷이며 흉배 같은 바느질의 모든 것을 익혔다. 윤씨는 '거일반삼한다.'며 아껴 주었다.

去者不追來者不拒
거 자 불 추 내 자 불 거

출전 맹자(孟子)의 진심편하(盡心篇下)

뜻 가는 사람을 붙들지도 않고 오는 사람을 물리치지도 않는다는 것.

갈 거, 사람 자, 아니 불, 쫓을 추, 올 래, 막을 거

보기

➡ 요즘 젊은 사람들의 연애관을 살펴보면 '쿨'하다는 말을 자주 쓴다. 이는 '거자불추내자불거'라 하여 겉으로는 쿨 해 보일지 모르지만 인간관계를 쉽게 생각하는 단면을 보여주는 예라고도 할 수 있다.

去者日疎
거 자 일 소

유사어 거자일이소(去者日以疎)

뜻 가는 자는 날로 멀어진다는 말로, 죽은 사람이나 멀리 떨어져 있는 사람은 날이 갈수록 멀어진다는 뜻.

갈 거, 놈 자, 날 일, 몰 소

보기

➡ 거자일소라고 했던가. 사회나 직장에서 만난 친구가 많다는 것은 자주 만나야 더 친하게 느껴진다는 것을 의미한다고 해석할 수 있다. 설문 결과를 보면 친구들을 1 3개월에 한 번 정도 만난다는 응답이 45%로 가장 많았다.

➡ 추석을 비롯한 명절은 대가족이 다함께 모일 수 있는 흔치 않은 기회다. 하지만 거자일소라는 말처럼 명절 휴가가 끝나고 또다시 각자의 일상으로 돌아가면 대가족의 유대는 자연 소원해지게 마련이다.

車載斗量
거 재 두 량

출전 삼국지(三國志)의 오주전(吳主傳)

뜻 수레에 싣고 말로 될 수 있을 정도. 인재가 매우 많다는 것을 비유함.

수레 거, 실을 재, 말 두, 헤아릴 양

보기

➡ 최근 신문에 보도되는 돈의 액수는 수백억 원 또는 1000억 원을 헤아리는 천문학적 숫자다. 지난 97년 현찰 61억 원이 담긴 사과상자가 물의를 일으키더니 이번에는 200억 원을 50개가 넘는 서류 상자에 꾸역꾸역 담아 봉고와 승용차, 밴의 조수석까지 휘어지도록 싣는 거재두량이 연출되었다. 돈의 분량이 100억 원 단위나 돼야만 논란을 불러일으킨다는 둔감을 준다.

乾坤一擲
건 곤 일 척

출전 한유(韓愈)의 시(詩)

뜻 하늘과 땅을 한번에 내던진다. 즉, 천자 자리를 걸고 승부를 겨룬다는 것.

하늘 건, 땅 곤, 한 일, 던질 척

보기

➡ 박근혜 한나라당 대표의 회견에 대해서도 여당이 "우리의 국정운영 기조와 일치한다."며 반색했다. 바로 엊그제까지 건곤일척하던 여야가 이렇게 돌변할 수도 있구나 하는 생각이 든다. 무정쟁론까지 나오니 일견 안도감을 주는 것은 사실이다.

➡ 사실 지율 스님이 이렇게 노무현 대통령과 건곤일척의 맞대결을 벌여야 할 이유는 애초에 없었다. 경부고속철도의 천성산 관통을 결정한 것은 1992년 노태우 대통령이었다.

桀犬吠堯
걸 견 폐 요

출전 사기(史記)의 회음후편(淮陰侯篇)

뜻 걸왕의 개가 요왕을 짖는다. 개는 주인만 따르듯 대립되는 상대가 훌륭해도 자기편을 들 수밖에 없다는 것.

임금 걸, 개 견, 짖을 폐, 임금 요

보기

➡ 부부 사이에 가장 좋지 못한 것이 다른 집 부부와 비교하는 것이다. 걸견폐요라고 아무리 능력 있는 남편이라도, 아무리 미모가 뛰어난 아내라도 지금 내 옆을 지키고 있는 남편, 아내만큼 나를 잘 알고 잘 통하는 이가 또 있겠는가?

乞骸骨
걸 해 골

출전 사기(史記)의 항우본기(項羽本紀)

뜻 해골을 청한다. 즉 자신의 몸이나 온전히 가게 해 달라는 것.

별 걸, 뼈 해, 뼈 골

보기
- 관직에 있으면서 70세에 이르면 임금에게 치사를 허락해 주십사 하는 소문을 올리는데 이를 걸해골이라 하였고, 치사를 허락하는 것을 사해골이라 하였다. 곧 해골은 정년퇴직을 의미하기도 했다.

黔驢之技
검 려 지 기

출전 유하동집(柳河東集)

뜻 자기의 기술이 별 것 아님을 모르고 함부로 행동하다 욕을 당한다는 것.

검을 검, 노새 려, 어조사 지, 재주 기

보기
- 어찌 그토록 입안의 혀처럼 잘 돌아가고 목수 나무목 맞추듯 잘 맞고 매끄러운지 만약 어수룩한 자가 그들 앞에서 폼을 잡다가는 검려지기요, 번데기 앞에서 주름잡을 일이었다.
- 어부들이 재빠른 손놀림으로 고기를 상자에 담아 내린다. 언제보아도 그 손놀림은 예술이라고 생각했다. 어찌 그리 짝짝 손뼉 치듯 잘 맞고 전광석화 같은지. 만약 복대박이 그들 앞에서 폼을 잡다가는 검려지기요, 번데기 앞에서 주름 잡을 일이었다.

格物致知
격 물 치 지

출전 대학(大學)의 팔조목(八條目)

뜻 사물의 이치를 연구하여 지식을 확실하게 하고 넓힌다는 것.

궁구할 격, 만물 물, 이를 치, 알 지

보기
- 도전해보지도 않고 포기하는 태도를 그는 싫어했다. 격물치지는 생각과 행동을 조화하고 일치하는, 한국인의 얼에 녹아 있는 실천적 수양 정신에 다름 아니다. 그의 평소 말버릇은 그대로 그의 전기(傳記)제목이 됐다.
- 만유인력의 뉴턴도 사과가 나무에서 떨어지는 모습을 유심히 관찰하지 않았던들 격물치지에 이르지 못했을 것이다. 현상에 대한 깊고 종합적인 인식과 추상의 행간을 읽는 지혜를 함께 갖춰야 하는 것이다.

ㄱ

隔靴搔癢
격 화 소 양

출전 속전등록(續傳燈錄)

유사어 격화파양(隔靴爬癢)

뜻 신발을 신고 그 위로 가려운 곳을 긁는다는 뜻으로, 어떤 일의 핵심을 찌르지 못하고 겉돌기만 하여 매우 안타까운 상태 또는 답답하여 안타까움.

박을 격, 신 화, 긁을 소, 앓을 양

보기
- '기업살리기'를 통한 일자리 창출이 이뤄지지 않는 한 각 당이 내놓은 실업대책의 나열은 격화소양식의 정책이라는 지적을 받을 만하다.
- 그동안 검찰 수사나 조사의 미흡함에 대해서는 이 난을 통해 거듭 지적했으므로 중언부언하지 않겠으나 국민으로서는 신발 위를 긁는 듯한 격화소양의 답답한 마음이 전혀 풀리지 않았다는 것이 중요하다.

堅甲利兵
견 갑 이 병

출전 맹자(孟子)의 양혜왕(梁惠王)

뜻 견고한 갑옷과 날카로운 병기란 뜻으로, 강한 군대를 이르는 말.

굳을 견, 갑옷 갑, 이로울 리, 군사 병

보기
- 우리 군을 주변국 군사력 증강과 시대 변화에 맞춰 어떻게 '견갑이병'의 군대로 탈바꿈시킬 것인가에 대한 정책은 찾아보기 힘들었던 것 같다. 물론 군내 비리 척결이 한국군을 보다 건강하게 만들고 선진화하는 데 도움을 주는 긍정적인 측면도 있다.
- 찬란했던 로마제국 1000년의 역사도 역시 견갑이병의 군대와 정치의 조화에서 이루어졌다. 군대는 철저한 교육과 국민의 뜨거운 환호성 속에서만 존재하는 집단이기 때문이다.

牽强附會
견 강 부 회

뜻 이치에 맞지 않는 말을 억지로 끌어 붙여 자기 주장의 조건에 맞도록 함.

끌 견, 강할 강, 붙을 부, 모일 회

보기
- 이 센터장은 "외국계 증권사들이 일부 사실을 너무 확대해석해 부정적 경제 전망에 대한 근거로 활용하고 있다."며 "견강부회식 주장에 너무 흔들릴 필요는 없을 것"이라고 말했다.
- 글머리에 밝힌 것처럼 올해 광복 60주년을 맞는다. 인생으로 치자면 환갑을 치르는 것이다. 환갑의 의미를 국가관계에 견강부회할 생각은 없지만 그 세월의 무게를 한번쯤 저울질할 필요는 있다.

故事成語 19

ㄱ

犬馬之勞
견 마 지 로

유사어 견마지심(犬馬之心)

뜻 개나 말 정도의 하찮은 힘이란 뜻으로 임금이
나 나라를 위해 충성을 다하는 것을 비유한
말.

개 견, 말 마, 어조사 지, 힘쓸 로

보기
⭕ 그의 업무 스타일엔 '견마지로' 란 말이
딱 어울린다. 대변인 명의의 논평을 만
들기 위해 새벽부터 자료를 모아 초안
을 만들었고, 저녁엔 가판 신문을 점검
해 밤늦게까지 기자들에게 전화를 걸
어 '아쉬운 소리' 를 하기도 했다.
⭕ 대통령의 심중을 헤아려 알아서 견마
지로를 다하는 것이 총리의 미덕으로
통하던 시절, 떠나는 총리에게 장관임
명 제청을 요구해도 하등 문제될 것이
없었다.

堅忍不拔
견 인 불 발

뜻 굳게 참고 견디어 마음을 빼앗기지 아니함.
뜻이 변치 아니함.

굳을 견, 참을 인, 아니 불, 뺄 발

보기
⭕ 2003년을 평가하면서 북한 노동신문
은 "우리 군대와 인민은 대담한 공격정
신과 견인불발의 의지로 중첩되는 난
국을 과감히 헤치고 강성대국 건설에
서 새로운 승리를 이룩하였다."고 평가
하고 있다.
⭕ 그들의 글에는 세상살이가 속되고 허
망할수록 그 한가운데를 관통하는 생
의 아름다움을 발견하려는 여유가 녹
아 있다. 세상을 관조하되 동화되지 않
고 인생을 향유하되 허비하지 않는 견
인불발의 철학이 담겼다.

犬兔之爭
견 토 지 쟁

유사어 어부지리(漁父之利), 방휼지쟁(蚌鷸之爭)

뜻 개와 토끼의 다툼이라는 말로 쓸데없는 다툼
이라는 뜻.

개 견, 토끼 토, 어조사 지, 다툴 쟁

보기
⭕ "견토지쟁처럼 불필요한 다툼을 없애
고 상생정책을 펴겠다." 이해찬 국무총
리가 2일 서울 중구 프레스센터에서 열
린 서울대 행정대학원 초청 특강에서
참여정부 2기 국정운영계획을 설명하
면서 국민화합과 노사협력을 유난히
강조해 눈길을 끌었다.
⭕ 쫓고 쫓기는 위치가 바뀌기는 하지만
한국전쟁 때부터 벌어진 남북한의 '견
토지쟁' 식 대결은 몇십 년이 지난 지금
에도 수그러질 기미를 보이지 않는다.

結草報恩
결 초 보 은

출전 춘추 좌씨전(春秋 左氏傳)

뜻 풀을 엮어 은혜를 갚다. 즉, 죽어서도 은혜를 잊지 않고 갚는다는 것.

맺을 결, 풀 초, 갚을 보, 은혜 은

보기

○ 임명권자의 배려에 감읍해 각골난망할 것도, 결초보은할 것도 없다. 그저 한 번 밥을 얻어먹은 만큼의 작은 은혜(一飯之恩)를 받았다고만 생각하기 바란다. 그것이 오히려 보은하는 길이 될 수도 있다.

○ 사실과 다르기도 하거니와 안전하다면 굳이 그 곳에 전투병을 보낼 이유가 있을까? 진정 미국에 결초보은하려면 가장 위험한 곳으로 파병해야 이치에 맞을 텐데.

輕擧妄動
경 거 망 동

뜻 가볍고 망령 되게 행동한다는 뜻으로, 도리나 사정을 생각하지 아니하고 경솔하게 행동함.

가벼울 경, 들 거, 허망할 망, 움직일 동

보기

○ 파업 전에 정부가 강경대처 방침을 여러 차례 밝히면서 파업 철회를 호소했고, 악재가 누적된 우리의 경제 상황을 봐서라도 공무원들이 경거망동해서는 안 된다는 여론이 강하게 일었는데도 전공노는 이를 외면한 채 막무가내로 파업에 돌입했다가 지리멸렬하고 말았던 것이다.

○ 비잔티움 황제는 술탄을 우습게 본 나머지, 자신의 궁내에 오스만 왕이라 자칭하는 자가 있으니 경거망동 말라는 경고 사절을 보냈다.

經國之大業
경 국 지 대 업

뜻 나라를 다스리는 큰 사업이라는 뜻으로 문학을 비유함.

다스릴 경, 나라 국, 어조사 지, 큰 대, 일할 업

보기

○ 문학은 우리의 삶 그 자체요 길잡이이다. 그 나라의 문화수준을 말해 주는 기준이 바로 문학이다. 후세에 영원히 남겨 줄 수 있는 문학의 중요성은 아무리 강조해도 지나치지 않다. 그래서 예로부터 문학을 경국지대업이라 하지 않던가!

傾國之色
경　　국　　지　　색

출 전 한서(漢書)의 이부인전(李夫人傳)

유사어 경성경국(傾城傾國)

뜻 임금이 미혹되어 국정을 소홀히 하여 나라를 위태롭게 할 정도의 미인을 가리킴.

기울일 경, 나라 국, 어조사 지, 색 색

보기

➡ 경국지색의 스파르타 왕비 헬레나를 '사랑의 힘'으로 납치하는 강단을 선보인 트로이 왕자 파리스는 그러나 죽음 앞에서는 "나 겁쟁이야"라고 고백하면서 징징 짜기까지 한다.

➡ 성서의 살로메 유디트 델릴라, 클레오파트라와 카르멘, 경국지색에 해당하는 양귀비, 달기, 포사, 서시 등이 이에 해당한다. 현대에는 메릴린 먼로와 마돈나를 꼽을 수 있다. 남성들은 이들에게 함락되는 것 외에는 달리 저항할 방법이 없다.

輕諾寡信
경　　낙　　과　　신

출 전 노자(老子)

뜻 무슨 일에나 승낙을 잘 하는 사람은 믿음성이 적어 약속을 어기기 쉽다는 말.

가벼울 경, 대답할 낙, 적을 과, 믿을 신

보기

➡ 국무부 관계자들은 지난 25일 양측이 최종합의문을 작성하기 전 '밤을 새우다시피 해 가며' 매우 어렵게 회담을 계속했음을 상기하며 북한이 이처럼 어렵게 이뤄낸 합의를 '경낙과신' 하듯 쉽게 어긴다면 앞으로 회담자체를 계속할 이유도 없지 않겠느냐는 매우 회의적인 반응을 보이고 있다는 것이다.

經世濟民
경　　세　　제　　민

유사어 경국제세(經國濟世)

뜻 세상 일을 잘 다스려 도탄에 빠진 백성을 구함.

경서 경, 세대 세, 건널 제, 백성 민

보기

➡ 국보법 폐지를 놓고 그간 입을 열지 않았던 원로들의 속 깊은 가슴앓이가 느껴지는 대목이다. 경세제민보다는 정쟁에 몰두하는 양대 정당이 향후 정국 운영에 두 종교지도자의 충고를 어떻게 활용할지 주목된다.

➡ 국민소득 1만 달러에 8년째 묶인 우리에게 필요한 것은 '경세제민'이고 일자리다. 그것이 소득 2만 달러를 달성하는 길이고, 이념의 헛발질보다 중요한 경제 강호 '한국주식회사'를 만드는 일이다.

敬遠
경   원

출전 논어(論語)의 옹야편(雍也篇)

뜻 공경하되 멀리한다. 현재는 겉으로 존경하는 체하면서 꺼리고 기피한다는 것.

공경할 경, 멀리할 원

보기
- 항일 독립 운동가들이 무정부주의자가 된 이유에는 이런 철학적 바탕도 있다. 그러나 이런 무정부주의는 과격 성향과 테러리즘과의 연관성 때문에 광복 후 우리 사회에서도 경원시 됐다.
- 서로 시선을 피하며 제3자에게 얘기하듯 짧게 주고받는 것이 고작이다. 사정이 이렇다보니 아들의 눈에 비친 아버지는 때때로 경원의 대상을 넘어 증오의 대상이 되기도 한다.

驚天動地
경   천   동   지

출전 백거이(白居易)의 시(詩)

유사어 동천경지(動天驚地)

뜻 하늘을 놀라게 하고 땅을 움직이게 한다는 뜻으로, 몹시 세상을 놀라게 함을 이르는 말.

놀랄 경, 하늘 천, 움직일 동, 땅 지

보기
- 나는 새해의 묘약도, 정치판의 묘수도 믿지 않는다. 새해라고 천지개벽하고, 경천동지하겠는가. 또 다른 하루가 시작되는 것이고, 때론 더욱 지루하고 힘겨울지도 모른다.
- 보고를 안 했거나 왜곡된 정보보고를 했으면 그것대로, 경찰로부터 보고를 받고도 청와대가 수수방관했다면 그것대로 모두가 경천동지할 정권적 차원의 문제. 어느 쪽이나 지금 국가의 조직과 운영이 엉망진창임을 보여주기는 마찬가지이기 때문이다.

鷄口牛後
계   구   우   후

출전 사기(史記)의 소진열전(蘇秦列傳)

뜻 소의 꼬리가 되지 말고 닭의 입이 되라. 큰 조직의 말단보다는 작은 조직의 우두머리가 되라는 뜻.

닭 계, 입 구, 소 우, 뒤 후

보기
- 계구우후라는 말이 있다. "닭의 부리가 될지언정 소꼬리는 되지 말라."는 의미다. 그러나 음식재료의 차원에서 보면 납득하기 어려운 표현이다. 여름내 파리 떼를 쫓느라 분주했던 소꼬리는 영양분의 보고다. 움직임이 많다보니 가장 맛있다는 앞다리와 그 맛을 견줄만하다.

鷄卵有骨
계 란 유 골

> **뜻** 계란에도 뼈가 있다는 말로 일이 공교롭게 틀어짐을 뜻함.

닭 계, 알 란, 있을 유, 뼈 골

보기

➡ 계란유골이란 말이 있다. 얼마 전 한 텔레비전 프로그램을 통해, 한 번 씌워진 전과자라는 굴레를 벗어나기 힘들게 만드는 우리 사회의 단면을 다시 볼 수 있었다. 아직도 우리 사회에는 전과자라는 이유로 재활의 기회를 주지 않는 분위기가 고쳐지지 않고 있다. 이제는 이들을 따뜻한 눈으로 보아야 한다.

鷄肋
계 륵

> **출전** 후한서(後漢書)의 양수전(楊修傳)
> **뜻** 닭의 갈비는 뜯어 먹을 만한 살이 없어도 그냥 버리기엔 아깝다. 크게 쓸 것은 못되나 버리기엔 아깝다는 것.

닭 계, 갈빗대 륵

보기

➡ 아직도 보험을 '계륵' 처럼 여기는 사람들이 적지 않다. 꼭 필요하기는 한 데 선뜻 가입하기가 망설여진다는 것이다. 이유는 많다. 쪼들리는 살림에 매월 꼬박꼬박 내야 하고 목돈이 오랫동안 잠겨 있게 된다. 급전이 필요해 계약을 깨면 본전을 찾기도 힘들다.

➡ 투자 확대가 재계의 계륵이 되고 있다. 당초 기대와는 달리 올 하반기는 물론 내년 상반기에도 내수경기 회복이 지연될 것이란 암울한 보고서가 잇달아 나오고 있기 때문.

鷄鳴狗盜
계 명 구 도

> **출전** 사기(史記)의 맹상군전(孟嘗君傳)
> **뜻** 닭처럼 울음을 내고 개가 구멍에 들어가듯 좀도둑을 한다. 아무리 미천한 사람도 장점과 특징이 있어 그것을 살릴 필요가 있다는 것.

닭 계, 울 명, 개 구, 도적 도

보기

➡ '김선일씨 피살사건' 으로 장관 교체설이 나돌았을 때 외교부 직원들이 보여준 태도는 놀라웠다. '반 장관이 얼마나 훌륭한 외교관인지, 그래서 조직의 수장으로 어떻게 귀감이 되는지' 를 수없이 전하고 계명구도에 앞장선 것이다. 인상적인 것은 위에서 아래까지 모두들 '자발적' 인 모습을 보였다는 점이다. 전임 윤영관 장관 교체에 즈음한 분위기와는 사뭇 다른 것이었다.

季布一諾
계 포 일 락

출전 사기(史記)의 계포전(季布傳)

뜻 계포가 한번 승낙함. 한번 약속을 하면 반드시 지킨다는 것.

끝 계, 베 포, 한 일, 승낙할 낙

보기

➡ 김 장관은 특히 "사기(史記)에 '계포일락'이라는 말이 있다."며 "총선 때 약속한 변화와 개혁, 국민통합의 약속을 지키겠다."고 말했다. 그는 복지부 장관으로서 사회안전망구축, 고령화 사회 대책, 국민연금문제 해결 등을 제시했다.

季札繫劍
계 찰 계 검

뜻 계찰이 검을 걸어 놓다는 뜻으로 신의를 중시함을 비유하는 말.

끝 계, 표 찰, 맬 계, 칼 검

보기

➡ 어느 조직이나 그 조직이 견고히 다져지기 위해서는 구성원들간의 신의가 중요하다. 윗사람은 아랫사람을 보듬을 수 있는 배려가, 아랫사람은 윗사람에 대한 계찰계검의 신의가 바탕을 이룬 조직이라면 어떠한 위기상황 속에서도 굳건히 지켜나가리라 생각한다.

孤軍奮鬪
고 군 분 투

뜻 후원이 없는 외로운 군대가 힘에 벅찬 적군과 맞서 온힘을 다하여 싸움. 또는 홀로 여럿을 상대로 싸움. 적은 인원이나 약한 힘으로 남의 힘을 받지 아니하고, 힘에 벅찬 일을 극악스럽게 함.

외로울 고, 군사 군, 떨칠 분, 싸움 투

보기

➡ 26일 영국의 연예전문 사이트 '피메일 퍼스트(female first)' 등 주요 외신들은 "흑인 여성 최초의 아카데미 여우주연상 수상자인 영화배우 할리 베리가 아카데미상 수상 이후에도 여전히 배역을 따내기 위해 고군분투하고 있다."고 전했다.

➡ 내국인이 모두 외면하는 일터를 그나마 외국인 인력으로 채우며 고군분투하고 있는 중소기업들이 부처간 밥그릇 싸움으로 공장을 멈춰야 하는 사태라도 온다면 그 책임은 누가 질 것인가.

股肱之臣
고　굉　지　신

출전 서경(書經)의 익직편(益稷篇)

뜻 다리와 팔뚝처럼 중요한 신하. 임금이 가장 신임하는 중신을 가리킴.

넓적다리 고, 팔뚝 굉, 어조사 지, 신하 신

보기
➡ 최근 만연되고 있는 재벌에 대한 부정적 시각과 재벌에 의한 경제력 집중을 완화하기 위한 일련의 조치들 역시 투자심리를 위축시키고 있다. 이렇게 얼어붙은 기업가들의 투자심리가 대통령이 청와대에 초청하여 설득하고 회유한다 한들 쉽게 되살아날 리가 없다. 더구나 개혁의 선명성을 위해서 잘못이 있다면 자신의 고굉지신마저 처벌하는 단호함을 보여 준 대통령이 아닌가.

古今無雙
고　금　무　쌍

뜻 아주 뛰어나서, 예나 이제나 견줄만한 것이 없음.

옛 고, 이제 금, 없을 무, 쌍 쌍

보기
➡ 좌중을 압도하면서도 막내 동생 같은 순수한 눈빛, 화려한 춤과 무대 매너, 균형 잡힌 몸매 등 가수 비는 우리나라 최고이며 고금무쌍이라 해도 과언이 아니다. 하지만 그의 이러한 능력보다 더 인정받아야 할 점은 그가 보이지 않는 곳에서 흘린 땀과 노력일 것이다.

高論卓說
고　론　탁　설

뜻 견식이 뛰어난 논설이나 훌륭한 의견.

높을 고, 논의할 론, 높을 탁, 말씀 설

보기
➡ 특히 고론탁설의 사설이나 칼럼 부분에서 각 신문의 의도를 확연하게 보여주는데, 흔히 '보수적이다, 진보적이다' 와 같은 기본적인 이미지를 형성하는 것은 이 때문이다. 신문이 어떤 특정한 정치집단의 이익을 대변하는 경우가 발생하기도 한다. 이 경우 한쪽의 주장만 대변하면 필연적으로 허위, 과장, 왜곡 등이 발생하게 되는데, 사람들은 이와 같은 과장되고 왜곡된 정보를 그대로 받아들이는 경우가 많다.

孤立無援
고 립 무 원

유사어 고립무의(孤立無依), 진퇴유곡(進退維谷),
고성낙일(孤城落日), 사고무친(四顧無親),
사고무인(四顧無人), 무원고립(無援孤立)

뜻 외톨이가 되어 도움을 받을 데가 없음.

외로울 고, 설 립, 없을 무, 도울 원

보기

● "동작 보십시오. 동작 그만. 고립무원의 적지에 들어가 작전을 수행하는 특전사 교육생이 이래서야 되겠습니까. 전체 좌로 굴러. 우로 굴러. 앞으로 취침…" 대한(大寒) 추위가 무색하게 땀방울을 흘리며 '중년의 훈련병들'은 서로를 격려했다.

● 캐나다 대서양 연안에 지난 16일 밤부터 강력한 눈보라인 블리자드가 몰아닥쳐 대부분 지역이 고립무원으로 변해버렸다.

鼓舞激勵
고 무 격 려

뜻 격려하며 기세를 북돋우어 줌.

북 고, 춤출 무, 과격할 격, 힘쓸 려

보기

● 경제 살리기가 중요하다면, 정부가 아무것도 줄 게 없더라도 대통령이 경제인들을 자주 만나 고무격려 하는 모습을 보여줄 필요가 있다. 대통령이 정말 경제를 걱정하는구나 하는 인식을 갖게 하기 때문이다.

● 이번 행사는 지난해 순익 100억 달러 클럽에 가입하며 그룹 창업 이후 사상 최대 실적을 올리는데 견인차 역할을 한 삼성전자 사장단에 대한 고무격려 차원에서 마련됐다.

鼓腹擊壤
고 복 격 양

출전 사기(史記)의 오제본기(五帝本紀)

유사어 강구연월(康衢煙月), 태평성대(太平聖代)

뜻 배를 두드리고 땅을 치며 노래함. 백성들이 태평세월을 누림을 의미하는 것.

두드릴 고, 배 복, 칠 격, 흙 양

보기

● 그동안 쏟아진 정책 이름만 늘어놓으면 온 국민이 고복격양해도 모자란다. 경제만 살아난다면 이름이야 '뒷북 정책', '속빈강정 대책' 인들 무슨 상관이겠는가.

● 택시를 계속 택시다운 택시도 아닌, 대중교통수단도 아닌 상태로 방치해서는 안 된다는 뜻이다. 이것도 대통령이 엄중하게 한 말씀이라야 재검토될 사안인가. '고복격양'은 택시운전사 같은 서민의 삶에서 우러나야 진짜다.

故事來歷
고 사 내 력

뜻 예로부터 전해 내려온 사물에 관한 유래나 역사. 또는 사물이 그런 결과가 된 이유나 경위.

까닭 고, 일 사, 올 내, 지낼 력

보기

➡ 백제 무왕 34년(633년) 창건된 내소사. 빛바랜 단청처럼 고사내력만큼이나 사람의 마음을 사로잡는 보물이 하나 있다. 대웅전 정면 여덟 짝을 수놓은 문살. 못 하나 안 쓰고 나무토막을 끼워 맞췄다.

➡ 추암은 굳이 일출이 아니어도, 강원도 관찰사로 왔던 한명회(1415~1487)가 관동팔경을 돌다가 이 곳의 경치에 반해 능파대(凌波臺)라는 이름을 따로 지었다는 고사내력이 말해 주듯 경관이 아주 빼어나다.

古色蒼然
고 색 창 연

뜻 오래 되어 옛날의 풍치가 저절로 드러나 보이는 모양.

옛 고, 색 색, 푸를 창, 그럴 연

보기

➡ 모사(模寫) 전송기 도입⋯⋯. 고색창연한 이미지를 연상시키는 모사 전송기가 뭘까. 바로 팩스(팩시밀리)다. 이를 들여왔다는 사고(社告)를 20여 년 전 국내 어느 신문이 1면 한쪽에 큼지막하게 낸 적이 있다.

➡ 앙코르와트는 '느낌'이다. 보는 순간마다, 보는 장소마다, 보는 기분에 따라 각각 색다른 느낌으로 다가온다. 세계 7대 불가사의로 꼽히는 유적지의 웅대함에 놀라고, 고색창연한 건축물의 신비로움과 인류의 위대함에 매료된다.

孤城落日
고 성 낙 일

출전 당나라 왕유(王維)의 시(詩)
유사어 고립무원(孤立無援)
뜻 원군이 오지 않는 고립된 성과 기울어지는 낙조. 세력이 쇠퇴하여 고립무원 상태를 의미함.

외로울 고, 성 성, 떨어질 낙, 해 일

보기

➡ 벌써 이곳 병원에는 하루에도 2 ~ 3명씩 말라리아 감염자가 찾고 있다. 적십자연맹에서는 수도 복구를 위해 특별히 스페인 적십자사 기술진을 파견했지만 이들 역시 몸만 들어온 상태로 장비가 없다. 이 같은 비참한 상황은 외부에 제대로 알려지지도 않고 있다. 유·무선 통신망까지 완전히 파괴돼 메울라보는 현재 완전한 '고성낙일' 상태다.

28

故 心 慘 憺
고 심 참 담

뜻 몹시 애를 태우며 근심 걱정을 함.

까닭 고, 마음 심, 참혹할 참, 편안할 담

보기

➡ 전쟁 재발을 억제하기 위한 광해군의 고심참담한 결단과 친명정책을 표방하여 병자호란을 불러들인 인조(仁祖)의 무모, 우리는 지금 누구에게서 배울 것인가?

➡ 그 순수한 몰두와 성취의 기쁨 앞에서는 과거에 급제하겠다는 야망도, 부자로 살아야겠다는 다짐도 아무런 의미가 없다. 우리의 아등바등 하는 고심참담이 단지 입과 배의 만족만을 위한 것이라면 잠시 살다가는 인생이 너무 슬프지 않겠는가.

枯 魚 之 肆
고 어 지 사

뜻 목마른 고기의 어물전이라는 말로 매우 곤궁한 처지를 비유.

마른나무 고, 물고기 어, 어조사 지, 저자 사

보기

➡ 정 신임 원내대표는 정견발표문에서 "먼 곳의 물로는 눈앞의 갈증을 풀지 못한다는 고어지사라는 말의 의미를 되새기자."며 민생·경제 살리기에 우선적으로 노력하겠다는 뜻을 강조했다. 그러면서 민감성을 띤 개혁입법 처리에 대해서는 직접적 언급을 삼간 채 "개혁의 의지나 목표뿐만 아니라 결과에 대한 책임성이 중요하다. 국민이 실질적으로 혜택을 누릴 수 있도록 해야 한다."고 말해, 무작정 서두르지는 않겠다는 뜻을 에둘러 밝혔다.

古 往 今 來
고 왕 금 래

뜻 옛날부터 지금까지.

옛 고, 갈 왕, 이제 금, 올 래

보기

➡ "오호라! 하늘 아래 동서남북, 땅 아닌 곳이 없는데, 나는 왜 이 땅에 태었을까? 고왕금래, 세월은 영원한데, 나는 왜 이 때를 만났을까? 하늘을 불러 애타게 여쭈어도 하늘은 입을 다문 채 말이 없네. 오호라! 하늘을 불러도 끝내 대답이 없거늘, 나 옷깃 풀고 외치옵니다."

ㄱ 내신

苦肉之策
고　육　지　책

유사어	고육지계(苦肉之計)
뜻	제 몸을 상해가면서까지 꾸며내는 방책이라는 뜻으로, 일반적으로 어려운 상태에서 벗어나기 위한 수단으로 어쩔 수 없이 하는 계책을 말함.

괴로울 고, 고기 육, 어조사 지, 꾀 책

➡ 지난 3년 동안 미국 달러화는 유로화와 일본 엔화에 대해 각각 35%와 25% 평가절하 됐다. 미국의 엄청난 무역적자를 줄이기 위한 고육지책이다.

➡ 지난해 말까지만 해도 보험을 해약하는 사례가 늘었으나 이후 유흥비나 교육비 등은 최대한 줄이면서 우선적으로 보험금을 납부하거나 신규가입하면서 해약률이 감소하고 신규보험계약이 증가추세로 반전했다. 주로 서민층들이 소비를 최대한 줄이면서 미래 불확실성에 대비하기 위한 고육지책인 셈이다.

孤掌難鳴
고　장　난　명

뜻	외손뼉은 울릴 수 없다는 뜻으로 혼자서는 일을 이루지 못하거나, 맞서는 사람이 없으면 싸움이 일어나지 않음을 일컫는 한자성어.

외로울 고, 손바닥 장, 어려울 난, 울 명

➡ 요즘 한국 증시는 고장난명이란 말이 그대로 들어맞는다. 외국인이 공격적으로 주식을 사들이고 있지만 한국 기관과 개인은 주식을 내다팔기 바쁘다.

➡ 정파는 '험담만 뱉어내는 토호 집단'에서 벗어나라는 것이 민심이다. 설사 상대방 공격이 근거 없는 비방이라 하더라도, 떳떳하다면 억울하다 소리치며 맞받아치지 말고 고개를 돌려라. 고장난명이라고, 부닥치지 않으면 소리도 나지 않는 법이다.

顧左右而言他
고　좌　우　이　언　타

출전	맹자(孟子)의 양혜왕편(梁惠王篇)
뜻	좌우를 돌아보고 다른 말을 한다. 곤란한 입장을 모면하려고 엉뚱한 말을 하는 것.

돌아볼 고, 왼쪽 좌, 오른쪽 우, 말이을 이, 말씀 언, 만일 타

➡ 용산역 일대를 담당하는 한 경찰관은 "흡연 신고는 회피 대상 1호"라고 귀띔했다. 그는 "방금 피우고도 안 피웠다고 우기면 난감해진다."면서 "노인들을 단속하다가 한바탕 호통을 듣는가 하면, 고좌우이언타로 '왜 함정단속을 하느냐.'는 핀잔도 자주 듣는다."고 전했다.

孤注一擲
고 주 일 척

뜻 노름꾼이 계속하여 잃을 때 마지막으로 나머지 돈을 다 걸고 일거에 승부를 겨루는 일을 말하는데 전력을 기울여 어떤 일에 모험을 거는 것을 비유.

외로울 고, 물댈 주, 한 일, 던질 척

보기

➡ 고주일척이란 말이 있다. '송사' (구준전), '원사' (백안전) 등에 나오는 말. 도박에서 계속 잃기만 한 사람이 마지막에 그가 가진 것 모두를 걸고 단판 승부하는 경우를 가리키면서 쓰인다. 이게 망조. 그래서 미인아내를 넘겨주는 경우도 있었고 요리 집 주인과 종업원의 관계가 뒤바뀌는 경우도 있었다. 하지만 그게 도박심리. 잃은 것 찾을 욕심에 수렁 속으로 빠져들고 만다.

苦盡甘來
고 진 감 래

유사어 흥진비래(興盡悲來)

뜻 쓴 것이 다하면 단 것이 온다라는 뜻으로 고생이 다하면 낙이 온다라는 말.

괴로울 고, 다할 진, 달 감, 올 래

보기

➡ 최대 채권자였던 한국자산관리공사의 신충태 기업분석부장은 "맹 사장은 재산 빼돌리는 다른 기업주와는 달랐다."며 "사재(私財) 출연에 높은 기술력을 감안, 채권단과 법원이 삼웅을 살리기로 했었다."고 기억했다. 고진감래인가? 지난해부터 서광이 비치기 시작했다.

➡ 고진감래라는 말처럼 이제는 LG필립스 · 삼성전자 등 대기업들이 항공화물 일부를 이쪽으로 돌리기 시작했다. 손익분기점도 몇 달 남지 않았다.

高枕安眠
고 침 안 면

출전 사기(史記)의 전국책(戰國策)

뜻 베개를 높이 하고 편히 잠잔다. 근심 걱정 없이 한가히 살아간다는 것.

높을 고, 베개 침, 편안 안, 잘 면

보기

➡ 내년에는 '정치란 백성의 눈물을 닦아 주는 것' 이라는 네루의 말을 위정자들이 실천하고, 그리하여 모두가 고침안면하고 고복격양하는 '태평성대' 가 압도적 사자성어가 되었으면 한다.

膏肓之疾

고 황 지 질

뜻 고칠 수 없이 깊이 든 병을 말함.

살찔 고, 명치끝 황, 어조사 지, 병 질

❏ 역사의 흐름을 외면하고 스스로 깨우침이 없는 인사들에 대해서는 국민들이 나서서 제쳐야 한다. 지역갈등을 조장해 세를 구축하려는 정치지도자들이나 지역이기주의에 편승하려는 정치후보자에 대해서는 가차 없는 심판을 해야 한다. 그러지 않는 한 고황지질 상태에 빠진 지역갈등은 영원히 치유될 수가 없다고 본다. 오늘을 이끌고 있는 정치지도자들에게도 충언하고 싶다.

古稀

고 희

출전 두보(杜甫)의 시(詩), 곡강(曲江)

뜻 70 세를 고희라고 하는데 예로부터 드물다는 뜻으로 쓰였음.

옛 고, 드물 희

❏ 고희를 앞둔 최회장은 이제 한방의 과학화를 뛰어넘어 한방의 세계화에 지대한 관심을 쏟고 있다. 중국의 지역 명에서 유래한 회사명처럼 이제부터 어떻게 한방 제품으로 세계 진출할 것인가가 요즘 화두다.
❏ "패션 디자이너의 화려함에 대해 환상을 갖고서는 디자이너로 성공할 수 없다. 투철한 직업의식이 성공에 가장 중요하다." 고희를 넘긴 앙드레 김이 후배 디자이너에게 던진 말이다.

曲高和寡

곡 고 화 과

뜻 곡이 높으면 화답하는 사람이 적다는 뜻으로 사람의 재능이 많으면 많을수록 따르는 무리들은 더욱 적어진다는 말.

곡조 곡, 높을 고, 화답할 화, 적을 과

❏ 공부 잘 하고, 운동 잘 하고 리더십까지 있어 전교 회장까지 하는 사람이라면 얼마나 완벽한가? 게다가 인간성도 좋아 주위에 사람이 많다면 금상첨화이겠지만 세상일은 곡고화과라고 재능이 뛰어나면 사람들의 질투심으로 주변에 사람이 많지 않게 마련이다.

曲突徙薪
곡　돌　사　신

뜻 굴뚝을 꼬불꼬불하게 만들고 아궁이 근처의 나무를 다른 곳으로 옮긴다는 뜻으로 화근을 미리 방지하라는 말.

굽을 곡, 굴뚝 돌, 옮길 사, 땔나무 신

보기

➡ 그는 38선을 넘기 전 '남북동포에게 고함'이란 성명에서 "불행한 예언인 3차 대전…… 적어도 우리 국토 범위 안에서 촉발되지 않도록 곡돌사신의 공작에 힘써 우리 조국으로 하여금 화평한 공원이 되게 하는 것"이라고 남북협상의 이유를 밝혔다.

➡ 이번 고성, 양양의 대규모 산불을 보면서 '곡돌사신'이 얼마나 중요한가를 새삼 깨달았다. 다 타고 난 후 사후처리에 드는 비용의 반만 투자해도 그 아까운 산림과 문화재가 다 타지는 않았을텐데.

曲學阿世
곡　학　아　세

출전 사기(史記)의 유림열전(儒林列傳)
유사어 지록위마(指鹿爲馬), 교언영색(巧言令色)
뜻 학문의 도리를 구부려 세상에 아부함. 배운 진리보다 출세에 눈이 어두워지지 말라는 것.

굽힐 곡, 학문 학, 아부할 아, 세상 세

보기

➡ 과거 청산이라는 역사적 명분하에 '박정희 격하운동'의 일환이라고 비판되는 연유를 생각해야 할 것이다. 노무현 대통령과 정조대왕을 비교한 그의 말이 알려진 후 '곡학아세하는 지식인'이란 논란까지 제기된 것이 뭘 뜻하는지는 유 청장 본인이 더 잘 알 것이다.

➡ 사람에 대한 후한 평가는 도올의 천성이자 훌륭한 인품을 나타내주는 것일 수 있다. 반면 이를 두고 양지만 쫓는다거나 곡학아세 기회주의 전형이라고 일각에서 혹평 하기로 한다.

空谷跫音
공　곡　공　음

출전 장자(莊子)의 서무귀편(徐無鬼篇)
뜻 빈 골짜기의 발자국 소리. 지금은 몹시 신기한 일, 반가운 소식 등을 가리킬 때 쓰임.

빌 공, 골 곡, 발자국소리 공, 소리 음

보기

➡ 지난 연말 현재 가계대출(신규 취급액 기준) 중 69.2%는 시중금리에 연동돼 금리가 결정되는 상품이다. '돈값' 상승은 이자생활자에게 공곡공음이지만, 돈을 빌린 사람은 속앓이를 할 수밖에 없다는 얘기다.

空理空論
공 리 공 론

뜻 헛된 이치와 논의란 뜻으로, 사실에 맞지 않은 이론과 실제와 동떨어진 논의.

빌 공, 다스릴 리, 빌 공, 논의할 논

❍ 학문이 사회 문제를 해결하고 사회를 진보시키는 데 이바지해야 한다는 기본적인 상식에 충실해야 한다. 있지도 않은 차령산맥을 공리공론으로 우리 아이들에게 가르쳤다니 이보다 더 낯 뜨거운 일이 또 어디 있을까?

❍ 지난주 발표된 경제협력개발기구(OECD)의 추정에 따르면 미국은 올해 6700억 달러를 차입할 것으로 예상된다. 미 행정부는 재정긴축을 촉구하는 노벨상 수상자 10인의 공개 서한을 상아탑의 공리공론으로 일축했다.

功名垂竹帛
공 명 수 죽 백

출전 후한서(後漢書)의 등우전(鄧禹傳)
뜻 옛날은 기록을 대나무쪽과 비단 폭에 썼다. 공을 세워 이름을 역사에 남긴다는 것.

공 공, 이름 명, 드리울 수, 대 죽, 비단 백

❍ 베를린 영화제는 영화 역사에 공명수죽백할만한 세계 각국 감독들의 작품을 대상으로 비정기적 특별 회고전을 개최해왔다. 이번 회고전은 영화제가 끝난 후에도 3월 말까지 베를린 시내 극장에서 임 감독의 작품 20편이 특별 상영된다.

❍ 일찍이 '부족언어의 요술사' 요 '이 나라 시인 부족의 족장'이라는 최고의 찬사를 들었던 미당 서정주 시인이 85세를 일기로 공명수죽백하며 타계한 지도 어언 4년이 지났다.

公明正大
공 명 정 대

뜻 마음이 공평하고 사심이 없으며 밝고 큼.

공변될 공, 밝을 명, 바를 정, 큰 대

❍ 1965년 당시 박정희(朴正熙) 정부가 발행한 '한일회담백서'에는 일본으로부터 받은 청구권 자금을 '추호도 거리낌 없이 공명정대하게 처리하고 가장 효율적으로 사용하겠다.'며 몇 가지 사용 원칙을 공개했다.

❍ 초기 자본주의 사회를 짊어진 프로테스탄트들이 '세상을 위해, 사람을 위해'라고 외쳤던 것처럼 기업 리더는 공명정대한 방법으로 이익을 추구해야 하며, 그 목적은 어디까지나 사회발전에 기여하는 것이어야 한다.

公序良俗
공 서 양 속

뜻 공공의 질서와 선량한 풍속과 습관.

공변될 공, 차례 서, 어질 양, 풍속 속

보기

- 또한 유럽공동체 디자인 등록 출원도 어느 한 회원국에서라도 공서양속에 위반될 경우 유럽공동체 디자인으로 등록받을 수 없게 된다.
- 서울고법 민사18부는 18일 "형사소송법 규정을 피해 물정을 잘 모르는 어머니(81)를 속인 피고의 행위는 사회생활상 용인될 수 없고 공서양속에 반한다."며 재심청구를 기각했다고 밝혔다. 이 판결 확정으로 큰누나는 남동생에게서 땅값 16억7000여만 원을 돌려받게 됐다.

孔子穿珠
공 자 천 주

출전 조정사원(祖庭事苑)

뜻 공자가 구슬을 꿴다는 뜻으로, 자기보다 못한 사람에게 모르는 것을 묻는 것이 부끄러운 일이 아니라는 뜻.

구멍 공, 아들 자, 꿸 천, 구슬 주

보기

- '서울16 독서포럼'은 공자천주라고 사회 각 분야에서 성공한 CEO들이지만, 늘 공부하는 자세를 잊지 말자는 취지에서 결성됐다. 급변하는 세상을 잘 대처하는 지혜를 얻어 보자는 뜻도 담겨 있다.
- 공자천주라는 말이 무색할 정도로 스스로의 지성을 과신하는 바람에 달갑지 않은 평판을 들어야 하는 김대통령이 뒤늦게나마 인사스타일에서부터 국정 전반에 이르기까지 변화를 시도하고 있는 듯하다.

共存共榮
공 존 공 영

뜻 함께 살고 함께 번영함. 또는 함께 잘 살아감.

함께 공, 있을 존, 함께 공, 영화 영

보기

- 남과 북은 1992년 2월 남북기본합의서에서 불가침을 합의하고 2000년 6·15 남북공동선언에서 화해협력, 공존공영을 약속했다. 남과 북이 아직 제도화하지 못하고 있지만, 남북관계는 대립갈등에서 화해협력으로 비중이 점차 옮겨가고 있는 것이 사실이다.
- 이마트의 무반품 제도 운영으로 협력회사는 이익율이 개선될 것으로 기대된다. 또 이마트는 협력회사와의 공존공영 등 윤리경영의 이미지가 더욱 강화될 것으로 업계는 보고 있다.

空中樓閣
공 중 누 각

출전 심괄(沈括)의 몽계필담(蒙溪筆談)

뜻 공중에 떠있는 누각. 진실성과 현실감이 없는 일이나 생각 등을 가리킴.

하늘 공, 가운데 중, 다락 루, 다락집 각

보기

❍ 절대자를 향한 신뢰를 담고 있는 기도 문에서 인간은 비명을 지르고 싶다고 도, 부탁을 하고 싶다고도 말한다. 삶은 공중누각 같다는 인식을 배면에 깔고 자신을 알아볼 유일한 존재 신을 향해 시선을 고정하고 입술을 다무는 것.

❍ 그가 전세계적인 유명세를 떨친 것은 미국 고교의 총기난사 사건을 통해 '공 포(恐怖)'라는 공중누각 위에 서있는 미국사회의 폭력성을 폭로한 다큐멘터 리 '볼링 포 콜럼바인'으로 아카데미상 을 수상하면서부터다.

公平無私
공 평 무 사

뜻 어느 쪽에도 치우치지 않아 공평하고 사사로 움이 없음.

공변될 공, 평평할 평, 없을 무, 사사로울 사

보기

❍ 이 신임 소청심사위원장은 인사전문가 로 중앙과 일선 공무원의 고충과 애로 를 폭넓게 이해하고 있다는 평을 받고 있다. 특히 특유의 친화력과 조정능력 으로 공평무사한 소청사건 심사를 통해 공무원의 권익보호에 적임자로 꼽혔다.

❍ 현재 맹위를 떨치고 있는 '경제 위기' 의 담론에는 '경제성장 숭배'의 이데올 로기가 깔려 있다. 그것은 경제에 대한 근본적 질문을 던지지 않으며 이를 중 립적이고 공평무사한 가치로 전제한다.

功虧一簣
공 휴 일 궤

출전 서경(書經) 여오편(旅獒篇), 논어(論語) 자한편(子罕篇)

유사어 구인공휴일궤(九仞功虧一簣)

뜻 조금만 더하면 목적을 달성할 수 있는데 중단 하였기 때문에 지금까지 애쓴 일이 모두 허사 가 되고 만다는 뜻.

공 공, 이지러질 휴, 한 일, 삼태기 궤

보기

❍ 서경(書經)에 '공휴일궤'라는 고사가 있 다. 아홉 길 산을 만드는 데 마지막 한 삼태기 흙을 게을리해 어렵게 쌓아온 일을 망친다는 뜻이다. 코스닥의 경쟁 력을 높이는 한 삼태기를 위해 시장 기 업 투자자 모두의 지혜가 필요한 때다.

❍ 아마도 탈락자들은 '한 삼태기의 흙이 모자라 무너질지 모르는' 공휴일궤의 실수를 막기 위해 최선의 노력을 다할 것이다.

過猶不及
과 유 불 급

출전 논어(論語)의 선진편(先進篇)

뜻 지나친 것은 미치지 못한 것과 같다는 뜻.

지날 과, 오히려 유, 아니 불, 미칠 급

➲ 그러나 한편에서는 좋은 취지로 출발한 선행이 지나친 경쟁으로 비쳐지면서 '보여주기'로 흐르지 않을까 하는 우려도 일고 있다. 과유불급의 지혜가 필요하다는 조심스런 지적이다.

➲ 그러나 세상 모든 일에는 너무 지나치면 모자람만 못하다는 과유불급의 원리가 적용되듯이 현재의 외환보유 규모가 우리 경제 규모에 적정한 수준인지에 대한 반문은 반드시 필요하다.

瓜田李下
과 전 이 하

출전 악부고사(樂府古辭)의 군자행(君子行)

유사어 과전불납이(瓜田不納履)

뜻 외밭에서는 신을 고쳐 신지 말고, 오얏 나무 아래에서는 갓을 고쳐 쓰지 말라는 뜻으로 불필요한 행동을 하여 다른 사람들에게 오해를 받지 말라는 말.

외 과, 밭 전, 오얏 리, 아래 하

➲ 서울시 강남구 부구청장으로 있다가 최근 시 행정관리국으로 자리를 옮긴 신동우 국장의 강남구청에서의 마지막 행보에 대해 뒷말이 많다. 과전이하라고 신전부구청장이 왜 전보 하루 전에, 그것도 지역에서 민감하게 이해가 대립된 중요사안에 대해 자신이 결재를 하고 왔는지 모르겠다. 거기에다 신전부구청장이 옮겨온 자리는 서울시의 살림과 1만6000여 공무원을 관리하고 책임지는 행정관리국장이다.

過卽勿憚改
과 즉 물 탄 개

출전 논어(論語)의 학이편(學而篇) 및 자한편(子罕篇)

뜻 허물인 줄 알면 고치기를 꺼리지 말라. 잘못은 즉시 고치라는 것.

허물 과, 곧 즉, 말 물, 꺼릴 탄, 고칠 개

➲ '난타'의 성공에는 지극히 평범한 동양적 교훈, 즉 큰 그릇은 결코 빨리 만들어지지 않는다는 '대기만성'과 잘못이 있으면 즉시 고친다는 '과즉물탄개'의 의미가 담겨있다.

➲ 경기도의 이같은 잘못은 '탁상행정에서 비롯된 것으로 분석된다. 행정의 혼선을 없애고 주민의 피해를 최소화하려면 과즉물탄개의 지혜가 최선의 방법이다. 그리고 철저한 현장조사와 신중한 정책결정이 뒷받침될 때 주민들은 행정기관을 신뢰하게 되는 것이다.

裹革之屍
과 혁 지 시

출전 후한서(後漢書)의 마원전(馬援傳)

뜻 전쟁에서 싸우다가 죽은 시체

쌀 과, 가죽 혁, 어조사 지, 시체 시

◐ 미 의회조사국(CRS)의 군사전문가인 로버트 골드리치는 "1차 대전 때까지만 해도 어린 나이에 질병 등으로 숨지는 경우가 많았고 죽음은 어디서나 쉽게 볼 수 있는 일이었다."며 "그때는 많은 희생자가 발생한 것을 명예롭게 여겼다"고 말했다. 아울러 당시에는 과혁지시의 사망 소식을 화면으로 보는 게 아니라 신문을 읽거나 전해 들었기 때문에 충격이 덜했다는 게 학자들의 분석이다.

寬仁大度
관 인 대 도

뜻 마음이 너그럽고 인자하며 도량이 넓음.

너그러울 관, 어질 인, 큰 대, 법도 도

◐ 검찰이 지금까지 정치성을 못 벗은 것도 그렇지만 헌법정신과 그 명문규정의 최후보루라고 할 헌재가 정치적 조정자의 역할을 자임하는 인상을 주는 것은 심히 유감스럽다. 국민이 검찰과 사법부에 기대하는 것은 황희 정승의 관인대도나 노련한 중재가 아니다. 목수가 먹줄을 곧게 그어 정확히 자르듯 엄정한 판단을 내리고 단호히 처리해 주기를 바라는 것이다.

管見
관 견

출전 장자(莊子)의 추수편(秋水篇)

뜻 붓 대롱 속으로 내다본다. 바늘구멍 같은 좁은 소견을 가리킴.

관 관, 볼 견

◐ 남궁진 정무수석은 10일 "좋은 회담이 이뤄졌는데 말 한마디를 두고 누구 말이 맞냐, 맞지 않냐고 따지는 건 좋지 않다."며 "관견"이라고 말했다. 상도동측이 대화 내용을 시시콜콜하게 공개한 데 대해서도 "밀약설 등 뒷말이 안 나오게 됐다."며 '너그러운' 반응이다.

◐ 다원화·민주화한 사회에서 영웅은 언제라도 탄생할 수 있다. 자신의 관견에 매달려서 큰 소리로 농성하는 자세는 타협이 정치임을 모르는 소인배들의 몸짓에 불과하다.

管中窺豹
관 중 규 표

출전 진서(晉書) 왕헌지전(王獻之傳)

뜻 대롱 한가운데로 표범을 엿본다는 뜻으로, 식견이 좁은 것을 이르는 말.

대롱 관, 가운데 중, 엿볼 규, 표범 표

보기
- 일부 한국 관광객들이 관광코스를 따라 돌아보고 돌아와 중국의 생활수준에 대해서 퍽 좋게 이야기 하는 것은 관중규표식의 일반지견이다. 관광코스에서 떨어져 두 블록만 들어가 보라. 얼마나 비참한 생활도 있다는 것을 알 것이다. 그들에게 대해서 민주화란 세 글자는 무슨 외국어인가 할 것이다.

管鮑之交
관 포 지 교

출전 사기(史記)의 관중열전(管仲列傳)

유사어 금란지교(金蘭之交)

뜻 관중과 포숙이의 두터운 우정. 친구 사이의 두터운 우정과 교우관계를 이르는 것.

관 관, 절인어물 포, 어조사 지, 사귈 교

보기
- 전노지교(全盧之交). 전두환과 노태우 두 전직대통령의 40여년 우정과 애증을 빗댄 말이다. 선인들의 우정을 대변하는 고사성어 관포지교와 좋은 대조를 이룬다.
- 이번 캐스팅은 정식 오디션과 인터뷰를 거쳐 이뤄졌다. 한석규와 이환준은 현실에서 '관포지교'의 우정을 자랑하는 두 사람이지만 영화에선 결국 이중간첩 활동이 탄로 난 한석규가 이환준의 가슴에 총구를 겨눈다.

冠婚喪祭
관 혼 상 제

뜻 관례, 혼례, 상례, 제례 등의 네 가지 예를 두고 말함.

갓 관, 혼인할 혼, 죽을 상, 제사 제

보기
- 사람은 나서 자라고 죽을 때까지 일정한 과정을 거친다. 이를 알리고 공식화하기 위한 일생의례 또는 관혼상제는 집단의 질서를 세우고, 생활관을 좌우하기도 한다. 장현리 주민들 역시 이 같은 일생의례에 소홀하지 않았다.
- 각 민족의 독특한 관혼상제 의식을 접할 수 있는 문화교류의 장 '세계 통과의례 페스티벌 2002'가 3일부터 6일까지 서울 암사동 선사주거지에서 열린다.

刮目相對
괄 목 상 대

출전 삼국지(三國志)의 여몽전(呂蒙傳)

유사어 일취월장(日就月將)

뜻 눈을 비비고 다시 보며 상대를 대한다는 것, 학식이나 재주 등이 놀랍도록 향상됨을 이르는 말.

비빌 괄, 눈 목, 서로 상, 대할 대

보기
- 중국은 세계무역기구(WTO) 재가입 협상을 하기까지 16년이 걸렸지만 2003년 9월 칸쿤 WTO 장관급 회의에서는 브라질, 인도 등과 함께 G20을 이끌며 선진국들이 괄목상대할 만큼 성장했다.
- 디지털 가전부문에서 우리 기업의 글로벌 체질은 날로 강화되고 있다. 국내 가전시장의 맞수 삼성과 LG는 이제 글로벌 시장의 디지털 미디어 선두자리를 놓고 선의의 경쟁을 벌이는 형국이다. 우리 제품에 대한 세계 시장의 평가도 괄목상대하다.

廣大無邊
광 대 무 변

뜻 넓고 커서 끝이 없음.

넓을 광, 큰 대, 없을 무, 가 변

보기
- 광대무변한 대자연 앞에서 20톤급 항공기는 사막 한복판으로 추락하고, 살아남은 열 명은 이제 얼마 남지 않은 물과 비상식량을 바탕으로 탈출을 모색한다. 스펙터클한 C-119의 비상착륙 장면은 압도적이다.
- 그 광대무변한 인간들을 만들어내는 힘은 톨스토이의 고요하고도 적당히 궁핍한 내부에 있다는 느낌을 받는다. 전시회에는 톨스토이가 평생에 걸쳐 사용한 작은 책상과 나무 의자가 나와 있다.

曠日彌久
광 일 미 구

출전 전국책(戰國策) 조책(趙策)

뜻 하는 일 없이 헛되이 세월만 보내어 오래 끌고 머문다는 뜻으로 쓸데없는 소모전을 이르는 말.

빌 광, 날 일, 더할 미, 오랜 구

보기
- 우리는 공정위와 재계가 내세우는 명분과 이유에 대해 공감하면서도 광일미구로 허송세월하지나 않을까 우려하지 않을 수 없다. 공정위는 자신들의 '로드맵'을 따라야만 된다고 주장하는 반면 재계는 경쟁력의 발목을 잡는 '규제'라고 엇갈린 주장을 내놓고 있다.
- 특히 양 협회는 각자 회원사를 모집하기 위해 상대방을 헐뜯는 등 극한 수단까지 동원하고 있어 업계발전을 위한 노력보다는 광일미구로 일관하고 있다는 비난이다.

光彩陸離
광　채　육　리

뜻 아름답게 빛남.

빛 광, 채색 채, 언덕 육, 떠날 리

보기
- 특히 야간에는 빙벽 등에 설치된 오색 등에서 뿜어내는 광채육리로 환상적인 야경을 그려내고 있다. 에스키모집에 들어서면 사방이 온통 얼음더미로 뒤덮여 에스키모인이 된 듯한 착각에 빠져들게 한다. 또 길이 25m에 달하는 얼음썰매장에도 온종일 어린이로 북적거리고 있다.
- 청자를 다룬 옛 문헌을 뒤져도 상감이나 모양새(기형)에 대한 이야기는 거의 없고 광채육리의 신비스럽고 속 깊은 비색에 대한 상찬이 대부분이다.

光風霽月
광　풍　제　월

출전 송서(宋書)의 주돈이전(周敦頤傳)
뜻 갠 날의 빛나는 바람, 비 갠 하늘의 상쾌한 달, 깨끗하고 가슴 속이 맑고 고결한 인품이나 그런 사람을 가리킴.

빛 광, 바람 풍, 갤 제, 달 월

보기
- 마음대로 오락가락 하느니 맑은 바람이요, 제멋대로 들락날락 하기는 밝은 달이다. 내 집을 제집 드나들 듯한다. 광풍제월, 그 밝은 달빛 아래 맑은 바람 쏘이면서, 병 없는 이 몸은 그저 일 없이 자락깨락 하겠다.
- 소쇄원에서 한국미의 근원을 발견한 건축가 김수근이 죽기 전 한 달을 보낸 곳. 한 계단 아래서 만나는 광풍각은 소리의 공간이다. 두 건물의 당호는 '흉회쇄락여광풍제월(胸懷灑落如光風霽月)'에서 따왔다.

壞汝萬里長城
괴　여　만　리　장　성

출전 송서(宋書)의 단도제전(檀道濟傳)
뜻 어리석은 생각에서 일을 그르치게 한다는 뜻.

무너질 괴, 너 여, 일만 만, 마을 리, 긴 장, 재 성

보기
- 조명현 고려대 교수는 "어수선한 틈을 타서 각 이익단체의 개혁입법 뒤집기 시도는 상당히 우려할 만하다."면서 "어렵게 추진된 규제개혁이 괴여만리장성이 될까"하고 걱정했다.
- 올 들어 환율이 급격히 상승함에 따라 성장률 6%를 달성해도 달러로 계산한 국민소득은 내려갈 수밖에 없다. 소득 1만 달러의 붕괴는 우리 국민이 지난 30여년 동안의 피와 땀이 괴여만리장성이나 다름이 없다. 충격과 허탈 및 자괴를 느끼게 한다.

掛冠
괘 관

출전 후한서(後漢書)의 봉맹전(蓬萌傳)

뜻 갓을 벗어 건다. 관직을 버리고 사퇴하는 것.

걸 괘, 관 관

○ 국가보안법 폐지안의 연내 국회 처리 실패에 따른 책임을 지고 괘관했던 열린우리당 천정배 전 원내대표가 2월 임시국회를 맞아 국보법 논란의 본마당인 법사위로 되돌아왔다.

○ 송영근 국군기무사령관이 임기 만료를 2개월여 앞두고 전격 괘관을 표명, 오는 2월 28일자로 전역하겠다고 '전역지원서'를 윤광웅 국방장관에게 제출한 사실이 알려지면서 군 수뇌 조기 인사설이 다시 제기되는 등 군이 뒤숭숭하다.

矯角殺牛
교 각 살 우

출전 신론(新論) 빈애편(貧愛篇)

뜻 소의 뿔 모양을 바로 잡으려다가 소를 죽인다는 뜻으로, 작은 흠이나 결점을 고치려다 도리어 일을 그르치는 것을 이르는 한자성어.

바로잡을 교, 뿔 각, 죽일 살, 소 우

○ 갈수록 치열해지는 자동차전쟁에서 승승장구하던 기아차의 어려움 봉착은 경쟁업체인 일본과 유럽업체에 득이 된다. 광주공장 채용 과정에서의 비리를 기아차 전체의 도덕성 문제로 연결짓는 교각살우의 우를 경계해야 한다.

○ 물론 지나친 차별은 바로잡아야 한다. 그러나 효율·생산성이 강조되는 치열한 경쟁시대에서 만에 하나 평등과 차별시정의 명목으로 '차이'까지도 무시하는 분위기가 조장된다면 큰일이다. 교각살우의 의미를 되새겨볼 때다.

巧言令色
교 언 영 색

출전 논어(論語)의 학이편(學而篇)

뜻 남의 비위를 맞추는 교묘한 말과 아첨하는 얼굴색. 소인배들의 교묘한 수단을 일컫는 말.

공교로울 교, 말씀 언, 하여금 영, 빛 색

○ 인사말은 문화적 표상이며 그 곳에서 살아가는 사람들의 기질의 반영물이다. 부산 사람이 도와준 사람에게 자상하고 싹싹하게 인사하기보다는 '고맙심더'라는 말밖에 하지 못하는 것도 교언영색을 모르는 담백한 성격에서 비롯된 것이다.

○ 그래서 그들은 충혈된 눈과 칼날 같은 언어로 끊임없이 옛 친구를 찌르고 새 강자에게 교언영색하면서 '민주와 인권', '개혁과 진보'를 떠들어댄다.

教外別傳
교　　　외　　　별　　　전

출전　오등회원(五燈會元)

뜻　선종(禪宗)에서 말이나 문자를 쓰지 않고
따로 마음에서 마음으로 진리를 전하는 일.

가르칠 교, 바깥 외, 다를 별, 전할 전

보기
- 강의를 맡은 화가 한승구(인간문화재 제48호 단청장 이수자)씨는 "일필휘지의 선화는 교외별전의 언어일 수 있다. 그리고 1천700여년간 전해 내려오는 32상 80종호의 의궤에 따라 불화를 그리는 일은 극히 개인적인 수행 과정"이라고 말했다.
- "교외별전이란 배워서 알거나 생각으로 얻어지는 것이 아니라 모름지기 마음의 통로가 끊긴 뒤에야 알 수 있는 것"이란 서산대사의 설법.

教子採薪
교　　　자　　　채　　　신

출전　속맹자(續孟子)

뜻　자식에게 땔나무 캐오는 법을 가르치라는 말로 무슨 일이든 장기적인 안목을 갖고 근본적인 처방에 힘쓰라는 뜻.

가르칠 교, 아들 자, 캘 채, 땔나무 신

보기
- 이동통신에 대한 투자확대는 장기적으로 품질개선과 요금인하 혜택을 소비자에게 돌려준다. 또 IT산업 및 국가경제 활성화의 동인이 될 수 있음을 간과해서는 안 된다. 지금은 무슨 일이든 장기적 안목을 갖고 근본적인 처방에 힘쓰라는 교자채신의 교훈을 되새겨봐야 할 때이다.

膠柱鼓瑟
교　　　주　　　고　　　슬

출전　사기(史記)의
염파인상여열전(廉頗藺相如列傳)

뜻　거문고 기둥을 풀로 붙여 거문고를 탄다. 규칙만 알지 변통을 모르는 고집불통을 이름.

붙을 교, 기둥 주, 탈 고, 거문고 슬

보기
- 지난 국가보안법 협상 때 박 대표가 보여줬던 모습은 한편으로는 '교주고슬'로 비판받았지만 또 한편으로는 '원칙 고수'의 강한 리더십을 느끼게 한 것도 사실이다.
- 생전에 역도산은 말술을 마셨다. 원래 술을 좋아하지 않던 사람이라 자기 주량도 가늠하지 못한 채 마셔 댔던 것이다. 게다가 그는 술을 마시면 난폭해지고 누구 말도 듣지 않는 교주고슬에 청개구리가 되었다.

巧取豪奪

교　취　호　탈

출전 청파잡지(清波雜志)

뜻 교묘한 수단으로 빼앗아 취한다는 뜻으로, 정당하지 않은 방법에 의해 남의 귀중한 물건을 가로채는 것을 이르는 말.

교활할 교, 취할 취, 군셀 호, 빼앗을 탈

보기

- 더욱이 애국가의 가사는 물론 그 곡조도 배재학당의 애국가 곡조(오늘날은 안익태 작곡을 사용)를 그대로 사용했다. 민족의식과 민주가치를 너무나 소홀하게 다뤘다는 혐의를 벗어날 수 없을 것이다. 또 작사자 윤치호 역시 교취호탈한 친일파로 부귀를 누리고 살았다. 학생들에게 가르칠 때 이 대목을 어떻게 설명할 것인가? 그들의 행적이 제대로 밝혀지면 태극기와 애국가에 큰 상처를 남기게 된다.

膠漆之心

교　칠　지　심

출전 원미지(元微之)의 백씨문집(白氏文集)

뜻 아교와 옻칠 사이 같은 마음. 드물게 보는 두터운 우정을 말함.

아교 교, 옻 칠, 어조사 지, 마음 심

보기

- 현대중공업과 그리스 선사인 '선 엔터프라이즈'사가 33년 동안이나 교칠지심을 이어가고 있다. 1972년 조선소 건립 당시 첫 선박을 발주했던 선 엔터프라이즈는 지금까지 모두 9척을 현대중공업에 발주하며 한 세대를 뛰어넘는 사업관계를 이어가고 있다.
- nb의 노진영 대표와는 오래 전부터 교칠지심의 선후배 사이로 토니안이 평소 유일하게 개인적인 이야기를 하는 관계로 알려졌다.

狡兎三窟

교　토　삼　굴

출전 사기(史記)의 맹상군열전(孟嘗君列傳)

뜻 슬기로운 토끼는 도망갈 구멍을 셋을 파놓는다. 사람도 앞으로 전진만 하지 말고 갑작스런 난관에 대처해 뒤를 준비하는 것이 현명하다는 것.

교활할 교, 토끼 토, 석 삼, 굴 굴

보기

- 무역연구소는 대(對)중국 무역흑자가 2011년경에는 적자로 반전될 것으로 전망한 바 있다. 바야흐로 중국 외에 새로운 시장을 찾는 교토삼굴의 전략이 필요한 때다. 노무현 대통령이 러시아와 카자흐스탄에 이어 4일부터 인도와 베트남을 대상으로 '세일즈 외교'에 나선다.
- 공격적 부분과 방어적 부분 그리고 언제든지 활용가능한 현금상태로 투자하는 것이 개인 재산관리에 있어서 안전과 수익을 극대화할 수 있는 '교토삼굴'의 운용방법이다.

教學相長
교 학 상 장

출전 예기(禮記) 학기편(學記篇)

뜻 가르치고 배우면서 성장함.

가르칠 교, 배울 학, 서로 상, 클 장

보기

➡ 강회장은 청출어람과 교학상장이란 좌우명을 갖고 있다. 학문이란 끊임없이 계속되는 것이므로 중지해서는 안 되며, 기업을 운영함에 있어서도 늘 배우는 자세가 필요하다고 강회장은 강조한다.

➡ 교학상장이란 말이 있다. 배워야 부족함을 알게 되고 가르쳐 보아야 곤란함을 알게 된다. 배움과 가르침은 다른 개념 같지만 사실은 밀접한 관계가 있는 것이다. 가르치는 것이 가장 효과적으로 빨리 배울 수 있는 것이다.

拘猛酒酸
구 맹 주 산

출전 한비자(韓非子)의 외저설우(外儲說右)

뜻 개가 사나워지면 술이 시어진다. 한 나라에 간신배가 있으면 어진 신하가 모이지 않음.

개 구, 사나울 맹, 술 주, 실 산

보기

➡ 구맹주산. 제대로 장사하기 위해 사나운 개를 없애든지, 온순해지도록 훈련시켜야 한다. 비록 주막집이라 해도 고객과 관련해서는 세부적인 사항까지 살피고 배려하려는 의식을 모든 구성원이 가지고 있어야 하는 것이다.

➡ "중국의 옛 고사성어 가운데 구맹주산이라는 말이 있습니다." 아랫사람들의 경솔한 행동으로 일을 그르치는 경우를 일깨워주는 고사를 소개하며 구 회장은 고객을 직접 접하는 사원들이야말로 경영혁신의 주역이라고 강조했다.

口蜜腹劍
구 밀 복 검

출전 십팔사략(十八史略)

뜻 겉으로는 상냥한 체 남을 위하면서 은근히 돌아서서는 남을 끌어내림을 말함.

입 구, 꿀 밀, 배 복, 칼 검

보기

➡ 구밀복검이라고 미국은 얼마 전 유엔주재 조선대사가 미국을 방문하도록 하는 방침을 최초로 실행했다. 정동영 장관은 방미직후 '정상회담 가능설'을 은연중에 내놓으며 언론 플레이를 시도했다. 남북정상회담이 실현되지 않는 책임을 은근히 북쪽에 떠 넘기는 수법도 잊지 않았다.

➡ 노 대통령이 민주당을 탈당한 뒤 열린우리당 창당을 사실상 주도한 것은 겉과 속이 다른 표리부동이자 구밀복검이라고 평가했다.

ㄱ

扣槃捫燭

구 반 문 촉

출전 소식(蘇軾) 일유(日喻)

뜻 동반(구리쟁반)을 두드리고 초를 만진다는 말로 실제 경험이 없는 단편적인 지식으로는 진실에 도달할 수 없음을 비유.

두드릴 구, 동반 반, 어루만질 문, 촛불 촉

보기
● 우리도 어떤 일을 처리함에 있어 한두 사람의 말만 듣고 그것의 시시비비를 논하다가 다른 사람의 웃음거리가 된 구반문촉의 경험이 있을 것이다.

求不得苦

구 부 득 고

뜻 팔고(八苦)의 하나로 구하려 해도 얻지 못하는 고통.

구할 구, 아니 부, 얻을 득, 피로울 고

보기
● 돈에 대해 가지고 있는 부정적 인식을 돌려놓기 위해서다. 그는 칠판에 '구부득고'라고 적은 후 "부처님도 인간의 여덟 가지 고통(八苦) 중 7번째가 '구부득고(원하는 것을 얻지 못하는 고통)'라고 갈파했다."라고 소개했다.
● "생로병사(生老病死) 애별리고(愛別離苦) 원증회고(怨憎悔苦) 구부득고(求不得苦) 오음성고(五陰盛苦)의 팔고(八苦)가 있으니 팔재(八災)를 이기지 못한다면…… 입열반의 팔상(八相)을 얻지 못하리라."

九死一生

구 사 일 생

출전 사기(史記)의 굴원가생열전(屈原賈生列傳)

뜻 아홉 번 죽을 고비에 한 목숨 살았다. 죽을 고비를 간신히 살아난 것.

아홉 구, 죽을 사, 한 일, 살 생

보기
● 유씨의 아버지는 진정서에서 "보급이 단절되고 초근목피와 식수마저 없어 전사상자의 사혈로서 기갈을 면하는 등 금수취급을 당하면서 2년여의 징발·포로생활을 겪고 구사일생으로 귀국했다."고 당시의 고초를 설명했다.
● 남아시아 지진해일 재난 현장 한복판인 태국 푸껫 인근의 피피섬에 있다가 구사일생으로 목숨을 건져 귀국했지만 그날의 악몽에서 벗어나고자 다시 재난현장으로 돌아가 봉사활동을 하는 20대 청년이 있다.

ㄱ

口尙乳臭
구 상 유 취

출전 사기(史記)의 고조기(高祖紀)

뜻 입에서 아직 젖내가 난다는 뜻. 상대가 어리고 말과 행동이 유치함을 얕잡아 이르는 것.

입 구, 오히려 상, 젖 유, 냄새 취

보기

● 이에 대해 서울시는 29일 대변인의 공식 반박 기자회견과 함께 철거를 지시하는 등 강력 반발하고 있다. '서울시와 서울시민의 자존심에 먹칠을 한 것일 뿐만 아니라 대한민국의 위상을 끌어내린 구상유취한 광고'라는 것이다.

● 심심하면 스크린쿼터 축소를 들고 나오고, 아직도 "이것 틀지 않으면 저것 주지 않겠다."고 으름장을 놓으며 배급라인을 장악하려 혈안인 '할리우드 액션'의 치졸한 출연진에게 '구상유취'보다 더한 악취가 난다.

救世濟民
구 세 제 민

뜻 세상을 구하고 민생을 구제함.

구원할 구, 세대 세, 건널 제, 백성 민

보기

● 이지함(1517~1578)을 떠올리는 것은 바로 그런 까닭이다. 이지함은 '토정비결'의 작자요, 기인으로 잘 알려져 있지만 그는 구세제민의 경륜을 펼친 청백리요, 경제와 과학의 중요성을 일찍 깨달은 실학사상의 선구자이기도 했다.

● 김대중 정부는 IMF사태로 경제 위기에 빠진 나라를 구하고 서민을 위한다는 구세제민의 기치를 들고 출범했으나 과욕을 부려 시행착오에 빠지거나 독선으로 흐른 사례가 적지 않았다.

口若懸河
구 약 현 하

유사어 구여현하(口如懸河)

뜻 입에서 나오는 말이 경사가 급하여 쏜살같이 흐르는 강과 같다는 말로 말을 끊지 않고 청산유수처럼 하는 것을 비유.

입 구, 같을 약, 달릴 현, 물 하

보기

● 아랍 통합에 힘썼던 가말 압둘 나세르 전 이집트 대통령 역시 말은 구약현하이나 실천은 없었다. 아랍연맹에서 아랍 정상들이 회담 후 선언문을 채택하기도 하지만 사후에 이 선언문이 실행되는 예는 거의 없다.

● 인터뷰가 끝날 무렵, 기자는 "왜 아홉 살까지만 선물을 주고 그 다음부턴 모른 척했느냐."고 따져보았다. 구약현하이던 산타는 예상치 못한 질문에 당황하며 "올해는 건강과 평화를 담은 초콜릿 상자를 보내주겠다."고 대답했다.

九牛一毛
구 우 일 모

출전 문선(文選)의 한서(漢書)

유사어 창해일속(滄海一粟), 조족지혈(鳥足之血)

뜻 아홉 마리 소의 터럭 중 한 개의 터럭. 많은 것들 중에서 극히 적은 것을 말함.

아홉 구, 소 우, 한 일, 터럭 모

보기

➡ 한 고위관계자는 "지금 우리에게 필요한 것은 자기 위치에서 책임을 다하는 것"이라며 "퇴진론은 수많은 쇄신안 중 한 의견인 구우일모에 불과하다."고 말했다.

➡ 눈이 마음의 창이라고는 하지만 들여다 볼 수 있는 분량은 구우일모이기에 세상이 안정돼 왔다. 눈을 보고 마음을 읽어내는 '블루 아이스'라는 컴퓨터를 IBM이 개발했다는 보도가 있었다. 이제 내 마음마저도 내 것일 수 없게끔 과학기술이 까발린다는 것이 된다.

口耳之學
구 이 지 학

뜻 귀로 들은 대로 이야기하는 학문. 즉 들은 것을 새기지 않고 그대로 남에게 전하기만 할 뿐 조금도 제 것으로 만들지 못하는 학문을 뜻한다.

입 구, 귀 이, 어조사 지, 배울 학

보기

➡ 대인(大人)의 학문은 귀에 들어가면 그대로 마음에 말하고 몸에 달라붙지만, 소인(小人)의 그것은 귀에 들어가면 곧바로 입으로 새어 나온다는 뜻이다. 하기야 학문이 겨우 네 치에 지나지 않는 귀와 입 사이에만 머문다면 그 천박성이 어느 정도인지 짐작할 수 있다. 지(知)·덕(德)·행(行)의 심덕 없이 남에게 알리는 데 급급하여 이름과 명예를 추구하는 '위인지학(爲人之學)'의 얕음과 가벼움도 구이지학에 못지않다.

求仁得仁
구 인 득 인

출전 사기(史記)

뜻 인을 구하여 인을 얻다. 즉 자신이 원하는 것을 얻었음을 뜻한다.

구할 구, 인자할 인, 얻을 득

보기

➡ 이같은 일련의 변화에 대해 현대그룹 종합기획실 홍성원 이사는 "불과 얼마 전까지만 해도 각 기업에서는 누가 어느 대학의 어느 과를 졸업했는가가 입사나 승진의 중요한 기준이 됐지만 이제는 과연 그 사람이 회사에 와서 어떤 능력을 발휘하느냐가 기준이 되고 있다."며 "이에 따라 기업도 변화하는 사회에 따라 구인득인하기 위해 원하는 인재상도 단순히 간판이 좋은 사람보다는 전문성과 창의력을 갖춘 인물로 바뀌어가고 있다."고 말했다.

舊 態 依 然
구 태 의 연

뜻 옛 모양 그대로임.

옛 구, 모양 태, 의지할 의, 그럴 연

● 이 회장은 이어 "패션의 속성은 구태의 연해서는 안 되며 탁월하고 앞서가야 한다."며 "백화점도 바로 이런 속성을 지녀야 하며 그것이 바로 백화점업의 기본이다."고 강조했다.

● 일부 토론회에선 참석자들이 "포럼이 구태의연한 주제에 매몰돼 있다."고 비판했다. 토론회 주제가 장차 생길 수 있는 세계적 문제, 예컨대 이라크 총선 이후의 안정화 과제나 중국 경제의 갑작스러운 추락에 대한 대비 같은 것이 아니라 이미 노출된 것뿐이라는 지적이다.

口 禍 之 門
구 화 지 문

출전 전당(全唐) 시(詩)의 설시(舌詩)
뜻 입은 재앙의 문. 입이 재앙을 불러들이는 문이 된다는 것으로 말을 함에 있어 신중해야 함을 뜻한다.

입 구, 재앙 화, 어조사 지, 문 문

● 진실이 거짓에 눌려 숨을 못 쉬는 사회, 정치지도자건 전문경영인이건 지도층에 거짓말쟁이가 많은 나라의 앞날은 희망이 없다. 구화지문이라고 어쨌든 말이란 자칫 잘못 나오면 그 사람의 인생을 송두리째 역전시킬 경우도 비일비재한 것이다. 올해에는 누구나 언행에 신중을 기해 자신을 욕되게 하는 일이 없어야 하겠다.

國 士 無 雙
국 사 무 쌍

출전 사기(史記)의 회음후열전(淮陰侯列傳)
뜻 한 나라에 둘이 없는 인물. 둘도 없는 뛰어난 인물을 이르는 말.

나라 국, 선비 사, 없을 무, 쌍 쌍

● 이중 가장 주목받는 요리사는 '팔보면'을 만든 반림주가의 부요리장 '탄'. 해산물 등 8가지 주재료로 국사무쌍이 갖춰야 할 여덟 가지 덕목을 표현해낸다. 만화 '중화일미' 속의 한 장면이다.

● 그러나 과연 신한국당의 대선 예비주자들 모두가 정말로 한 나라를 이끌어 나갈 만한 경륜과 자질 그리고 덕성을 갖추고 있을까? 저마다 국사무쌍이라고 자화자찬하고 다니겠지만 국민의 눈에는 옥석혼효로 밖에 보이지 않는다.

跼 蹐

국   척

출 전 시경(詩經)의 소아정월(小雅正月)

뜻 머리가 하늘에 닿을까 등을 구부리고 땅이 꺼질까 조심스럽게 발걸음을 내딛는다. 겁이 많아 몸둘 바를 모르는 상태.

구부릴 국, 살살걸을 척

보기

● 그런데 이런 기술성장과는 반대로 자동차가 가져다준 사회적 폐해는 어느 하나도 고쳐지지 않아 차가 두려운 존재로 되고 있다. 도로사정이 열악하고 차량행렬이 봇물처럼 쏟아지더라도 운전자의 안전의식만 뚜렷하다면 세계 제일의 교통사고 발생국이란 불명예는 면할 수 있지 않을까. 어떻든 자동차의 증가로 인한 폐해가 자동차에 대한 기우나 국척의 원인이 되어서는 안될 것이다.

國 破 山 河 在

국   파   산   하   재

출 전 두보(杜甫)의 춘망시(春望詩)

뜻 나라가 망하여 국민은 흩어지고 높은 산과 흐르는 물만 남았다는 것.

나라 국, 깨질 파, 뫼 산, 물 하, 있을 재

보기

● 이 대표는 중국의 시성 두보의 '국파산하재' 라는 시구를 인용, "우리는 6·25 사변 때 나라가 깨져 낙동강까지 밀려 내려간 쓰라림 속에 목숨부지가 최선인 원시상태를 경험한 바 있다."면서 국방의 중요성을 역설했다.

● 대만의 대표적 반체제 작가 백양과 손관한의 통렬한 중국 비평서 '병든 중국인'이 아닌 '병든 러시아'를 절감치 않을까 싶다. 연방은 분열, '국파산하재' 렸다. 고르바초프의 개혁과 개방 팡파르가 드높을 때 귀향했더라면 어땠을까.

群 鷄 一 鶴

군   계   일   학

출 전 진서(晉書)의 혜소전(嵇紹傳)

뜻 닭 무리 속에 있는 한 마리 학. 평범한 사람들 중에 뛰어난 한 사람을 일컬음.

무리 군, 닭 계, 한 일, 학 학

보기

● 한누리투자증권은 27일 엔씨소프트가 온라인게임 주 가운데 군계일학이라며, '비중확대' 의견과 목표주가 10만원을 유지한다고 밝혔다. 한누리증권은 '리니지2' 의 해외시장 초기 반응은 예상보다 뜨겁다며, 올해 '깜짝실적' (어닝서프라이즈)도 기대할 만하다고 밝혔다.

● 정치신인으로 군계일학을 자청하며 여의도 입성을 자신하던 광역의원들의 공천 줄탈락으로 지방의원들의 사기가 크게 떨어졌다.

群盲評象
군 맹 평 상

출전 북송열반경(北宋涅槃經)의
사자후보살품(獅子吼菩薩品)

유사어 군맹무상(群盲撫象)

뜻 여러 맹인이 코끼리를 만지고 평하기. 자신의
주관과 좁은 소견으로 잘못 판단한다는 것.

무리 군, 장님 맹, 평할 평, 코끼리 상

보기

● 그 중국과 중국인을 말하기는 어렵다.
워낙 넓고 크고 깊어서 군맹무상의 논
평으로 될 것이기 때문이다. 하지만 쉽
게 떠오르는 것이 만만디(만만적). 결코
서두르지 않는 품성으로 살아내려온
다. 임어당도 그에 대해 언급한다.

● 세상에는 그런 늙은 젊은이가 있는가
하면 골골거리는 젊은 늙은이도 있는
법. 그러니 나이로만 늙고 젊고를 따지
는 건 군맹무상 같은 겉핥기가 된다고
도 할 것이다.

君命有所不受
군 명 유 소 불 수

출전 사기(史記)의 사마양저열전(司馬穰苴列傳)

뜻 장수가 전쟁 수행과정에서는 임금의 명령도
경우에 따라 듣지 않을 수 있다는 것.

임금 군, 명령 명, 있을 유, 곳 소, 아니 불, 받을 수

보기

● 군에서 상부의 명령은 하늘의 명령이
다. 특히, 전시에는 더욱 더 그러하다.
그러나 아무리 하늘의 명령이라고 하
나 전쟁 시 어린이와 노약자 등 전쟁에
직접 참전한 군인이 아닌 양민을 학살
하라는 명령은 군명유소불수라 할 수
있다.

群雄割據
군 웅 할 거

뜻 많은 영웅들이 각각 한 지방에 웅거하여 세력
을 과시하며 서로 다투는 상황을 이르는 말.
또는 여러 영웅이 세력을 다투어 땅을 갈라
버티고 있음.

무리 군, 수컷 웅, 나눌 할, 의거할 거

보기

● 한편 올 한해 동안 화제작은 많았지만,
딱히 이렇다 할 히트작은 꼽기 힘든
MBC는 현재 군웅할거 양상을 보이고
있다. 명실상부한 '최강자'는 올해 초
종영한 '대장금'이겠지만, 주연 이영애
는 이미 2003년 대상을 받았다.

● 막강 주력포(오닐)를 떼준 맹주 레이커
스 왕조의 화력이 약해진 서부는 군웅
할거가 예상된다. 레이커스는 맹장 코
비 브라이언트가 본진을 맡아 라마 오
돔, 브라이언 그랜트, 캐론 버틀러 등
과 더불어 전열을 가다듬고 있다.

ㄱ

君子三樂
군 자 삼 락

출전 맹자(孟子)의 진심장(盡心章)

뜻 군자의 세 가지 즐거움. 이것을 인생삼락이라
고도 함.

스승 군, 남자 자, 석 삼, 즐거울 낙

보기

➡ 그는 영재를 교육하는 기쁨 등을 갈파
한 맹자의 '군자삼락'을 바탕으로 교육
목표 '득·교·진'을 설정했다. 그 목
표는 국제화시대에 적응하고, 취업에
강한 대학 만들기로 요약된다.

➡ 교수만큼 좋은 직업도 없다. 하고 싶은
공부를 하면서 군자삼락의 하나라는
제자 양성을 할 수 있고 사회적 존경도
받는다. 각종 위원회는 대부분 교수들
차지일 만큼 교수를 찾는 곳이 많고, 따
라서 현실참여와 사회봉사의 폭도 넓
다.

君子遠庖廚
군 자 원 포 주

출전 맹자(孟子)의 양혜왕편(梁惠王篇)

뜻 군자는 푸줏간을 멀리 한다. 어질고 사랑하는
마음 때문에 짐승을 죽이는 것까지도 차마 못
본다는 것.

스승 군, 남자 자, 멀리할 원, 부엌 포, 부엌 주

보기

➡ 논어나 맹자같은 책을 보면 군자는 주
방에 드나들지 말아야 한다고 해서 '군
자원포주'라 했다. 그러나 '여씨춘추'
를 보면 유화씨의 양자인 이윤은 은나
라 때 음식을 잘 만들어 재상의 자리에
올랐다는 얘기가 나온다. 두부도 왕의
발명품이다. 그런 의미에서 보면 대부
분의 중국 음식은 요리를 잘하는 남자
들이 대를 이어 계승해 왔다.

君子豹變
군 자 표 변

출전 역경(易經)의 혁괘사(革卦辭)

뜻 표범의 털가죽이 선명하고 아름답게 변해가
는 것처럼 군자도 뚜렷한 태도로 선으로 옮겨
간다는 의미였으나 오늘날에는 안면을 갑자
기 싹 바꾸는 소인의 행위로 바뀌어 쓰이고
있음.

스승 군, 남자 자, 표범 표, 변할 변

보기

➡ 마츠시타 고노스케는 심사숙고하는 스
타일이기도 했지만 한번 한 결정을 순
식간에 뒤집기도 잘했다고 한다. 그래
서 후계자가 보다 못해 "왜 그렇게 조
령모개하느냐?"고 불만을 표했다. 그
러자 마츠시타는 "너는 군자표변이라
는 말도 모르느냐?"고 답했다.

➡ 주가 상승은 비관론을 낙관론으로 되
돌릴 수도 있는 것이다. 군자표변이라
는 말이 있다. 범처럼 재빠르게 인식을
전환하여 기나긴 비관론의 터널에서
한번쯤 벗어나는 시도를 해볼 시기가
아닌가 한다.

52

屈臣制天下
굴　신　제　천　하

유사어 극천하이굴신(克天下而屈臣)

뜻 자신보다 못한 아랫사람에게 뜻을 굽혀 큰일을 성취한다는 뜻.

굽을 굴, 신하 신, 다스릴 제, 하늘 천, 아래 하

보기
● 항상 최종 결정을 내리는 사장이라도 가끔은 말단 직원을 따끔한 충고와 참신한 아이디어에 귀를 기울이지 않으면 그 회사는 발전하지 않는다. 굴신제천하라 했다. 늘 낮은 곳의 소리에 귀를 기울이자. 그럼 아무리 어려운 일이라도 이루어지리라.

拳拳服膺
권　권　복　응

출전 중용(中庸)

뜻 남의 충고나 훈계 등을 마음 속에 새겨 잊지 않음.

주먹 권, 배 복, 가슴 응

보기
● 황조항종의 유범으로서 짐의 권권복응하는 바 전일에 미·영 양국에 선전한 까닭도 또한 실로 제국의 자존과 동아의 안전을 서기함에 불과하고 타국의 주권을 배하고 영토를 범함은 물론 짐의 뜻이 아니었다.
● 끊임없이 법문을 접하고 간직하고 표준하고 살 때만이 우리는 늘 깨어 살 수가 있다. 권권복응이라, 즉 법문 하나하나를 권권이 내 가슴속에 깊이 간직하고 살아야 그게 바로 진급의 삶을 살게 되는 지름길이다.

權謀術數
권　모　술　수

유사어 권모술책(權謀術策)

뜻 목적달성을 위해서는 인정이나 도덕을 가리지 않고 권세와 모략, 중상 등 갖은 방법과 수단을 쓰는 술책. 또는 상황에 따라 능수능란하게 대처하는 수완.

권세 권, 꾀할 모, 꾀 술, 셀 수

보기
● 이등박문은 조약체결을 위한 황제의 승인을 받으려고 갖은 권모술수를 다썼다. 그는 서울에 도착하자마자 강도적 논리로 일관된 일본천황의 칙서를 고종 앞에 내놓으며 조약체결의 필요성을 늘어놓았다.
● 배곯아가면서 정권의 탄압에 숨죽이면서도 오로지 '노동자가 잘사는 세상'을 만들겠다는 초기의 순수성은 눈 씻고도 찾아볼 수 없다. 마치 우리가 그렇게 손가락질하는 '정치판'의 권모술수만 넘치는 듯하다.

ᄀ

勸善懲惡
권 선 징 악

출전 춘추좌씨전(春秋左氏傳)의
성공십사년(成公十四年)

뜻 착한 행실을 권장하고 악한 행동을 징계함.
악한 사람을 책망하고 선한 사람은 권장함.

권할 권, 착할 선, 징계할 징, 악할 악

보기

➡ '야욕은 그 주인을 멸망케 한다.'고 했
다. 그러나 판타지 모험영화 레모니 스
니켓의 '위험한 대결'은 권선징악을 담
아낸 여느 해피 엔드 영화와 달리 '악
한들의 야욕으로 점철된 삶은 계속된
다.'고 말한다.

➡ 출생의 비밀을 간직한 대다수 드라마
처럼 마지막 회에 가족 상봉을 하고 반
성하는 권선징악형 사랑얘기를 거부하
고 무거운 삶의 진실을 드러내 비극성
을 강화했다. 이는 드라마를 깔끔하게
마무리할 수 있었던 요인으로 작용했다.

捲土重來
권 토 중 래

출전 두목(杜牧)의 시(詩) 제오강정(題烏江亭)

뜻 흙먼지를 날리며 다시 온다. 한번 실패한 사
람이 다시 분기하여 세력을 되찾는다는 것.

말 권, 땅 토, 무거울 중, 올 래

보기

➡ "삼성 최고경영자의 강력한 리더십과
신속한 결단력을 일본 경영자들이 배우
라."고 충고하면서 "삼성전자와의 전략
적 제휴도 좋지만 권토중래를 위해선
일본 기업들이 보다 공격적으로 나서야
한다."고 꼬집었다.

➡ 하지만 새로운 스윙폼으로 올시즌 권토
중래를 노리는 우즈 역시 호락호락하지
않았다. 드라이버샷 비거리는 평균 316.5
야드로 싱에 이어 2위에 오른 우즈는 거
의 페어웨이를 놓치지 않는 등 지난해와
는 완전히 다른 모습이었다.

鬼魅最易
귀 매 최 이

출전 한비자(韓非子)의
외저설좌상편(外儲說左上篇)

뜻 귀신, 도깨비 그리기가 가장 쉽다. 그림을 감
상하는 자가 잘 모르므로 그리기 쉽다고 하는
것.

귀신 귀, 도깨비 매, 가장 최, 쉬울 이

보기

➡ 현대미술 작품들을 보면 귀매최이의
작품들이 많은 것 같다. 특히 추상화의
경우, 해석하기 나름이라고 그림을 잘
안다고 하는 사람들도 그림을 제대로
이해하는 사람은 그리 많은 것 같지 않
다.

鬼面佛心
귀 면 불 심

뜻 보기에는 귀신과 같은 얼굴이지만 사실은 부처같이 순한 마음을 갖고 있음.

귀신 귀, 얼굴 면, 부처 불, 마음 심

보기
- 사람을 겉모습만으로 판단해서는 안 된다고들 하지만 요즘처럼 외모에 많은 비중을 두고 있는 사회적 분위기에서는 그 사람의 마음보다는 외모를 먼저 보게 된다. 따라서 귀면불심이라고 외모만으로 잘못 판단하여 착한 사람을 엉뚱하게 오해하는 경우가 종종 있다. 특히 불시검문 같은 경우가 그러하다.

龜毛兎角
귀 모 토 각

뜻 거북의 털과 토끼의 뿔이라는 뜻으로 본래 실재하지 않는 것을 비유한 말.

거북 귀, 털 모, 토끼 토, 뿔 각

보기
- 형편이 이럴진대 바투보기의 먼산바라기라는 핀잔을 들을망정, 귀모토각이라며 야료를 당할망정, 상대를 바로 보고 바로 전하고자 용쓰는 이들만이나마 머리를 맞대는 수밖에 없다.

貴耳賤目
귀 이 천 목

뜻 먼 곳에 있는 것을 괜찮게 여기고, 가까운 것을 나쁘게 여기는 보통 사람들의 풍조를 가리키는 말.

귀할 귀, 귀 이, 천할 천, 눈 목

보기
- 그들은 악착같이 '말'의 주변을 배회하면서도 악착같이 그 '말'에 귀 기울이지 않는다. 공부길에 귀이천목하라고 했거늘 그들은 사심(私心)으로 기울어 내내 귀목천이(貴目賤耳)한다. 대화가 살아있는 인문적 사회를 위해 정작 필요한 것은 '말'에 앞서 '말'이 제대로 대접받게 배려하는 '생산적 침묵', 즉 듣기의 환경이다. 소통의 부재를 떠들면서도 우리 사회는 결코 말이, 잡담과 수다와 소문과 풍문이 적은 곳이 아니지 않은가.

橘中之樂
귤　중　지　락

출전 유괴록(幽怪錄)

뜻 바둑을 두는 즐거움을 이르는 말.

귤나무 귤, 가운데 중, 어조사 지, 즐길 락

보기

● 바둑이 이렇게 유구한 역사를 가지면서, 역사적 명류들이 심취할 수 있어서인지 전해 불려지는 별칭도 많다. 땅은 모나고 하늘은 둥글다는 지방천원(地方天圓)에서 유래된 방원(方圓), 근심을 잊는다는 망우(忘憂), 바둑돌의 흑백을 상징하는 오로(烏鷺), 깨가 쏟아진다는 귤중지락(橘中之樂) 등 운치있는 표현들이 회자되어 왔다.

橘化爲枳
귤　화　위　지

출전 안자춘추(晏子春秋) 내잡(内雜)

유사어 남귤북지(南橘北枳)

뜻 기후와 풍토가 다르면 강남에 심은 귤을 강북에 옮겨 심으면 탱자가 되듯이 사람도 주위 환경에 따라 달라진다는 것을 비유한 말이다.

귤 귤, 화할 화, 될 위, 탱자 지

보기

● 서양에서는 동그라미가 '없음', '영(제로)'을 의미하지만 인도에서는 '전체' '안정'을 의미한다. 중국의 귤화위지의 고사처럼 파스칼은 피레네산맥의 이쪽에서는 진리가 저쪽에서는 오류라고 갈파하지 않았던가.

● 노무현 정부는 인사시스템의 선진화를 위해 미국식 모델을 본뜬 인사보좌관 직책을 신설했고, 새로운 인사시스템 운용방침을 내놓았다. 그러나 이 전 위원장 사퇴과정에서 보여준 정 보좌관의 행보는 '귤화위지'를 떠올리게 한다.

克己復禮
극　기　복　례

출전 논어(論語)의 안연편(顔淵篇)

뜻 자기를 욕망과의 싸움에서 이기고 예로 돌아가는 것이 인(仁)이라는 것.

이길 극, 몸 기, 돌아갈 복, 예 례

보기

● "예(禮)는 사람을 사람으로 대우하는 바탕입니다. 황금만능주의와 이기주의, 이로 인한 각종 범죄가 난무하는 사회를 인간다운 사회로 되돌리기 위해선 극기복례의 정신이 반드시 필요합니다."

● 이렇게 무너진 사회를 세우기 위해 예(禮)가 새로운 국가 아젠다로 등장합니다. 예는 법과 도덕의 중간에서 사회가 제대로 돌아가기 위한 기본적인 생활규범인 셈입니다. 그래서 나온 슬로건이 극기복례입니다.

極樂淨土

극 락 정 토

뜻 아미타불이 살고 있다는 정토. 이 세상에서 서쪽으로 십만 억의 불토를 지나서 있으며, 모든 것이 완전히 갖추어 불과를 얻은 사람이 죽어서 이 곳에 다시 태어난다 함.

지극할 극, 즐길 락, 깨끗할 정, 흙 토

보기

➲ 만수산의 만수(萬壽)나 무량사의 무량(無量)은 헤아릴 수 없는 극락정토를 뜻한다. 이름처럼 무량사는 속가와는 한참 떨어져 사람의 손을 타지 않았다. 해가 저물자 그나마 답사객들의 발길도 뚝 끊겼다.

➲ 부처님 제자 중 목련존자는 부처님께 간청해 지옥에서 고통받고 있는 어머니를 개로 환생하게 했다. 어머니 넋을 달래니 어머니가 극락정토에 사람으로 다시 태어났다는 이야기에서 비롯됐다. 이날이 음력 7월 보름 우란분절이다.

極惡無道

극 악 무 도

뜻 더없이 악하고 도의심이 없음.

지극할 극, 악할 악, 없을 무, 길 도

보기

➲ 히틀러는 12년 동안 독일국민의 충성을 한 몸에 받았다. 이처럼 그 폭군에 의해 표출된 극악무도한 정신세계는 결국 그 시대를 용인했던 인간들의 숨겨진 모습이라는 것이 저자의 주장이다.

➲ 검은 콧수염을 기른 채 때때로 카키색 군복을 입고 이라크 국민들을 독려하는 후세인은 부시의 말대로 '악의 축'이며 서방세계가 어떠한 희생을 치르더라도 제거해야 할 극악무도한 인물이었다.

近墨者黑

근 묵 자 흑

출전 진서(晉書) 왕융전(王戎傳)

뜻 먹을 가까이 하다 보면 자신도 모르게 검어진다는 뜻으로 사람도 주위 환경에 따라 변할 수 있다는 것을 비유한 말이다.

가까울 근, 먹 묵, 놈 자, 검을 흑

보기

➲ '근묵자흑 근주자적(近墨者黑 近朱者赤)'이라는 옛말이 있다. 누가 보지 않더라도 스스로 교통법규를 지키려는 분위기가 대세를 이루면 '나하나 쯤이야 하던 사람도 대세에 동화돼 질서를 지키게 된다.

➲ '신한국'을 건설하겠다던 김영삼 정권은 오히려 사상 최대의 부패스캔들을 겪으며 국민은 물론 지구촌의 따가운 시선을 받고 있다. 근묵자흑이라고 한다면 국민에게 너무나 가혹한 시련이다.

故事成語 57

ㄱ

槿花一日榮
근 화 일 일 영

출전 백락천(白樂天)의 시(詩) 방언(放言)
뜻 아침에 피었다가 저녁에 시드는 무궁화꽃과 같이 사람의 영화는 덧없다는 것.

무궁화 근, 꽃 화, 한 일, 날 일, 영화 영

보기
- 누가 보아도 웅장함으로 옷깃을 여미게 하는 유물들은 필자로 하여금 역사 속으로 사라져 간 영웅호걸을 생각하며 티끌 같은 인생으로서 근화일일영을 느끼게 했다.
- '꿈, 탐욕이 그리는 그림' 은 삼국유사의 설화에 바탕을 둔 작품으로 근화일일영을 표현한, 불교적 색채가 강한 작품이다. 또 '장승과 그림자' 는 전통과 현대의 공존 속에서 삶의 원초성을 그리고 있으며 '삶꽃, 바람꽃' 은 현대인의 치열한 생존의지를 표현하고 있다.

金剛不壞
금 강 불 괴

유사어 금강견고(金剛堅固)
뜻 금강처럼 단단하여 절대로 부서지지 않음.

쇠 금, 굳셀 강, 아니 불, 무너질 괴

보기
- 중국의 거장 무협소설가 양우생(梁羽生)의 말은 이렇다. "총이 등장하게 되면 내 소설 속의 인물들은 자신의 무공을 펼칠 길이 없어진다. 총알이 안 들어가는 금강불괴의 사람이 정말 있다고 여기는가? 절세의 경공이 아무리 빠르다 해도 총알만큼 빠를 수야 있겠는가?"
- 우선 삼성의 힘이 상상 이상으로 커졌다는 것이다. '금강불괴' 라고나 할까. 그도 그럴 것이 아무리 정권 말기의 힘 없는 시기라지만 정보통신부가 이토록 삼성에 대해 약하게 나올지는 몰랐다.

金科玉條
금 과 옥 조

출전 양웅(揚雄)의 극진미신(劇秦美新)
뜻 금옥과 같은 법률이라는 뜻으로 소중히 여기고 꼭 지켜야 할 법이나 규정.

쇠 금, 과정 과, 구슬 옥, 곁가지 조

보기
- 자유민주주의는 '금과옥조' 다. 적어도 한국 사회에서는 그렇다. 정치권에서 상대를 비방할 때 처음 드는 회초리가 자유민주주의다. 이를 반박하는 방패도 자유민주주의다. 한국의 정치·사회·이념 논쟁의 축은 "누가 진정한 자유민주주의인가."에 모이고 있다.
- 외환위기 이후 구조조정의 잣대로 금과옥조처럼 여겨져 온 부채비율(부채/자기자본) 기준이 기업의 원활한 상장과 투자활성화에 큰 걸림돌이 되고 있다.

金蘭之交

금 란 지 교

출전 역경(易經)의 계사상전(繫辭上傳)

유사어 관포지교(管鮑之交)

뜻 금은 지극히 견고하나 두 사람이 마음을 합치면 그 견고함이 금을 능히 끊을 수 있으며, 두 사람의 진정한 말은 향기로운 난초와 같다는 우정을 말함.

금 금, 난초 란, 어조사 지, 사귈 교

보기

➡ 전시회를 통해 우수한 품종을 발굴하고 보존해 난의 아름다움을 세계에 알리기 위해 열릴 이번 대전에는 모두 전국의 애란인 등과 도내·외 17개 단체가 참여, 금란지교의 뜻깊은 축제의 장이 될 것으로 기대를 모으고 있다.

錦上添花

금 상 첨 화

출전 왕안석(王安石)의 시(詩) 즉사(卽事)

뜻 비단 위에 꽃을 수놓는다. 좋은 일에 좋은 일이 더한다는 것.

비단 금, 위 상, 더할 첨, 꽃 화

보기

➡ 대변인제의 효용성을 높이기 위해서는 우선 대변인의 언어능력이 향상되어야 한다. 적확한 표현은 기본이고, 유머와 위트를 적절하게 구사하여 듣는 이들을 미소 짓게 만들면 금상첨화가 아닐까. 그러나 중요한 것은 정직이다.

➡ 역시나. 조인성의 뛰어난 패션감각은 한층 성숙해진 연기력과 더불어 '봄날'의 화려한 꽃이었다. 모델출신의 배우기에 오히려 멋이 연기력을 가리기 쉽지만, 그의 경우는 그야말로 금상첨화의 효과를 내고 있으니 말이다.

金聲玉振

금 성 옥 진

출전 맹자(孟子)의 만장(萬章)

뜻 재주와 지혜, 인덕을 충분히 조화 있게 갖추고 있음의 비유. 또는 인격이 대성함을 비유, 특히 공자의 완성된 인격을 기리는 말로 쓰임.

쇠 금, 소리 성, 구슬 옥, 떨칠 진

보기

➡ "그윽하고 바른 마음 기리며/유정문 들어서다/금성옥진 넘쳐나던/완락재 앞에서 넋을 잃다/생각 무겁고 눈앞은 흐려/바위에 기대어 앉듯 낮게, 낮게/암서헌에서 조아리다"('도산서당') 정신의 순수를 좇아가는 시인의 시구에서는 유장하고 은은한 묵향 내음이 절로 진동한다.

金城湯池
금　성　탕　지

출전 한서(漢書)의 괴통전(蒯通傳)

뜻 쇠로 만든 성의 둘레는 끓는 물의 연못이 있어 가까이 가기 힘든 견고한 성을 말함.

쇠 금, 성 성, 끓을 탕, 못 지

보기

➡ 1백22개의 대학법인을 모두 싸잡아서 그렇게 지칭할 수야 없지만 적어도 상지대와 같은 학교들은 설립인가에서부터 정원배정, 증과, 증원에 이르기까지 칼자루를 쥔 어느 부처 '대학정책실장'과 같은 컴컴한 관리의 금성탕지였다.

➡ 농민들의 진격은 함평, 무안, 나주, 장성으로 이어진다. "설령 금성탕지가 있다한들 무슨 소용이랴. 백성이 관리를 원망하는 터에 누구와 함께 지키겠는가." 구한말 황현의 탄식이 해토머리의 들녘에서 들려오고 있다.

琴瑟相和
금　슬　상　화

출전 시경(詩經)의 소아(小雅)

유사어 금슬지락(琴瑟之樂)

뜻 거문고와 비파가 음률이 잘 화합한다. 부부간의 의좋음을 일컫는 것.

거문고 금, 비파 슬, 서로 상, 화할 화

보기

➡ 아내나 남편의 말이 너무 많아 괴로울 때가 있다. 그러나 이해심을 갖고 조화를 이루면 금슬상화로 여겨진다.

➡ 부부의 인연을 이어주는 최고(最古)의 교량을 통해 서로의 육체를 공유함으로써 정신적 유대감을 강화하고 상승적(相乘的) 삶을 지향한다. 부부 간 성행위가 생산을 전제로 한 요식 행위가 아니라면 금슬상화의 근원은 고감도, 고충실의 성관계라고 말할 수 있다.

錦衣夜行
금　의　야　행

출전 한서(漢書)의 항우전(項羽傳)

뜻 비단 옷을 입고 밤길 걷기. 남이 알아주지 않는 보람도 없는 행동을 하는 것.

비단 금, 옷 의, 밤 야, 다닐 행

보기

➡ 여름 날 생선만큼이나 변하기 쉬운 게 민심이다. 90%가 넘는 지지율로 노 대통령의 당선을 이끌어 낸 호남 민심이 지금은 노 대통령의 느낌대로 심상치 않다. 이러한 민심의 흐름은 금의야행과 무관해 보이지 않는다.

➡ 한 해를 넘기는 감회가 착잡하다. 기대가 지나쳤던 탓인가. 남북 정상이 만나고 대통령이 노벨 평화상을 받는 경사도 있었지만, 금의야행의 와중에서 나라의 근본인 법치주의가 눈에 띄게 퇴색된 것은 뼈아픈 손실이다.

錦衣還鄉
금 의 환 향

뜻 출세하여 고향에 돌아간다는 뜻.

비단 금. 옷 의. 돌아갈 환. 고향 향

보기

➡ 주성엔지니어링은 지옥에서 살아 돌아왔다고 해도 과언이 아니다. 한 때 바닥까지 떨어졌던 이 회사는 화려하게 재기하면서 금의환향에 성공한 것이다.

➡ 대신 영국의 모와스라는 레이블이 추상적인 힙합을 선호하는 크러쉬와 음악적으로 공감하고 바로 계약에 들어갔다. 그는 결과적으로 외국에서 먼저 인정받고 금의환향한 케이스였던 셈이다.

金子塔
금 자 탑

뜻 이집트의 피라미드를 번역한 말로, 그 모양이 금(金)자와 비슷한 데서 온 말로써, 길이 후세에 전해질만한 가치가 있는 불멸의 업적.

쇠 금. 아들 자. 탑 탑

보기

➡ 빈민촌에 산다는 이유로 축구교실에서 외면당했지만 굴하지 않고 브라질의 축구영웅으로 거듭난 호나우두, 고환암으로 뇌의 일부를 잘라내는 수술을 받았지만 투르 드 프랑스 6연패의 금자탑을 일궈낸 랜스 암스트롱 등의 인간승리 이야기도 함께 담았다.

➡ LG전자 휘센이 5년 연속 세계 판매 1위 금자탑을 쌓았다. 휘센은 에어컨 사상 최초로 연간 판매 1000만대를 돌파하는 등 세계 에어컨 시장을 석권했다.

金殿玉樓
금 전 옥 루

뜻 휘황찬란한 궁전을 이르는 말.

쇠 금. 큰 집 전. 구슬 옥. 다락 루

보기

➡ 금전옥루 속의 다타미 '2조'의 다실, 그 아이러니컬한 처지에 비추어서일까. '와비' 차의 명인들은 '현란하게 오만한 것들'을 차의 입장에서 긍정하고, 화려함을 통해서 '와비'를 다도 미(美)라고 주장한다. 그러면 리큐가 그토록 비판한 '사이비 와비'란 무엇일까.

➡ 김웅은 28년 2월 제주공립농업학교(현 제주농고) 졸업을 20여일 앞두고 '일본 왕은 금전옥루에 앉아 호의호식한다.'는 내용의 일왕을 비판하는 글을 작성했었다.

金枝玉葉
금 지 옥 엽

뜻 '금 가지에 옥 잎사귀' 란 뜻으로 임금의 자손이나 매우 귀한 집의 자손 또는 아름다운 구름을 고운 초목, 가장 귀한 물건.

보기

- ⬥ 효심은 갸륵했지만 주변에서 만류했다. 결혼도 하지 않은 처녀에게 신장 적출은 부담스러운 일이라는 이유에서였다. 부모의 마음도 금지옥엽 아끼는 딸의 몸에 칼을 댈 수는 없었다.
- ⬥ 팽성읍 주민들이 오랜 싸움에도 불구하고 투쟁동력을 잃지 않는 요인으로는 대책위에 대한 신뢰와 매일 저녁 진행되는 촛불집회 등을 꼽을 수 있지만 가장 중요한 것은 금지옥엽 같은 천혜의 옥토를 두고 생존의 벼랑으로 내몰릴 수 없기 때문이다.

急轉直下
급 전 직 하

뜻 사태가 돌연히 바뀌어 결정적인 형국으로 치달음.

보기

- ⬥ SBS 월화드라마 '세잎 클로버' 의 시청률이 연일 급전직하 하고 있다. 25일 4회분이 방송된 '세잎 클로버' 는 시청률 조사업체 닐슨미디어리서치의 집계 결과 전국 시청률 6.8%라는 극히 낮은 수치를 기록했다.
- ⬥ 동대문시장 · 남대문시장 등 재래시장 상인들을 대상으로 조사한 체감경기지수가 급전직하했다. 이에 따라 올해 재래시장의 설 연휴 특수는 기대하기 어려울 전망이다.

奇奇怪怪
기 기 괴 괴

뜻 매우 기이하고 이상함.

보기

- ⬥ 그걸 돌아보면서는 조선 중기의 문신 홍우원의 '남파집' 에 보이는 목근침설을 떠올린다. 어느 날 그는 버려진 나무뿌리를 다듬어 침대로 만든다. 그 "기기괴괴한 모양은 한 마리 괴물 같았다." 그는 거기 기대어 잠들면서 남가일몽을 맛보기도 한다.
- ⬥ 선거전이 막판에 들자 더욱 기기괴괴, 상식 밖의 일들이 연이어 터져 나온다. 그 형국은 마치 백귀야행, 온갖 요사스런 귀신들이 어두운 밤중에 날뛰고 있는 것과도 같다.

麒麟兒

기 린 아

뜻 슬기와 재주가 남달리 뛰어난 젊은이.

기린 기, 기린 린, 아이 아

보기

- 파티의 핵심은 뭐니뭐니 해도 DJ 섹션. 하우스 디제잉의 기린아 롤러코스터의 지누를 시작으로 DJ 프랙탈, 스케줄, 래퍼 바스코 등이 함께하는 라이브 디제이팀 '스핏 파이어(Spit Fire)'가 무대를 후끈 달아오르게 할 작정이다.
- 15세 나이답지 않게 성숙한 외모로 2004년 CF계 기린아로 성장한 우리가 2005년이 시작되자마자 아시아 MTV 모델로 선발되는 행운을 얻었다.

起死回生

기 사 회 생

출전 국어(國語)의 오어(吳語)

뜻 죽은 목숨을 다시 살려낸다. 죽음에 임박한 환자를 되살린다는 것. 또는 큰 은혜를 베푸는 것.

일어날 기, 죽을 사, 돌아올 회, 복숨 생

보기

- 1200만 학생이 또 한 번 실험용 몰모트로 전락할지, 기사회생할지 정부 수립 이래 지금까지 했던 방식과는 전혀 다른 실험이 시작됐다.
- 지난 2001년부터 4년 연속 적자의 늪에 빠져 구조조정의 몸살을 앓다가 기사회생한 아라리온의 청사진이다. 아라리온은 PC 주문형반도체(ASIC), 스토리지 시스템 분야에서 탄탄한 입지를 구축했지만 PC시장 침체와 서버시장의 경쟁 심화로 쇠락의 길로 접어들었다.

箕山之節

기 산 지 절

뜻 기산의 절개라는 뜻으로 굳은 절개를 이르는 말.

키 기, 뫼 산, 어조사 지, 절개 절

보기

- 이렇듯 양소의 기산지절과 충성심은 이 시대의 정치인들의 귀감이 되기에 충분하다. 왕의 물을 한번쯤 마시고 옷깃을 여며 걸어온 세상을 뒤돌아 볼 시간들이 온 것 같다.
- 우리가 옥에 갇히면서도 끝까지 기산지절을 지킨 춘향에게 박수를 보내는 것은 원형에 내재한 미학에 어울리기 때문이다. 자신의 신념을 굽힐 수 없었던 정몽주의 충정은 새로운 권력에 대한 오기이기도 했다.

奇想天外
기 상 천 외

뜻 보통 사람으로는 짐작도 할 수 없을 만큼 생각이 기발하고 엉뚱함.

기이할 기, 생각 상, 하늘 천, 바깥 외

보기

- 어머니가 깨어났다는 기쁨도 잠시. 어머니가 조금만 흥분해도 생명이 위독할 것이라는 의사의 경고를 들은 알렉산더는 기상천외의 거짓말을 꾸미기 시작한다.
- 연구팀은 "공상과학에 나오는 냉동인간이 등장하는 기상천외한 사회가 올 수도 있다."고 설명했다는데, 향후 연구 성과에 따라서는 획기적인 생명연장 물질이나 비만치료제의 개발도 시간문제가 될지 모르겠다.

起承轉結
기 승 전 결

뜻 시문을 짓는 체재의 한 가지. 글의 첫머리를 기, 그 뜻을 이어받아 쓰는 것을 승, 뜻을 한번 부연시키는 것을 전, 전체를 맺는 것을 결이라 함.

일어날 기, 받들 승, 구를 전, 맺을 결

보기

- 뚜렷한 기승전결이 없어 타이틀곡으로 삼기엔 좀 실험적인 듯 보이지만, 박혜경은 "들으면 들을수록 좋은 명곡"이라고 단언했다. "노래방에서 따라하기는 힘들겠지만, 소장하고 싶은 노래"라는 것이다.
- 복잡하게 만들지 말고 가장 간단하게 만든다. 작은 종이를 몇 장 붙여서 그곳에 책에 대한 내용을 요약해서 적게 한다. 아이가 책을 다 만들면 이를 직접 설명하도록 하는데 기승전결을 배울 수 있어 논리적인 사고에 도움이 된다.

氣息奄奄
기 식 엄 엄

뜻 금방이라도 숨이 넘어갈 듯 숨결이 몹시 약함.

기운 기, 숨쉴 식, 가릴 엄

보기

- 특히 이 같은 기세는 한때 아시아의 용에서 계속 추락을 거듭하는 느낌을 주는 한국과 대비돼 한국인들의 자존심을 죽이고도 있다. 베이징(北京)의 일부 식자층이 천하를 삼킬 기세인 중국의 치투산허(氣吐山河)에 비해 한국은 정반대인 기식엄엄(氣息奄奄), 즉 목숨이 경각에 달한 모습을 보여주지 않느냐는 평가를 내려도 마땅한 반박논리가 없는 것이 지금의 상황이 아닌가 싶다.

氣焰萬丈
기 염 만 장

유사어 만장기염(萬丈氣焰)

뜻 호기나 기세가 굉장함.

기운 기, 불꽃 염, 일만 만, 긴 장

보기

➡ 이는 곧잘 강주 사마의 청삼을 눈물로 적신 '비파행'의 한 구절에 비유되어 '옥반에다 크고 작은 구슬을 떨어뜨리듯', '홀연 은병이 깨지며 물줄기 쏟아져 내리듯' 애절한 사연이 굽이굽이 엮어지고 우조 또한 '철갑두른 기마병이 돌격하여 창칼을 부딪치듯' 웅장청원과 기염만장을 토해낸다.

杞憂
기 우

출전 열자(列子)의 천서편(天瑞篇)

유사어 기인지우(杞人之憂)

뜻 기 나라 사람의 근심. 공연한 쓸데없는 걱정을 가리킴.

나라 기, 근심 우

보기

➡ 격한 몸싸움으로 넘어진 일본 선수에게 손을 내미는 북한 선수, 경기 종료 후 인사하는 북한 팀에 격려의 박수를 보내는 일본 응원단, "좋은 시합이었다."며 양 팀을 치켜세운 일본 매스컴……. 불상사에 대한 걱정은 기우일 뿐이었다.

➡ 잠잠한 제약계를 연초부터 후끈 달구고 있는 발기부전약 시판 3사의 효능 경쟁이 이제는 '색깔논쟁'이 되지는 않을까하는 기우를 해본다.

騎虎之勢
기 호 지 세

출전 수서(隋書)의 독고황후전(獨孤皇后傳)

뜻 범을 타고 가다가 도중에 내릴 수 없듯이 도중에 그만두거나 물러설 수 없는 상태를 말함.

닭 기, 호랑이 호, 어조사 지, 기세 세

보기

➡ 위빈의 인내는 실로 눈물겨운 것이었다. 그리고 그 인내는 흑7이라는 귀수(鬼手)를 터뜨리게 한다. 앞에서 기호지세랍시고 자기의 진영을 최대한으로 확장했더라면 적의 진영도 상대적으로 확장되었을 것이고 이런 묘수는 등장하지 않았을 것이다.

➡ 이제 노대통령은 인기주의, 독선적, 준비 덜된 정권 등의 온갖 비판에도 불구하고 '전방위 개혁'이라는 호랑이 등에 올라탄 기호지세에 처했다.

故事成語 65

奇貨可居
기 화 가 거

출전 사기(史記)의 여불위열전(呂不韋列傳)

뜻 기이한 보화이니 차지하여 잘 보관해 두면 큰 이익이 남을 것이라는 것.

기이할 기, 재화 화, 옳을 가, 쌓을 거

보기

● "투자하기 좋은 기회를 기다려 저평가된 우량주를 사두면 훗날 큰 이익을 얻을 수 있다는 '기화가거'의 고사를 생각해 볼 때"라고 설명했다.

● 기화가거. 중국의 대상인 여불위의 투자결과 진시황이 태어났고 천하가 통일되었다. 벤처기업의 시조답다. 그러나 최후에는 모든 것을 잃고 자살하였으니 이 또한 벤처기업가의 운명답다. 미국의 나스닥 시장에서는 매년 400~900개의 벤처기업이 등록되는 반면 400~700개사가 등록을 취소한다.

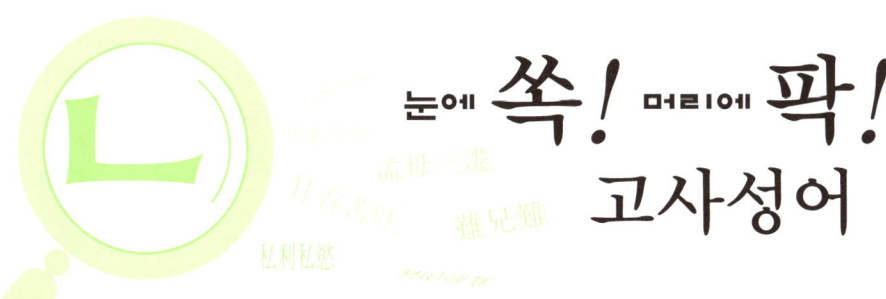

羅雀堀鼠
나 작 굴 서

출전	신당서(新唐書)
뜻	그물로 참새를 잡고 땅을 파서 쥐를 잡는다는 뜻으로, 최악의 상태에 이르러 어찌할 방법이 없음을 비유하여 나타낸 말이다.

그물 라, 참새 작, 팔 굴, 쥐 서

보기

➡ 국내 패션몰이 처음 동대문에 태동한 98년 이후 초기엔 저가제품에 다양한 디자인 등을 앞세워 소비자들을 공략하면서 붐야성을 이뤘다. 그러나 2001년 이후 패션몰들이 우후죽순으로 생겨나면서 차별화에 실패했고 동대문의 의류제조업마저 무너지면서 내리막길이 지속됐다. 여기에다 장기화된 경기침체에 소비심리까지 밑바닥을 그리면서 나작굴서로 치닫고 있다는 분석이다.

落魄
낙 백

출전	사기(史記)의 역생육가열전(酈生陸賈列傳)
뜻	혼백이 땅에 떨어지다. 영락한 사람, 뜻을 얻지 못한 처지에 있는 사람을 일컬음.

떨어질 낙, 혼백 백

보기

➡ 벼슬살이를 계속하는 동안 좋은 말밭을 걷게 되면 고속 승진이 보장되어 현관의 자리를 누리게 된다. 하지만 나쁜 말밭을 걷게 되면 유배를 가기도 하고 파직을 당하기도 하면서 낙백의 길을 걷게 된다.

➡ 탱고에서 남성 무용수들의 움직임은 무너져버린 가부장적 남성상을 느끼게 한다. 화려한 부에노스아이레스와 변두리 빈민가를 보면 마치 낙백한 부잣집 도령의 닳아빠진 턱시도 차림 같은 부조화를 느끼지 않을 수 없다.

故事成語

樂不思蜀
낙 불 사 촉

출 전 삼국지(三國志)

뜻 즐기느라 촉의 생각을 하지 않는다. 객지에서 재미있게 지내느라 집이나 고향 또는 나라까지도 잊고 마음에 두지 않음을 가리킴.

즐거울 락, 아니 불, 생각 사, 나라 이름 촉

- 뿐만 아니라 어떤 젊은이를 막론하고 새로운 것에 대한 추구의 욕망은 강렬하다. 그러다 보니 해외여행을 먼저 시작한 젊은이들이 낙불사촉에 빠져 긴 유학이나 이민을 생각하는 경우도 많아진다.
- DJ정부 시절 '부통령'이란 말을 들으며 낙불사촉하던 박지원 전 대통령 비서실장이 지난해 6월 대북 송금사건과 관련해 긴급 체포된 뒤 "꽃이 지기로서니 바람을 탓하랴."라는 체포의 변을 남겨 화제가 되었다.

落穽下石
낙 정 하 석

출 전 유종원(柳宗元)의 묘지명(墓地名)

뜻 우물 아래에 돌을 떨어뜨림. 다른 사람이 재앙을 당하면 도와주기는커녕 오히려 더 큰 재앙이 닥치도록 하는 것을 말한다.

떨어질 낙, 우물 정, 아래 하, 돌 석

- 누군가 나와 가까운 사람이 크게 성공하거나 부를 얻었을 때 진정 가슴 속 깊이에서 축하해 주는 사람은 그리 많지 않다. 또한 남의 불행에 대해서도 진심으로 안타까워하면서 위로해 주는 사람도 많지 않다. 그러나 무엇보다도 남의 불행이나 실패에 대해 진심으로 안타까워해 주지는 않을지언정 낙정하석이라고 남의 불행에 더해 주는 일은 없어야겠다.

落花流水
낙 화 유 수

출 전 고병(高駢)의 시(詩)

뜻 떨어지는 꽃과 흐르는 물이라는 뜻으로, 남녀 간 서로 그리워하는 애틋한 정을 이르는 말.

떨어질 낙, 꽃 화, 흐를 유, 물 수

- 길가에 사람들이 한 무리 모여 있었다. 들여다보니 약장수가 기타를 켜면서 약을 팔고 있었다. 노래는 바야흐로 "이 강산 낙화유수 흐르는 봄에"하고 넘어가고 있었는데, 그 주인공이 임종국이라고 먼저 알아본 것은 김관식이었다.
- 10월 중순이면 월정사에서 상원사 입구까지 7km에 달하는 비포장도로 옆으로 이어진 계곡까지 단풍이 물들고 떨어져 가는 낙엽은 낙화유수처럼 탄성을 자아낸다.

難攻不落
난 공 불 락

뜻 공격하기 어려워 좀처럼 함락되지 아니함.

어려울 난, 칠 공, 아니 불, 떨어질 낙

보기

➡ 영국 언론은 난공불락으로 여겨졌던 종전 기록을 그것도 영국 여성이 깼다며 항해기를 대서특필했고 엘리자베스 2세 여왕과 토니 블레어 총리도 축전을 보내 맥아더의 업적을 치하했다.

➡ 난공불락과 같았던 교수 재임용 관련 소송에서 새 희망을 열었다. 원로 교수의 친일 행적을 제기해 재임용에서 탈락했다고 주장했던 전 서울대 미대 교수 김민수씨가 28일 교수 재임용거부 처분취소 파기환송심에서 마침내 승소해 복직의 청신호를 밝혔다.

亂臣賊子
난 신 적 자

출전 맹자(孟子)의 등문공편(滕文公篇)
뜻 나라를 어지럽게 하는 신하와 어버이를 해치는 자식.

어지러울 난, 신하 신, 도둑 적, 아들 자

보기

➡ 비록 난신적자라 할지라도 후세의 기록, 즉 역사를 두려워하여 자신의 행동을 마구하지 못할 것이라는, 인간의 도덕성에 대한 확고한 믿음이 여기에 담겨 있다. 곧, 역사 서술이 인간의 도덕적 타락을 방지하는 감시 장치가 될 수 있다는 믿음을 가지고 있었다는 것이다.

➡ 지난 대선 때 민주당 선대위 홍보본부 위원장으로 활동하며 참여정부 출범의 일등공신이었다. 그러나 민주당 분당 과정에서 당 잔류를 선택, '난신적자'가 됐다.

暖衣飽食
난 의 포 식

출전 맹자(孟子)의 등문공편(滕文公篇)
뜻 따뜻한 옷을 입고 배불리 먹어 생활에 부자유스러움이 없는 것.

따뜻할 난, 입을 의, 배부를 포, 먹을 식

보기

➡ 묻노니 그대들은 언제 고급차에서 내려 초막에 신음하는 백성들과 그 괴로움을 같이한 일이 있던가? 어느 때 어느 장소에서 그대 자신이 배고픈 쓰라림에 이 생을 원망한 일이 있던가? 언제 한번 그대의 어린 자녀들이 결식을 호소함에 이를 충족시켜 주지 못하는 어버이의 쓰라림을 당한 일이 있던가? 그와는 정반대로 대하고루에 난의포식하면서 '내 세상'을 구가하고 뭇 백성의 희생 위에 자기의 영화, 자기의 치부를 밤낮으로 획책하는 일은 없었던가?

難行苦行
난 행 고 행

ㄴ

출전 법화경(法華經)

뜻 마음과 몸이 고된 것을 참고 해나가는 수행. 난행과 고행.

어려울 난, 다닐 행, 괴로울 고

보기

➡ 머리를 짧게 깎고 삿갓, 지팡이, 흰 순례복, 배낭을 갖춘 간 전 대표는 혼자서 열흘간 순례를 할 예정이다. 이에 대해 고이즈미 준이치로 총리는 "자신을 되돌아 본다는 것은 좋은 일로 대단하다."면서 "나도 총리를 그만두고 나면 순례하고 싶다."고 말했다. 고이즈미 총리는 또 "총리 직책 자체가 난행고행"이라며 "직책을 완수하기 위해 수행하는 심정으로 개혁에 전력 투구하겠다."고 덧붙였다.

難兄難弟
난 형 난 제

출전 세설신어(世說新語)의 덕행편(德行篇)

뜻 누가 형이다, 동생이다 분간하기 어렵다는 것으로 둘이 서로 비슷함을 말함.

어려울 난, 맏 형, 아우 제

보기

➡ 한국-사우디전 역대전적은 3승5무3패로 난형난제. A조 최대 라이벌 사우디를 꺾는 게 한국의 연승행진의 최대 분수령인 동시에 결정적인 고비인 셈이다.

➡ '난형난제, 청출어람.' 코스닥 '닮은 꼴' 기업인 엠텍비젼, 코아로직과 토필드, 휴맥스에 대한 평가다. 카메라폰용 핵심 칩을 만드는 엠텍비젼과 코아로직은 매출액 증가율, 자기자본이익률(ROE) 및 재무구조에서 우열을 가리기 힘든 경쟁을 벌이고 있다.

南柯一夢
남 가 일 몽

출전 이공좌(李公佐)의 남가기(南柯記)

유사어 일장춘몽(一場春夢), 한단지몽(邯鄲之夢)

뜻 남쪽으로 뻗은 나뭇가지 아래서 꾼 꿈. 덧없는 인생과 부귀영화를 비유함.

남쪽 남, 가지 가, 한 일, 꿈 몽

보기

➡ 마광수씨는 왕의 사위가 되고 싶어 하는 심리를 '부마 콤플렉스'라고 하기도 한다. 꿈속에 부마가 되어 남가(南柯) 태수가 되고 재상까지 되었다는 당나라시대 고사인 '남가일몽'도 '온달 콤플렉스' 이야기인 셈이다.

➡ 풍요로움이 없다면 모든 것이 허망한 남가일몽에 불과하다. 하느님이 준 인간의 지혜로움으로 서로 박자를 맞추는 성숙한 자세가 우선되어야 한다. 성장과 엇박자 난 분배정책은 후진국으로의 퇴보를 가져올 것이다.

濫觴
남 상

출전 순자(荀子)의 자도편(子道篇)

뜻 큰 강물도 첫 물줄기는 겨우 술잔에 넘칠 정도의 적은 물이라는 것으로 사물의 시초나 근원을 이르는 것.

띄울 남, 잔 상

보기

- 동아시아 고대의 유학사상이 21세기의 한국 땅에서 새롭게 이해되어 동아시아 문명의 르네상스를 이루고, 나아가 과학문명과 동아시아 인문사상이 새롭게 만나는, 인문정신에 기초한 과학문명의 남상을 꿈꾸는 것은 지나친 욕심일까?
- 중국 무술의 남상이 된 소림사. 숱한 우여곡절 속에서도 소림사는 건재하다. 역사 기념물을 보존하려는 중국 정부의 재건사업으로 지금도 세계의 관광객들을 끌어 모으고 있다.

南 船 北 馬
남 선 북 마

출전 회남자(淮南子)의 제속훈(齊俗訓)

유사어 남행북주(南行北走), 동분서주(東奔西走)

뜻 남쪽은 배, 북쪽은 말이란 뜻으로, 사방으로 늘 여행함 또는 바쁘게 돌아다님을 이르는 말.

남녘 남, 배 선, 북녘 북, 말 마

보기

- '이순신 사공삼고 을지문덕 마부삼아 파사검(破邪劍) 높이들고 남선북마(南船北馬) 하여 볼까…' 이는 만해가 위기에 처한 나라를 구한 을지문덕과 이순신을 기리며 쓴 육필시다.
- 남선북마라고 하지만 부처님이 말을 타고 다녔는지의 여부는 잘 알 수가 없다. 그 바쁜 교화의 나날이 지나 어느덧 그 종언(終焉)이 가까워 왔다.

南 轅 北 轍
남 원 북 철

출전 신감(申鑒)

뜻 수레의 끌채는 남을 향하고 바퀴는 북으로 감. 마음과 행위가 모순 되고 있음을 비유한 말이다.

남녘 남, 끌채 원, 북녘 북, 비퀴자국 철

보기

- 요즘 TV에 나오는 댄스 가수들을 보면 어쩜 저렇게 춤을 잘 출까하고 감탄하게 된다. 마치 사람의 몸이 아닌 듯싶다. 맘 같아서는 나도 저렇게 출 수 있을 것 같아 한 번 따라해 보지만 남원북철이라고 몸은 마음 같지 않은 모양이다.

藍田生玉
남 전 생 옥

삼국지(三國志)

뜻 남전에서 옥이 남. 남전이 명옥(名玉)을 산출하 듯이 명문에서 현자(賢者)가 태어난다는 뜻으로 부자(父子)를 함께 칭송할 때 쓰는 말이다.

쪽 남, 밭 전, 날 생, 구슬 옥

보기

○ '개천에서 용 난다.' 는 말은 이제 정말 옛말인 듯하다. 특히 사교육에 대해서 이 말은 더 이상 힘없고 가난하지만 성실히 살아온 자들에게 위안이 되어주지 못한다. 바야흐로 얼마나 자식 뒷바라지를 잘 하느냐에 따라(물론 여기서 말하는 뒷바라지란 금전적인 면이 큰 비중을 차지한다) '남전생옥' 하는 시대가 도래한 것이다.

濫吹
남 취

출전 한비자(韓非子)의 내저설상칠술편(内儲設上七術篇)

뜻 엉터리로 부는 것. 무능한 사람이 유능한 체 하는 것을 말함.

함부로 남, 불 취

보기

○ 국민의 의견을 수렴하는 청원의 경우 처리율을 보면 낮이 뜨겁다. 조사기간 국회에 접수된 청원은 모두 111건. 하지만 처리된 청원은 단 2건이다. 16대 국회가 같은 기간에 182건의 청원안을 받아 20건을 처리했다는 사실과 비교해보면 17대 국회가 얼마나 비생산적인지 여실히 드러난다. 17대 국회가 이처럼 낮은 생산성을 보이는 것도 남취하는 자들이 넘쳐나고 있기 때문은 아닌지 궁금하다.

南風不競
남 풍 불 경

출전 춘추좌씨전(春秋左氏傳) 양공 18년조(襄公 18年條)

뜻 남방 지역 풍악은 미약하고 생기가 없다. 힘이나 기세를 떨치지 못함을 비유함.

남녘 남, 바람 풍, 아니 불, 다툴 경

보기

○ 거의 모든 분야가 썩어 지독한 악취를 풍기고 있다. 심지어는 방부제가 되어야 할 종교와 교육과 예술마저도 본질을 상실한 채 지독한 악취를 풍기고 있다. 이제는 대학조차도 거대한 젊음의 공동묘지로 변해 버렸다. 대학생들은 질풍노도(疾風怒濤)와 같은 시기를 남풍불경(南風不競) 같은 신세로 보내고 있다. 부모들은 허리가 휘어지도록 일해서 자식들을 공부시키지만 자식들에게 돌아오는 것은 불투명한 미래와 취업에 대한 압박감이 전부다.

囊中之錐
낭 중 지 추

출전 사기(史記)의 평원군열전(平原君列傳)
뜻 주머니 속의 송곳. 유능한 사람은 숨어 있어도 자연히 그 존재가 드러난다는 것.

주머니 낭, 가운데 중, 어조사 지, 송곳 추

보기
- 두뇌 회전이 고속촬영기 필름을 빼닮았다. 참 비상하다. 재치까지 번뜩인다. 면도날이 따로없다. 그런데 말은 느리고 어눌하다. 낭중지추라 할까. 바로 거기서 그의 매력이 발화한다.
- '낭중지추'. 한국수력원자력은 국내보다 해외에서 더 좋은 평가를 받고 있다. 지난 9월 세계 3대 신용평가회사 중 하나인 무디스로부터 원화표시 신용등급을 기존의 'A3 안정적(stable)'에서 'A2 긍정적(positive)'으로 등급과 전망이 한 단계씩 상향 조정됐다.

狼狽不堪
낭 패 불 감

유사어 진퇴유곡(進退維谷), 진퇴양난(進退兩難)
뜻 난감한 처지에 있음. 어떤 상황에 닥쳐 어쩔 수 없어 이러지도 저러지도 못하는 어려운 처지에 있음을 뜻한다.

이리 낭, 이리 패, 아니 불, 견딜 감

보기
- 이라크에 대한 전투병 파병을 놓고 찬성론자와 반대론자들이 한 치의 양보 없이 팽팽하게 대립하고 있어 정부로서도 낭패불감이라 하지 않을 수 없다. 이런 가운데 전국경제인연합회는 26일 이라크 파병 시 오는 2008년까지 수출 및 해외건설 확대효과가 102억 달러에 달하고 연 1.2% 포인트 수준의 경제성장을 담보하는 효과가 있을 것이라는 내용의 보고서를 냈다.

內憂外患
내 우 외 환

출전 국어(國語)의 진어(晋語)
뜻 안의 근심, 밖의 재난. 인간은 근심 속에서 산다는 것을 말함.

한 내, 근심 우, 밖 외, 근심 환

보기
- 김혜경 대표를 비롯해 각계 인사와 당원 300여명이 참석했다. '원내 진출'을 성대하게 자축할 법도 하건만, 당내 노선갈등 및 기아자동차 노조사건 등 각종 내우외환을 겪은 탓인지 비교적 조용히 치렀다.
- 민주노동당이 내우외환에 시달리고 있다. 무엇보다 기아자동차 노조 비리사건의 타격이 크다. 지지 기반인 민노총과 노조 세력들이 입은 도덕성 추락의 내상(內傷)이 민노당에 그대로 전이되고 있다.

內助之功
내 조 지 공

출전 삼국지(三國志)의 위서(魏書)

유사어 내조지현(內助之賢)

뜻 안에서 돕는 공. 아내가 집안 일을 잘 다스려 남편을 돕는다는 것.

안 내, 도울 조, 어조사 지, 공 공

보기

➡ 2002년 결혼 이후로는 주부로서 남편 내조지공에 힘쓰고 있다. 주말에는 뇌졸중 후유증으로 10년 넘게 고생하고 있는 서울 수유동의 아버지를 찾아뵙거나, 멀리 인천 시댁에 인사를 다녀온다.

➡ 양태규 서장은 "힘들고 변화가 심한 경찰조직에서 평생을 몸 바치고 퇴직하시는 분들께 감사와 축하를 드린다."면서 오늘에 이르기까지 함께 한 내조지공에 경하를 드린다."고 말했다.

老當益壯
노 당 익 장

출전 후한서(後漢書)의 마원전(馬援傳)

유사어 노익장(老益壯)

뜻 나이가 들수록 더욱 건강해야 한다. 늙을수록 건장하려고 힘써야 한다는 것.

늙을 노, 마땅할 당, 더욱 익, 씩씩할 장

보기

➡ 북한당국은 수출실적을 많이 쌓은 박씨에게 흔치 않은 '2중 노력영웅'을 수여했다. 말 그대로 노력영웅 칭호를 두 번 받은 것이다. 북한 보도매체는 박씨를 "노당익장을 과시하며 젊은이 못지 않게 일하고 있다."고 전했다.

➡ "영화인들은 솔직 단순하고 열정적이어서 좋다. 부딪쳤다가도 금세 친해진다." 그에겐 노당익장이라는 말이 잘 들어맞는다. 그가 젊은 만년을 누리는 게 열정적인 영화계에 몸담은 덕분인지도 모르겠다.

老馬之智
노 마 지 지

출전 한비자(韓非子)의 설림편(設林篇)

뜻 늙은 말의 지혜. 하찮은 인간이라도 자기 나름대로의 장점과 특징이 있음을 뜻함.

늙을 로, 말 마, 어조사 지, 지혜 지

보기

➡ 어쩌다가 이 지경이 됐을까. '노인이 필요 없게 된 사회'에서 이유를 찾기도 한다. 농경사회에서야 '노마지지'가 생존의 규범이나 다름없어 노인이 윗자리에 앉았지만 하루가 다르게 변하는 요즘엔 구닥다리 취급을 면치 못하니 경로문화도 퇴색할 수밖에 없다는 얘기다.

➡ 한화의 위기. 정민철이 물러난 자리에 들어선 37세의 노장 이상군의 노마지지. 컨트롤의 마술사 이상군은 풍부한 경험으로 마해영을 윽박지른 뒤 유격수 앞 땅볼로 요리.

勞心焦思
노　심　초　사

뜻 마음을 수고롭게 하고 생각을 너무 깊게 함. 애쓰면서 속을 태움.

수고로울 노, 마음 심, 그을릴 초, 생각 사

- 카드사와 유통. 소매업체들 간에 수수료 분쟁까지 터져 "카드결제 기피확산 → 자영업자 등 세원노출 차질 → 부가가치세 세수부족 심화"의 악순환으로 나타나지 않을까 노심초사하고 있는 것.
- 14일 주총을 앞둔 포스코의 요즘 분위기는 노심초사라는 한마디로 표현할 수 있다. 유상부 회장의 연임 여부를 놓고 기관투자가들 사이에 사상 초유의 표 대결이 벌어질 전망이기 때문이다.

魯魚之誤
노　어　지　오

유사어 노어해시(魯魚亥豕)

뜻 '노'와 '어'의 한자가 비슷하여 잘못 쓰기 쉽다는 점에서 글자를 틀리게 적는 것을 비유해서 말함.

노둔할 노, 물고기 어, 어조사 지, 그릇할 오

- 국어 논술은 논리적으로 자신의 의견을 표현하는 것도 중요하지만 노어지오를 신경 써서 정확한 단어로 표현하는 것이 무엇보다 중요하다고 할 수 있다.
- 국어국문학을 전공했다고 해서 한글맞춤법이 전혀 틀리지 않는 것은 아니다. 적어도 노어지오의 우를 범할 확률이 다른 사람들보다 적다고 하는 것이 옳을 것이다.

勞而無功
노　이　무　공

출전 장자(莊子)의 천운편(天運篇)

뜻 수고만 하고 공이 없음. 애만 쓰고 애쓴 보람이 없는 것을 말함.

수고할 노, 마이을 이, 없을 무, 공 공

- 자존이 크게 흔들린 한 해, 우리는 '10분의 1', '오십 보 백 보'의 검은돈 줄다리기로 송년(送年) 행사를 대신하고 있다. 애는 썼으되 번듯하게 이뤄낸 것 하나 없었던 노이무공의 2003년을 이제는 모두 잊어버리자.
- 한 조사에 의하면 경찰관의 74.3%가 "이 직업을 후회한다."고 답변한 것으로 나타난다. 이는 특히 민주발전 과정에서 노이무공이 되고 있는 세태와 무관하지는 않겠지만 불행한 일이다.

綠林
녹 림

출 전 한서(漢書)의 왕망전(王莽傳),
후한서(後漢書)의 유현전(劉玄傳)

뜻 푸른 숲. 본래는 산의 이름이었으나 세상을 피한 호걸들이 모여 도적의 소굴을 만들었음을 의미함.

초록빛 녹, 수풀 림

보기

➡ 도둑이나 녹림의 비적들을 지칭하는 말과 그들만의 은어는 매우 다양했다. 향마(響馬)에서 두포서절(물건을 바꿔치기하는 좀도둑)에 이르기까지 다른 사람에 비해 재주가 뛰어난 도둑을 조백(調白)이라 칭했다.

➡ 천록초부 야우림은 그야말로 녹림의 지존으로 군림하고 있는 인물이다. 그렇지만 그가 녹림 전체를 장악하고 있지는 않았다. 녹림이란 곳이 중원천지 곳곳에 광범위하게 퍼져 있었기 때문이다.

綠葉成陰
녹 엽 성 음

출 전 두목(杜牧)의 시(詩)

뜻 초록빛 잎이 그늘을 만든다는 말로 여자가 결혼하여 자녀가 많음을 뜻한다.

초록빛 녹, 잎 엽, 이룰 성, 그늘 음

보기

➡ 춘향이가 올라가 아미를 숙이고 서 있으니 사또 욕심이 대발하야 "게 앉거라 듣던 말과 과연 같구나. 침어낙안(沈漁落雁)이란 말을 과히 존가 하였더니 폐월수화(閉月羞花) 허는 태도 보는 중 처음이요 짝이 없는 일색이로구나. 네 소문이 하 장하여 경향에 낭자키로 내 밀양 서흥 마다 허고 간신히 서둘러 남원부사 허였더니 오히려 늦은 바라 선착편은 다 되었으나, 녹엽성음자만지(綠葉成陰子滿枝)가 아직 아니 되었으니 불행 중 다행이다 그래."

綠衣使者
녹 의 사 자

출 전 개원천보유사(開元天寶遺史)

뜻 초록 옷의 사자. 초록빛 깃털을 한 앵무새의 다른 명칭이다.

초록빛 녹, 옷 의, 사신 사, 놈 자

보기

➡ 장사를 위해 집을 떠나면서 주인은 영리한 앵무새에게 아내를 부탁한다. 그러나 그녀는 왕자에게 첫눈에 반하여 저녁이 되면 밀회를 하려고 녹의사자인 앵무새와 의논한다. 앵무새는 여러 가지 곤경에 빠진 이야기를 한 뒤 그것을 해결할 수 있다면 나가도 좋다고 한다. 그녀가 그것을 생각하고 있는 사이에 날이 새면 앵무새는 그 해결 방법을 말해 주는 식으로 70일 밤을 무사히 보내어 남편을 맞게 한다.

論功行賞
논 공 행 상

출전 삼국지(三國志)의 위지(魏誌)
명제기(明帝紀)

뜻 공로의 크고 작음을 조사하여 상을 내림을
뜻함.

의논할 논, 공 공, 행할 행, 상줄 상

보기
➡ 새해 장관 개각에서 '코드 인사'의 본
보기는 오거돈 해양수산부 장관이다.
해양수산부 장관을 지냈던 노무현 대
통령은 자신의 뜻을 이어받을 수 있는
인물로 오거돈 전 부산시장 권한대행
을 택했다. 여기엔 논공행상도 작용했
다는 후문이다.

➡ 참여정부가 그토록 주장하는 법과 원
칙은 이번에도 또 한 번 설득력을 잃어
가고 있다. 특히 충분한 검증 없는 논공
행상식 인사는 결코 통합거래소 설립
취지에도 맞지 않다.

壟斷
농 단

출전 맹자(孟子)의 공손추편하(公孫丑篇下)

뜻 높이 솟은 언덕. 시장에서 이익을 독점하듯
권력을 독점하여 국정을 좌지우지하는 것.

언덕 농, 절단할 단

보기
➡ 우리나라 언론기관들은 좌우라는 양극
사이에서 적당한 자기 배열위치를 정
해왔다고나 해야 할까? 그러나 우리가
확실히 알아야 할 것은 이미 우리가 살
고 있는 세계는 좌나 우라는 두렁에 의
해서 농단될 수 없다는 것이다.

➡ 지금 이 나라를 농단하고 있는 파렴치
한 인간들에겐 '도둑의 의리' 마저도 찾
아볼 수 없는 것 같아 서글퍼진다. 먼저
보고 덮치는 사람이 임자다. 영역도 없
고 선후배 형님 동생도 없는 듯하다.

籠絡
농 락

출전 심려론(深廬論)

유사어 뇌롱(牢籠)

뜻 사람을 교묘한 꾀로 휘어잡아 제 마음대로
이용하거나 다루는 것.

농 농, 헌솜 락

보기
➡ 여기저기서 경쾌하게 일어나는 폭발음
을 실은 채 핑크색 현대식 역마차는 기
운차게 달린다. 버스 안의 여인들 입술
은 물고기에 농락당한 낚시밥처럼 허
옇게 퇴색하고 남자들은 불어 터질 것
같이 부풀었다.

➡ 이날 이동국은 후반 26분 그림 같은 오
른발 터닝슛으로 세계적인 수문장 올
리버 칸을 농락했다. 독일전에서 골맛
을 본 뒤 슬럼프에 빠졌던 이동국은 지
난 9일 독일월드컵 아시아 최종예선 쿠
웨이트전에서 또 한번 일을 냈다.

ㄴ

累卵之危
누 란 지 위

출 전 사기(史記)의 범수채택열전(范睢蔡澤列傳)
유사어 풍전등화(風前燈火),
백척간두(百尺竿頭), 초미지급(焦眉之急)
뜻 쌓아올린 계란의 위험. 조금만 건드려도 와르르 무너져 깨질 위험한 상태를 말함.

포갤 루, 알 란, 어조사 지, 위험할 위

보기

➡ 하지만 그는 교만했고 매사에 독단과 성급함이 앞섰다. 자연 그의 의사 결정엔 실수가 많을 수밖에 없었고, 끝내 나라를 누란지위에 처하게 한다. 심지어 무당에게 조언을 구하는 영적 간음까지 저지른다.

➡ 이처럼 주요 거시경제지표들이 동시에 악화되고 있는 오늘의 상황은 가히 누란지위의 형세라 하겠다. 우선 이라크 전쟁과 유가 급등, 북핵 문제 등 대외적 불안 요인이 시장 참여자들을 동요하게 만들고 있다.

訥言敏行
눌 언 민 행

출 전 논어(論語)
뜻 더듬는 말과 민첩한 행동이라는 뜻으로 말하기는 쉬워도 행하기는 어려우므로 군자는 말은 둔하여도 행동은 민첩해야 함을 이름.

말더듬을 눌, 말씀 언, 재빠를 민, 다닐 행

보기

➡ 그는 요즘 참여정부의 최대 과제인 지방분권 및 지역균형 발전 전략을 짜느라 고심하고 있다. 아울러 우리경제를 이끌 새 동력이 무엇인지, 이를 예산에서 어떻게 뒷받침해야 할지 아이디어를 짜고 있다. 취임사에서 밝힌 '눌언민행'의 모습이다.

➡ 정보전이라 할 만큼 세상엔 말이 너무 많다. 눌언민행이라고 했다. 속에 있는 한 마디라도 꺼내기 보다는, 속에 있는 한 마디마저 더듬을 수 있는 세상이 그립다.

綾羅錦繡
능 라 금 수

유사어 호화현란(豪華絢爛)
뜻 명주실로 짠 피륙을 통틀어 이르는 말로 수놓은 아름다운 천이나 옷으로 맵시를 내는 것.

비단 능, 새그물 라, 비단 금, 수놓을 수

보기

➡ 그의 춤의 한끝은 언제부턴가 눈부신 광채가 장식되고 '정중정' 속에서도 예술의 연륜이 묻어나는 '현묘의 동'을 절묘하게 춤춘다. 지금 가장 정상에서 능라금수를 수놓는 시기로서 그는 비로소 춤인생에서의 태평성대를 맞고 있다.

➡ 요즘은 온 식구가 이불 한자락에 의지하는 「더클잠」이 무엇인지도 모른다. 능라금수의 솜이불도 무겁다 하여 풀솜이불에 우모이불, 오리털이불로 갈아대온 것이 우리의 모습이다.

能書不擇筆
능   서   불   택   필

출전 당서(唐書)의 구양순전(歐陽詢傳)

뜻 글씨에 능한 사람은 붓을 가리지 않는다. 참다운 서예가는 도구에 구애를 안 받는다는 것.

능할 능, 쓸 서, 아니 불, 택할 택, 붓 필

보기

➡ '능서불택필'이란 말이 있다. "명필은 붓을 가리지 않는다."는 뜻이다. 환경을 탓하고, 남에게 책임을 돌리고, 심지어 "운이 없었다."며 운 탓으로 돌리는 사람치고 성공하는 사람이 없다는 것이 역사를 돌이켜 본 결과다.

➡ 어느 쪽 제도가 자신들에게 이익이 되느냐에만 마음을 쓰고 있음을 스스로 토로하는 셈이 아닌가. '능서불택필'이라고 했다. 자신이 없는 사람일수록 이 붓, 저 붓 바꿔쥐거나 붓 핑계 대기에 바쁜 법이다.

泥醉
니   취

출전 이백(李白)의 양양가(襄陽歌)

뜻 술에 몹시 취하여 진흙과 같이 흐느적거린다는 것.

진흙 니, 취할 취

보기

➡ 연말이 되면 번화가의 밤거리는 술렁술렁 불이 꺼질 줄 모른다. 가는 해를 아쉬워하는 것인지 오는 해를 기뻐하는 것인지 그 이유는 분명치 않으나 모두들 얼큰하게 취해 니취의 상태가 되고 만다. 이럴 때 특히 조심해야 할 것이 술기운에 벌어지는 각종 범죄이다.

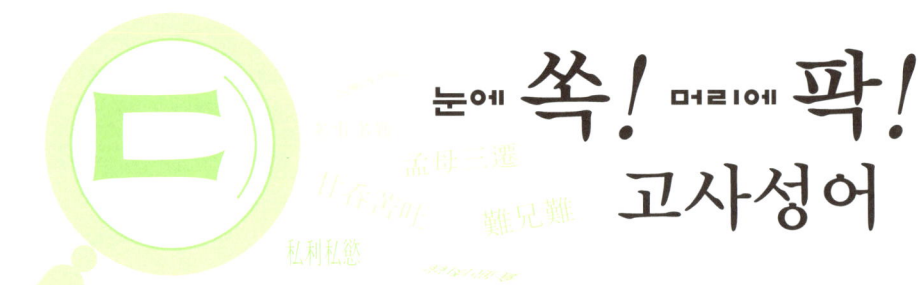

多岐亡羊
다 기 망 양

출전 열자(列子)의 설부편(說符篇), 장자(莊子)의 변무편(駢拇篇)

뜻 갈림길이 많아 양을 잃어버렸다. 학문에는 길이 많아 진리를 찾기 어려우므로 목적을 망각하고 지엽적인 일에 매달리지 말라는 것.

많을 다, 갈림길 기, 잃을 망, 양 양

보기

● 한 애널리스트는 "지금이 위기상황이기는 하지만 투자자를 만족시킬 만한 얘기가 나올 것으로 기대하지 않는다."고 말했다. 속 타는 SK텔레콤이 다기망양한 현 시국에 어떻게 대처할 지 관련업계의 눈이 집중되고 있다.

● 다기망양이라고 길이 많으면 오히려 갈 길을 놓치기 십상이니 던질 땐 던지는 것만 생각한다고 했다. 공을 던진 다음에 일어날 일까지 미리 걱정하면 공이 마음먹은 대로 들어가지 않는다는 것이었다.

多多益善
다 다 익 선

출전 사기(史記)의 회음후열전(淮陰侯列傳)

뜻 많으면 많을수록 좋다. 감당할 능력이 있으면 많을수록 좋다는 것.

많을 다, 더욱 익, 좋을 선

보기

● 세뱃돈의 적정 금액에 대해 받는 사람 입장에서는 '다다익선'이 진심이지만, 현실을 감안하여 주는 만큼 받겠다는 실속파들이 우세했다. 적정 세뱃돈으로는 초, 중, 고 연령에 따라 차이를 보였다.

● 화장품에 관한한 '다다익선'처럼 위험한 문구도 없다. 특히 기능성 화장품은 성분들간의 궁합을 잘 따져보지 않고 무분별하게 쓰면 아무런 효능을 발휘하지 못하거나 심할 경우 피부 트러블의 원인이 되기도 한다.

多士濟濟
다 사 제 제

출전 시경(詩經)의 대아(大雅)

뜻 인재가 풍부하다. 훌륭한 사람도 옆에 인재가 많아야 일할 수 있다는 것.

많을 다, 선비 사, 많을 제

ㄷ

○ "다사제제"라 하지 않더냐. 아무리 현왕이시어도, 주위에 인재가 없이는 힘드실 게야.", "제가 생각하기로는 오히려 형님의 재능이 아까워요. 스승님도 칭찬을 아끼지 않은 문재(文才)이신데……."

○ 이 차이는 인재면에서 보면 잘 알 수 있다. 시황제의 시대에 활약한 인물을 들어본다면 승상인 이사, 장군인 왕전 정도밖에 머리에 떠오르지 않는다. 그러나 무제의 시대는 그야말로 다사제제이다.

多事多難
다 사 다 난

뜻 여러 가지로 일도 많고 어려움도 많음.

많을 다, 일 사, 어려울 난

○ 공정거래법이 통과된 후 무엇이 달라질까. 지난해 공정거래위원회는 다사다난한 한 해를 보냈다. 공정거래법 개정안 의결을 앞두고 여야 정치권이 첨예하게 대립하는 등 하루라도 마음 편할 날이 없었던 것 또한 사실이다.

○ 이제 다사다난 했던 한 해를 보내고 또 새 아침이 밝았다는 이야기나 글귀는 새롭게 다가오지 않는다. 우린 세월이 흘러간다고 얘기하지만 세월은 항시 그대로인데 우리들의 모습이 변하는 것은 아닌가?

多事多端
다 사 다 단

뜻 일은 많은 데다가 까닭도 많음.

많을 다, 일 사, 바를 단

○ 흔히들 세월을 흐르는 물에 비유하곤 하지만, 시간은 강이나 시냇물처럼 여울목도 없고 구비도 없다. 그냥 밋밋하고 질펀한 너울일 뿐이다. 매듭이 있을 리 없다. 달, 지구, 해의 회전을 기준으로 하여 시간의 매듭을 만든 것은 인간이다. 섣달 들어서면 모두들 송년회를 하곤 한다. 새해를 맞이하기 위하여 다사다단했던 묵은 해를 정리하는 자리라고 의미를 부여하지만, 사실은 외로운 사람들이 외롭지 않음을 확인하려고 몸부림치는 자리이다.

多情多感
다 정 다 감

유사어 다감다정(多感多情)

뜻 정이 많고 느낌이 많다는 뜻으로, 생각과 느낌이 섬세하고 풍부함을 이르는 말.

많을 다, 뜻 정, 느낄 감

보기
- 유럽 민담에서 따온 듯한 싱거운 동화다. 그러나 여느 동화처럼 그 싱거움 속에 알맹이가 있다. '봄바람' 의 다정다감함을 알기 전에야 '북풍' 이나 '열대야' 의 권력이 더 그럴 듯해 보인다.
- 삼성전자 LCD총괄 이상완 사장도 '겉보기' 와 달리 다정다감한 CEO로 통한다. 이 사장은 최근 '중국집 주방장' 으로 변신, 천안사업장 인근의 장애인 재활시설 '죽전원' 원생들에게 자장면 130그릇을 직접 만들어 제공하는 등 소탈한 모습을 보여줬다.

多情多恨
다 정 다 한

뜻 유난히 잘 느끼고 또 원한도 잘 가짐 또한 애틋한 정도 많고 한스러운 일도 많음.

많을 다, 뜻 정, 한할 한

보기
- 지난 70년대에 풍미하던 '영자의 전성시대', '별들의 고향' 등의 소설·영화가 아니더라도 예부터 술집과 호스티스들을 소재로 한 문학작품은 수없이 많았다. 1926년에 희동서관에서 '강명화 실기' 가 상·하 2권으로 발간됐다. 이 책의 광고문안은 '천추에 원한을 품고 신성한 연애에 희생된 절대가인, 그 다정다한한 정경, 비절참절한 하소연, 어쨌든 한번 보시오.' 였다. 이 책은 나오자마자 날개 돋친 듯 팔렸다.

斷機之教
단 기 지 교

출전 후한서(後漢書)의 열녀전(烈女傳)

유사어 단기지계(斷機之戒)

뜻 학업을 중도에 그만 두는 것은 짜던 베의 날을 끊는 것과 같다.

끊을 단, 베틀 기, 어조사 지, 가르칠 교

보기
- 어떤 일을 할 때 끈기를 발휘할 수 있도록 훈련받지 못한 아이들은 즉흥적이고 무슨 일이든 쉽게 포기해 버리는 성격을 갖게 된다. 참을성이 부족한 아이들에게 단기지교 해서라도 꾸준함을 배울 수 있도록 교육해야 함을 잊지 말자.
- '맹모삼천지교' 의 진정한 깨달음과 함께 어머니들 스스로가 실천적 교육자로서 '단기지교' 의 주인공이 되려는 노력이 있다면, 이 뒤죽박죽의 교육현실이 조금은 제 자리를 찾지 않을까?

單刀直入
단 도 직 입

출전 경덕전등록(景德傳燈錄)

뜻 혼자서 칼을 휘두르고 거침없이 적진으로 쳐들어간다는 뜻으로 문장이나 언론의 너절한 허두를 빼고 바로 그 요점으로 풀이하여 들어감을 뜻한다. 또 생각과 분별과 말에 거리끼지 아니하고 진경(眞境)계로 바로 들어감을 뜻한다.

홀로 단, 칼 도, 곧을 직, 들 입

보기
- '공공의 적 2'에는 에둘러 감이 없다. 복선 같은 것으로 관객들이 머리를 쓰게 만들지 않는다. 처음부터 '공공의 적'이 누구인지 얼마나 간악한지는 명백하며 그에 대한 응징 또한 단도직입적이다.
- 단도직입적으로 말해 대부분이 비는 새해 소망은 돈벼락을 맞는 것이며, 그 돈을 풍족하게 쓸 수 있도록 건강이 버텨주는 것이라고 한다면 크게 틀리지 않을 것이다.

簞食瓢飲
단 사 표 음

출전 논어(論語)

유사어 단표누항(簞瓢陋巷)

뜻 대그릇의 밥과 표주박의 물이라는 뜻으로 좋지 못한 적은 음식 또는 초라한 밥상을 말한다.

밥그릇 단, 밥 사, 표주박 표, 마실 음

보기
- 박용오 회장, 박용성 회장 등 두산의 3세들이 대기업 총수로서는 권위적인 모습보다는 편한 이웃집 아저씨와 같은 인상을 주는 것은 이같이 선대로부터의 '단사표음'에 관한 실천이 자연스럽게 몸에 밴 까닭이다.
- 당초 자신의 재산이 있지 않은 이상 분수와 정도에 맞게 처신해야 한다. 남이 사주는 룸살롱 술은 독이 될 수 있다. 비록 소주와 삼겹살이라도 내가 사는 것은 '단사표음'일지언정 오히려 왕후의 밥과 찬이 될 수도 있는 것이다.

丹脣皓齒
단 순 호 치

유사어 화용월태(花容月態), 경국지색(傾國之色)

뜻 붉은 입술과 하얀 이란 뜻으로 여자의 아름다운 얼굴을 이르는 말 또는 미인의 얼굴을 지칭한다.

붉을 단, 입술 순, 흴 호, 이 치

보기
- '단순호치'란 말이 있듯이 예로부터 붉은 입술과 흰 치아를 미인의 조건으로 꼽았다. 흰 치아란 희고 단정해 보이는 치아를 의미한다. 깨끗하고 가지런한 치아는 다른 사람에게 멋진 미소와 좋은 인상을 준다.
- 예로부터 아름다운 여인을 가리켜 '단순호치'라고 했을 만큼 하얀 치아는 미인의 중요한 기준. 근래에는 여성뿐만이 아니라 대인 업무를 맡고 있는 남성에게까지 확산되는 추세.

斷腸
단 장

출전 세설신어(世說新語)의 출면편(黜免篇)

뜻 창자가 끊어지다. 창자가 끊어질 듯한 슬픔을 말함.

끊어질 단, 창자 장

보기

➡ "나는 당신에게 인고의 쓰라림을 더 이상 안겨주지 않기 위해 '나를 잊어주오' 라고 단장의 절규를 한 바 있었지. 그러나 당신은 '기다림' 으로 '잊음' 을 멀리하겠다고, 정녕 기담(奇譚) 같은 큰 사랑으로 화답해왔소."

➡ 아이 하나를 키우는 것은 온 우주를 키우는 것과 같다고 했는데 하나밖에 없는 아들을 잃은 그 부모의 심정은 어떨까 생각하니 가슴이 메었다. '단장의 슬픔' 이 바로 부모의 슬픔일 것이다.

斷章取義
단 장 취 의

유사어 문심조룡(門心雕龍)

뜻 남의 시문(詩文) 중에서 전체의 뜻과는 관계 없이 자기가 필요한 부분만을 따서 마음대로 해석하여 씀을 일컬음.

끊을 단, 글월 장, 취할 취, 옳을 의

보기

➡ 이런 일부 내용이 마치 작금의 헌재개편론의 타당함을 입증하는 근거인양 인용된다면 단장취의의 위험에 빠질 수 있다. 이 논문은 현행 대법원장의 헌재 재판관 지명, 대통령의 헌법재판소장 임명 방식에 의문을 제기하는 등 개헌을 요하는 사안까지 거론한다.

➡ 부연 설명을 생략하고 그야말로 단장취의하여 결과만 단순화해 부풀렸다면 여론이 오도될 수도 있다. 여론조사는 문항의 설정 방법에 따라 결과가 달라질 수 있는 것이다.

膽大心小
담 대 심 소

출전 구당서(舊唐書)의 손사막전(孫思邈傳)

뜻 담대하면서도 치밀한 주의력을 가져야 한다는 뜻으로, 문장을 지을 때의 마음가짐을 이르는 말.

즐개 담, 큰 대, 마음 심, 작을 소

보기

➡ '처음에' 니 '태초에' 니 하는 그런 식으로 말머리를 열고 나서, 아마도 더욱 담대심소했을 P는 엘로힘이 하늘과 땅을 만들어냈다는 내용증명을 붓끝에 달아야 할 차례를 당하였다. 하여 P왈, '이렇다 할만한 땅이 비어 있었고, 엘로힘의 바람이 어둠이 깊은 물 위에 일어나고 있었노라' 고 과감하게 썩둑 잘라 놓았는데, 그에 의해 토막 나서 감춰진 그 진상이란 게 도대체 무엇이란 말인가.

黨同伐異
당 동 벌 이

출전 후한서(後漢書) 당동전(黨同傳)

뜻 옳고 그름의 여하 간에 한 무리에 속한 사람들이 다른 무리의 사람을 무조건 배격하는 것을 이르는 말.

무리 당, 한가지 동, 칠 벌, 다를 이

보기

➡ 하지만 대세는 당동벌이를 극복하고 구동존이(求同存異)로 나아간다는 것이었다. 적은 여전히 강하고, 아(我)는 여전히 약하기 때문이었다. 그리고 목표는 하나, 민중이 주인 되는 진정한 민주 세상을 만들어내자는 데 있었다.

➡ 지난해 교수들이 뽑은 사자성어는 '당동벌이'였다. 우리 사회를 나쁜 쪽으로만 풍자했지만 그렇다고 반박할 만한 여지도 없다. 지난 2년간 우리가 우왕좌왕하고 패거리 싸움만 했다는 지적은 분명히 옳다.

螳螂拒轍
당 랑 거 철

출전 회남자(淮南子)의 인간훈편(人間訓篇)

유사어 당랑지부(螳螂之斧)

뜻 사마귀 앞발로 수레를 막음. 분수도 모르고 강적에 덤벼드는 것.

사마귀 당, 사마귀 랑, 막을 거, 바퀴자국 철

보기

➡ 21세기인 요즘 당랑거철보다 더 용기 있고 가상한 일이 벌어지고 있다. 도롱뇽이 시속 300km로 질주하는 경부고속철을 막겠다고 나선 것이다. 경부고속철은 이 도롱뇽 때문에 오도 가도 못 하는 처지가 돼 있다.

➡ 야만적 식민지통치에 항거하다 목숨을 바친 독립투사들, 당랑거철의 용기로 독재와 폭압의 정치적 질곡에 저항하다 꽃다운 목숨을 버린 민주투사들의 살신성인이 있었기에 오늘 우리가 있는 것이기도 하다.

螳螂捕蟬
당 랑 포 선

출전 한시외전(很詩外傳)

유사어 당랑규선(螳螂窺蟬)

뜻 사마귀가 매미를 잡으려고 한다는 말로 눈앞의 이익에 어두워 뒤에 따를 걱정거리를 생각하지 않는다는 뜻.

사마귀 당, 사마귀 랑, 잡을 포, 매미 선

보기

➡ 기업이 원시, 근시, 난시, 이 세 가지 병중 하나라도 걸린다면, 기업의 현재와 미래는 당랑포선의 길을 걷게 될 것은 당연하다. 기업이 현재의 이익에 연연하여 미래를 위한 투자와 관리를 소홀히 한다면, 그 기업의 미래는 없다고 보는 것이 좋을 것이다.

➡ 눈앞의 이익에 눈이 어두워 죽는 것도 모른다는 뜻으로 쓰는 '당랑포선'이 네 단계의 먹이사슬을 암시하고 있듯 중국에서는 이미 3세기께 농사에 천적을 이용, 효과를 거둔 기록이 있다.

黨利黨略
당 리 당 략

뜻 당의 이익과 당파의 계략.

무리 당, 이로울 리, 다스릴 략

❍ 각종 국책사업과 개혁입법을 둘러싸고 첨예한 갈등이 빚어지고 있다. 자기 이해관계에 의한 아전인수와 당리당략에 기인하는 바가 없진 않겠지만, 자세히 들여다보면 사회가 발전하는 과정에서 오는 세대간 그리고 계층간 대립이 원인인 것으로 보인다.

❍ 환경단체의 교조주의적 투쟁과 정부 관료의 갈등조정능력 부족, 정치권의 당리당략 등으로 인해 수조 원~수십조 원의 국민 혈세가 소요되는 국책사업들이 무더기로 표류하고 있다.

大公無私
대 공 무 사

뜻 매우 공평하여 사사로움이 없다는 말로, 공적인 일의 처리에 있어서 개인감정을 개입시키지 않는다는 뜻.

큰 대, 공변될 공, 없을 무, 사사로울 사

보기

❍ 강 전 총리는 "원칙대로 사는 일이 쉽지 않은 세상에서 조직의 압도적 의견에 맞서 반대의사를 내는 것은 상급자에게 대드는 것만큼이나 용기를 필요로 하는 일"이라고 말했다. '대공무사'의 정신으로 상하귀천을 막론하고 법치의 원칙을 철저히 적용할 줄 아는 사람이야말로 진정으로 조직에 필요한 사람이라는 말이다. 강 전 총리는 특히 "상관 개인보다는 원칙에 충성하는 사람이 결국 상관에게도 도움이 된다."는 평범한 진리를 강조했다.

大器晚成
대 기 만 성

출전 노자(老子)의 41장(章)

뜻 큰 그릇은 오랜 시간과 많은 노력을 들인 뒤에 완성된다. 큰 일이나 큰 인물은 쉽게 이루어지지 않고 각고 끝에 이루어진다는 것.

큰 대, 그릇 기, 늦을 만, 이룰 성

보기

❍ '공공의 적2'에서 엄태웅은 과묵한 보디가드로 관객의 마음을 파고든다. 절차탁마 대기만성이라 했듯, 6년의 무명생활을 견디며 묵묵히 기다린 보람이 있었다. 세 편의 영화와 네 편의 드라마 등 주연급 캐스팅 제안이 쇄도하고 있다.

❍ 손석환 역시 2003년 세계청소년선수권대회에서 오은석과 함께 사상 첫 단체전 금메달을 따내는 쾌거를 이룬 바 있다. 후배들에게 가려져 있던 주장 한주열도 졸업을 앞두고 태극마크를 획득하는 대기만성의 모범을 보였다.

大團圓

대　　단　　원

뜻 연극 등에서 사건에 엉킨 실마리를 풀어 결말을 짓는 마지막 장면.

큰 대, 둥글 단, 둥글 원

보기

➡ 서울시와 서울산업진흥재단이 주최하고 한국창업대학생연합회(KOSEN) 서울지부가 주관한 서울지역 대학생들의 벤처 축제 '벤처 페스티벌'이 2월 1~3일 경기도 오산에서 열린 창업 스쿨을 끝으로 대단원의 막을 내렸다.

➡ 리자의 등장으로 빚어지는 필립과 메리의 갈등, 리자와 메리의 갈등과 화해의 과정이 소설 후반부를 이룬다. 소설 막바지에 죽은 것으로 알려진 수잔이 나타나면서 이야기는 반전과 대단원으로 치닫는다.

大同小異

대　　동　　소　　이

출전 장자(莊子)의 천하편(天下篇)

뜻 크게는 같고 작게는 다르다. 그것이 그것 정도로 쓰임.

큰 대, 한 가지 동, 적을 소, 다를 이

보기

➡ 수백 개의 곡을 저장하기 때문에 사용 환경이 쉽고 간편하게 구성돼 있지 않으면 노래 하나 찾는 데 오랜 시간이 걸릴 수 있다. 소형 기기라 음질은 대동소이하지만 제품별로 차이가 있다는 게 사용자들의 평이다.

➡ 지난 10여년간, 개혁이란 말은 우리나라를 온통 뒤덮고 있다. 그 덕분에 우리나라는 상당히 바뀌었으나 소수권력자 주도의 정치와 경제라는 기본 골간은 과거와 대동소이해 이에 대한 국민들의 불만도 별로 줄어든 것 같지 않다.

大書特筆

대　　서　　특　　필

유사어 대서특기(大書特記), 대서특서(大書特書)

뜻 뚜렷이 드러나게 큰 글씨로 씀 또는 누구나 알게 크게 여론화함.

큰 대, 글 서, 특별할 특, 붓 필

보기

➡ 해처씨는 이 배에서 흠집 하나 없는 청화백자 등 15~19세기 도자기 35만여 점을 인양했다. 해양 매몰 도자기 발굴 사상 최고의 쾌거였다. 역시 언론에 대서특필됐고 인양 기록은 영국 작가가 논픽션으로 출판했다.

➡ 싱가포르의 최대 발행부수를 자랑하는 스트레이트 타임스지 등 현지 언론의 대서특필 영향으로 '코리안 와이스 틴에이저' 송보배의 군계일학의 플레이를 지켜보려는 갤러리들로 북새통을 이루었다.

ㄷ

故事成語 87

大言壯語
대 언 장 어

유사어	대언장담(大言壯談)
뜻	제 주제에 당치 아니한 말을 희떱게 지껄임. 또는 그러한 말.

큰 대, 말씀 언, 씩씩할 장, 말씀 어

보기

➊ 적어도 우리외교팀은 '만약 잠수함사건과 같은 유사한 사건이 다시 일어난다면 제네바합의 이행은 절대불가'라는 최소한의 조건만이라도 미국으로부터 받아냈어야 하지 않았을까. 정부는 그래도 대언장어에 취해 있다. 대북외교에 관한 한 세계화를 하겠다는 김영삼 정부는 세계 여론과도 괴리돼 있고, 국내 여론과도 가까운 거리에 있는 것 같지 않다.

對牛彈琴
대 우 탄 금

출전	홍명집(弘明集) 이혹론(理惑論)
뜻	소에게 거문고를 들려준다는 말로, 어리석은 사람에게는 참된 도리를 말해 주어도 이해하지 못한다는 뜻.

대할 대, 소 우, 퉁길 탄, 거문고 금

보기

➊ 중국어에 대우탄금이라는 말이 있다. 한국의 쇠귀에 경 읽기와 같은 속담이다. 장쩌민 총서기 겸 국가주석을 비롯한 중국의 지도부가 아무리 진지하게 위안화의 평가절하 불가 방침과 금융위기 조짐을 부인해도 서방 세계가 믿지 않으면 어쩔 도리는 없다. 그러나 분명한 것은 서방 언론이 위안화 평가절하의 논거로 자꾸 들먹이는 24일자 차이나 데일리의 기사는 평가절상의 가능성도 언급한 '업 앤드 다운'의 분명한 자의적 왜곡이라는 점이다.

大義滅親
대 의 멸 친

출전	춘추좌씨전(春秋左氏傳)의 은공(隱功) 3, 4년조(年條)
뜻	대의를 위해 부자의 정도 희생시킴. 국가 사회의 큰 일을 위해 사정을 희생함을 말함.

큰 대, 옳을 의, 멸할 멸, 친할 친

보기

➊ 대의명분을 위해 가족의 생명까지도 기꺼이 바친 대의멸친의 사례는 계백장군 말고도 수없이 많다.

➊ 스탈린 치하의 물 샐 틈 없는 밀고체제도 그 명분은 대의멸친이었다. 사회주의 낙원 건설이라는 대의를 위해서는 비록 부모나 자식일지라도 잘못을 저지르면 '인민의 적'으로 당국에 고발해야 한다는 것이 공산당식 대의멸친의 논리인 것이다. 그 대표적인 예가 소련 어린이의 영웅으로 떠받들렸던 열네 살 소년 파브릭 모로초프의 경우이다.

大義名分
대 의 명 분

뜻 사람으로서 마땅히 지켜야 할 중대한 의리와 명분. 떳떳한 명분. 행동의 기준이 되는 도리. 이유가 되는 명백한 근거. 인류의 큰 뜻을 밝히고 분수를 지키어 정도에 어긋나지 않도록 하는 것.

큰 대, 옳을 의, 이름 명, 나눌 분

ㄷ

보기
- 그러나 절묘하게 주가가 다시 오르고 있다. 증권사들은 또 앞으로 4년 버틸 자금을 모으기 위해 혈안이 될 것이다. 고객들의 자산을 불려줘야 한다는 대의명분보다 4년 버틸 자금을 마련하는 것이 급선무일 수밖에 없다.
- 올해 노무현 정부의 주요한 국정운영 기조인 경제살리기라는 대의명분과도 어울리는 대목이다. 이를 근거로 여권 내 소장파들과 청와대 민정수석실을 중심으로 3·1절 사면론이 조심스럽게 검토돼 왔다.

大慈大悲
대 자 대 비

뜻 넓고 커서 가없는 자비. 특히 관음보살이 중생을 사랑하고 불쌍히 여기는 마음.

큰 대, 사랑할 자, 슬플 비

보기
- 이슬람문화권에 사는 사람의 말 한마디 행동 하나하나가 유일신인 알라의 섭리 위에서 이루어지고 있음은 알려진 사실이다. 식사 전이나 연설 편지의 첫머리에 상투적으로 쓰는 것이 '대자대비하신 알라의 이름 아래' 라는 뜻이다.
- "불교에서는 이웃을 이롭게 하는 보살의 대자대비한 끝없는 만행을 만발한 꽃에 비유하기도 하죠." 스님은 여름 전시회에 쓰일 수련을 보며 "연꽃처럼 화려하거나 신비로운 맛은 없지만 그윽하고 아기자기한 향이 난다."고 평한다.

大丈夫
대 장 부

출전 맹자(孟子)의 등문공하(滕文公下)

뜻 장부(丈夫)는 남자고, 대장부는 남자다운 남자, 위대한 남자라는 것.

큰 대, 어른 장, 사내 부

보기
- 대장부가 일을 해나감에 있어서는 옳고 그름을 따지지 자기에게 이로운지 해로운지를 따지지 않으며, 도리에 순응하는 것인지 거슬리는 것인지를 따지지 일의 성패를 따지지 않으며, 천 년 만 년 뒷날까지를 따지지 자기의 일생을 따지지 않는다.
- 중국역사와 고전문학에서 흔히 등장하는 남자대장부는 이미 중국사회에서 실종된 듯하다. 중국 남성들 스스로도 공처가라는 뜻을 가진 치관엔(妻管嚴) 병이 있다고 말한다.

戴天之讐
대 천 지 수

출 전 예기(禮記) 곡예편(曲禮篇)

유사어 불구대천지원수(不俱戴天之怨讐)

뜻 반드시 죽여야만 하는 철천지원수를 비유하여 이르는 말.

일 대, 하늘 천, 어조사 지, 원수 수

보기

➡ '이철우 의원 조선노동당 입당 전력(前歷) 파문'이 요란스럽다. 대천지수라 해서 이보다 더할까. 열린우리당과 한나라당이 민생을 위해 이처럼 정열을 쏟았더라면 아마 서민 모두가 느긋하게 연말을 맞게 됐을 것이다.

➡ 해방 후 46년이 지났다. 참담무비의 식민지시대이래 대천지수로 여겨졌던 일본과의 사이에 이른바 국교정상화가 이뤄진지도 30년이 가까워 온다. 이미 세대가 바뀌어 국민 중에 그 시절을 체험으로 기억하는 사람은 많지 않다.

大廈高樓
대 하 고 루

뜻 '하'는 큰 저택, '루'는 층을 이룬 건물이라는 뜻으로 크고 높은 건물을 비유하는 말.

큰 대, 치마 하, 높을 고, 다락 루

보기

➡ 울산에도 최근 대하고루 건립이 잇따르고 있다. 16일 울산시와 건설업계에 따르면 최근 시가지 일대에 30~52층 규모의 초고층 주상복합빌딩 건립을 추진하는 건설업체가 10여곳에 이른다.

➡ 특히 루자쭈이(陸家嘴) 금융무역구 지반은 2003년 1년 동안 3㎝나 가라앉은 것으로 나타났다. 지반 침하를 불러온 주요 요인은 과도한 지하수 채취와 대하고루같은 고층건물 등 초대형 건축물을 지나치게 빽빽하게 건축한 것 등이 꼽히고 있다.

道見桑婦
도 견 상 부

출 전 열자(列子) 설부(說符)

뜻 길에서 뽕잎 따는 여자를 보고 사통한다는 말로, 눈앞의 일시적인 이익을 좇다 기존에 가지고 있던 것까지 잃는다는 뜻.

길 도, 볼 견, 뽕나무 상, 지어미 부

보기

➡ 사람들은 가끔 알면서 어리석은 일을 저지르곤 한다. 도견상부한다고 눈앞의 작은 이익을 탐하다가 큰 손해를 보는 경우를 종종 보게 된다.

90

陶犬瓦鷄
도 견 와 계

출전 금루자(金縷子)의 입언(立言)

뜻 흙으로 구워 만든 개와 기와로 만든 닭이라는 뜻으로, 외모만 훌륭하고 실속이 없어 아무 쓸모도 없는 사람을 비웃어 하는 말.

질그릇 도, 개 견, 기와 와, 닭 계

보기

○ 도견와계. 5일 국민연금관리공단에 따르면 지역가입자 총 906만 명 가운데 415만9000명이 연금을 내지 않아 미납률이 46%에 달했다. 이중 1년 이상 장기체납자 비율도 43%나 됐다. 다급한 공단 측이 체납보험료를 확보하려고 압류와 공매처분을 강행하면서 일부에서는 서민을 더 힘들게 하고 있다는 비난까지 일고 있다. 제대로 보장 받을 수 있을지 미심쩍은 미래를 위해 왜 지금 당장부터 고통 받아야 하느냐는 볼멘소리다.

度量
도 량

출전 사기(史記)의 범수채택열전(范睢蔡澤列傳)

뜻 도둑에게 식량을 준다. 이익 없는 전쟁을 하여 적의 군대를 이롭게 하는 것.

도적 도, 양식 량

보기

○ 일본을 세계의 국가로 도약시킨 배경에는 이처럼 인재를 등용하는 메이지 지도자들의 도량이 있었다. 도량의 정치는 '무엇을 하느냐.'를 기준으로 인재를 등용한다. 필요한 시기에 필요한 인재가 필요한 자리에 등용되어 능력을 발휘하는 사회는 번영한다.

○ 통사주 가운데 한 기둥은 도량이다. 그 속에 들면 우거진 거목이건 앙상한 나목이건 감싸이고 말기에, 방대인(大人)으로 사원 간에 불리었음이 그 도량을 대변해준다.

徒勞無益
도 로 무 익

유사어 도로무공(徒勞無功)

뜻 애만 쓰고 이로움이 없음.

무리 도, 수고로울 로, 없을 무, 더할 익

보기

○ 이래저래 탁한 바람만 불어대는 경마 세계에 '이미지 개선팀'이 신선한 바람을 일으키고 있는 듯하다. 이번 계획만큼은 도로무익의 우(愚)를 범하지 않았으면 하는 바람이다.

○ 3~4월 반등이 일어날 경우 고점 재매도하기 위해 일단 숏을 닫고 매도기회를 타진하는 것이다. 달러-엔 개입이라도 단행되면 달러-원이 급등할 것이기에 일중 환차익을 충분히 먹었다는 판단에 따라 도로무익하지 않으려는 보수적인 태도다.

屠龍之技
도 룡 지 기

출전 장자(莊子)의 열어구(列禦寇)

뜻 용을 죽이는 기술이라는 뜻으로 용이 이 세상에 없는 동물이므로 세상에 쓸모없는 기술을 이르는 말.

죽일 도, 용 룡, 어조사 지, 재주 기

보기

➡ 북한에서 공대 출신(양강대학 목재가공학부)이었던 박씨는 허술한 컴퓨터 교육을 보면서 불안한 미래를 감지했다는 것. 박씨는 그 곳에서 교육을 받으며 북한에서 배운 기술이나 교육이 한국에서는 도룡지기로 쓸모 없는 것이라는 것을 알고 아득한 기분이었다.

道不拾遺
도 불 습 유

출전 사기(史記)의 상군전(商君傳), 공자세가(公子世家)

뜻 나라가 잘 다스려져 백성이 길가에 떨어진 남의 물건을 줍지 않는다. 나라가 태평하게 잘 다스려짐을 비유한 것.

길 도, 아니 불, 주울 습, 남길 유

보기

➡ 도불습유라는 말이 있다. 길에 떨어진 물건을 주워 제 것으로 하지 않는다는 뜻이다. 그 실제는 두 가지로 나뉜다. 하나는 진나라 효공의 신임을 받은 상앙이 법을 엄격하게 시행함으로 해서 벌 받을 게 두려워 겁먹고 줍지 않은 경우다. 다른 하나는 선정의 극치를 표현하면서 쓰는 경우다. 이 말은 본디 이 경우를 이르면서 쓰인다.

徒手空拳
도 수 공 권

뜻 도수를 강조하여 쓰는 말. 맨손.

무리 도, 손 수, 빌 공, 주먹 권

보기

➡ "그가 좌익으로부터 나라를 지켜냈다"고 화답했고 이 고문도 "저도 방명록에 건국의 아버지라고 썼다."며 "이데올로기가 혼돈됐던 때에 민주주의와 시장경제란 두 기둥으로 나라를 세웠다."고 맞장구를 쳤다. 그러자 김 총재는 "도수공권으로 공산주의로부터 나라를 막았다. 김구 선생이 있지만 민족적으로 감상적이었다. 북쪽으로도 가셨지만 거기 가서 속은 것이지."라고 말했다.

度外視
도 외 시

출전 후한서(後漢書)의 광무기(光武記)

유사어 치지도외(置之度外)

뜻 안중에 두지 아니하고 무시함. 문제 삼지 않음. 불문에 부침

법도 도, 바깥 외, 볼 시

ㄷ

보기

➥ 김석원 전 그룹 회장은 위기에 처한 그룹을 살리겠다는 명목아래 동생에게 물려줬던 회장직을 되찾았다. 그러나 건실한 구조조정 작업은 도외시한 채 남아 있는 회사 재산을 갖가지 방법으로 자신의 재산으로 '바꿔치기' 하는 '모럴 헤저드'의 극치를 보여줬다.

➥ 은행연합회 관계자는 17일 "방카슈랑스가 정치 이슈화되면서 도입 취지가 퇴색돼버리고 절름발이가 됐다."며 "국민들의 이익은 도외시한 결과가 도출됐다."고 밝혔다.

桃園結義
도 원 결 의

출전 삼국지연의(三國志演義)

뜻 복숭아나무 정원에서 의형제 결의를 함. 삼국지의 유비, 관우, 장비의 의형제 맺음을 말함.

복숭아 도, 동산 원, 맺을 결, 옳을 의

보기

➥ 학회 관계자는 "여성비만노화방지학회 상임이사들은 대한임상건강학회에 참여하여 성공적으로 건강식품과 보완의학에 대한 교두보를 구축하게 된 것을 자랑스럽게 생각한다."며 "두 학회는 한국 의학계의 양대 산맥으로서 서로 돕는 형제학회가 되기로 도원결의를 맺었다."고 밝혔다.

➥ 술을 좋아하는 4인의 친구가 있다. 도원결의가 아니라 주(酒)원결의 비슷한 걸 한 사이라 술자리엔 전원 참석이 원칙이다.

桃源境
도 원 경

출전 도연명(陶淵明)의
도화원시병기(桃花源詩並記)

뜻 무릉도원처럼 속세를 떠난 평화롭고 아름다운 곳. 이상향을 이르는 말.

복숭아 도, 근원 원, 지경 경

보기

➥ 충남 태안반도 갯마을에 자리 잡은 천리포수목원. 춘삼월이 되면 세계에서 가장 다양한 품종들로 군락을 이룬 목련이 꽃봉오리를 터뜨리면서 이곳 갯마을은 도원경으로 변모한다. 해변가에 옛 초가집 모양으로 지어진 두 채의 사무실 건물 앞에는 푸른 연못이 운치 있게 자리 잡고 있다.

➥ 혼란의 동진(東晉)시대를 살았던 도연명은 모략과 탐욕이 없는 세상을 도원경으로 보았다. 그러나 가상의 세계가 언제나 아름다운 것만은 아니었다.

道聽塗說
도　청　도　설

출전 논어(論語)의 양화편(陽貨篇)

뜻 큰 길에서 듣고 작은 길에서 말한다. 들은 것을 생각이나 행동도 없이 다시 써 먹는 경박한 행동은 덕을 버리는 것이라는 말.

길 도, 들을 청, 길 도, 말할 설

보기

- 고군분투해 얻어낸 정확한 사실도 없지 않았지만 각 매체들이 습득한 도청도설을 상호 인용해 기사의 양을 부풀린 경우도 적지 않았다. 한국 매체가 토해낸 정보의 양은 많았으나 외국 언론의 존중을 받지 못한 건 그 때문이다.
- 이씨는 그 발언이 불러올 파장을 짐작하지 못했을까. 그렇다면 그는 우매한 사람이요, 알고도 했다면 술책의 사람이다. 공자는 '도청도설' 을 말했다. 모름지기 큰 일을 도모하는 사람이라면 '가벼운 입' 부터 버려야 할 것이다.

塗炭之苦
도　탄　지　고

출전 서경(書經)의
상서 중훼지고(尙書 仲虺之誥)

뜻 진흙의 수렁이나 숯불에 떨어진 고통. 학정(虐政)의 고통에 비유함.

진흙 도, 숯불 탄, 어조사 지, 괴로울 고

보기

- 노무현 정부의 '2년 성적표' 는 초라하다. 가장 미흡한 분야로는 단연 경제가 손꼽힌다. 민생은 'IMF 위기' 때보다 더 참담한 도탄지고를 호소한다. 최근 경기회복의 조짐이 보이지만, 서민들의 삶에 훈풍이 닿기엔 아직 한참 멀다.
- 민주당의 경우 어려운 외적 환경에도 불구하고 선전했다고 주장한 반면 한나라당은 여러 가지 경제지표가 입증하듯 '도탄지고의 해' 였다고 평가 절하했다.

獨斷專行
독　단　전　행

뜻 자기 혼자만의 판단으로 멋대로 행동함.

홀로 독, 끊을 단, 오로지 전, 다닐 행

보기

- 한나라당은 23일 김대중 정부 출범 3주년을 맞아 4자성어로 된 8가지 항목의 특별성명을 통해 "총체적인 실정으로 나라가 결딴난 치욕의 세월이었다." 고 혹평했다. 먼저 김대통령의 인치행태에 대해 모든 판단과 행동을 자신의 기준에 따라 밀어붙이는 '독단전행' 이라고 몰아붙였다. 국가기관은 물론 공기업의 요직에 이르기까지 호남편중 낙하산 인사수준은 '불원염치(不願廉恥)' 라고 공격했다.

獨立獨步
독 립 독 보

뜻 달리 나란히 겨룰 만한 것이 없음.

홀로 독, 설 립, 걸음 보

보기
➡ 혹세무민일 수 있지만, 후보의 관상에 관한 책이 나와 흥미를 준다. 대학원 교수가 펴낸 '조용헌의 사주명리학 이야기'는 관상학을 제왕학이라고 부른다. 노 후보는 표범과 비슷한 시라소니다. 시라소니의 습성은 독립독보이다.

➡ 뿐만 아니라 서재필은 다시 친일, 친러, 친청의 당파가 난마와 같이 얽혀 있을 때 초연히 당파를 초월하여 어디까지든지 독립독보하여 한국인이 나아갈 방향을 세웠고, 일보 전진하여 새로운 생활을 개척하려 하였다.

讀書亡羊
독 서 망 양

출 전 장자(莊子)의 병무편(騈拇篇)
뜻 책을 읽다가 지키던 양을 잃어버림. 다른 일에 정신을 빼앗겨 중요한 일을 소홀히 함.

읽을 독, 책 서, 잃을 망, 양 양

보기
➡ 강남 사거리에서 발생한 교통사고로 그 일대는 지금 교통마비가 일어났다. 사람들은 독서망양격으로 교통사고를 구경하느라 정작 더 교통마비가 심해진 듯하다.

讀書百遍意自見
독 서 백 편 의 자 현

출 전 삼국지(三國志)의 위서(魏書) 왕숙전(王肅傳)
뜻 글을 백 번만 읽으면 뜻은 자연히 알게 된다. 무엇이든 끈기 있게 반복하면 진리를 안다는 것.

읽을 독, 글 서, 일백 백, 두루 편
뜻 의, 스스로 자, 나타날 현

보기
➡ 미술관에 들어간지 5분도 되기 전에 나는 마르크 샤갈과 이 미술관을 지은 사람들에 대한 감사와 존경과 부러움이 거세게 몰려 왔던 것이다. 그리고 '독서백편 의자현'보다는 '백문이 불여일견'이 앞선다는 사실을 새삼 확인했다. 최소한 미술에서 만큼은.

➡ 고 양주동 선생의 수필 '면학(勉學)의 서(書)'에는 '독서백편의자현'이란 유명한 글귀가 나온다. 그러나 이 말은 읽어야 할 책이 한정돼 있던 과거에나 가능하던 얘기다.

讀書三到
독 서 삼 도

출전 주희(朱熹)의 훈학재규(訓學齋規)

뜻 독서의 법은 구도, 안도, 심도에 있다 함이니, 즉 입으로 다른 말을 아니하고, 눈으로 딴 것을 보지 말고, 마음을 하나로 가다듬고 반복 숙독하면, 그 진의를 깨닫게 된다는 뜻.

읽을 독, 글 서, 석 삼, 다다를 도

보기
➡ 흔히 명작이라 하는 책들은 한 번 읽어서는 그 진정한 의미를 깨닫기 어려운 것이 사실이다. 그러나 독서삼도의 마음으로 차분히 읽어나가다 보면 그 책을 왜 다들 명작이라 하는지 참의미를 알 수 있게 된다.

獨眼龍
독 안 룡

출전 오대사(五代史)의 당기(唐記)

뜻 척안(隻眼)으로 용기 있는 사람. 사납고 용감한 장수를 일컫는 말.

홀로 독, 눈 안, 용 룡

보기
➡ 독안룡. 중국 당나라 때 황소의 난을 진압한 애꾸눈장수 이극용을 일컫는 말이다. 미 메이저리그 시애틀 매리너스의 터줏대감이자 지명타자 에드가 마르티네스는 왼쪽 눈만을 사용하고도 항상 3할 이상을 때린다. 오른쪽 눈이 사시여서 볼을 똑바로 볼 수 없는데다가 가끔씩 초점이 흐려져 타격을 방해한다. 그가 처음 이 사실을 알게 된 것은 15년 전 마이너리그 때부터. 하지만 훈련과 성실성 하나로 장애를 딛고 일어났다.

豚蹄一酒
돈 제 일 주

출전 사기(史記)의 골계열전(滑稽列傳)

뜻 돼지 발굽과 술 한잔이라는 뜻으로, 작은 성의로 많은 것을 구하려 한다는 뜻.

돼지 돈, 발굽 제, 한 일, 술 주

보기
➡ 봉사라고 하면 크고 숭고한 일을 해야 한다고 생각하지만 사실은 작은 일이라도 실천하는 것이 중요하다. 작은 일부터 시작된 봉사는 나에게는 봉사의 기쁨을, 받는 이에게는 사람의 따뜻한 정을 느끼게 해주는 일종의 돈제일주라 할 수 있다.

同工異曲
동 공 이 곡

출 전 한유(韓愈)의 진학해(進學解)

뜻 처리하는 방법은 같은데 지은 것이나 만들어진 것은 차이가 나는 것.

한 가지 동, 장인 공, 다를 이, 가락 곡

보기

➡ 같은 사람의 발언내용이 보기에 따라 달리 해석될 수 있고 더욱이 두 사람의 연설은 얼핏 보면 '동공이곡'으로도, 또 그 반대로 해석될 수도 있다. 중공의 오랜 관례에 비춰 지도자가 과거에 발표한 논문이나 연설을 재등장시키는 일은 무엇인가 극히 중요한 사건을 기념하거나 또 이를 통해 당면정책이나 노선을 지도할 필요가 있을 때이며, 따라서 해당연설·논문의 선택과정은 그만큼 중요한 의미를 갖는다.

洞房華燭
동 방 화 촉

출 전 유신(庾信)의 시(詩)

뜻 부인의 방에 촛불이 아름답게 비침. 혼례를 치른 뒤에 신랑이 신부 방에서 자는 일을 말함.

고을 동, 방 방, 꽃화, 촛불 촉

보기

➡ 요즘은 전통혼례를 보기 힘들다. 30분 안에 모든 절차를 치르는 초스피드 결혼식의 관점에서 보면 전통혼례는 절차도 복잡하고 다양하다. 그리고 모든 절차를 치르고 나면 첫날밤의 행사를 치르게 되는데 동방화촉의 아름다운 밤을 기대하는 신랑신부에겐 어쩌면 전통혼례가 더욱 로맨틱할지도 모르겠다.

同病相憐
동 병 상 련

출 전 오월춘추(吳越春秋)

유사어 초록동색(草綠同色), 호사토읍(狐死兎泣)

뜻 같은 병을 앓고 있는 사람끼리 서로 연민의 정을 느낀다. 같은 처지는 서로 동정함을 말함.

한 가지 동, 병 병, 서로 상, 불쌍히 여길 련

보기

➡ 강 지사는 또 "강원과 전북은 낙후된 고장으로 동병상련의 입장에 있는 만큼 지난 날의 감정은 풀고 2014년 동계오륜 강원도 유치를 위해 전북도민도 밀어야 할 처지"라며 "앞으로 양도 간 새로운 협력적 관계를 조성할 필요가 있다."고 말했다.

➡ '외출'은 배우자들의 교통사고로 병원에서 마주친 인수(배용준)와 서영(손예진)이 각자의 아내와 남편이 불륜관계였음을 알게 되고, 동병상련 속에 서로에 대한 사랑을 발전시켜간다.

東奔西走
동 분 서 주

유사어 남행북주(南行北走), 남선북마(南船北馬)
뜻 사방으로 이리저리 바삐 돌아다님.

동녘 동, 달아날 분, 서녘 서, 달릴 주

ㄷ

보기
- 정부도 사건이 터지고 나야 부랴부랴 동분서주하는 태도를 버리고 평소에 장기적 안목으로 외교정책을 짜고 유지해 가라는 것이다. 참으로 다행스런 것은 이런 엄중한 시기에도 인적·문화적 교류를 지속하겠다고 한 것이다.
- 전북대는 로스쿨 선정기준이 될 교과목신설과 전문교수 영입 등에 대한 검토를 진행 중인 것으로 알려졌다. 전북대는 특히 명망 있는 현직 판검사·변호사 등을 교수로 영입하기 위해 동분서주 발 빠른 움직임을 보이고 있다.

東山高臥
동 산 고 와

출 전 세설신어(世說新語)의 언어편(言語篇)
뜻 동산에 높이 누워 있다는 뜻으로, 은거하여 자유롭게 살고 있음을 가리키는 말.

동녘 동, 뫼 산, 높을 고, 누울 와

보기
- 회색 빌딩 속에서 정해진 시간에 정해진 장소에서 숨 가쁘게 살아가다 보면 동산고와의 삶을 사는 이들이 한없이 부러울 때가 있다. 하지만 내가 태어나 자라고 살고 있는 이 회색 도시를 쉽게 떠날 수는 없을 것 같다.

내신

同床異夢
동 상 이 몽

출 전 진양(陳亮)의 여주원회서(與朱元晦書)
유사어 동상각몽(同床各夢)
뜻 같은 침상에서 다른 꿈을 꾼다는 뜻으로, 겉으로는 같이 행동하면서 속으로는 각기 딴 생각을 함을 이르는 말. 비유적으로 같은 입장, 일인데도 목표가 저마다 다름을 일컫는 말.

같을 동, 평상 상, 다를 이, 꿈 몽

보기
- 이날 죽서루 정문 앞에서 목을 뺐던 한 일의 '아줌마부대'는 독도에 관한 한 '동상이몽', 배용준에 대해서는 '일심동체'였다. 한 호텔에 마련된 기자실에선 또 다른 풍경이 펼쳐졌다.
- 서비스냐 속도냐. 사이좋게 나란히 소파에 몸을 앉은 인기스타 이완과 공유. 둘은 절친한 친구사이지만 초고속인터넷에 한번 빠져들었다 하면 동상이몽으로 딴 세상을 꿈꾼다. 이완이 꿈꾸는 건 고객서비스가 담긴 인터넷 세상.

東西古今

동 서 고 금

뜻 때와 지역을 통틀어 일컫는 말로, 옛날과 지금, 동양과 서양을 가리킴

동녘 동, 서녘 서, 옛 고, 이제 금

보기

➡ 그 결과 국가보안법 폐지론은 북한(김정일)의 한결같은 '연방제통일' 염원의 결과라고 보는 국민이 많다. 문제는, 국체나 정체를 달리하는 국가간 또는 지방정부 간에 국가연합이나 연방제를 이룬 일이, 동서고금을 통틀어 전혀 없다는 사실이다.

➡ 날씬하고 예뻐지려는 욕망은 동서고금과 남녀노소의 구분이 없나보다. 아름다움은 내·외면의 조화에서 찾을 수 있을 텐데 외모에만 지나치게 신경 쓰는 사람이 많은 것이 현실인 것 같다.

東食西宿

동 식 서 숙

출전 천평어람(天平御覽)

유사어 동가숙서가식(東家宿西家食)

뜻 동쪽에서 먹고 서쪽에서 잔다. 이리저리 떠돌아 다니는 신세를 말함

동녘 동, 먹을 식, 서녘 서, 잘 숙

보기

➡ 이래서 동식서숙이라고 한다. 장날을 따라 이 장바닥, 저 장터로 떠돌아다니는 봇짐장수처럼 툭하면 탈당을 하고 툭하면 창당을 하는 우리나라 정치꾼들을 두고 누군가 꾸며낸 이야기임에 틀림없다.

➡ 장승업은 중인 가정에서 태어났으나 일찍 부모를 잃고 동식서숙 떠돌며 남의 집 머슴살이로 연명하느라 서당 문전에도 못 가 보았다. 그의 운명을 바꾼 것은 당시 통역관 이응헌의 집 머슴으로 들어가면서 부터였다.

銅臭

동 취

출전 십팔사략(十八史略) 동한(東漢)

뜻 돈 냄새가 난다. 돈으로 관직을 산 사람을 비웃고 천하게 여겨 쓰는 말임.

구리 동, 냄새 취

보기

➡ 아들은 서슴없이 "아버지 몸에서 동취가 난다며 멀리하고 있다."고 대답했다. 소매치기가 돈 냄새를 맡고 범행대상을 고른다고 하는 걸 보면 돈 냄새가 나기는 나는 모양이다. 세밑에 진모-이모 등 각종 게이트와 군납비리 등 의혹이 불거지면서 도처에 썩은 돈 냄새가 진동하고 있다. '억대의 뇌물을 먹었다', '몇 천만 원의 떡값을 여러 차례로 나눠 받았다' 등 민초들은 믿을 수도, 안 믿을 수도 없는 기사가 연일 터져 나오고 있다.

ㄷ

故事成語 99

ㄷ

董狐直筆
동　호　직　필

출전 춘추좌씨전(春秋左氏傳)의 선공(宣公) 2년(年)

뜻 동호의 곧은 붓. 목숨을 무릅쓰고 역사를 사실대로 기록한 동호의 곧은 붓을 말함.

바로잡을 동, 여우 호, 곧을 직, 붓 필

보기

➡ 이른바 쌍방책임론 또는 다자책임론이다. 그러나 물귀신처럼 남을 끌어들이는 '공동책임론'은 결국 내 책임이 아니다라는 '무책임론'을 주장하기 위한 책략일 뿐이다. 이는 정범과 종범의 개념과는 다르다. 역사를 두려워하는 이들의 잠언이 된 '동호직필'이나 '춘추필법'은 이런 경우의 책임소재를 분명히 정해 놓았다.

斗酒不辭
두　주　불　사

출전 사기(史記)

뜻 말술을 사양하지 않는다는 말로, 주량이 세다는 뜻.

말 두, 술 주, 아니 불, 사양할 사

보기

➡ 경제부총리를 거쳐 교육부총리에 임명된 김진표 부총리는 재경원 공보관 출신이다. 소탈하고 호탕한 성격으로 공보관 시절 폭탄주를 마다하지 않는 두주불사 스타일로 기자들에게 인기가 높았다.

➡ 심판들이 술을 멀리한지는 오래됐다. 술잔을 입에 대지 않은 게 무려 2개월. 어느 종목이나 심판은 스트레스가 많은 직업. 물론 휴일에도 한두잔 가볍게 목을 축일 뿐 '부어라 마셔라' 하는 두주불사는 있을 수 없다.

杜撰
두　찬

뜻 전거(典據)가 확실치 못한 저술이나 틀린 곳이 많은 작품을 가리켜 하는 말.

막을 두, 지을 찬

보기

➡ 산이 높으면 골도 깊은 법. 책에 대한 예찬은 곧 책의 환경에 대한 비분강개가 이어진다. 영국 소설가 디즈레일리는 "현존하는 책의 90%는 시원찮은 것이다. 좋은 책이란 그 시원찮은 책을 꾸짖고 논파(論破)하는 것"이라 했다. 저자는 비속어로 쓰인 '토원책(兎園冊)', 전거와 논거가 불확실하고 틀린 데가 많은 학술서적인 '두찬(杜撰)', 베스트북과는 전혀 상관없는 베스트셀러 등을 책에 대한 모독이라고 꾸짖는다.

100

頭寒足熱
두 한 족 열

뜻 머리는 차게, 발은 따뜻하게 하면 건강에 좋음을 이르는 말.

머리 두, 찰 한, 발 족, 더울 열

보기

○ "가장 이상적인 난방의 원칙은 머리는 차갑고 발은 따뜻하게 하는 두한족열이지. 또 구들장 위에 누우면 피가 잘 통해 혈액순환을 도와주지. '구들장이 펄펄 끓는다.'는 표현이 있는데 이게 요즘 돈 주고 찾아가는 찜질방 효과 아닌가."
○ 충분한 수면은 몸의 건강을 유지하고 일의 능률을 높이지만 부족하면 각종 질병의 원인이 되고 생산성에도 큰 손실을 초래한다. 그래서 옛 선조들은 신침(神枕)법이나 두한족열 같은 수면법을 최고의 건강비결로 꼽았다.

得隴望蜀
득 롱 망 촉

출전 후한서(後漢書)의 광무기(光武紀)
뜻 농서 지방을 얻으나 촉 땅이 탐난다. 인간의 욕심이 끝이 없음을 비유함.

얻을 득, 땅이름 롱, 바랄 망, 고을 이름 촉

보기

○ 경제학자인 중다쥔(仲大軍)은 "중국은 댜오위댜오 분쟁 확대를 막기 위해 입을 꾹 다물고 있다지만, 일본은 힘이 없어 그런 것으로 경멸하고 있다."고 지적, '득롱망촉'이라는 고사성어를 인용하면서 제대로 대응을 하지 못하면 일본이 댜오위댜오 외에 다른 곳에서도 분쟁을 벌일 것이라고 경고하고 있다.
○ 천하를 호령하게 된 때에 광무제는 이렇게 말했다. "득롱망촉. 인간은 만족할 줄 모른다더니 이미 농을 얻고도 다시 촉을 바라는구나!"

得魚忘筌
득 어 망 전

출전 장자(莊子)의 외물편(外物篇)
뜻 고기가 잡히면 쓰던 통발을 잊어버린다. 목적이 달성되면 목적을 위해 사용한 것을 잊는다는 것.

얻을 득, 고기 어, 잊을 망, 통발 전

보기

○ 한편 제주도의회는 성명을 통해 "득어망전하는 정부·여당 처사에 실망과 분노를 느낀다."며 "책임 있는 해명과 향후 제주 발전계획을 제시하지 않을 경우 정부불신 운동을 전개할 것"이라고 말했다.
○ 정 대표측은 애초 '득어망전'이라는 고사성어를 인용, 노 대통령과 각을 세우려 했던 것으로 알려졌다. 그는 지난 5월엔 신주류 강경파의 인적청산론엔 '절영지연(絶纓之宴)'으로 맞서며 통합신당을 주장했다.

得意滿面
득 의 만 면

뜻 뜻한 바를 이루어서 기쁜 표정이 얼굴에 가득 참.

얻을 득, 뜻 의, 찰 만, 낯 면

➡ 보기 퍼트를 남겨둔 상황. 득의만면한 여제는 티샷을 페어웨이 중앙에 올린 뒤 우드를 잡고 두 번째 샷을 그린 근처까지 날려 보냈고 세 번 만에 그린에 안착시켜 2퍼트로 파를 세이브, 우승컵을 거머쥐었다.

➡ 덕분에 여권은 물오른 생선처럼 한껏 기세등등하다. 만나는 여권인사마다 경제회복 기미와 맞물려 노대통령의 지지율이 오르고 있다고 말하고 차기 대선도 걱정할 일이 없다고까지 하는 등 득의만면이다.

登龍門
등 용 문

출전 후한서(後漢書)의 이응전(李膺傳)

뜻 용이 되어 하늘로 올라갈 수 있는 문. 입신출세의 관문이라는 것.

오를 등, 용 용, 문 문

➡ 전 청장은 "법조계와 같이 공직의 등용문이 하나의 시험으로 일원화된 조직에서는 동기생이 윗자리에 오르면 나머지 동기들이 모두 자리를 비켜주는 전통을 가지고 있다."면서도 신임청장과 동기라는 이유로 사퇴하는 사람은 자신으로 그칠 것을 주문했다.

➡ 2005 신인음악회는 올해 대학을 졸업한 신예들의 공식 데뷔무대로 차세대 전북음악계의 미래를 가늠해볼 수 있는 음악의 등용문이란 점에서 매년 봄 무대에서 주목을 끌어왔다.

登泰小天
등 태 소 천

출전 맹자(孟子)의 진심상(眞心上)

뜻 태산에 오르면 천하가 조그맣게 보인다. 사람은 그가 있는 위치에 따라 보는 눈이 달라진다는 것.

오를 등, 클 태, 작을 소, 하늘 천

➡ 얼마 전 재미있는 조사가 이루어졌다. CEO들과 일반 사원들에게 같은 질문을 한 것이다. 즉, 직원들의 능력에 비해 연봉이 어떻다고 생각하는가이다. 그러나 같은 질문에 대해 등태소천이라고 각자의 대답은 극과 극이었다. 대부분의 CEO들은 능력에 비해 많은 연봉을 지급하고 있다고 답했고 일반 사원들은 능력에 비해 적은 연봉을 받고 있다고 대답하였다.

燈下不明

등 하 불 명

뜻 등잔 밑이 어둡다는 뜻으로 가까이 있는 것이 도리어 알아내기 어려움을 이르는 말. 남의 일은 잘 알 수 있으나 제 일은 자기가 잘 모른다는 말.

등잔 등, 아래 하, 아니 불, 밝을 명

● 등하불명형=등잔 밑이 어두운 리더다. 핵심적 결정만 자신이 하면 된다고 생각한다. 현장 방문을 거의 하지 않거나 핵심측근의 제한된 정보에 의존, 의사 결정을 한다.

● 절도용의자로 수배한 용의자가 알고 보니 그 경찰서의 경찰관으로 밝혀져 등하불명이라는 사자성어를 연상케 했다. 전단수배를 받은 경찰관은 경찰서에 붙은 전단을 보고도 8개월간 버젓이 근무했으나 동료들이 전혀 알아차리지 못한 것으로 뒤늦게 드러났다.

燈火可親

등 화 가 친

출전 한유(韓愈)의 부독서성남(符讀書城南)

유사어 신량등화(新涼燈火), 등화초가친(燈火稍可親)

뜻 등불 가까이 할 수 있다는 뜻으로 가을 밤은 시원하고 상쾌하므로 등불을 가까이 하여 글 읽기에 좋음을 이르는 말.

등잔 등, 불 화, 옳을 가, 친할 친

● 등화가친의 계절이자 청춘 남녀의 결혼 시즌이다. 때맞추어 한 결혼전문정보업체가 5대 도시 신혼부부 294쌍을 조사한 결과 2000년 7845만원이던 결혼비용이 올해는 1억 3500여만 원이 들어간 것으로 발표했다.

● 때는 독서의 계절, 등화가친 지절이다. 그런데 어찌하랴. 노화현상이 눈에서도 오는가보다. 돋보기로도 책읽기가 불편하다. 젊어서 독서에 열심히 못한 것이 한탄스럽다. 그래서 책을 가까이 하는 젊은이들을 보면 칭찬해주고 싶다.

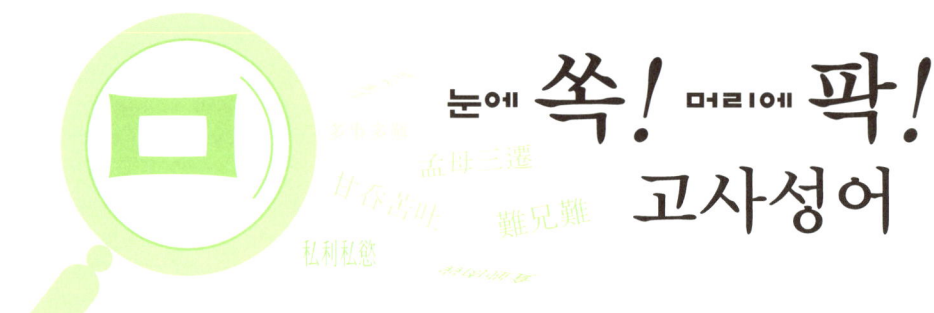

눈에 쏙! 머리에 팍!
고사성어

麻姑搔痒
마 고 소 양

출전 신선전(神仙傳) 마고(麻姑)

뜻 마고가 가려운 데를 긁는다는 뜻으로 일이 뜻대로 됨을 비유해 이르는 말.

삼 마, 시어미 고, 긁을 소, 앓을 양

보기

➡ 서민들은 장기불황으로 등이 휘어진 지 오래고, 국가경제는 중국에마저 추월당할 위기에 처해 있다. 그런데도 내년 총선에만 온 정신이 팔린 정치인과 참여정부 인사들이 저마다 패거리를 지어 '우왕좌왕' 하고 있으니 이거야말로 안개 속에서 길 찾기 아닌가. 내년에는 정치권의 대오각성으로 마고소양(麻姑搔痒)이나 개선광정(改善匡正), 파안대소(破顔大笑)가 '올해의 사자성어'로 선정되길 기대해 본다.

磨斧爲針
마 부 위 침

출전 당서(唐書), 문예전(文藝傳), 방여승람(方與勝覽)

유사어 마부작침(磨斧作針), 십벌지목(十伐之木), 우공이산(愚公移山)

뜻 도끼를 갈아 바늘을 만든다는 뜻으로 아무리 이루기 힘든 일도 끊임없는 노력과 끈기 있는 인내로 성공하고야 만다는 뜻.

갈 마, 도끼 부, 할 위, 바늘 침

보기

➡ 우리는 누구나 희망을 이야기하고 미래를 꿈꾼다. 그러나 그것을 이루는 길에 대해서는 막연하다. 물론 정답은 없다. 하지만 마부위침이라 하지 않았던가. 중요한 것은 중단하지 않으면 가능하다는 진리이다.

➡ 졸업생 여러분! 마부위침이라 했습니다. 여러분들 앞에 어떠한 도전이 기다리고 있다 해도 도끼를 갈아서 바늘을 만들 듯이 끊임없는 노력과 끈기 있는 인내로 응전한다면 결국은 그 주인공이 될 것입니다.

馬耳東風
마 이 동 풍

출전 이백(李白)의 답왕십이한야독작유회
(答王十二寒夜獨酌有懷)

유사어 우이독경(牛耳讀經), 대우탄금(對牛彈琴)

뜻 말의 귀를 스치는 동풍. 다른 사람의 말을 귀
담아 듣지 않는다는 것.

말 마, 귀 이, 동녘 동, 바람 풍

● 노무현 대통령의 3·1절 기념사의 파
장이 계속되고 있다. 잘못한 일에 대해
반성하고 사과하고, 배상할 일에 대해
배상한 뒤에 화해할 수 있다는 지극히
상식적인 논리에 대해 막상 상대방은
마이동풍격이다.

● 달러를 사고 싶어 하는 사람한테는 재
테크 이상의 무엇인가 달러를 갖는 것
에 환율 이상의 것이 포함돼 있다. "당
장 사면 안 됩니다. 또 떨어질 수 있습
니다." 찬물을 붓는 여러 말을 했지만
어째 마이동풍 같은 느낌을 받았다.

麻中之蓬
마 중 지 봉

출전 순자(荀子)의 근학(勤學)

뜻 삼밭의 쑥이라는 뜻으로, 구부러진 쑥도 삼밭
에 나면 저절로 꼿꼿하게 자라듯이 좋은 환경
에 있거나 좋은 벗과 사귀면 자연히 주위의
감화를 받아서 선인이 됨을 비유해 이르는
말.

삼 마, 가운데 중, 어조사 지, 쑥 봉

● 마중지봉이란 말이 있다. 구부러진 쑥
(蓬)도 삼(麻)밭에 심으면 꼿꼿이 자라
게 된다는 뜻이다. 업계 스스로가 건전
한 게임문화 조성을 위한 사회적 책임
활동과 자율적인 규제활동을 게을리
한다면 결국 이용자들로부터 외면 받
을 수밖에 없다는 사실을 인식해야 할
때다.

馬革裹屍
마 혁 과 시

출전 후한서(後漢書)의 마원전(馬援傳)

뜻 말가죽으로 시체를 싸다. 군인은 전쟁에서 죽
을 각오를 해야 한다는 것.

말 마, 가죽 혁, 쌀 과, 시체 시

● 마혁과시의 각오로 한다면 이 세상에
못할 일은 없다. 그런데 요즘 젊은이들
은 자신을 독려하고 강하게 하기보다
는 주변 환경을 탓하는 경우가 많다. 늘
할 수 있다. 이것이 아니면 안된다는 각
오로 일에 임하기를 바란다.

邈枯射山
막　고　야　산

출전　장자(莊子)의 추수편(秋水篇)

뜻　북해의 바다 속에 있다고 전해지는 신선들이 사는 곳을 이르는 말.

아득할 막, 시어미 고, 산이름 야, 뫼 산

보기

➡ 그래서 고려 시대 팔관회 때는 이러한 선랑들을 찬양하기 위한 다음과 같은 하표(賀表)들이 올려지곤 했던 것이다. "복희씨가 천하의 왕이 된 뒤로부터 최고는 우리 태조의 삼한이요, 저 막고야 산에 있다는 신인(神人)은 바로 우리 월성(月城)의 사자(四子)인가 하나이다." 이러한 팔관회는 중국의 제도와 문화를 보다 전면적으로 받아들이려는 화풍(華風) 경향 속에서도 고려 시대 내내 유지된다.

莫逆之友
막　역　지　우

출전　장자(莊子)의 대종사편(大宗師篇)

뜻　마음에 조금도 거슬림이 없는 친구. 친하고 허물 없는 벗을 말함.

말 막, 거스릴 역, 어조사 지, 벗 우

보기

➡ 박정규 민정수석은 노 대통령과 고시 준비를 같이 한 막역지우로 참여정부의 철학을 공유하기보다는 대통령과의 인연이 연결고리이다.

➡ 부시의 막역지우인 롤란드 베츠에 따르면 "부시가 TV 보도에 완전히 빠져들었고, 뉴스 시청 후에는 안보 담당 보좌관 콘돌리사 라이스와 사태 전개에 관해 즉석 토론을 벌이기도 했다."고 증언했다.

輓歌
만　가

출전　춘추좌씨전(春秋左氏傳)

뜻　수레를 끌면서 부르는 노래. 상여를 메고 갈 때 사자를 애도하며 부르는 노래를 말함.

끌 만, 노래 가

보기

➡ 박자를 해체한 '내 멋대로' 창법. 장사익은 데뷔 10년을 기념하는 이번 무대에서 '찔레꽃', '봄비', '님은 먼 곳에' 등 히트곡을 비롯해 '하늘가는 길' '황혼길' 등의 만가를 특유의 창법과 호소력으로 선보인다.

➡ 인터넷 사이트 '고엽제의 분노'는 '침묵의 살인마' 고엽제 중독으로 후유증을 겪고 있는 피해자들의 참혹한 삶을 호소하고 있다. 사이트 '고엽제의 분노'는 고엽제로 죽은 전우의 한을 만가처럼 노래하고 있다.

萬綠叢中紅一點

만 록 총 중 홍 일 점

출전 왕안석(王安石)의 석류시(石榴詩)

뜻 새파란 덤불 속에 빨간 꽃 한 송이. 많은 남자들 속에 아름다운 여인 하나.

일만 만, 푸를 록, 술 속 총, 가운데 중 붉을 홍, 한 일, 점 점

➡ 아들의 공책과 시험지 묶음을 꼬박꼬박 모아놓은 와이셔츠 갑, 1948년 자동차 운전 교습소에서 홍일점으로 합격하고 받았다는 어머니의 운전면허증, 어머니가 설빔으로 지어준 색동저고리…… 이처럼 어머니의 소중한 물건들이 전시되었다.

➡ 한나라당의 한 의원은 "당내 경선 등 공정성이 보장된 경쟁이라면 여성이 홍일점으로 나서는 '원 오브 뎀' 보다 '투 오브 뎀'이 낫다면서 그래야 묻혀 있는 여성 지지표를 제대로 활발하게 끌어낼 수 있다."고 말했다.

萬死一生

만 사 일 생

출전 정관정요(貞觀政要)

뜻 만 번의 죽을 고비에서 살아난다는 말로, 수많은 난관을 극복하고 겨우 죽음을 모면한다는 뜻.

일만 만, 죽을 사, 한 일, 살 생

➡ 이세민의 치세는 그의 연호를 따라 정관지치(貞觀之治)라 부르는데 후세 정치의 모범으로 친다. 그가 초상을 걸게 한 인물가운데 재상 방현령이 있다. 언젠가 이세민은 그를 이렇게 칭송했다. '옛날에 방현령은 나를 따라 나라를 평정하느라고 고생했는데, 만번의 죽을 고비에서 살아오기도 했다.' 구사일생을 한층 더 강조한 만사일생(萬死一生)이란 말은 여기서 유래했다.

萬事休矣

만 사 휴 의

출전 송사(宋史)의 형남고씨세가(荊南高氏世家)

뜻 어떤 사태에 직면해서 어떠한 방도도 강구할 수 없는 체념의 상태를 말함.

일만 만, 일 사, 쉴 휴, 어조사 의

➡ 민의로 선택된 정치인들이 민의를 배반하고 오히려 그 위에 군림하려고 들 때 모든 일은 만사휴의가 될 수 있다. 그 여부를 확인하는 최후의 작업으로 다시 한 번 헌재의 현명한 판단을 구해 보는 건 어떨까.

➡ 장기적인 국토계획 차원에서 행정수도 건설이라는 의제를 설정하지 못한 채 성급하게 몰아붙임으로써 수도권과 지방의 공감을 모두 잃은 결과였다. 그들을 설득하고 국민적 합의를 이뤄내는 노력이 없으면 만사휴의다.

滿身瘡痍
만 신 창 이

뜻 온몸이 성한 데 없는 상처투성이라는 뜻으로, 아주 형편없이 엉망임을 형용해 이르는 말.

찰 만, 몸신, 부스럼 창, 상처 이

보기

- 공직자들의 부정부패와 비리, 도덕적 해이로 사회 전체가 만신창이가 된 것 같아 안타깝다. 우리 사회에 부정부패가 만연하는 한 선진한국 진입은 물론 국민소득 2만 달러 돌파도 요원하다고 본다.
- 1999년 대우그룹 사태로 만신창이가 됐던 (주)대우에 대표이사로 취임한 그는 4년 만에 종합상사로서는 가장 먼저 워크아웃을 졸업, 명운이 다해가던 종합상사 부활의 성공 모델을 만들어냈다.

妄言多謝
망 언 다 사

뜻 편지 따위의 글 끝에 자신의 말을 겸손히 낮추는 뜻으로 쓰는 말.

허망할 망, 말씀 언, 많을 다, 사례할 사

보기

- 닭의 모가지를 비틀어도 새벽이 온다는 진리를 여전히 신봉하고 있다면, 장관의 모가지를 비틀어서라도 개혁을 오게 해야 한다. 물론 나는 장관의 모가지를 비틀지 않고 개혁을 맞기를 기대한다. 망언다사.
- 요즘 각종 선거시기가 가까워지자 갑자기 얼굴표정을 부처님의 자비호상으로 바꾸고 사람이 모이는 곳에 얼굴을 내비추기 위해 자리를 텅텅 비우고 밖으로 내닫는 '자치단체의 장들'도 있다. 망언다사.

萬全之策
만 전 지 책

출전 후한서(後漢書)의 유표전(劉表傳)

뜻 상황에 가장 적합한 계책. 조금의 허술함도 없는 완전한 계책을 말함.

일만 만, 오롯할 전, 어조사 지, 꾀 책

보기

- 장기주택대출은 경기나 금리변화에 흔들리던 가계신용 문제를 해결하는데도 장기적으로 도움이 될 것으로 기대된다. 맘먹고 짓는 보약 같은 정책이다. 허술함이 전혀 없는 만전지책이었으면.
- 하지만 전봉준은 일주일 후 각지에 보낸 통문에서 "일본군이 범궐하여 국왕이 욕을 당했으니 마땅히 목숨을 걸고 싸워야 하나, 저 도적들의 예봉이 매우 날카로우므로 관망한 연후에 기세를 올려 계책을 취하는 것이 만전지책"이라는 명령을 내렸다.

ㅁ

亡國之音
망 국 지 음

출전 예기(禮記)의 악기(樂記),
한비자(韓非子)의 십과편(十過篇)

뜻 망한 나라의 음악. 나라를 망하게 만드는
음악. 해로울 줄 알면서 몰두하는 것을 비유함.

망할 망, 나라 국, 어조사 지, 소리 음

보기

➡ 우륵은 그 뜻을 받들어 12곡의 새로운
음악을 만들었다. 가야가 망하자 신라
의 조정에서는 나라를 망하게 한 '망국
지음'이 들어 있는 '가야금'을 받아들
일 수 없다고 했다.

➡ 진평공은 사연이 거문고를 탄주하는
소리를 들으며 무아지경에 빠지는 듯
탄성을 내뱉었다. 그때 사광이 얼굴빛
이 변하며 사연의 탄주를 중지시켰다.
"그대는 어찌하여 경사스러운 자리에
서 망국지음을 탄주하는 것이오?" 사광
이 노한 목소리로 사연을 꾸짖었다.

望梅解渴
망 매 해 갈

출전 세설신어(世說新語)

유사어 매림지갈(梅林止渴)

뜻 목이 마른 병졸이 신 살구 이야기를 듣고 침
이 고여 목마름을 풀었다는 옛 이야기로 매실
은 시기 때문에 이야기만 나와도 침이 돌아
해갈이 된다는 말.

바랄 망, 매화나무 매, 풀 해, 목마를 갈

보기

➡ 매실 하면 무엇보다 향긋하고 새콤한
맛이 떠오르면서 입안에 절로 침이 고
인다. 망매해갈이란 고사가 생겨난 것
도 바로 이 신맛 때문이다.

亡羊補牢
망 양 보 뢰

출전 전국책(戰國策)

유사어 사후청심환(死後淸心丸),
사후약방문(死後藥方文)

뜻 양을 잃고서 그 우리를 고친다는 뜻으로 소
잃고 외양간 고친다, 실패한 후에 일을 대비
함. 이미 때가 늦음.

망할 망, 양 양, 기울 보, 우리 뢰

보기

➡ 대한민국이 진정한 게임강국으로 성장
하고, 디지털 콘텐츠 강국으로 거듭나
는 길은 멀리 있지 않다. 망양보뢰의 교
훈인 늦었다고 생각할 때가 가장 빠른
때다.

➡ 중국 고사성어중 "망양보뢰"와 우리 속
담의 "소 잃고 외양간 고친다."라는 말
은 동일한 상황에 대해서 반대의 지침을
주는 말이다. 즉, 전자는 실패한 후 방법
을 강구하여 다시 손해 보지 않도록 한
다는 뜻이나 후자는 이미 일을 실패해
놓고 무슨 대책이 필요하느냐는 의미다.

望洋之歎
망 양 지 탄

출전 장자(莊子)의 추수편(秋水篇)

뜻 넓은 바다를 보고 탄식한다는 뜻으로 남의 원
대함에 감탄하고 나의 미흡함을 부끄러워함
을 비유. 제 힘이 미치지 못할 때 하는 탄식

바랄 망, 바다 양, 어조사 지, 탄식할 탄

보기
➡ 이 의원은 지난 1일 국민과 당원 앞으
로 보낸 신년편지를 통해 "정치 파행
을 눈앞에서 지켜보면서도 초선 의원
으로서 망양지탄한 무력감을 맛볼 수
밖에 없었다."고 털어놨다.
➡ 7 · 21전당대회에서 어떤 드라마가 연
출될지는 모르지만 한 사람만 영광의
자리를 차지할 뿐 나머지는 모두 쓰디
쓴 패배의 잔을 마셔야 할 것이다. 아
마도 탈락자들의 망양지탄이 경선대회
장을 휘감을 것 아니겠는가?

望雲之情
망 운 지 정

출전 당서(唐書)

유사어 백운고비(白雲孤飛)

뜻 타향에서 고향에 계신 부모를 생각함. 멀리
떠나온 자식이 어버이를 사모하여 그리는 정.

바랄 망, 구름 운, 어조사 지, 뜻 정

보기
➡ 사교육비의 부담에서 벗어나고자 많은
사람들이 이민이란 극단적인 방법을
선택하고 있다. 물론 반드시 교육문제
가 아니라도 자기가 살고 싶은 나라에
가서 사는 것이 어디 개인의 애국심 문
제이겠는가? 어디에서 살든 맘이 편하
면 거기가 바로 고향이 아니겠는가?
그러나 수십년을 쌓아온 추억이며 부
모에 대한 망운지정은 어찌할 것이란
말인가?

芒刺在背
망 자 재 배

출전 한서(漢書)의 곽광전(霍光傳)

뜻 가시를 등에 지고 있다는 뜻으로, 마음이
조마조마하고 편하지 않음을 이르는 말.

까끄라기 망, 찌를 자, 있을 재, 등 배

보기
➡ 친구의 우정을 빌미로 한 간곡한 부탁
때문에 거짓말을 하게 된 나는 친구의
부모님께로부터 확인 전화를 받게 되
는 망자재배의 아찔한 순간을 간신히
넘길 수 있었다.

望塵莫及
망 진 막 급

출전 남사(南史)

뜻 먼지를 바라보고 미치지 못한다는 말로, 원하는 바를 손에 넣지 못함을 가리키는 말.

바랄 망, 티끌 진, 없을 막, 미칠 급

보기

➡ 때론 망진막급이라 해도 모든 일에 최선을 다하는 것만이 후회 없는 인생이 될 것이다.

➡ 너무 간절히 바라면 이루어진다지만 망진막급이라고 아무리 바라고 원해도 이루어지지 않는 것이 있다. 특히, 사람의 마음은 바라고 원하면 원할수록 멀어지는 경우가 종종 있다.

買死馬骨
매 사 마 골

뜻 죽은 말의 뼈를 산다는 뜻으로, 귀중한 것을 손에 넣기 위해 먼저 공을 들여야 한다는 것을 가리키는 말.

살 매, 죽을 사, 말 마, 뼈 골

보기

➡ 쓸데없는 물건이라고 버릴 생각만 하지 말고 소중히 다루다 보면 긴요하게 쓰일 때가 있는 것처럼 지금은 아무 것도 아닌 사람이라도 존중하고 대접하면 언젠간 그 사람이 나에게 큰 도움을 주는 사람이 될 것이다. 매사마골이라……. 늘 작은 것을 소중히 여기는 마음이 중요한 것이다.

梅妻鶴子
매 처 학 자

출전 시화총귀(詩話總龜)

뜻 매화 아내에 학 아들이라는 뜻으로 속세를 떠나 유유자적하는 생활을 가리키는 말.

매화나무 매, 아내 처, 학 학, 아들 자

보기

➡ 나는 항저우에 갈 때마다 반드시 배를 타고 들어가 서호(西湖) 가운데에 있는 섬인 고산(孤山)에 들르곤 하였다. 여기에서 임포가 매처학자의 은둔생활을 하였던 것이다.

➡ 결국 사람과 악기가 하나라는 깨달음. 새로 들어선 아파트촌으로 포위된 곳에 남은 허름한 한옥. 평생 그 집에서만 살아왔다는 그는 가끔 두 마리 검둥개를 청중삼아 직접 제작한 기타를 퉁기며 산다. '매처학자' 고사가 따로 없는 풍경이다.

麥丘邑人
맥　　구　　읍　　인

출전 유향(劉向)의 신서잡사(新序雜事)

뜻 맥구읍의 사람이란 뜻으로, 곱고 덕스럽게 늙은 사람을 가리키는 말.

보리 맥, 언덕 구, 고을 읍, 사람 인

보기

❂ 사람들은 우리 할머니를 보면 맥구읍 인이라고 말한다. 할머니의 고운 모습 도 그러하거니와 그 인격은 모든 사람 들의 존경을 받는다. 나도 우리 할머니 처럼 나이들기를 바란다.

麥秀之嘆
맥　　수　　지　　탄

출전 사기(史記)의 채미자세가(采微子世家)

뜻 맥수는 보리가 무성하다는 뜻으로 보리만 무성한 고국의 멸망을 탄식함.

보리 맥, 팰 수, 어조사 지, 탄색할 탄

보기

❂ 폐허가 된 궁궐터에 보리만 무성하게 웃자라는 모습을 보면서 망한 나라의 비탄을 읊었다는 '맥수지탄'의 감정으 로 나그네는 화려했던 사찰들이 사라 져 감을 아쉬워하며 글을 남긴다.

❂ 법과 질서가 통하지 않고 양심과 상식 이 통하지 않는 사회라면 도대체 그 사 회가 얼마동안이나 더 유지될 수 있을 것인가. 만약 우리가 이런 상황을 맥수 지탄이라고 하면 지나친 표현일까.

盲龜浮木
맹　　귀　　부　　목

출전 열반경(涅槃經)

뜻 눈먼 거북이가 물에 뜬 나무를 만난 것과 같이 어려운 지경에 뜻밖에 좋은 일을 만나 어려움을 면하는 것.

눈멀 맹, 거북 귀, 뜰 부, 나무 목

보기

❂ 아무런 제도적 장치 없이 수입을 하다 보니 수출입업자의 농간으로 우리 국 민의 생명이 위협받고 있다. 아울러 문 제를 야기한 수입업자를 엄벌할 수 있 는 입법도 서둘러야 한다. 인간의 생명 은 맹귀부목같이 하나밖에 없는 귀한 생명이다. 국민이 병들어 죽는다면 무 슨 소용이 있겠는가. 정부나 국회도 실 추된 위신을 회복하고 국민의 생명을 지킬 수 있는 신속하고 항구적인 조치 를 취해주기를 바라는 마음 간절하다.

孟母斷機
맹 모 단 기

출전 열녀전(列女傳) 모의전(母儀傳) 몽구(蒙求)
뜻 맹자의 어머니가 베틀의 실을 끊었다는 말로, 학문을 중도에서 그만 두면 아무 쓸모가 없다는 뜻.

밭 맹, 어머니 모, 끊을 단, 베틀 기

보기
➡ '사랑의 매질'도 그렇다. 그 자격은 자신에게 엄격한 어버이에게만 생겨나는 것. 맹자어머니를 보자. 어느 날 이웃에서 잔치에 쓰려고 돼지 잡는 것을 본 맹자는 무엇 하려고 저러느냐고 어머니에게 묻는다. 어머니는 무심코 "너 먹이려고 잡는단다."고 대답한다. 그러고선 아차 거짓을 가르친다 싶어 푸주에서 돼지고기를 사다 먹였다 한다. 이래서 맹모단기교훈도 먹혀든다. 5일은 어린이날. 사랑과 엄격이 조화로운 가정교육을 생각해 보게 한다.

孟母三遷
맹 모 삼 천

출전 후한서(後漢書)의 열녀전(烈女傳)
뜻 맹자의 어머니가 맹자의 교육환경을 좋게 하려고 세 번 이사했다는 것.

밭 맹, 어머니 모, 석 삼, 옮길 천

보기
➡ 얼마 전 장대환 총리서리가 자녀의 강남학군 위장전입 사실을 사과하면서 "맹모삼천지교(孟母三遷之敎)로 이해해 달라."고 말했다 해서 학부모들의 반발을 사고 있다고 한다. 맹모가 살아 있다면 빗나간 교육열을 맹모삼천으로 여기는 풍토에서 어떻게 자식을 가르쳤을지 궁금하다.

盲人瞎馬
맹 인 할 마

출전 세설신어(世說新語)
뜻 장님이 외눈박이 말을 탄다는 뜻으로 대단히 위험함을 가리키는 말.

소경 맹, 사람 인, 애꾸눈 할, 말 마

보기
➡ 이런 문제는 정확한 지식이 없이 그저 반일감정만으로 답변하기 쉽다. 하지만 그런 답변은 자칫 국수주의로 보일 수 있다. 국수주의 역시 제국주의만큼이나 위험한 이념이다. 일종의 맹인할마라 할 수 있다. 따라서 일본의 우경화 경향에 대해 반론을 제기하기 위해서는 역사적인 사실에 바탕을 둔 논리적인 대응이 필요하다. 독도가 우리 땅이라는 근거와 기본적인 지식이 없이는 답하기 어렵다.

面目一新
면 목 일 신

뜻 얼굴이 아주 새로워졌다는 뜻으로 세상에 대한 체면이나 명예, 사물의 모양, 일의 상태가 완전히 새롭게 됨을 이르는 말.

낯 면, 눈 목, 하나 일, 새로울 신

보기

❶ 김 대통령의 생각과 행동은 어딘가 앞 뒤가 맞아 들어가지 않아 보이는 것이다. 적정한 규모의 개각을 단행하고, 여러 사람의 유능하고 참신한 장관들을 국민에게 새롭게 선보이면서, 면목일신의 계기를 잡아야 마땅한 것이다.

❷ 로널드 바운 칠레 수출협회회장은 칠레의 면목일신은 정부가 간섭하지 않고 기업가들로 하여금 장기계획을 세울 수 있게 제도적 구조마련을 해준 데 따른 것이라고 분석했다.

面壁九年
면 벽 구 년

출 전 경덕전등록(景德傳燈錄)
뜻 벽을 향하고 아홉 해라는 뜻으로, 오랜 동안 홀로 좌선을 하는 것을 가리키는 말.

향할 면, 벽 벽, 아홉 구, 해 년

보기

❶ 중국의 소림사하면 달마대사가 면벽구년을 한 곳으로 생각하는 사람도 있고, 소림권법을 먼저 떠올리는 사람도 있을 것이다. 이제 소림사는 소림권법의 상업화가 지나쳐 선 불교의 발상지라는 본래의 의미는 퇴색해버리고 말았다고 미국 시사주간지(뉴스위크)가 최근 전했다. 20년 전까지만 해도 소림사는 허난성 쑹산계곡에서 유일하게 사람의 발길이 닿는 곳이었다.

面從腹背
면 종 복 배

유사어 소중유검(笑中有劍), 소면호(笑面虎), 구밀복검(口蜜腹劍), 사시이비(似是而非), 사이비(似而非), 사이비자(似而非者)
뜻 겉으로는 순종하는 체하고 속으로는 딴 마음을 먹음.

낯 면, 좇을 종, 배 복, 등 배

보기

❶ 면종복배(面從腹背)=겉으로는 복종하는 체하면서 속으로는 배반한다는 뜻. 중국은 북한에 대해 여러 차례 충고를 하고 있지만 북한은 진정으로 받아들이고 있지 않다.

❷ 최근 안방극장에서 두각을 보이는 두 악역이 있다. KBS '쾌걸춘향'에서 우리 고전 속의 악당 변학도역을 맡은 엄태웅과 MBC드라마 '영웅시대'에서 면종복배의 전형을 보여주는 차지철역의 정흥채가 그들이다.

滅私奉公
멸　사　봉　공

출전 전국책(戰國策)의 진책(秦策)

유사어 대의멸친(大義滅親)

뜻 사를 버리고 공을 위하여 힘써 일함.

멸망할 멸, 사사로울 사, 받들 봉, 공변될 공

보기

❯ 반면 대통령부부의 쌍꺼풀 수술에 대해서는 비판적 시각이 많이 비친다. 이런 이들은 높은 수준의 절제와 멸사봉공의 정신이 요구되는 직책에 대한 기대심리 배반을 지적하는 듯하다. 하지만 이런 것도 언급할 거리가 되느냐는 반응도 있다.

❯ 물론 이순신 기념사업이 국가적 행사로 격상된 것은 박정희 정권 때였다. 박정희 대통령을 멸사봉공하는 애국군인의 표상인 이순신 장군에 대입시켜 군사쿠데타를 합리화하려는 의도였을 것이다.

明鏡止水
명　경　지　수

출전 장자(莊子)의 덕충부편(德充符篇) 응제왕편(應帝王篇)

뜻 티끌 한 점 없는 밝은 거울이 명경이다. 움직임 없이 고요히 괴어 있는 물을 지수라 말하는데 사념이 없는 아주 깨끗한 마음에 비유한다.

밝을 명, 거울 경, 머무를 지, 물 수

보기

❯ 피아골의 3홍은 단풍과 행락객의 인홍, 그리고 명경지수에 비친 수홍을 들듯, '고창의 3홍' 으로는 이른 봄 동백꽃, 양념장으로 구운 풍천장어, 그리고 선운산 복분자주의 선홍을 말하고 싶다. 그렇다. 고창 3홍은 웰빙 그 자체이다.

❯ 폭이 162.5m나 되는 폭포에서 떨어지는 폭포수는 커다란 커튼을 둘러놓은 듯도 하고 선녀의 날개옷을 펼쳐놓은 듯도 하다. 하지만 산새들이 깜까봐 조용조용 흐르던 명경지수도 이곳에선 한꺼번에 참았던 에너지를 분출한다.

明明白白
명　명　백　백

뜻 아주 명백함. 아주 똑똑하게 나타난 의문의 여지가 없음을 이르는 말.

밝을 명, 흰 백

보기

❯ 그는 "명명백백히 우리 땅인 독도에 대해서 언론이 공개적으로 말할 필요도 없고, 오히려 그런 식으로 얘기를 하는 것 자체가 독도가 분쟁지역이라는 인식을 확산시킬 수 있기 때문"이라고 했다.

❯ 이 전 부총리와 그의 부인을 둘러싼 투기 의혹의 진위 여부가 명명백백하게 밝혀지기 전에 여론에 의해 이미 '유죄' 판단이 내려짐으로써 "전투중인 장수를 바꾸지 않을 수 없게 됐다."는 것이다.

明眸皓齒
명   모   호   치

출전 두보(杜甫)의 시(詩), 애강두(哀江頭)

뜻 밝은 눈동자와 흰 이. 미인의 형용사처럼 되었음.

밝을 명, 눈동자 모, 흴 호, 이뻳 치

- 예로부터 명모호치라 하여 '맑고 아름다운 눈과 희고 고운 이'를 미인의 조건으로 생각했던 것을 보면 선인들도 얼굴의 아름다움을 결정하는데 있어서 치아배열을 매우 중요한 요소로 생각했던 것 같다. 이런 의미에서 성형 수술도 교정 치료와 상통하는 바가 있다고 볼 수도 있다.
- 미인의 조건을 들 때도 맑고 아름다운 눈동자는 필수요건으로 꼽힌다. 맑은 눈에 희고 아름다운 이를 더해 '명모호치'라 하지 않는가.

明哲保身
명   철   보   신

출전 서경(書經)의 설명편(說明篇), 시경(詩經)의 대아증민편(大雅烝民篇)

뜻 이치에 밝고 사리에 분별력이 있어 도리에 맞는 행동으로 자신을 잘 보전함.

밝을 명, 밝을 철, 보전할 보, 몸 신

- 스스로 '털어서 먼지 안 난다.'라는 확신이 서지 않는 한 장관자리를 맡아 달라는 제의가 오더라도 정중하게 사양하는 것이 도리다. 그것이 그동안 어렵게 쌓아온 이름 석자나마 온전하게 지키는 길이자 명철보신의 지혜이기 때문이다.
- 충남지역 경부고속철 역 이름을 '천안아산역(온양온천)'으로 지은 건설부 역시 무소신과 무사안일이 명보신이라는 철칙을 지켰다.

毛遂自薦
모   수   자   천

출전 사기(史記)

뜻 모수가 자기를 스스로 천거했다는 뜻으로 자기가 자기를 추천하는 것을 이르는 말.

털 모, 이룰 수, 스스로 자, 천거할 천

- 민주당 내 대표적 미국통인 유재건 의원은 30일 '모수자천'을 실천하고 나섰다. 그는 "내가 정말 하고 싶은 일인 외교통상부장관을 할 수 있다면, 지역구를 젊은 후배들에게 완전히 물려주고, 17대 총선에도 출마하지 않겠다."고 말했다.
- 그러나 이 땅에도 자기 자리 지키며 나라 걱정하는 이 많다. 힘들여 자료모아 역사 복원시키고, 한 점 한 획에도 혼신의 힘 다하는 사람 많다. 자질 능력 넘쳐도 모수자천 경계하고, 힘들여 텃밭 일궈 필요한 사람에게 결실 나눠주는 이 많다.

矛盾
모 순

출전 한비자(韓非子)의 난일난세편(難一難勢篇)

뜻 창과 방패. 말이나 행동이 앞뒤가 서로 맞지 않는 것을 말함.

창 모, 방패 순

➡ 한국분장예술인협회와 한국메이크업 협회, 메이크업 관련 교수 등은 정기총회에서 성명서를 통해 '현 미용 관련 면허제도의 모순점에 대한 시정 노력을 위해 보건복지부와 정부 당국에 적극적으로 대처할 것'을 결의했다.

➡ 한국사회는 지금 '거대한 모순'에 빠져 있다. 한국사회가 안고 있는 문제들의 해법은 '큰 시장, 작은 정부'에 있음에도 불구하고 한국사회는 (이와 상반된) 좌파의 길로 걸어가고 있다.

慕藺
모 린

출전 사기(史記)

뜻 연상녀를 사모한다는 말로, 어질고 유능한 사람을 그리워하며 따른다는 뜻.

사모할 모, 골풀 린

보기

➡ 요즘 연인들을 살펴보면 예전과는 사뭇 다른 커플들이 눈에 많이 띈다. 즉, 연상 연하 커플. 이들은 다른 커플들과 다름없이 서로에 대한 애정을 표시하지만 연하남의 연상녀에 대한 모린의 감정은 다른 커플들과는 또 다른 느낌이라고 할 수 있다.

木梗之患
목 경 지 환

출전 사기색은(史記索隱)

뜻 나무 인형의 근심이라는 뜻으로, 타향에서 죽어 고향으로 돌아가지 못하거나 자기 본래의 모습으로 돌아가지 못함을 가리키는 말.

나무 목, 인형 경, 어조사 지, 근심 환

보기

➡ 일제시대 강제 징용으로 일본과 중국, 사할린 등지로 강제 이주된 우리 동포들은 아직까지도 한국 정부의 무관심과 일본 정부의 책임전가로 목경지환의 한을 품고 살고 있다. 어서 빨리 그들의 맘을 위로해 줄 수 있는 방안이 모색되어야 하겠다.

目不識丁
목 불 식 정

뜻 고무래를 보고도 정자를 알지 못한다는 뜻으로, 일자무식인 사람을 가리키는 말.

눈 목, 아니 불, 알 식, 고무래 정

보기

❷ 아리스토텔레스가 관상쟁이였다는 사실부터 차드에선 재클린 오나시스우표가 발행된다는 것까지 얼굴에 관한 생물학·의학·심리학·역사학·사회학적 고찰이 망라된다. 세월의 불도저가 밀고 지나간 얼굴엔 '희망이란 유혹에 굴한 상처'만 가득할 터, 사뮈엘 베케트의 얼굴을 보고도 인생을 모른다면 목불식정이 따로 없다.

❷ 예전엔 한문을 모르면 곧 무식쟁이로 취급됐다. 멀쩡하게 생긴 사람이 한자를 모르면 목불식정이라고 비웃었다.

木人石心
목 인 석 심

출전 진서(晋書)

뜻 나무나 돌처럼 마음이 굳다는 뜻으로, 의지가 강하여 세속에 휩쓸리지 않는 사람을 가리키는 말.

나무 목, 사람 인, 돌 석, 마음 심

보기

❷ 요즘 정치를 보면 목인석심의 사람이 절실히 필요한 때라는 생각이 든다. 자신의 정치적 소신이라고는 없이 간에 붙었다 쓸개에 붙었다 오로지 입신을 위해 절개를 저버리는 사람들이 많기 때문이다.

沐猴而冠
목 후 이 관

출전 사기(史記)

뜻 원숭이가 관을 썼다는 뜻으로, 의관은 그럴 듯하지만 생각과 행동이 사람답지 못하다는 말.

목욕 목, 원숭이 후, 어조사 이, 갓 관

보기

❷ 마치 유럽 사람이 남방 민족에 대하여 그의 말을 믿을 것이 아니라고 하는 것이나 중국 사람은 초인(楚人)은 목후이관이라 하여 남방 사람은 한 날에도 몇 번씩 변한다고 비난하는 것과 같은 것이다.

❷ 여취여광(如醉如狂) 흥을 겨워 바삐 일어 춤을 춘다. 목후이관(沐而冠) 거동(擧動) 보소. 녹처사의 형상(形像) 보고 부지불각(不知不覺) 내달아서 꽃가지를 꺾어 쥐고 이리 뛰며 저리 뛰어 수무족도 가관일세.

無念無想

무 념 무 상

뜻 일체의 생각이 없다는 뜻으로, 무아의 경지에 이르러 일체의 상념이 없음을 이르는 말.

없을 무, 생각할 념, 생각 상

보기

➡ 일단은 비워내는 것이 중요하다. 무념무상의 경지까지는 아니더라도 비워내야 우리는 또 다른 것을 채워 넣을 수 있는 법이다.

➡ 그는 무념무상의 상태에서 편안하게 도장이 파할 때까지 앉아 있었다. 이에 대해 의사들은 "그것이 바로 정신적 최면이요 신체적 마비가 온 것이다."고 설명했으나 이 5단은 "결코 최면이나 마비가 아니며 선의 경지를 체험해본 것이다."고 말했다.

無賴漢

무 뢰 한

유사어 부랑자(浮浪者)

뜻 일정하게 사는 곳과 하는 일이 없이 편둥편둥 놀면서 떠돌아다니며 난봉짓이나 하고 방탕한 생활을 하는 사람.

없을 무, 힘입을 뢰, 한나라 한

보기

➡ 미국이야말로 인간의 초보적인 양심과 도덕도 없는 천하의 무뢰한들이라는 것이 다시금 만천하에 낱낱이 드러났다. 매향리 주민들이 입은 피해는 철저히 미군에 의해 산생된 것만큼 피해보상금은 미국이 무는 것이 당연하다.

➡ 무뢰한의 무릎 사이를 기던 어린 날의 한신 장군처럼 냉혹한 약육강식의 국제질서에 무릎 꿇지 말고, 이 땅의 통치자 경제 유령 앞에 무릎 꿇지 말고, '진리'로 살아 있는 완전한 인간 정신 앞에 꿇어야 한다.

武陵桃源

무 릉 도 원

출전 도연명집(陶淵明集) 도화원기(桃花原記)

뜻 이 세상을 떠난 별천지를 이르는 말.

호반 무, 큰 언덕 릉, 복숭아나무 도, 근원 원

보기

➡ 태백산 아래 있다는 궁기나 물밑 동굴로 이어지는 무릉도원은 좀체 찾아낼 수 없다는 것이 아주 난점이야. 정말 그런 이상세계가 있기나 한지, 솔직히 말해 나도 모르겠어.

➡ 일본의 온천은 오이타현을 빼게 되면 그야말로 '속빈 강정'이 되고 만다. 그 중에서도 온천의 무릉도원으로 인식되고 있는 '온천의 도시', 벳푸를 중심으로 한 온천지대는 찌든 일상으로부터 일탈을 바라는 순례자들로 연중 인산인해를 이룬다.

無病自灸
무 병 자 구

출전 장자(莊子) 잡편(雜篇) 도척(盜跖)

뜻 병도 없는데 스스로 뜸질을 한다는 뜻으로, 쓸데없는 일에 정력을 쏟아 화를 부른다는 뜻.

없을 무, 병 병, 스스로 자, 뜸질할 구

보기

❶ 보다 못한 공자의 타이름에도 도리어 공자를 꾸짖어 혼이 나가게 했다고 전하는 인물이다. 공자가 공연한 짓을 했다는 것에 무병자구란 고사가 나왔다.

❶ A, B, O, AB형의 각 네 사람이 한 자리에서 식사를 하고 있었다. 이야기 도중 갑자기 뛰어나간 불같은 성격의 AB형, 그 뒤를 쫓아나간 호기심 많은 O형, 나가건 말건 먹던 밥을 마저 먹는 B형, 한참 후 "쟤들 나 때문에 나간거지?"하는 소심한 A형. 무병자구라고 A형은 스스로 근심을 사서하는 케이스이다.

巫山之夢
무 산 지 몽

출전 문선(文選) 송옥(宋玉)의 고당부(高唐賦)

뜻 무산에서 꾼 꿈. 지금은 남녀의 밀회나 정사를 일컬음.

무당 무, 뫼 산, 어조사 지, 꿈 몽

보기

❶ 주택가와 학교 등지에 유흥업소 및 러브 호텔이 난립하는 문제 때문에 일산 시가 골머리를 앓고 있다. 더군다나 시민들의 휴식공간으로 조성했던 호수공원에 밤늦게 모여드는 연인들의 무산지몽 현장 때문에 더욱 더 시민들의 원성을 사 방책을 모색 중이다.

無恙
무 양

출전 전국책(戰國策)의 제책(齊策)

뜻 병이 없다. 탈이 없다는 뜻으로 모든 일이 평안 무사함을 뜻함.

없을 무, 병 양

보기

❶ "한정원로(寒程遠路)에 떠나보내니 공명과 사업도 귀타(귀하다) 할 수 없이 (…) 신상 무양(無恙)하다니 다행다행. 모(母)는 혼실 대우(大憂)없고 세모 궁한에 자식을 바라는 심사 착급(着急), 수이 돌아옴만 믿는다"(모친이 아들에게 하는 편지). "존문(尊門)의 가랑(佳郎)을 맞아 약녀(弱女)의 만복지원(萬福之願)을 이루옵고, 서군(壻君ㆍ사위)을 뵈오니 옥모영풍(玉貌英風)이 출어탈속(出於脫俗)하심이 소망에 넘사올 뿐…" (신부 어머니가 사돈댁에 보내는 편지).

無用之用
무 용 지 용

출전 장자(莊子)의 인간세편(人間世篇)
뜻 아무 쓸모도 없이 보이는 것이 때로는 어느
것보다도 더 유용하게 쓰인다는 것.

없을 무, 쓸 용, 어조사 지

➡ 휴머니스트도교의 요체는 무위자연과
무용지용이다. 우리 문화의 기층을 이
뤄온 도교는 그러나 '불로장생의 꿈과
신선의 전설'로 줄곧 곁에 자리하면서
도 환상과 꿈의 세계라는 점에서 낯설
게 여겨져 왔다.

➡ 무용지용이라……. "돈벌이가 되는"
"신지식"이 난무하는 가운데 "구지식"
인 과학사를 공부한 제자들이 직장도
없어 고초를 겪고 있는 것을 보면서 나
는 1백 년 전 유럽 사람들의 꿀벌 연구
를 되새기게 된다.

無爲徒食
무 위 도 식

뜻 하는 일 없이 헛되이 먹기만 함. 게으르거나
능력이 없는 사람.

없을 무, 할 위, 무리 도, 먹을 식

➡ '티에판완'(鐵飯碗 철밥통). 한국과 마
찬가지로 중국에서 무위도식으로 자리
지키기에 혈안이 된 공직자들을 일컫
는 속된 말이다. 상사의 눈치만 살피며
복지부동하는 공무원이나 공안(경찰),
연구하지 않고 구태의연한 강의로 연
명하는 교수와 교사 등을 통칭한다.

➡ 5년 계약기간 중 맞이한 4년차 시즌.
지난 3년은 '무위도식'이란 혹평이 어
울린다. 그래서 텍사스 지역언론으로
부터 '조기 방출설'에 시달리는 박찬호
가 선발 등판, '생존게임'에 돌입한다.

無爲而化
무 위 이 화

출전 노자(老子) 59장(章)
뜻 행위 없이 되어진다. 뚜렷한 행위 없이 감화
에 의해서 이룩되는 것.

없을 무, 할 위, 말이을 이, 될 화

➡ 역학(易學)에 따르면 세상만물은 음양
으로 이뤄져 있다. 이 음양에서 오행이
나온다. 태어나서 자라고 열매 맺어 거
두어 쉰다는 생장염장(生長斂藏), 무위
이화의 사상이 음양오행이다.

➡ 동학의 '무위이화'에 더 매력을 느낀
다는 그가 굳이 무언가를 꾀하지 않았
는데도, 이 일대에 20여 귀농 가구가
생겼고, 대안 학교를 꿈꾸던 사람들도
이 부근 폐교에 터를 잡아 푸른꿈 고등
학교를 만들었다.

無知蒙昧

무 지 몽 매

뜻 아는 것이 없이 어리석음.

없을 무, 알 지, 입을 몽, 어두울 매

보기

➡ 60년대 내무부는 지방국과 경찰국으로 짜여져 있었는데, 대통령 선거와 국회 의원 선거 업무를 담당하고 있었다. 필요하면 투표함도 바꿔치기 하는 무지몽매한 계획을 실천에 옮기기도 했다.

➡ 특정 종교를 맹신하다 보면 타종교인이나 비신자를 이단이나 무지몽매한 사람들로 여기게 된다. 상대의 종교를 인정하지 않는 맹신도들이 무리하게 선교에 나서면 마찰이 빚어질 수밖에 없다.

無何有之鄕

무 하 유 지 향

출전 장자(莊子)

뜻 장자가 말한 어떠한 인위도 없는 자연 그대로의 낙토

없을 무, 어찌 하, 있을 유, 어조사 지, 시골 향

보기

➡ '장자(莊子)' 가운데 여러 편에 나오는 이 무하유지향은 글자 그대로 아무 것도 없는 곳을 뜻한다. 무위자연(無爲自然)의 이상향이라고 설명하는 학자도 많지만 그저 아무도 없는 한없이 넓은 땅 정도로 해석해도 좋다.

➡ 아름다운 마을의 시골 초등학교들이 대다수 폐교되고 있는 현실은 도시로만 몰리는 잘못된 교육 풍토와 무관하지 않을 것이다. 우리의 풍요로운 삶을 위해 무하유지향에 들기를 권하고 있지 아니한가.

無恒産無恒心

무 항 산 무 항 심

출전 맹자(孟子)의 양혜왕상(梁惠王上)

뜻 일정하게 먹고 살만한 살림이 없으면, 사람이 지니고 있어야 할 떳떳한 마음이 없어진다는 것.

없을 무, 항상 항, 생업 산, 마음 심

보기

➡ 정씨는 말한다. "내 주변 젊은 사람들은 노무현 대통령 찍은 것 후회하는 사람들이 많다. 기대 했는데…" 결국 먹고 사는 문제다. 맹자는 '무항산무항심'이라고 하여, 생활이 안정되지 않으면 바른 마음을 견지하기 어렵다고 말했다.

➡ 가난은 비참이다. 누더기는 자존심을 가려주지 못한다. 굶주린 배는 정신을 못 지켜준다. 그래서 맹자도 무항산무항심이라고 했다. "곡식이 물이나 불과 같이 넉넉하다면 인민들 가운데 어찌 불인(不仁)한 자가 생기겠는가."

墨子悲染
묵 자 비 염

출전 묵자(墨子)의 소염편(所染篇)

유사어 묵자읍사(墨子泣絲)

뜻 묵자가 실을 보고 울었다는 뜻으로 사람은 습관이나 환경에 따라 그 성품이 착해지기도 악해지기도 함을 이르는 말.

먹 묵, 아들 자, 슬플 비, 물들일 염

보기

➡ 처음 만나는 사람을 잠깐의 만남을 통해 전부 알 수 있을까? 그 사람을 알려면 다양한 환경과 상황 속에서 만남을 가져 보아야 할 것 같다. 묵자비염이라는 묵자의 말처럼 사람이란 상황과 습관에 따라 다양한 성품으로 변하니까……

墨翟之守
묵 적 지 수

출전 묵자(墨子) 공수반편(公輸盤篇)

유사어 묵수(墨守)

뜻 묵적의 지킴이라는 뜻으로, 성의 수비가 굳세고 튼튼함을 이르는 말 또는 자기 의견이나 주장을 굳이 지킴을 말한다.

먹 묵, 꿩 적, 어조사 지, 지킬 수

보기

➡ 일본에서도 아직까지 절기는 음력을 지키는 곳이 있다. 바로 오키나와(沖繩)이다. 같은 일본이라 하지만, 역사적으로 오키나와는 본토로부터 침략과 차별의 슬픈 역사를 부여 받았다. 그런 그들이 가진 은근한 불만이 전통의 묵적지수 쪽으로 표현되는 것은 어쩌면 우리와 닮은꼴이다.

➡ 퇴계는 젊은 제자의 '도전'을 흔쾌히 받아들였고, 고봉은 스승의 견해를 묵적지수하지 않고 진취적으로 소신을 펼쳤다.

刎頸之交
문 경 지 교

출전 사기(史記)의 인상여열전(藺相如列傳)

뜻 목을 벨 정도의 위험에도 생사를 같이 할 절친한 교제를 가리킴.

목벨 문, 목 경, 어조사 지, 사귈 교

보기

➡ 도원결의(桃園結義)로 맺어진 문경지교는 없어도 주는 만큼 확실히 되돌려 받는 국제도시 상하이. 분명하고 깔끔한 상하이가 그래서 나는 좋다.

➡ 일개 환관의 집안일을 맡아보는 마름인 조나라 인상여는 올바른 판단과 의기 하나로 최고의 자리까지 오른 이다. 특히 국익을 위해서 서로 충돌 위기에 있던 무신 염파와 생사를 같이함으로써 유명한 '문경지교'의 주인공이 되기도 한다.

故事成語123

聞過則喜

문　과　즉　희

뜻 남의 비평을 진심으로 잘 받아들이는 것을 비유하는 것.

들을 문, 허물 과, 곧 즉, 기쁠 희

보기
○ 비평가들의 혹평에도 흥행에 성공하는 영화들이 심심찮게 있다. 이유가 뭘까? 혹 비평가들이 그들만의 전문지식을 이용해 너무 영화를 어렵게 만들고 있지는 않은 걸까? 가끔은 정말 아무 생각 없이 웃을 수 있는 코믹영화를 원할 때도 있으니까. 하지만 비평가들의 따끔한 충고가 없었다면 지금의 영화문화가 발전할 수 있었을까? 한쪽에서 무섭게 질타하고 한쪽에서는 겸허히 받아들이는 문과즉희만이 더 나은 무언가를 만들 수 있다고 생각한다.

門前雀羅

문　전　작　라

출전 사기(史記)의 급정열전(汲鄭列傳)

유사어 문외가설작라(門外可設雀羅)

뜻 손님의 발길이 끊겨 문 밖에 새 그물도 칠 수 있다는 것. 권세가 약해지면 방문객들이 끊어진다는 뜻.

문 문, 앞 전, 참새 작, 그물 라

보기
○ 주식시장에서도 문전작라 현상이 자주 목격된다. 대체로 거래량이 많아지면 주가가 오르지만 거래량이 감소하면 주가가 떨어진다. 찾아오는 사람이 많을수록 그 사람 벼슬이 높은 것처럼 거래량이 많을수록 주가상승 가능성이 높아진다.
○ "복잡한 당내 사정을 노련하게 이끌어 나갈 인물은 김대표뿐"이라는 인식이 더욱 확고하게 자리 잡을 것으로 보고 있다. 주위에서 나오는 포폄의 말들은 '문전작라' 정도로 들어 넘기려 하고 있다.

聞一知十

문　일　지　십

출전 논어(論語)의 공야장편(公冶長篇)

뜻 하나를 들으면 열을 안다. 한 부분을 통해 전체를 미루어 아는 총명함을 말함.

들을 문, 한 일, 알 지, 열 십

보기
○ 이러한 공자의 교육 방법은 지식의 일방적인 전달보다는 제자의 적극적인 참여를 유도하기 위한 것이다. 이러한 교육방법을 통해 공자의 제자 안희는 문일지십이라는 칭송을 듣게 된다.
○ '문일지십' 하면 천재다. 머리가 좋아지는 것에서 벗어나 천재로 키워보자. 하나를 들으면 10가지 경우를 생각하고, 10가지 방면으로 검토하는 것이 바로 열을 아는 것이다.

門前成市
문 전 성 시

출전 한서(漢書)의 손보전(孫寶傳),
정숭전(鄭崇傳)

뜻 문 앞에 저자와 같다. 세도가 있어 찾아오는
사람이 붐비는 것을 뜻함.

문 문, 앞 전, 이룰 성, 저자 시

➡ 대구 남구보건소가 치과를 전문분야로
특성화해 대박을 터뜨리고 있다. 매월
1일 오전 9시에 예약접수를 받는 이 보
건소에는 늘 접수 시작 5분 만에 한 달
치 예약이 모두 끝날 정도로 환자들로
문전성시를 이루고 있다.

➡ 꽃샘추위가 물러나기 무섭게 가구매장
은 신혼집 꾸미기와 봄맞이 새 단장하
려는 사람들로 문전성시를 이루고 있
다. 예비부부들에게 있어 신혼집은 둘
만의 보금자리인 만큼 인테리어에 신
경이 쓰이기 마련이다.

物 議
물 의

출전 한서(漢書)의 사기경전(謝幾卿傳)

뜻 여러 사람의 평판. 세상 사람들의 논의를 말함.

견줄 물, 의논 의

➡ 연예가에 '물의 연예인 구출작전'이 한
창이다. 마약복용, 위안부 소재 누드 촬
영, 동성애 사실 공개 등 이런저런 이유
로 활동을 중단했던 연예인들이 복귀
작품을 통해 이미 재기했거나 재기를
모색 중이다.

➡ 김대중 대통령이 아들들 문제에 대해
비로소 '침묵'을 깼다. 청와대 대변인
의 입을 통해서이기는 하지만 대통령은
자신의 아들들 문제가 '물의를 빚고 있
으며' 이에 대해 "국민에게 죄송스럽게
생각한다."는 입장을 밝혔다.

未亡人
미 망 인

출전 춘추좌씨전(春秋左氏傳)

뜻 남편 따라 죽지 못한 여인. 남편이 죽고 홀몸
이 된 여인을 일컫는 말임.

아닐 미, 잃을 망, 사람 인

➡ 일시적인 유행과 시각적 센세이널리즘
에 초연했던 이용환 화백의 탁월한 소
묘력을 볼 수 있는 유작전이 마련됐다.
그의 타계 1주년을 맞아 미망인 심숙자
화백이 기획한 전시로 26일부터 4월
4일까지 갤러리 상에서 열린다.

➡ 방한 중인 안익태 선생의 미망인 로리
타 안 씨 등 유족들이 16일 오전 문화
관광부를 예방, 애국가 저작권을 무상
으로 한국 국민에게 양도하는 내용을
담은 기증서를 정동채 장관에게 전달
했다.

彌 縫 策
미 봉 책

보기
- 유상 매수와 유상 분배가 골자인 남의 토지 개혁은 광복 후 3년이 다된 1948년 3월 22일에야 미군정청 법령 제173호 '중앙토지행정처 설치령'이 공포됨으로써 이뤄졌다. 그러나 이마저 미봉책이었다.
- 네티즌 'dorasrna'는 "우리나라는 뭐든지 미봉책으로 해결하려고 한다."면서 "신생아 출산이 줄어드는 이유가 그깟 몇 십만 원밖에 안되는 돈이 없어서라고 생각하는가?"라고 비판했다.

美 辭 麗 句
미 사 여 구

뜻 아름다운 말과 글귀라는 뜻으로, 아름다운 문장. 아름다운 말로 꾸민 듣기 좋은 글귀.

아름다울 미, 말 사, 고울 려, 구절 구

보기
- 모든 정책 자국이익 중심으로 그러나 미국이 무슨 이유로 어떤 미사여구를 입에 올리든 실제로 그들이 노리는 것은 언제나 당연히 자신의 국가이익의 관철이고 세계적 헤게모니의 추구였다.
- 한국정부의 고강도 대일기조에 일본 외무성은 미사여구의 사태심각성 인식표현에도 불구하고 기존의 완강한 입장을 되풀이하고 있다. 양국의 긴장이 당장 해소될 가능성은 없어 보인다. 한일관계 전문가들이 냉철하게 제시하는 해법과 묘안은 무엇일까.

尾 生 之 信
미 생 지 신

출전 장자(莊子)의 도척편(盜跖篇)

뜻 미생의 믿음. 미련하고 우직하게 지키는 약속을 일컫는 말.

꼬리 미, 날 생, 어조사 지, 믿을 신

보기
- 그 역할이 만일 총리였다면 약속은 마땅히 지켜져야 한다. 미생지신이라고 했거늘 일국의 첫째 둘째 간다는 지도자들이 야합하니 변절이니 하는 시중의 비난 정도에 밀려 약속을 깬다는 게 말이 되는가.
- 이건 단순히 앞뒤가 맞는 애긴지의 여부를 떠나 과연 백성을 무엇으로 아는지를 따져볼 문제다. 이쯤 되면 "정치가"가 아니라 "정치꾼"이랄 밖에 없는 노릇이다. 그 "꾼"들에게 미생지신까지 요구하지는 않는다. 기대하지도 않는다.

未曾有
미 증 유

유사어 전대미문(前代未聞). 파천황(破天荒)

뜻 지금까지 아직 한 번도 있어 본 적이 없음.

아닐 미, 일찍 증, 있을 유

보기

- 이노종 SK아카데미 원장(부사장)은 "30년 동안 SK 경영법을 익힌 인재들이 곳곳에 포진해 위기에 대처할 수 있었다."면서 "SKMS는 2003년 미증유의 그룹 위기에서 1년 만에 탈출할 수 있었던 원동력"이라고 말했다.

- 현재 우리는 미증유의 시대, 고통의 시대, 위기의 시대를 살아가고 있다. 세계는 전쟁과 테러, 재난과 기아로 허덕이고 있으며 우리나라도 불의와 분쟁, 대립과 반목으로 혼란을 겪고 있다.

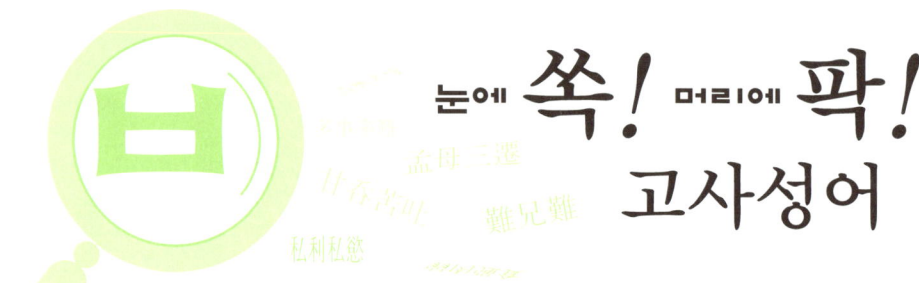

눈에 쏙! 머리에 팍!
고사성어

薄利多賣
박 리 다 매

뜻 이익을 적게 보고 많이 팔아 이문을 올림.

엷을 박, 이로울 리, 많을 다, 팔 매

보기

⮕ 지난해 국제교역에서 단위당 수출입마진은 적어졌지만 수출물량이 크게 늘어 수출을 통해 벌어들인 돈으로 수입할 수 있는 물량은 사상최고치를 기록한 것으로 나타났다. 박리다매를 통해 부(富)를 더욱 많이 축적했다는 얘기다.

⮕ 불황탈출을 노리는 가격파괴 업체들이 갈수록 늘고 있는데요, 미용업계도 예외는 아닙니다. 박리다매로 소비자 만족도를 높이고 있는 업체들을 이○○ 기자가 전해드립니다.

薄志弱行
박 지 약 행

뜻 의지가 박약하여 일을 단행하는 힘이 없음. 뜻과 행실이 약하여 어려움을 견디지 못함.

엷을 박, 뜻 지, 약할 약, 다닐 행

보기

⮕ 지금 우리가 겪는 어려움은 어느 나라, 어느 시대에도 있었다. 미국은 10년이상 계속된 경제난을 극복했다. 일본은 재작년 고베지진으로 5천명이 죽고, 20만명이 집을 잃는 대참사가 빚어졌지만 잘도 이겨냈다. 남의 얘기를 할 것도 없다. 60년대, 70년대에 전국민이 의지로 똘똘 뭉친 나라가 바로 우리가 아닌가. 우리 상황은 회복 못할 정도로 어려운 것도 아니다. 의지가 약해 아무 것도 이루지 못하는 박지약행이 걱정스러울 뿐이다.

博學多識
박학다식

유사어	무소부지(無所不知), 무불통지(無不通知), 박람강기(博覽强記)
뜻	학문이 넓고 식견이 많음.

넓을 박, 배울 학, 많을 다, 알 식

보기

● 옛날에 '모알베다'라는 여인이 있었는데 그녀는 당대의 현인으로 손꼽히었다. 그녀는 박학다식한 철인(哲人)이었으며 어느 날 여러 가지 질문이 그녀에게 던져진 즉, 여기 몇 가지 문답의 내용이 있다.

● '강짱 볼륨'은 뭔가 다르다. 박학다식한 DJ는 온 데 간 데 없다. 노래 제목을 헷갈려 하기도 하고 가끔 청취자처럼 행동하는 '어리바리 강짱' 최강희가 있다.

博學詳說
박학상설

뜻	'박학'은 '여러 가지를 배워 많이 안다.'로 박식과 같으며 '상설'은 '자세히 설명하다'라는 뜻이므로 널리 배우고 상세하게 해설한다라는 뜻.

넓을 박, 배울 학, 자세할 상, 말씀 설

보기

● 정말 제대로 잘 알고 있다는 것은 무엇일까? 단순히 많이 자세히 알고 있다고 해서 그것이 박학한 것일까? 자신이 알고 있는 것을 남에게 제대로 알려줄 수 있고 잘 활용할 수 있어야 제대로 알고 있는 것이 아닐까? 난 박학보다는 박학상설한 사람이고 싶다.

反骨
반골

출전	삼국지(三國志) 촉서(蜀書) 위연전(魏然傳)
뜻	뼈가 거꾸로 솟아 있다는 뜻으로, 권세나 권위에 타협하지 않고 저항하는 기골을 이르는 말.

거꾸로 반, 뼈 골

보기

● 지난 2001년 한 토론회장에서는 자신과 의견을 달리하는 조셉 스티글리츠 컬럼비아대 교수에게 무례한 태도를 보이기도 했다. 미국 경제학계의 반골로 불리는 스티글리츠는 특유의 반(反)세계화 이론을 설파하며 "무분별한 경제개방이 개발도상국을 위기로 몰아넣을 수 있다."고 말했다.

● 아카데미 수상후보에 올랐지만 참석을 거부한 두 반골 거장 우디 앨런과 말론 브란도의 영화 '스몰 타임 크룩스', '말론 브란도의 프래시맨'을 방영한다.

盤根錯節
반 근 착 절

출전 후한서(後漢書)의 우후전(虞詡傳)

뜻 구부러진 뿌리가 많이 내려 마디가 얽혀 있
다. 세력의 뿌리가 깊어 제거하기가 어려운
상태를 말함.

소반 반, 뿌리 근, 섞일 착, 마디 절

보기

● 실업문제는 단순한 문제가 아니다. 우
리나라의 경제구조 뿐 아니라 세계의
경제구조가 얽히고 설킨 반근착절이라
앞으로도 오랫동안 그 해결의 실마리
를 찾기가 힘들 것 같다.

班門弄斧
반 문 농 부

출전 유종원(柳宗元)의
왕씨백중창화시서(王氏伯仲唱和時序)

뜻 노반의 문앞에서 도끼를 자랑한다는 뜻으로
실력도 없으면서 잘난 척 함.

나눌 반, 문 문, 희롱할 농, 도끼 부

보기

● 영어학원을 다니기 시작했다며 모임에
가서 영어를 섞어 썼더니 모임 중에 미
국에서 살다온 교포가 있었던 것이다.
친구들에게 반문농부 되었다고 놀림만
당했다.

半死半生
반 사 반 생

출전 매승(枚乘)의 칠발(七發)

뜻 반은 죽고 반은 살아있는 것과 같은 상황.

반 반, 죽을 사, 날 생

보기

● 실연한 사람들의 눈빛을 보며 멍하니
초점이 없는 듯하다. 얼굴에 생기도 없
고 웃음도 없다. 마치 반사반생한 사람
처럼 그저 자리만 채우고 있을 뿐이다.

伴食宰相
반 식 재 상

출전 당서(唐書)의 노회신전(盧懷愼傳)
뜻 재능이 없으면서 유능한 재상 옆에 붙어서 정사를 처리하는 재상을 가리킴.

짝 반, 먹을 식, 재상 재, 정승 상

보기
- 김 의원은 "요직을 차지한 실세 그룹 중 시위소찬, 반식재상이라는 비아냥으로부터 자유로울 수 있는 인사는 몇 명이나 되느냐"고 탄식했다.
- 인사가 만사라고 했던 김영삼 대통령은 그 말의 참뜻을 너무나도 뒤늦게야 깨달았다. 평소에 만만하던 사람들만 갖다 쓴 그의 주위에는 겉만 그럴싸하고 속이 얄팍한 양질호피나, 뛰어나게 현명하지도 않고 그렇다고 두드러지게 어리석지도 않은 중재나 반식재상들이 들끓었다.

半信半疑
반 신 반 의

뜻 반은 믿고 반은 의심함. 믿으면서도 한편으로는 의심함.

반 반, 믿을 신, 의심할 의

보기
- 그가 치료놀이를 접하게 된 시기는 미국에 교환교수로 가 있던 1998년. "처음에는 반신반의했죠. 장난감도 없이 아이를 치료한다? 너무 생소했거든요. 그런데 해보니까 깜짝 놀랄 수밖에 없었어요."
- 부러진 뼈 사이를 연결 보정하는 데 주로 쓰이는 임플란트는 정밀성이 요구돼 국내 생산이 전무했고 전량 외국에서 수입해 왔다. 이에 솔고바이오가 임플란트를 만든다고 했을 때 반신반의하는 시선이 많았다.

斑衣戲
반 의 희

출전 몽구(蒙求)의 고사전(高士傳)
뜻 알록달록한 옷을 입고 논다는 말로, 늙어서도 어버이에게 효도하는 것을 뜻한다.

얼룩 반, 옷 의, 놀 희

보기
- 100세 노모에게 80세의 아들은 여전히 귀엽고 사랑스런 자식으로밖에 보이지 않는다. 부모에게 효도한다는 것, 어렵게 생각하면 끝이 없다. 살아계신 동안 늘 곁에서 즐거움을 줄 수 있는 반의희가 진정한 효도가 아닐까?

拔本塞源
발 본 색 원

출전 춘추좌씨전(春秋左氏傳) 소공(昭公) 9년조(年條)

뜻 뿌리를 뽑아 근원을 막는다. 근본적으로 어떤 폐단을 해결하는 것.

뽑을 발, 근본 본, 막을 색, 근원 원

ㅂ

보기
- 검찰은 이와 관련, "(오 전 위원장에 대해) 48시간 내에 사법 처리 여부를 결정할 예정이다. 채용 비리를 발본색원하겠다."고 말했다. 부산항운노조 등에 따르면 노조측이 채용독점권을 갖고 있는 부산항 일반 부두의 경우 매년 200~250여명이 새로 채용되고 있다.
- 정부가 루머성 정보를 유포하는 사설 정보지(일명 찌라시)에 대한 전쟁을 선포했지만 정부의 의지대로 발본색원할 수 있을지에 대해서는 반신반의하는 분위기가 지배적이다.

發憤忘食
발 분 망 식

출전 논어(論語)

뜻 무엇을 할 때 끼니마저 잊고 힘쓴다는 뜻.

일어날 발, 분낼 분, 잊을 망, 밥 식

보기
- '재주는 있어 보이나 견문이 부족해 궁벽하다'는 그의 첫 논평은 소치로 하여금 발분망식하게 하는 계기가 됐다. 한편 소치는 초의를 스승으로 모시면서 막치그림이나 그리는 한낱 '시골 환쟁이' 신세에서 벗어난다.
- 옛날 학자 중에는 괴짜가 많았다. 공자도 공부할 때는 밥 먹는 것조차 잊을 정도로 발분망식 했다니 괴짜였는지 모르겠다. 뉴턴이 연구에 몰두한 나머지 계란 대신 시계를 프라이팬에 집어넣었다는 일화는 너무도 유명하다.

拔山蓋世
발 산 개 세

출전 사기(史記)의 항우본기(項羽本紀)

유사어 역발산개세(力拔山蓋世)

뜻 힘은 산을 뽑고 기운은 세상을 덮을 만큼 용장한 기상을 뜻함.

뽑을 발, 뫼 산, 덮을 개, 세상 세

보기
- 그 중에서도 일말의 죄책감 같은 것을 느껴야 할 사람들이 있지 않을까. 천년도 끄떡없던 바위산을 중장비로 까뭉개 골프장을 만들고 강의 물줄기와 해안선까지도 바꾸는 발산개세의 힘을 가진 건설업자나 레저산업투기자들이 그들이다. '개발'의 간판아래 자행되는 이 같은 파괴행위를 버젓이 허가하고 덤으로 더 깎아 먹어도 눈감아주는 관계 공무원들은 그 얄미운 공범자들이다.

跋扈
발호

출전 후한서(後漢書)의 양기전(梁冀傳)

뜻 통발을 뛰어 넘는다. 제멋대로 날뛴다는 것으로 세력이 강해 제어하기 어려움을 이름.

밟을 발, 넓을 호

보기

➲ 우리는 과거 정권에서 측근의 발호가 국기 문란을 부르고 결국 정권의 실패로 이어지는 과정을 여러 차례 목격해 왔다. 김대중 정권의 실정(失政)도 따지고 보면 측근들의 국정 농단을 막지 못한 데 기인한 것임을 현 정부 관계자들이 누구보다 더 잘 알 것이다.

➲ 심씨로서는 자신의 주변에 우후죽순 생겨난 찐빵집의 '발호(跋扈)'에 편할 수는 없을 것이다. 개인 독점이 깨지면서 수입도 줄었지만, 심리적인 피해 의식도 없지 않다.

傍若無人
방 약 무 인

출전 사기(史記)의 자객열전(刺客列傳)

뜻 곁에 아무도 없는 것 같이 남의 입장은 생각지 않고 거리낌 없이 함부로 행동함을 말함.

곁 방, 같을 약, 없을 무, 사람 인

보기

➲ 동서양을 막론하고 술의 폐해를 지적하는 경구들은 수도 없이 많다. "술을 마시면 말(言)에 날개가 돋쳐서 방약무인하게 날뛴다."는 예술가와 철학자들의 충고처럼 모두가 마음에 새겨야 할 얘기이다.

➲ 좌우에 있는 사람은 모두 고요히 묵묵하다. 마치 내단수련하는 이가 내관장신(來觀臟身)하는 것 같고, 입정에 든 스님이 전생을 문득 깨치는 듯하다. 국옹이 노래할 때를 보면 옷을 죄 벗어 던지고 곁에 사람이 없는 듯 방약무인하다.

方寸已亂
방 촌 이 란

뜻 마음가짐이 이미 혼란스러워졌다는 뜻으로, 마음이 흔들린 상태에서는 아무 일도 할 수 없다는 것을 이르는 말.

모 방, 마디 촌, 이미 기, 어지러울 란

보기

➲ 평소에 이성적이고 냉철한 사람이란 소리를 자주 듣는 김대리가 사랑에 빠지더니 요즘은 방촌이란이라고 잦은 실수로 박과장에게 야단맞는 일이 종종 있다.

蚌鷸之爭
방 휼 지 쟁

유사어 어부지리(漁父之利), 견토지쟁(犬兎之爭),
어인득리(漁人得利)

뜻 방합과 도요새가 다투는데 어부가 와서 방합
과 도요새를 다 거두어 가 제 3자만 이롭게 했
다는 뜻.

방합 방, 도요새 휼, 어조사 지, 다툴 쟁

○ 이에 앞서 정 장관은 왕자루이 공산
당 대외연락부장을 만난 자리에서
6자회담을 둘러싼 미국과 북한의 대
치 상황에 대해 "현재 국면이 황새와
조개가 서로 급소를 물고 놓아주지
않는 방휼지쟁의 형국"이라고 비유했
다.

○ 정치권의 '브레이크 없는' 정쟁의 끝
은 어디일까. 박관용 국회의장이 지
난 2일 정기국회 개회사에서 연말 대
선을 앞둔 지금의 정치상황을 '방휼
지쟁'의 우화에 비유했다.

杯盤狼藉
배 반 낭 자

출전 사기(史記)의 순우곤전(淳于髡傳)

뜻 술잔과 그릇들이 질서 없이 널려 있음. 난잡
한 술자리의 대명사처럼 쓰임.

잔 배, 소반 반, 어지러울 랑, 자리 자

○ 먼저 떠난 연상, 연하의 친구들을 하나
씩 떠올려 본다. 함께 마신 경험을 공유
한다는 것에 죄의식을 느낀다. 그들의
사인에 가담한 혐의에서 나는 절대로
자유롭지 못하다. 배반낭자가 슬픈 추
억이 될 줄을 나는 알지 못했다. 이 겨
울, 여러 개의 술자리를 앞두고 비로소
반성의 기미가 역력하다. 술자리는 말
자리이기도 하다.

背水之陣
배 수 지 진

출전 사기(史記)의 회음후열전(淮陰侯列傳)

뜻 물을 등에 두고 친 진. 어떤 일에 비장한 각오
에 비유함.

등 배, 물 수, 어조사 지, 진 진

○ 첫째로 「사즉생」의 비장한 각오로 국
민의 「중간평가」를 받아 2년 미만의 잔
여임기 동안 소신 있게 나라살림을 지
도하는 길이다. 배수지진이다. 물론
6·29선언 같은 민주적 개혁의지를 표
시하고 국민화합 및 부정비리를 일소
하는데 설득력 있는 비전을 제시해야
겠지만 만일 패배하는 경우 임기 전 하
야라는 위험부담이 있고 그것이 헌법
상 합당한가라는 문제를 제기한다.

杯中蛇影
배 중 사 영

출전 진서(晉書)의 악광전(樂廣傳),
후한(後漢)의 풍속통(風俗通)

유사어 의심암귀(疑心暗鬼)

뜻 잔속에 비친 뱀 그림자. 쓸데없는 일에 의심
을 하여 근심을 만드는 것.

잔 배, 가운데 중, 뱀 사, 그림자 영

보기

➲ 특히 유 사장은 배중사영을 예로 들어
"지주회사 이후 격변하는 금융환경, 새
로운 경영 패러다임 등에 대한 불안한
심기가 있다면 이 자리에서 말끔히 털
어버리자."고 당부했다.

➲ 대형비리사건으로 수감돼 있는 '거물
급인사'들의 병원행 소식이 곧잘 전해
진다. 그리고 이를 전해 듣는 국민들은
꾀병이라 여기면서 마뜩찮아 한다. 한
데 관계당국자는 이를 이렇게 설명한
다. "배중사영이라 없던 병까지 새로
생긴다."

百家爭鳴
백 가 쟁 명

뜻 여러 사람이 서로 자기 주장을 내세우는 일.
많은 학자들의 활발한 논쟁.

일백 백, 집 가, 다툴 쟁, 울 명

보기

➲ 백가쟁명하는 협상장에서 어떤 방법론
이 우위를 보이기까지는 예선 본선을
거치는 월드컵 경기보다 훨씬 지난한
고비를 넘게 될 것이다. 몇 년이 걸리는
지루한 협상은 결국 느슨한 형태의 다
자간 약속형태로 귀결 지어질 가능성
도 배제할 수 없다.

➲ 여권에서 백가쟁명식으로 쏟아내는 설
익은 수도권 대책에 국민들은 어느 장
단에 맞춰 춤을 춰야 할지 혼란스럽다
는 것.

白駒過隙
백 구 과 극

출전 장자(莊子)의 지북유편(知北遊篇),
사기(史記)의 유후세가(留侯世家)

뜻 흰 망아지가 틈으로 지나가는 시간. 인생의
지나감이 빠름에 비유함.

흰 백, 망아지 구, 지날 과, 틈 극

보기

➲ 그는 자칭 복고주의자이다. 그래서인
지 그의 리포트엔 과거 주식시장의 역
사를 더듬는 데이터가 빠지지 않는다.
10년치는 기본이다. "미국 야후 주가
의 강세를 보고 한두 번 밤을 샌 게 아
니다."는 그는 이처럼 요즘 잘나가는
인터넷주에 대해서는 아직 자신이 없
단다. 백구과극처럼 너무 빨리 변하기
때문에 제대로 짚어내기 어렵다는 것.

ㅂ

百年河清
백　　년　　하　　청

출전 춘추좌씨전(春秋左氏傳)의 양공(襄公)
　　　 8년조(年條)
유사어 학수고대(鶴首苦待)
뜻 황하의 물이 맑아지기 기다림. 아무리 기다려
　　도 실현 가능성이 없는 일을 말함.

일백 백, 해 년, 물 하, 맑을 청

보기
● 민주노총이 파견법 폐지나 동일노동
　동일임금 실현 등과 같은 원론적인 입
　장 외에 현실적인 대안을 갖고 있지 못
　하다는 점도 합의를 어렵게 만드는 요
　인이다. 정부로서는 자칫 백년하청이
　될 수도 있는 합의에 기대어 정책결정
　을 마냥 늦출 수는 없을 것이다.
● 주가가 올라갈 때 흥분해서 앞뒤 가리
　지 않고 쫓아가는 것과, 주가가 많이
　떨어졌을 때 공포에 떨며 값어치를 따
　지지 않고 헐값에 내다팔아서는 돈 버
　는 것은 백년하청(百年河淸)이다.

百年偕老
백　　년　　해　　로

출전 시경(詩經)의 격고(擊鼓)
뜻 부부가 서로 사이좋고 화락하게 같이 늙음을
　　이르는 말.

일백 백, 해 년, 함께 해, 늙을 노

보기
● 주부와 가정의 일상사를 내세운 이 드
　라마는 소재 면에서는 MBC TV '앞집
　여자', SBS TV '아내의 반란', KBS
　2TV '두번째 프러포즈'의 맥을 잇고 있
　다. 연출을 맡은 유인식 PD는 "백년해
　로가 쉽지 않은 요즘 부부들에게 생각
　해 볼 기회를 줬으면 좋겠다."고 말했
　다.
● 장가, 시집갈 때 목안(木雁)이라 하여 나
　무기러기를 안고 가는데, 기러기는 금
　실좋고 백년해로하는 새이기 때문이다.

白頭如新
백　　두　　여　　신

출전 사기(史記)
뜻 서로 백발이 되기까지 사귀어도 마음을 알지
　　못하면 새로 사귄 것이나 같다는 뜻으로 친구
　　가 서로 마음을 몰랐던 것을 사과하는 말.

흰 백, 머리 두, 같을 여, 새로울 신

보기
● 어떤 사람을 정말 온전히 다 알고 있다
　고 말할 수 있을까? 주변을 보면 7~8년
　지겹게 연애를 하고 결혼한 커플들도
　결혼 후에 새삼 자기의 짝을 새롭게 봤
　다는 사람들이 많다. 친구 사이도 마찬
　가지다. 백두여신이라고 했다. 아무리
　오랫기간을 사귀었어도 그 사람을 온
　전히 다 알기는 쉽지 않은가 보다.

伯樂一顧
백 락 일 고

출전 전국책(戰國策)의 연책(燕策)

뜻 백락이 한 번 돌아본다는 뜻으로, 훌륭한 사람에게 인정받음을 이르는 말.

말 백, 즐길 락, 하나 일, 돌아볼 고

보기

● 백락일고라 했던가. 어느 곳보다도 관계(官界)는 특히 인연이 중요하게 작용한다. 노무현 대통령은 특히 '코드 인사'를 좋아한다. 자신의 철학과 소신을 따를 수 있는 사람을 요직에 앉혀 왔다.

● 또 하나는, 인재를 알아보는 히딩크와 같은 리더이다. 백락일고라고 아무리 좋은 말도 알아보는 이가 없으면 허사이듯, 현자(賢者)도 자기를 알아주는 지우(知遇)를 만나야 가치를 발휘한다는 뜻이리라.

白龍魚服
백 룡 어 복

출전 사기(史記)의 오자서열전(伍子胥列傳)

뜻 흰 용이 물고기로 모습을 바꾸었다는 뜻으로, 그 때문에 어부에게 붙잡힌다는 데서, 신분이 높은 사람이 남루한 옷을 입고 슬그머니 나다니다가 위태로운 지경에 빠지게 됨을 비유해 이르는 말.

흰 백, 용 룡, 물고기 어, 입을 복

보기

● 드라마나 영화를 보면 재벌이나 귀족의 자제가 그 생활에 염증을 느껴 평범한 사람처럼 행세하고 다니다가 백룡어복의 상황에 빠지는 일이 종종 있다. 이럴 때마다 흑기사들이 짠 하고 나타나 그들을 도와주고 그들과 사랑에 빠지면서 로맨틱하고 슬픈 사랑얘기가 전개된다.

百里負米
백 리 부 미

출전 공자가어(孔子家語)의 치사(致思)

뜻 백 리나 되는 먼 곳으로 쌀을 진다는 말로, 비록 가난하게 살지만 부모를 잘 봉양한다는 뜻.

일백 백, 마을 리, 짐질 부, 쌀 미

보기

● 부자이고 여유가 있다고 모두 부모에게 효도를 하는 것은 아니다. 주변에서 보면 도리어 백리부미의 사람들이 더 많은 것 같다. 경제적으로 여유가 있느냐의 여부보다는 효도의 기본 마음이 있느냐가 더 중요하다는 말이다.

白面書生
백 면 서 생

출전 송서(宋書)의 심경지전(沈慶之傳)

뜻 얼굴이 창백한 젊은이, 젊고 경험이 없는 서생을 일컬음.

한 백, 얼굴 면, 글 서, 서생 생

보기

● 경제 불황과 청년실업이 큰 문제로 대두되면서 해결방안이 다각도로 모색되고 있지만 아직도 경력사원 위주의 채용이 더 많이 이루어지고 있는 것이 사실이다. 사회와 업무에 경험이 없는 백면서생들보다는 일터에 바로 투입되어 업무를 진행할 수 있는 직원을 원하는 풍토 때문이다.

百聞不如一見
백 문 불 여 일 견

출전 한서(漢書)의 조충국전(趙充國傳)

뜻 백 번 듣는 것이 한번 보는 것만 못하다. 소문으로 판단하기 보다는 직접 보고 행동해야 한다는 것.

일백 백, 들을 문, 아니 불, 같을 여, 한 일, 볼 견

보기

● "백문이불여일견' 이라고 한국에 직접 와서 보니 영화산업과 방송의 발전상이 정말 놀랍습니다." 중국 국가광파전영전시총국(國家廣播電影電視總局) 부국장(차관)이 문화관광부 초청으로 중국 영화대표단을 이끌고 한국을 방문했다.
● 색채 강의, 조소 강의, 볼륨 애니메이션 강의까지 백문이불여일견, 아니 백 번 보는 것보다 직접 한 번 해보는 것이 훨씬 도움이 된다는 것을 입증하는 교육이었다.

白 眉
백 미

출전 삼국지(三國志)의 마량전(馬良傳)

뜻 흰 눈썹. 마씨 오형제가 다 뛰어났으나, 흰 눈썹을 가진 마량이 가장 뛰어남. 여럿 가운데 가장 뛰어남을 상징함.

흰 백, 눈썹 미

보기

● 전주에서 맞붙는 프로농구 플레이오프 KCC-SBS의 4강전은 용병 민렌드와 존스의 대결이 백미. 두 선수는 정규리그에서 한 번 맞붙어 88-81로 SBS가 승리했으나 경기 내용은 접전.
● 이날 시상식의 백미 중 하나는 한국대중음악의 거목 한대수가 공로상을 수상하는 장면. 1회 공로상 수상자인 이정선이 그의 이름을 호명하자 관객들은 일제히 기립해 지난 36년동안 묵묵히 한 길을 걸어온 거장에게 뜨거운 박수를 보냈다.

百發百中
백　발　백　중

출전 사기(史記)의 주기(周紀)

뜻 백번 쏘아 백번 맞힌다. 일이나 계획하고 있던 바가 생각대로 들어맞음을 비유.

일백 백, 쏠 발, 가운데 중

➡ '마탄의 사수'는 초자연적이고 비현실적인 독일의 옛 전설을 소재로 한 작품으로, 사랑하는 여인과 결혼하기 위해 사냥대회에서 1등을 차지해야만 하는 사냥꾼 막스가 백발백중의 마법탄환을 약속하는 악마의 유혹에 굴복하고 만다는 내용이다.

➡ 김대표는 신무림제지에 차장으로 입사해 줄곧 기획실과 재무담당을 맡아와 '기획통'으로서의 노하우를 쌓아왔다. 특히 최근 사내 별명 공모에서는 '백발백중'이라는 명칭을 얻기도 했다.

白髮三千丈
백　발　삼　천　장

출전 이백(李白)의 시(詩) 추포가(秋浦歌)

뜻 흰 머리털이 3천 길이나 되다. 근심이 깊음을 의미함.

흰 백, 터럭 발, 석 삼, 일천 천, 길이 장

➡ 이백(李白)이 읊은 '백발삼천장'이나 '물고기와 새의 크기가 수천리'라는 구절이 나오는 '장자(莊子)'의 허풍을 당연하게 생각하면서도 대인 관계에서는 한없이 숙이는 게 미덕인 중국 사회의 현실만 봐도 좋다.

➡ 동서양의 설화를 통틀어 세계 최장수 기록 보유자는 중국의 삼천갑자 동방삭이 아닌가 싶다. 백발삼천장과 같은 중국인 특유의 과장법이겠지만 그의 별명대로라면 3,000×60년, 물경 18만년을 산 셈이다.

白手乾達
백　수　건　달

뜻 아무 것도 없이 난봉을 부리고 돌아다니는 사람.

흰 백, 손 수, 하늘 건, 통한 달

➡ 이 드라마에서 그가 맡은 역할은 잘생긴 외모를 가진 '자뻑파'이자 허풍이 센 백수건달 '양아치' 태완. 동생의 아내인 금순이를 괴롭혀 시청자들에게 벌써 사랑과 미움을 동시에 받고 있다.

➡ 정치권 비자금 세탁 도중 백수건달의 통장에 100억원이 입금된 소동을 다룬 영화 '돈을 갖고 튀어라'가 떠오르면서 덜컥 겁이 난 김씨는 몇 시간 동안 안절부절 못했지만 오후 6시쯤 다시 잔액을 조회하자 '타행취소'란 표시와 함께 돈이 고스란히 빠져나가 있었다.

伯牙絶絃
백 아 절 현

ㅂ

출전 열자(列子)의 탕문편(湯問篇),
순자(荀子)의 권학편(勸學篇),
여씨춘추(呂氏春秋)의 본미편(本味篇)

뜻 백아가 거문고 줄을 끊다. 거문고 소리를 바
로 이해하던 종자기 친구가 죽자 거문고 줄을
끊은 것이다. 자기를 알아주는 참다운 벗의
죽음을 슬퍼함을 뜻함.

맏 백, 어금니 아, 끊을 절, 줄 현

보기

○ 정치하는 이, 경제하는 이, 교육하는
이, 종교하는 이 중에 자기의 소리를
알아주는 종자기의 지음지기를 갖고
있는 이 얼마나 될까. 그리고 이 나라
의 내노라하는 잘난 이들 중에 백아절
현 할만한 이가 얼마나 있을까. 아마
모르긴 해도 한 사람도 없을지 모른다.

○ 한국 정치권에서는 백아절현이 조금
다른 것 같다. 대선 때 찰떡궁합이었던
사람들이 대선자금문제가 더 밝혀질수
록 여기저기서 거문고 줄 끊는 소리가
들릴 전망이다.

白眼視
백 안 시

출전 진서(晋書)의 완적전(阮籍傳)

뜻 흰 눈동자로 본다. 남을 나쁘게 여기거나
냉대하여 흘겨본다는 것

흰 백, 눈 안, 볼 시

보기

○ 언론사주의 '대물림'은 우리 사회에서
여전히 논란거리다. 언론의 사유화를
막기 위해 법적 제한조치가 필요하다
는 요구와 이를 반자본주의적 발상이
라며 백안시하는 시각이 맞서고 있다.

○ 해방 60년이 되도록 지연돼온 국내외
의 '역사 바로잡기'를 〈아사히〉가 '백
안시' 하는 배경에는 과거사 문제의 정
략적 이용에 대한 강한 의구심이 자리
잡고 있다. 과거청산이 정치적으로 완
전히 '순결'하지는 않을 것이다.

百藥之長
백 약 지 장

출전 한서(漢書)의 식화지(食貨志)

뜻 백 가지 약 중에 으뜸이라는 뜻으로, 술을
좋게 이르는 말.

일백 백, 약 약, 어조사 지, 길 장

보기

○ 백약지장과 백독지원은 모두 술에 관
한 사자성어이다. 술에 대한 상반된 평
가는 술 자체가 아니라 술을 대하는 우
리의 태도에 달려 있는 것이다. 건강을
위해 자신에 맞는 적당한 음주법을 따
라야 할 것이다.

○ 술을 높여서 약주라고 한다. 약이 되는 술
이니 마음과 몸에 두루 도움이 된다. 격조
있게 마셨을 때 말이다. 이럴 때 술은 백
약지장이다. 술 만한 약이 따로 없다는 것
이다. 그런데 어디 그런가. 술 먹는 사람
에게 술 먹는 이유는 언제나 많다.

白衣從軍
백 의 종 군

출전 송서(宋書)

뜻 벼슬이 없는 사람으로 군대를 따라 싸움터에 나감을 이르는 말.

흰 백, 옷 의, 좇을 종, 군사 군

보기

● 임송학 교보증권 리서치센터장(이사)이 14일부터 '비자발적 백의종군'에 들어갑니다. 14일 교보증권에 따르면 임 이사는 조만간 리서치센터의 연구위원으로 전보된다고 합니다.

● 맹 의원은 "원내대표 경선 패배에 대한 책임을 지고 국회 산업자원위원장직과 국민생각 대표직을 내놓고 백의종군할 생각이었지만 당이 안팎으로 위기를 맞은 상황에서 박 대표의 제의를 쉽사리 거절하기 어려웠다."고 정책위의장직 수락 배경을 설명했다.

ㅂ

白日夢
백 일 몽

뜻 대낮에 꾸는 꿈이라는 뜻으로, 실현될 수 없는 헛된 공상을 이르는 말.

흰 백, 날 일, 꿈 몽

보기

● 소위 '파랑새 신드롬'이다. 자신의 일은 아랑곳없이 장래의 막연한 행복만을 추구한다고 해서 붙여진 이름이다. 현실을 거부하고 백일몽을 좇는다는 점에서는 '피터팬 신드롬'이나 '모라토리엄 신드롬'과 일맥상통한다.

● 순례는 멋지거나 행복하기만 한 것은 아니었다. 때론 더욱 슬프고, 아팠다. 태우려 태우려 해도 태워지지 않는 것들, 인도의 외진 게스트하우스에서 지친 몸을 잠재우려 해도 백일몽처럼 이어지는 영상들······.

百戰百勝
백 전 백 승

출전 손자(孫子)의 모공편(謀攻篇)

뜻 백 번 싸워 백 번 모두 이긴다는 뜻으로, 싸울 때마다 번번이 이긴다는 말.

일백 백, 싸울 전, 이길 승

보기

● 지피지기면 백전백승이라고 했듯이 다양한 정보를 분석, 중국을 올바로 이해하는 것은 매우 중요하다. 현재 중국 사회는 개혁 개방의 흐름을 타고 빠르게 변하고 있다.

● TV에서 이 부분을 어떻게 처리하는지 모르겠지만 이순신에게 바둑은 또 한 판의 전쟁이었을 것이다. 전략과 전술, 싸움을 앞둔 구상. 이순신 장군은 전쟁 속에서 바둑을 두면서 백전백승의 기운을 찾았을 것이다.

故事成語 141

栢舟之操
백 주 지 조

출전 시경(詩經)의 용풍(鄘風)

뜻 남편을 일찍 여읜 아내가 절개를 지키는 것을 일컬음.

찾나무 백, 배 주, 어조사 지, 지조 조

보기
- 옛날에는 마을 입구에 열녀문을 세워 한 여인의 희생으로 그 마을의 정절을 자랑삼아 과시했었다. 젊은 여자가 남편을 잃고 다른 남자 없이 절개를 지키는 백주지조만이 미덕인 양 여겼기 때문이다. 하지만 지금은 그렇지 않다. 사별 후 재혼을 선택하는 여자가 많이 늘어나고 있다.

伯仲之勢
백 중 지 세

출전 위(魏) 문제(文帝)의 전론(典論)

뜻 우열을 가릴 수 없는 양쪽을 말함. 또 힘이 비슷함을 백중지세라 함.

맏 백, 버금 중, 어조사 지, 형세 세

보기
- 판도는 한치 앞을 내다볼 수 없는 백중지세. 투표에 참가할 대의원의 성향이 당락을 결정지을 주요 변수로 꼽힌다. 49개 가맹경기단체의 대표로 구성되는 대의원은 우선 정치인 출신 회장만 7명이다.
- 금리인상 시기에 대한 전망은 백중지세다. 한은은 소비자물가가 비교적 안정돼 있어 본격적으로 경기가 회복될 때까지 콜금리 인상 시점을 미루겠다는 입장이다.

百尺竿頭
백 척 간 두

출전 경덕전등록(景德傳燈錄)

유사어 누란지세(累卵之勢), 풍전등화(風前燈火), 일촉즉발(一觸卽發), 초미지급(焦眉之急), 누란지위(累卵之危)

뜻 백자나 되는 장대 위에 올라섰으니 위태로움이 극도에 달함.

일백 백, 자 척, 장대 간, 머리 두

보기
- 소버린이 SK글로벌 분식회계 사건 이후 백척간두의 위기에 놓인 SK를 기사회생시키는 데 큰 기여를 했다? SK 주요 주주로서 정당한 비판과 견제 기능을 했다? 소버린의 순기능을 왜 부정하느냐?
- 이들은 성명을 통해 "국가의 안위가 백척간두에 서 있는 상황에서 보혁(保革) 갈등으로 허송세월을 하고 있을 수는 없다."며 평화와 번영의 동북아 시대를 함께 열어가자고 촉구했다.

百八煩惱

백 팔 번 뇌

뜻 불교에서 나온 말로 인간의 과거, 현재, 미래에 걸친 108가지 번뇌를 말함

일백 백, 여덟 팔, 괴로워할 번, 괴로워할 뇌

보기

→ 생로병사의 백팔번뇌를 떨친 스님이 그 생로병사의 한가운데로 파고드는 사회복지학 교수로 대학강단에 선다. 현고스님은 이달 말 서울 견지동 총무원 청사에서 짐을 싸서 광주 남부대학 사회복지학과 겸임교수직을 맡는다.

→ 들어서는 순간 번뇌와 망상, 혼란한 마음을 버리고 깨달음의 일념으로 들어선다는 일주문에 첫발을 내딛는다. 108그루가 식재된 단풍나무 숲을 거닐며 '백팔 번뇌'를 잊으려하지만 그것 또한 쉽지 않다.

繁文縟禮

번 문 욕 례

뜻 문도 번거롭고 예도 번거롭다는 뜻으로, 규칙, 예절, 절차 따위가 번거롭고 까다로움.

많을 번, 글월 문, 채색 욕, 예도 례

보기

→ 유교 중심 사상으로 예와 전통을 중시해 오던 우리 조상들과는 달리 요즘 젊은이들은 예나 절차 따위가 그리 중요하지 않다고 생각한다. 복잡한 절차없이 간편하게 생활하는 것은 합리적이라고 생각하는 반면 지금에 우리가 있고 앞으로도 함께 어우러져 살기 위해선 번문욕례의 생활도 필요하리라.

兵聞拙速

병 문 졸 속

출전 손자병법(孫子兵法)
뜻 전쟁은 졸렬하여도 빨리 끝내야 한다는 뜻임.

병사 병, 들을 문, 못날 졸, 빠를 속

보기

→ 미국과 이라크의 전쟁으로 세계가 시끌끌하다. 특히 평화주의자들의 이어지는 시위 속에서도 미국의 부시는 아랑곳하지 않고 전쟁을 계속하고 있다. 병문졸속이라고 어쨌거나 전쟁이란 물건 뿐 아니라 사람까지도 피폐하게 만든다.

病入膏肓
병 입 고 황

출전 춘추좌씨전(春秋左氏傳)
경공(景公) 10년(年)

뜻 병이 고황(심장 아래 횡경막 위)에 들다. 병이
중하여 고치기 어려움을 이르는 말.

병 병, 들 입, 염통밑 고, 명치 황

보기

> 영화나 드라마 주인공들은 병입고황으
> 로 너무나 쉽게 죽는다. 어찌 보면 사
> 람의 목숨이 너무나 덧없다는 느낌마
> 저 든다. 이야기의 전개 상 꼭 필요하
> 다고들 하지만 너무 빈번하게 보이는
> 주인공의 죽음이 어찌 그리 달갑지만
> 은 않다.

鴇羽之嘆
보 우 지 탄

출전 시경(詩經) 보우(鴇羽)의 시(詩)

뜻 너새 깃의 탄식이라는 말로, 백성이 전쟁터나
부역에 끌려가 어버이의 봉양을 다하지 못하
는 것을 탄식한다는 뜻.

능에 보, 깃 우, 어조사 지, 탄식할 탄

보기

> 전쟁은 가족, 연인 등 사랑하는 사람들
> 을 생이별시키는 못된 역할을 톡톡히
> 한다. 전쟁은 어린이나 노약자, 여자들
> 에게 가혹하겠지만 그래도 직접 나가
> 싸우는 사람들만큼 가혹함을 절실히
> 느낄까? 살상의 잔혹함과 보우지탄의
> 안타까움 등 전쟁터에서 그들이 겪어
> 야 할 고통이 한두 가지가 아니다.

報怨以德
보 원 이 덕

출전 노자(老子)의 63장

뜻 원수를 덕으로 갚으라는 뜻.

갚을 보, 원수 원, 써 이, 덕 덕

보기

> '원수를 사랑하라'라는 성경의 말씀처
> 럼 인간이 원수를 향해 복수가 아닌 사
> 랑을 베풀 수 있을까? 가끔 보원이덕의
> 일화들을 보면서 그들은 어쩐지 인간
> 이 아닌 천사라는 생각이 든다.

覆水不返盆
복 수 불 반 분

출전 사기(史記)의 제태공세가(齊太公世家)

뜻 엎지른 물은 다시는 쟁반으로 돌이키지 못한다. 한 번 헤어진 부부는 돌이키지 못함을 뜻함.

엎어질 복, 물 수, 아니 불, 돌아올 반, 동이 분

보기

● 인생을 살아가다 보면 순간의 잘못된 선택으로 인해 후회하는 경우가 종종 있다. 복수불반분이라고 넘어가기엔 아까운 인생이기에 어떠한 선택을 할 때는 항상 신중하게 그리고 끝까지 최선을 다하는 수밖에 없다.

ㅂ

本 末 顚 倒
본 말 전 도

뜻 사물의 근본적인 것과 지엽적인 것이 뒤바뀜을 이르는 말.

근본 본, 끝 말, 머리 전, 넘어질 도

보기

● 청와대가 이 전 부총리의 후임 인선과정에서 4명의 후보자를 사실상 공개한 것도 '사전 여론 검증' 명목이었지만, 후보자들의 결점이 낱낱이 드러나면서 '과연 누가 적임자인가'의 문제가 아니라 '누가 약점이 없느냐'에 초점이 맞춰지는 본말전도 현상이 빚어졌다.

● 반면 신 의원은 "실용이 개혁이란 가치를 압도하거나 원칙을 훼손한다면 본말전도의 왜곡"이라며 "개혁이라는 창당 초심으로 돌아가야 한다."는 입장이다. 당원 및 대의원 성향 분석도 판이하다.

富國强兵
부 국 강 병

출전 전국책(戰國策)의 진책(秦策)

뜻 부유한 나라와 강한 군사라는 뜻으로, 나라를 부유하게 하고 군대를 강하게 함.

부유할 부, 나라 국, 강할 강, 군사 병

보기

● 중국의 비약적인 성장과 함께 들어선 후진타오 주석은 '부국강병'으로 가기 위한 길로 '유소작위'라는 공세적 외교정책을 택했다. 임 의장은 "두 외교정책은 양날의 칼이지만 이번에는 '유소작위'가 맞다."며 달라진 한·일 관계를 분명히 했다.

● 동아시아에서 부국강병에 먼저 성공한 일본은 조선으로, 중국으로, 만주 몽골로 세력을 확장해 일본이 패권을 휘두르는 이른바 '대동아공영권'을 수립하고자 했던 것이다.

駙馬
부　마

출 전　천보(千寶)의 수신기(授神記)

뜻　원래 예비의 말을 뜻했으나 한 무제 때 공주의 남편을 부마도위란 관직에 임명한 데서 천자의 사위를 뜻하는 말로 쓰이게 됨.

결말 부, 말 마

보기

❏ 박영효는 철종(哲宗)의 부마(사위)로 왕실 가족이었다. 민영익은 1877년 과거에 급제하여 정계에 진출하면서 개화파를 만났다.

❏ 망명한 북방의 왕자 칼라프는 투란도트 공주를 단 한번 바라보고 넋이 나가 생명을 건 수수께끼에 도전한다. 맞추면 부마요, 틀리면 죽음이다. 그에게 지순한 사랑을 바치는 시녀 리우도 단지 그가 '옛날, 한번 따뜻한 눈길로 바라보아 주었다' 는 이유만으로 목숨까지 버린다.

婦言是用
부　언　시　용

뜻　여자의 말을 무조건 옳게 쓴다라는 뜻으로, 줏대 없이 여자의 말을 잘 듣는다는 의미임.

이내 부, 말씀 언, 옳을 시, 쓸 용

보기

❏ 남녀가 서로 만나 부부의 연을 맺고 백년해로하기가 참으로 힘든 시대인 것 같다. 불황의 늪에서 가장들은 집에서 기를 펴지 못하고 있다. 하지만 부언시용한다고 해서 그들의 흉볼 수도 없는 일이다. 그래야 가정이 편할 수도 있으니까…….

釜中之魚
부　중　지　어

출 전　자치통감(資治通鑑)의 한기(漢記)

뜻　솥 안의 고기, 장차 삶아지는 것도 모르고 솥 안에서 헤엄치고 있는 물고기를 뜻함.

솥 부, 가운데 중, 어조사 지, 고기 어

보기

❏ 우리는 우리의 눈앞에 닥칠 위험도 모른 채 유유자적하는 부중지어 모양이 되어서는 안 될 것입니다. 우리 스스로 그 개혁에 앞장서지 않으면 생존할 수 없는 것이 오늘날의 냉엄한 현실입니다. 우리는 오히려 변화와 개혁의 능동적인 주체로서, 지금의 위기를 우리 ○○대학교가 새롭게 도약할 수 있는 좋은 기회로 활용하여야 할 것입니다.

夫唱婦隨
부 창 부 수

유사어 여필종부(女必從夫), 남창여수(男唱女隨)

뜻 남편이 주장하고 아내가 이에 따른다는 뜻으로, 가정에서의 부부 화합의 도리를 이르는 말.

사내 부, 부를 창, 아내 부, 따를 수

보기
- 연극 '동지'로 만난 지 올해로 꼭 30년. 앞에서 끌고 뒤에서 밀며 부창부수의 세월을 함께 보낸 지도 어느덧 29년째를 맞았다. 연출가 손진책과 배우 김성녀. 지난 30년 동안 40편 가까운 작품으로 고락을 함께 했던 두 사람이 오랜만에 대학로 무대로 나선다.
- 대통령이 쌍꺼풀 수술을 한 모습을 드러냈다. 부창부수라고 부인도 사이좋게 아픔을 함께 나누고 나타났다. 말꾸러기들에게는 제대로 빌미를 제공한 셈이다.

ㅂ

附和雷同
부 화 뇌 동

출전 예기(禮記)의 곡례편상(曲禮篇上)

유사어 군자표변(君子豹變), 화이부동(和而不同)

뜻 우뢰가 울리면 만물이 응하듯, 다른 사람의 말에 경솔하게 따르는 것.

붙을 부, 좋을 화, 우뢰 뢰, 화할 동

보기
- 탈냉전 이후 일본의 미국 중시 외교와 미-일 동맹의 일체화 속에서 미국의 일본 편들기가 일본의 역사적 진실의 총체적 왜곡을 부채질하고 있으며, 이에 상당수 일본 국민들과 정치인들이 부화뇌동하고 있다.
- 한상언씨는 현재 신한은행 재테크 팀장으로 신문과 방송 등을 통해 '시류에 부화뇌동하지 않고 우직한 재테크가 결국 성공한다.'는 신념을 전파하는데 힘을 쏟고 있다.

北山之感
북 산 지 감

출전 시경(詩經) 소아(小雅) 북산편(北山篇)

뜻 북산에서 느끼는 감회라는 뜻으로, 나라 일에 힘쓰느라고 부모 봉양을 제대로 못한 것을 슬퍼하는 마음을 말함.

북녘 북, 뫼 산, 어조사 지, 느낄 감

보기
- 우리나라에서 가장 안정적이고 편한 직업을 꼽으라면 단연 공무원을 들 수 있을 것이다. 하지만 늘 도덕적 해이나 무능함은 국민들의 질타거리가 되고 있다. 우리나라 모든 공무원이 다 무능하고 도덕적으로 해이하다고 할 수 없다. 하지만 지금과 같은 경제적 어려움 속에서 북산지감하는 새로운 면을 보여주는 것은 어떠할 지……

粉骨碎身
분 골 쇄 신

유사어	견마지로(犬馬之勞), 견마지심(犬馬之心), 구마지심(狗馬之心)
뜻	뼈가 가루가 되고 몸이 부서진다는 뜻으로, 있는 힘을 다해 노력함. 또는 남을 위하여 수고를 아끼지 않음.

가루 분, 뼈 골, 부술 쇄, 몸 신

보기

- 민주노동당이 27일 정기 당대회에서 최근 노동운동 위기를 불러온데 대한 자책과 함께 '분골쇄신'을 약속했다. 김혜경 대표는 "잘못이 있다면 뼈를 깎는 아픔이 있어도 반드시 변화하고 쇄신할 것"이라며 "진보운동의 변화와 발전에 앞장서겠다."고 밝혔다.
- 울산상의가 어려운 상황에서도 저를 선택해주신데 대해 막중한 책임감을 느낍니다. 분골쇄신해서 울산상의와 지역경제, 나아가 지역사회의 발전을 위해 최선을 다하겠습니다.

焚書坑儒
분 서 갱 유

출전	사기(史記)의 진시황본기(秦始皇本紀)
뜻	책을 불사르고 선비들을 생매장시키다. 서적이나 인사들을 탄압하는 행위나 독재자를 뜻함.

불사를 분, 책 서, 구덩이에 묻을 갱, 선비 유

보기

- 진시황은 과거를 없애고 새 기억을 만들어내기 위해 분서갱유를 감행했다. 만리장성을 완성한 것은 치적을 탐했기 때문이 아니라 기억의 '마력'을 탐했기 때문이다.
- 'janmago'라는 네티즌도 "이제 법원이 신 분서갱유의 시대를 여는가?"라면서 "이제부터 위대하신 박○○ 각하에 대한 일체의 비판과 언급을 중단할 것이며, 그에 대한 조치로 국사교과서와 현대역사서적을 전면 폐기하고 서점에서 불태울 것"이라고 비꼬았다.

不俱戴天之讎
불 구 대 천 지 수

출전	예기(禮記)의 곡예상(曲禮上)
뜻	함께 하늘을 이고 살 수 없는 원수. 사생결단을 내야 할 원수를 일컫는 것.

아니 불, 함께 구, 일 대, 하늘 천, 어조사 지, 원수 수

보기

- 사생결단식의 정변과 권력쟁투의 와중에서 한때 정적(政敵), 아니 '불구대천지수' 관계였던 전 현직 대통령들이 한 자리에 모이는 것은 수십년 우리 정치사에서 거의 구경할 수 없었던 희귀한 일임에 분명하다. 그래서 그 의미가 작을 수 없을 뿐만 아니라 갖가지 감회와 흥미를 불러 일으키기에 충분한 '정치이벤트'인 것도 사실이다.

不眠不休
불 면 불 휴

뜻 자지도 않고 쉬지도 않는다는 뜻으로, 조금도 쉬지 않고 애써 일함.

아니 불, 잠잘 면, 불 휴

ㅂ

보기
- 하지만 해방직후 대한민국은 우익민족 진영의 지도자들과 경제인, 대공요원 그리고 우리 반탁학련과 민족진영의 청년노동, 문화단체들이 혼연일체가 되어 불면불휴로 각계에 침투했던 좌익공산세력을 결사적으로 축출함으로써 반탁반공정신으로 대한민국을 건국하게 된 것이다.
- 북한 선전매체들은 그가 쪽잠(잠깐 눈을 붙이는 것)과 줴기밥(주먹밥)으로 분과 초를 쪼개가며 '불면불휴의 현지지도'에 나서고 있다고 선전한다.

不死藥
불 사 약

출전 사략권이(史略券二)
뜻 죽지 않는 약. 오랜 역사에서 죽지 않는 약을 구하는 사람은 많았으나, 구한 사람은 아직 없었음.

아니 불, 죽을 사, 약 약

보기
- 고대인들은 서왕모가 사는 곤륜산에는 불로초가 자라고 그녀 자신도 불사약을 지니고 있다고 믿었다. 이에 따라 짐승에 가까웠던 그녀의 모습도 젊고 아름다운 미녀로 바뀐다.
- 중국이 우주 정복의 대장정을 시작한 것은 새해 벽두인 지난 1월. 달 탐사관측 프로젝트인 '창어(嫦娥) 프로젝트'를 비준한 것이 그 출발 신호탄이었다. 불사약을 훔쳐 먹고 달로 달아났다는 전설의 여인 창어……

拂鬚塵
불 수 진

출전 송사(宋史)의 구준전(寇準傳)
뜻 수염의 먼지를 턴다. 남의 환심을 사려고 어울리지 않는 행동을 하는 것.

떨 불, 수염 수, 먼지 진

보기
- 정정당당하게 최선을 다해서 얻은 성공이란 얼마나 아름다운가! 그러나 세상을 살다보면 세상과 타협하고 조금은 게으름도 피우게 된다. 나 자신 얼마나 최선을 다했는가? 성공이란 이름이 부러워 불수진하는 추태를 보이지는 않았는가?

不撓不屈
불 요 불 굴

뜻 한번 결심한 마음이 흔들리거나 굽힘이 없이 억셈.

아니 불, 어지러울 요, 굽을 굴

보기

- 장 화백은 일제시대부터 현대에 이르기까지 격동의 시대를 살며 구순이 넘도록 붓을 놓지 않는 불요불굴의 예술혼을 보여줬다. 최근까지도 노익장을 과시했다.
- 각자의 지향이 지적 호기심(파우스트), 구시대의 기사도적 이상(돈 키호테), 육욕(돈 후안), 불요불굴의 정신력 및 생태론적 이상(크루소)으로 갈라지지만, 그들이 공동체적 가치와 규범에서 자유로운 개인이라는 점에서는 일치한다.

不要不急
불 요 불 급

뜻 꼭 필요하거나 급하지 않음

아니 불, 구할 요, 급할 급

보기

- 지난 2월 크라운제과와 해태제과 합병 이후 끊이지 않고 흘러나오는 '구설수'와 '구조조정', '노사갈등' 등의 문제들이 산적한 상태에서 불요불급한 거액의 자금을 지출하는 것은 사기만 더욱 떨어뜨리는 행위라는 게 이들의 주장이다. 회사 안팎에 뭔가를 보여주려는 과시욕의 산물이 아니냐는 것.
- 먼저 불요불급 예산을 삭감한다는 원칙에 따라 지급수수료(본예산 3억9천943만원)를 28%에 해당하는 1억1천218만원을 줄인다는 것.

不入虎穴不得虎子
불 입 호 혈 부 득 호 자

출전 후한서(後漢書)의 반초전(班超傳)

뜻 호랑이 굴에 들어가야 호랑이 새끼를 잡는다. 모험을 하지 않으면 큰 결과를 얻을 수 없다는 것.

아니 불, 들 입, 호랑이 호, 굴 혈
얻을 득, 호랑이 호, 아들 자

보기

- '위기는 기회다' 라는 말이 있다. 지금 우리가 느끼고 있는 경제적인 불황과 사회적인 불안이야말로 앞으로 우리가 더 나은 삶을 살기 위한 기회가 되어 줄 것이라고 믿는다. '불입호혈부득호자' 라고 위기에 당당히 맞서다 보면 기회는 반드시 찾아 올 것이다.

不肖
불 초

출 전 맹자(孟子)의 만장편상(萬章篇上)

뜻 닮지 않았다. 아버지를 닮지 않아 어리석다는 것.

아니 불, 닮을 초

보기

● 어머님과 사별한 지 육십 성상(星霜)이 흘러가고, 불초여식 외주는 이제야 붓을 들어 불효를 비옵니다. 외조모, 친조모 안동 권씨 두 분께서 부덕을 일러 주시어, 담양 전씨 좋은 가문에 훌륭한 배필을 만나 출가하였습니다.

● 저자는 아들에게 '불초 자식'이라는 멍에를 뒤집어쓰게 만든 그 아버지들은 얼마나 잘난 사람이었는지, 일그러지고 비뚤어진 뒷모습이 자식에게 투영되고 있는 것은 아닌지, 위인들의 가족사를 통해 들춰 보이고 있다.

ㅂ

不退轉
불 퇴 전

뜻 한 번 도달한 수행의 단계로부터 뒤로 물러나는 일이 없는 것.

아니 불, 물러날 퇴, 구를 전

보기

● 외환위기 중에 부과된 집중과 선택의 압력이 엄청났기 때문에 삼성은 불퇴전의 각오로 집중과 선택을 할 수밖에 없었다. 그 결과 신속한 경영판단을 할 수 있었고 외환위기 이전부터 추진해 온 혁신이 성과를 볼 수 있었다.

● 이순신의 잠을 깨우지 말라. 이순신을 모독해 그를 두 번 죽이지 말라. 지금은 국난에 버금가는 난국이다. 이와 같은 비상한 시기에 하나로 굳게 뭉쳐 불퇴전의 이순신 정신을 본받아야 한다.

不偏不黨
불 편 부 당

출 전 묵자(墨子)의 겸애(兼愛)

뜻 어느 한 쪽으로 기울어짐 없이 중정, 공평함. 늘 그러한 자연의 길의 본질을 말함.

아니 불, 치우칠 편, 무리 당

보기

● 한편으로는 협력업체가 느끼는 불편부당 사례를 타파하기 위한 신고센터를 웹사이트로 개설했다. 이와 더불어 협력업체 사장 2천100여명을 초청해 윤리경영 간담회를 개최하는 등 부패 추방을 위해 협력업체의 도움도 요청했다.

● 또 인터넷민원·집단민원 물론 시민의 불편부당한 고충을 전담할 고충처리팀과 참여정부의 혁신과제수행 등 중앙부처와 지자체간 가교 역할을 담당할 혁신분권팀이 빠른 시정업무를 지원한다.

不惑
불 혹

출전 논어(論語)의 위정편(爲政篇)

뜻 사십이불혹(四十而不惑)에서 나온 말로 나이 마흔을 이르는 말.

아니 불, 미혹할 혹

보기

➡ 반면 일본 스모의 10등급 중 3등급에 해당하는 '세키와케' 출신인 와카쇼요는 1998년 은퇴 후 운동 공백이 길다. 불혹을 앞둔 나이와 최홍만 보다 38cm나 작은 키도 부담이다.

➡ 비행기 안에서 이 이야기, 저 이야기를 하다 아주 놀라운 이야기를 들었다. 고등학교 2학년 때 입었던 바지를 지금도 입을 수 있다는 것이다. 절약 정신이 뛰어난 것은 그렇다쳐도 불혹이 지난 박중훈이 고교 2학년 때 몸매를 유지하고 있다는 사실이 놀라웠다.

鵬程萬里
붕 정 만 리

출전 장자(莊子)의 소요유편(逍遙遊篇)

뜻 붕새의 갈 길은 수만 리. 원대한 사업이나 계획을 비유함.

붕새 붕, 길 정, 일만 만, 이 리

보기

➡ '붕정만리'. 그 원대함의 무게만큼 철저함이 반드시 따라야 하는 법. 김진표 부총리는 9일 "부동산 가격안정을 위해 1년에 50만호씩, 앞으로 5년간 250만호의 주택을 건설할 계획"이라고 밝혔다. 흔해지면 값이 내려가는 경제학의 기본법칙에 따른 생각이다.

➡ "임명제때보다도 더 축소된 권한과 위상으로는 지방자치를 제대로 수행할 수 없었다."고 회고하고, 더 나은 제도를 마련하기 위하여 붕정만리 창공을 날겠다는 것이다.

比肩繼踵
비 견 계 종

출전 안자춘추(晏子春秋)

뜻 어깨를 나란히 하고 발뒤꿈치를 잇는다는 뜻으로, 계속해서 끊이지 않고 잇달아 속출함을 말함. 또 여러 사람을 줄지어 세우는 것을 의미하기도 함.

견줄 비, 어깨 견, 이을 계, 발꿈치 종

보기

➡ "연목구환을 막아내다니......허허", "실로 대단한 무위였습니다. 소장이 운이 좋았군요.", "겸손!" 두 사람은 몇 합을 더 겨루었다. 생사결을 논하는 대결이 아니라 살의는 느껴지지 않았지만 비견계종, 연이어 끊어지지 않는 두 사람의 비무는 보는 이의 탄성을 자아내게 했다. 이십여 합 정도 되었을 때, 주홍안이 돌연 공세를 멈추고는 서운에게 말을 건넸다.

誹謗之木
비 방 지 목

출 전 사기(史記)의 효문제기(孝文帝紀)

뜻 남을 헐뜯어 책망하는 나무, 정치에 불만이 있으면 그 기둥에 불평이나 불만을 써붙여, 임금이 보게 하는 나무를 말함.

헐뜯을 비, 헐뜯을 방, 어조사 지, 나무 목

보기

➡ 국가 최고 경영자가 각계 원로로부터 지혜로운 말을 듣는 비방지목의 자리에 초청받았다. 그런데 식사 한 끼 얻어먹고 실컷 국가 최고경영자에게서 훈시성 홍보성 변설만 듣고 왔단다.

➡ 그의 양시론은, 요순 시대에도 감간지고와 비방지목을 두고 조정의 일에 대해 백성들의 간언과 비방을 들었다며 언론 보장이 통치의 으뜸이라고 주장한 당시의 떠오르는 실세 조광조에 의해 박살났다.

ㅂ

悲憤慷慨
비 분 강 개

뜻 슬프고 분한 느낌이 마음 속에 가득 차 있음.

슬플 비, 성낼 분, 강개할 강, 분개할 개

보기

➡ 박기수 대구은행 사이버독도지점장은 "전국 각지에서 관련 전화문의가 쏟아져 평소의 2배 이상 수준"이라며 "상품에 대해 묻기도 하지만 일본에 대해 분노하고 비분강개하는 사람들이 많다."고 말했다.

➡ 나를 만나는 사람들은 종종 나에게 어떤 어떤 이슈를 다뤄달라고 주문을 하곤 한다. 그 때 만난 분도 역시 그랬다. 노대통령이 매우 비분강개하며 속을 끓이고 있는 문제가 있는데 왜 이런 게 시민사회에서 공론화가 안 되는 거다.

髀肉之嘆
비 육 지 탄

출 전 삼국지(三國志)의 촉지(蜀志)

뜻 장수가 말을 타지 않아 허벅지가 살쪄 있음. 재주나 수완, 역량을 발휘 못함을 탄식함.

넓적다리 비, 살 육, 어조사 지, 한숨쉴 탄

보기

➡ 실력을 발휘할 기회가 없어 한탄스러워하는 비육지탄의 심정을 유비만이 느낀 것은 아니다. 삼성 선동열 감독은 지난 18일 괌으로 전지훈련을 떠나기 전 약속 한 가지를 했다.

➡ 말의 얼굴과 굽만 보고도 질(質)과 격(格)을 가려내는 안목을 지닌 데다 하루라도 말을 타지 않으면 허벅지에 살이라도 오른 듯 비육지탄(肉之嘆)의 조바심이 일기도 하지만 여전히 그는 말에 관해 겸손하다.

比翼連理
비　익　연　리

출전　백거이(白居易)의 장한가(長恨歌)

뜻　암수가 각각 눈 하나에 날개가 하나씩이라서 짝을 짓지 않으면 날지 못한다는 비익조(比翼鳥)와 한 나무의 가지가 다른 나무의 가지와 맞붙어서 서로 결이 통한 연리지(連理枝)라는 뜻으로, 부부의 사이가 깊고 화목함을 비유해 이르는 말.

견줄 비, 날개 익, 잇닿을 연, 다스릴 리

보기

➡ 인도의 타지마할은 세계적으로 유명한 이슬람 건축물이다. 무굴제국의 샤 자한이 39살 젊은 나이에 세상을 뜬 왕비를 그리며 지은 묘당이다. 이들은 19년 결혼생활 동안 14명의 자녀를 둔 무척이나 비익연리였다고 한다.

➡ 올해 신설된 제1회 「평등부부상」을 수상한 김선호, 김정한 부부를 아는 사람들은 누구나 비익연리를 떠올린다. 부부가 함께 정년퇴임한 경력과 완벽할 정도의 평등부부를 실현한 두 사람에게 딱 들어맞는 고사성어이기 때문이다.

牝鷄之晨
빈　계　지　신

출전　서경(書經)의 목서편(牧誓篇)

뜻　암탉이 울어서 새벽을 알린다. 이치가 바뀌어 집이 망할 징조라는 것.

암컷 빈, 닭 계, 어조사 지, 새벽 신

보기

➡ 여성인력 활용의 중요성에도 불구하고 우리 사회 곳곳에 뿌리깊게 남아있는 '빈계지신' 식의 사고가 남아있다. 채용과 인사상의 불평등, 가사와 육아를 여성만의 책임으로 여기는 사회 분위기와 남성들의 의식 등.

➡ 한 신하는 여자를 암탉과 암돼지에 비유해 외부의 일에 참여하는 것을 못마땅하게 서술한 서경의 빈계지신을 인용하면서 선덕여왕의 왕위계승이 국가를 망하게 하는 일이며 마땅히 경계해야 할 일이라고까지 말했다.

貧者一燈
빈　자　일　등

출전　현우경(賢愚經)의 빈여난타품(貧女難陀品)

뜻　가난한 자가 밝힌 하나의 등불. 가난 속에서 정성으로 바친 등이 값이 있다는 것.

가난할 빈, 사람 자, 한 일, 등불 등

보기

➡ 불가의 '빈자일등' 고사처럼, 정성껏 바친 물질은 약소할지라도 그 공덕이 크다고 할 수 있다. 베푸는 사랑과 자비의 양이 중요한 게 아니라, 얼마나 진실되게 주변에 어짐을 베풀었는지가 중요하다는 뜻이리라.

➡ 어려운 생활 속에서도 어두움을 밝혀주는 마음의 풍요로움을 일컫는 '빈자일등' 이란 말이 있듯이 우리 모두 생활 속의 지혜를 모두 꺼내 근검 절약하는 습관을 키워 온 세상에 밝은 웃음이 가득하길 기원해 보자.

氷炭不相容

빙 탄 불 상 용

출전 사기(史記)의 골계전(滑稽傳)

뜻 얼음과 불은 서로 용납 못함. 성질이 서로 상반되어 도저히 화합될 수 없음을 비유함.

얼음 빙, 숯불 탄, 아니 불, 서로 상, 받아들일 용

○ 신문시장 점유율 규제가 가장 큰 쟁점 "빙탄불상용". 국회 문광위의 한 관계자는 25, 26일 잇따라 상정된 열린우리당과 한나라당의 언론관계법을 비교한 뒤 이렇게 말했다.

○ 한나라당 이회창총재와 김종필국무총리 사이에 미묘한 기류가 흐르고 있다. 대통령제를 고수하는 이총재와 내각제를 신봉하는 김총리는 정치적으로 빙탄불상용이지만 한 발짝씩 서로 가까이 다가서고 있다.

ㅂ

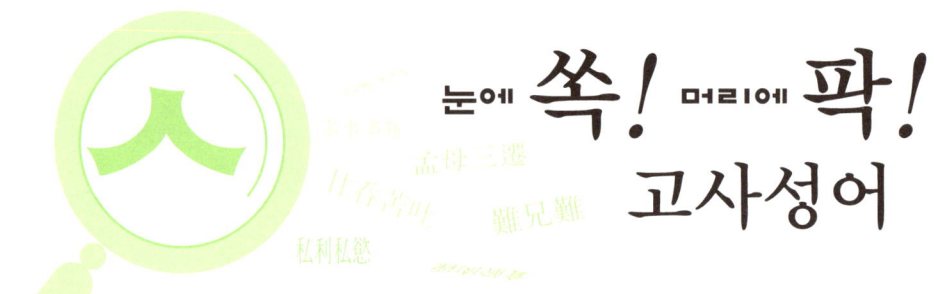

눈에 쏙! 머리에 팍!
고사성어

死孔明走生仲達
사 공 명 주 생 중 달

출전 삼국지(三國志)의 십팔사략(十八史略)

뜻 죽은 제갈이 산 중달을 달아나게 했다. 싸움에서 자주 지면 그 사람을 두려워하게 된다는 것과 실지와 다른 헛소문에 겁을 먹는 경우를 이름.

죽을 사, 구멍 공, 밝을 명, 달아나 계할 주, 날 생, 버금 중, 달할 달

보기

◆ 당국은 섬이 바다 속으로 서서히 가라앉을 것이라는 근거 없는 괴소문이 전혀 과학적 근거가 없는 것이라고 사태를 진정시키려 했지만 주민들은 '사공명주생중달'을 입증이라도 하듯이 너나 할 것 없이 가재도구를 챙겨 항구로 향했다.

◆ '사공명주생중달'이란 고서성어처럼 경찰이 정기승진시험을 앞두고 보안을 강화하고 있다. 대입 수능과 대구지방 경찰청 순경시험부정사건이후 경찰은 부정행위를 차단할 방침이다.

私利私慾
사 리 사 욕

유사어 사리사복(私利私腹)

뜻 사사로운 이익과 욕심.

사사로울 사, 이로울 리, 욕심 욕

보기

◆ 또 지난 78년 박정희 전 대통령이 행정수도 건설계획을 발표한 점을 거론, "박 전 대통령의 독재를 지지하지는 않지만 행정수도 이전을 시도한 것은 사리사욕이 아니라 국가의 장래에 대한 지도자로서의 안목을 가지고 한 것이라는 믿음을 갖고 있다."고 지적했다.

◆ 연맹 김기래 노사대책국장은 "클로즈드 숍은 노동생산성을 최상으로 끌어올리는 제도"라며 "이를 악용해 개인의 사리사욕을 챙긴 것이 문제이지 구조적인 문제로 호도해서는 곤란하다."고 말했다.

死馬骨五百金
사 마 골 오 백 금

출전 전국책(戰國策)의 연책(燕策)

뜻 죽은 말뼈를 오백금에 사다. 큰 것을 얻으려고 작은 것을 귀히 여김을 말함.

죽을 사, 말 마, 뼈 골, 다섯 오, 일백 백, 금 금

➡ 나로 말하면 선생의 자질의 연배연마는 며칠에 한 번씩 정해 놓고 내 집 문전에 와서, "선생님, 편안하시오?"하고 문안을 하였다. 이것은 자손의 스승을 존경하는 성의를 보임인 동시에 사마골오백금 격이라고 나는 탄복하였다.

ㅅ

駟馬難追
사 마 난 추

뜻 '사마'는 말 네 필이 끄는 수레로써 엄청나게 빠른 것을 비유하며 이런 사마가 따라갈 수 없을 정도로 빠른 것이니 입조심하라는 뜻이다. '발 없는 말이 천리 간다.'라는 우리 속담과 같다.

사마 사, 말 마, 어려울 난, 쫓을 추

➡ 탄핵사유의 경중을 따지기 전에 이미 노 대통령은 반대당과 국민들에게 '재신임'이라는 최면을 건 것이나 다름없다. 대통령직을 걸지 않고 정치개혁이나 정부개편 등을 걸었다면 결과는 사뭇 달라졌을 것이다. 일언기출 사마난추라던가.

➡ '일언기출 사마난추'라는 옛 말도 있다. 서투른 결론을 내보자. 영혼은 가벼우나 그 깊이를 알 수 없으니 소중하게 다뤄야 한다. 말은 무거우나 너무 빨라 따를 수 없으니 조심해야 한다.

四面楚歌
사 면 초 가

출전 사기(史記)의 항우본기(項羽本紀)

유사어 고립무원(孤立無援), 진퇴양난(進退兩難)

뜻 사방에서 초나라 노랫소리가 들린다. 적에게 완전히 포위당하여 고립 상태에 있는 것.

넉 사, 쪽 면, 초나라 초, 노래 가

➡ 특히 팔레스타인 출신들은 사면초가에 빠졌다. 팔레스타인인 3만여 명은 대부분 1948년 이스라엘 건국 후 이라크로 건너왔다. 이라크에서 결혼해 자식까지 낳은 이들은 고향으로 돌아갈 수 없을지도 모른다는 걱정 때문에 그동안 이라크 시민권을 취득하지도 않았다.

➡ 이것이 바로 정동영 장관의 '북한=동포'라는 말의 실체였다는 것인가? 그렇게 해서 정 장관은 김정일로부터 과연 어떤 협조적 자세를 얻어냈는가? 국제적인 사면초가를 무릅쓰고라도 김정일의 환심만 사면 만사형통인가?

事半功倍
사 반 공 배

출전 맹자(孟子)의 공손추상(公孫丑上)
뜻 일은 반만하고 공은 배로 세움. 포악한 군주 뒤에 선정을 베풀면 사반공배 격이 된다는 것.

일 사, 반 반, 공 공, 배 배

보기

◆ 대종사께서 "정법 시대가 오면 새로이 간단한 교리와 편리한 제도로 모든 사람이 쉽게 정법의 교화를 받게 된다." 하시고, "나의 공부법은 사반공배하는 법이며, 병들지 아니하고 성공하는 법으로 과거에 100년을 걸려서 이루는 공부를 내 법대로만 하면 3년이면 이룰 수 있다."고 자신 하셨습니다.

四分五裂
사 분 오 열

출전 전국책(戰國策)의 위책(魏策)
뜻 넷으로 나뉘어지고, 다섯으로 분열됨. 힘이 갈기갈기 분산되는 것을 말함.

넉 사, 나눌일 분, 다섯 오, 찢어질 렬

보기

◆ 가장 경쟁력이 있는 후보를 누가 밀어내고, 흠집내려 하겠느냐. 현재와 같이 수도지키기투쟁위원회, 주류, 비주류로 사분오열된 상태로는 내년 지방선거를 치를 수 없다.

◆ 창구 단일화 방식에 대해 학계에서 여러 논쟁이 있으나 잘 될 경우 노동조합의 입장에서는 조합원 비율을 끌어올릴 수 있는 절호의 기회가 될 수 있다. 물론, 잘못되면 노동운동의 사분오열화를 야기할 가능성이 크다.

駟不及舌
사 불 급 설

출전 논어(論語)의 안연편(顔淵篇)
뜻 네 말이 끄는 빠른 수레도 혀에는 못 미침. 소문이 빨리 퍼짐을 비유함.

사마 사, 아니 불, 미칠 급, 혀 설

보기

◆ 막말 정치가 있는 한 정치개혁은 요원하다. 품위와 위트가 없는 말이라면 차라리 말수를 줄이는게 낫다. 사불급설이라는 고사성어는 정치권을 향한다. 성공한 리더들의 화술은 침묵에 가까운 카리스마라는 것을 알기 바란다.

◆ 대통령이 원고 측인지 피고 측인지에 따라 변론 내용이 바뀌어야 하는 변호사 출신답게 상황 적응능력이 뛰어나단 점은 인정한다. 하지만 사불급설을 되새길 필요가 있다. 대통령의 말이 예측할 수 없는 럭비공이 돼선 곤란하다.

158

射石爲虎
사 석 위 호

출전 사기(史記)의 이광열전(李廣列傳)
유사어 중석몰촉(中石沒鏃)
뜻 성심을 다하면 아니될 일도 이룰 수 있음.

쏠 사, 돌 석, 할 위, 호랑이 호

보기

➡ 정지된 볼을 차거나 때리는 운동은 자신, 용기, 정신집중, 냉정 등이 요구된다. 기술보다는 심리상태가 극히 중요함을 보여주는 대목이다. 실수하는 것을 눈여겨 살펴보면 정신적인 요인이 많이 좌우한다. 정신적인 요인이란 바로 집중력이다. 사석위호라 했다. 사람들은 무슨 일을 하든 집중력이 필요할 땐 마음을 한 곳으로 모아야 한다.

私淑
사 숙

출전 맹자(孟子)의 이루편하(離婁篇下)
뜻 옛 사람이나 멀리 있는 사람의 덕을 사모하여 직접 가르침은 못 받아도 그 사람을 표본으로 자기의 인격을 수양해 가는 것.

사사로이 사, 사모할 숙

보기

➡ 저격범 레온 촐고츠는 광신적 무정부주의자였다. 그가 사숙했던 여성 아나키스트 에마 골드먼도 대통령 암살사건의 배후로 몰려 구속된다. 촐고츠가 그의 저서를 탐독한 탓이다. 국가를 '선(善)의 적'으로 간주했던 아나키즘.

➡ 20년 애증을 나누었던 여배우 장 뒤발과 결별한 뒤에는 실어증에 시달린다. 그는 "운명적이며 정신적인 형제"라 불렸던 미국의 작가 에드거 앨런 포의 문학은 물론, 삶까지를 '사숙'했던 것이다.

似而非
사 이 비

출전 맹자(孟子)의 진심장하(盡心章下)
뜻 겉으로는 비슷하나 실제로는 근본적으로 다른 가짜를 가리키는 것.

같을 사, 말이을 이, 아닐 비

보기

➡ 정말 큰일은 성역이어서는 안 될 곳이 새로 성역 대접을 요구하거나, 갑자기 성역 행세를 하려 드는 것이다. '신흥 성역' 혹은 '사이비 성역' 일수록 자신들의 주장에 대한 비판을 무슨 큰 죄(罪)라도 되는 듯이 몰아붙인다.

➡ 예술가는 모자란 채로 자기 시점을 '대여' 하는 사람이다. 시인의 아쉬움은 그가 은유에 기대고 있다는 점이다. 닮음은 같지 않음을 전제로 하므로 모든 은유는 어떤 점에서 결코 진실이 못된다. 그럼에도 그 '사이비'는 살아있다.

射人先射馬

사 인 선 사 마

출전 두보(杜甫)의 시(詩) 전출색(前出塞)

뜻 상대방을 쓰러뜨리려면, 그의 힘이 되는 것부터 넘어뜨리는 것이 성공의 길이라는 것.

쏠 사, 사람 인, 먼저 선, 쏠 사, 말 마

보기

○ "사인선사마". 김정환 대우증권 연구위원은 두보의 시 전출색(前出塞)에 나온 말을 인용하면서 "지수의 상승 트렌드가 지속되기 위해선 730~740선대 매물벽을 뚫어야 한다."고 강조했다. 730~740선대는 지난 12월 고점에 해당하는 지수대다. 만약 이 매물벽 돌파에 실패할 경우 종합주가지수는 기간 조정과 더불어 일정 부분의 지수조정을 감내해야 할 것이라고 지적했다.

獅子身中蟲

사 자 신 중 충

출전 불경(佛經)의 범강경(梵綱經)

뜻 사자 몸 가운데 벌레가 사자 몸을 먹어 치운다. 자기 편에 해를 끼치는 사람. 내부에서 재앙을 가져오는 사람. 은혜를 받고 원한으로 갚는 사람에 비유함.

사자 사, 아들 자, 몸 신, 가운데 중, 벌레 충

보기

○ 출가한 스님들이면 누구나 한번쯤은 읽는다는 불경인 '치문(緇門)' 에는 '사자신중충' 이라는 문구가 들어 있다. 인간 세계에서도 제 몸속의 독충을 제거해 내부를 잘 다스려야 하며 그 첩경은 바로 화합임을 강조한 말일 것이다.

○ '사지신중충' 이라고 했던가. 요즘 필자는 태권도인의 한 사람으로서 내 몸 안의 벌레 때문에 목숨을 잃는 들판의 사자 같은 심정과 회한에 사로잡히곤 한다.

獅子吼

사 자 후

출전 불경(佛經)의 전등록(傳燈錄), 유마경(維摩經), 소동파(蘇東坡)의 시(詩)

뜻 사자의 부르짖음. 열변이나 웅변을 토한다는 뜻으로 쓰임.

사자 사, 아들 자, 울 후

보기

○ 달변의 좌익 선두엔 몽양 여운형이 있었다. 그는 광복 후 가장 먼저 대중 앞에 나타나 사자후한 대웅변가였다. 그의 말은 처음 신문을 보는 중학생도 이해할 수 있을 만큼 쉽고 조리가 있었다.

○ 두 번 다시 부패와 타락과 반역사적이며 반민주적, 반민족적인 행위를 않겠다던 사자후에 맘씨 고운 국민대중들은 긴가 민가 하면서도 이젠 정말 정신 좀 차렸겠지, 기대 반 우려 반으로 17대 국회를 맞았다.

蛇足
사 족

출전 전국책(戰國策)의 제책(齊策)

뜻 뱀의 발. 하지 않아도 될 일을 공연히 하다가 일을 그르치는 것을 비유함.

뱀 사, 발 족

보기

➡ 사족 하나. 블랙 먼데이 당일 당시 로널드 레이건 대통령은 백악관 뒤뜰 헬리콥터로 걸어가면서 폭락하는 시장에 대해 "단순한 하나의 시장조정"이라고 했다.

➡ 아무튼 신구세대간의 경쟁이 불 붙으면 불 붙을수록 한국축구대표팀에는 좋은 보약이 되지 않을까 한다. 사족(蛇足)-요하네스 본프레레 감독은 몰디브전 후 '운' 타령을 했다. "찬스가 많았지만 운이 따르지 않았다"는 것이다.

四 知
사 지

출전 십팔사략(十八史略)의 양진전(楊震傳)

뜻 하늘, 땅, 너와 내가 안다. 세상에는 비밀이 없음을 비유한 것.

넉 사, 알 지

보기

➡ 박 이사장은 우선 "공직자에게는 '4지(四知)'가 중요하다."고 강조했다. 사지는 내가 알고 있고, 네가 알며, 하늘이 알고, 귀신이 알기 때문에 아무리 비밀스럽게 주고받은 뇌물일지라도 반드시 들통 날 수밖에 없다고 설명했다.

➡ '사지'라는 말이 있다. 요즘 같은 정보화 시대에 더 실감되는 말이다. 비밀리에 한 일이 드러나지 않게 하기 위해 그 비밀을 아는 사람을 빼돌리거나 가두기도 하지만 '입'이 있는 한 드러나게 마련이다.

四通八達
사 통 팔 달

뜻 길이 여러 곳으로 막힘없이 통함.

넉 사, 통할 통, 여덟 팔, 통할 달

보기

➡ 문화콘텐츠 교육의 중심축이 서울로 굳혀지는 것은 합당치 않다. 대덕연구단지 첨단기술과 행정도시 배후의 이점, 그리고 국토의 사통팔달 교통망을 감안한다면 대전이 최적지다.

➡ 입지와 관련 시관계자는 "관내를 지나는 사통팔달의 고속도로망과 30분이내의 수도권 접근성, 서해안 유일의 천연내만 개펄 등 수백만평의 개발 가용용지 등을 갖춘 최적합지"라며 "유치를 위해 시민적 합의 도출 등 행정력을 집중하고 있다."고 했다.

故事成語 161

山戰水戰
산 전 수 전

뜻 산과 물에서 싸웠다는 말로, 온갖 고생과 시련을 겪어 경험이 많다는 뜻.

뫼 산, 싸울 전, 물 수, 싸울 전

보기

◐ 산전수전 다 겪은 이 배우가 자기 이름을 걸고 첫 모노드라마에 도전한 소감. "참 힘드네요. 어쩌자고 내가 일을 저질렀나 하는 생각이 불쑥불쑥 들죠."
◐ 데뷔 10년 만에 첫 주연을 맡게 된 순창 출신 이문식은 몸을 사리지 않는 열정적인 연기로 인기를 끌고 있다. 연기 하나로 산전수전을 겪은 배우들 사이에서 이정진의 연기가 아직 덜 익었지만, 나머지 배우들이 그 틈새를 충분히 메우고 있다.

四海兄弟
사 해 형 제

유사어 사해동포(四海同胞)
뜻 '사해'란 곧 온 천하를 가리키는 말로 천하의 뭇사람들은 모두 동포요 형제라는 뜻.

넉 사, 바다 해, 형 형, 아우 제

보기

◐ 대한불교조계종 월하종정은 21일 신년 법어를 발표, "문득 산승이 불천에 세배하고 천촌만락을 바라보니 사해형제가 서로 도와 청연을 베풀고 노래하고 춤을 추니, 좋을시고 올해는 앞을 봐도 대로요 뒤를 봐도 대로"라며 국운의 융성을 축원했다.

山紫水明
산 자 수 명

유사어 강호연파(江湖煙波), 청풍명월(淸風明月)
뜻 산빛이 곱고 강물이 맑다는 뜻으로, 산수가 아름다움을 이르는 말.

뫼 산, 자주빛 자, 물 수, 밝을 명

보기

◐ 섬진강과 지리산을 낀 전남 구례는 '산자수명'한 곳이다. 비옥한 토질과 맑은 물·공기 등 3박자가 어우러진 청정지역이다. 그래선지 구례에서는 오이가 집단으로 재배됐고, 주 수입원이었다.
◐ 섬진강과 봉화군 관계자는 "산자수명한 청정지역이어서 여름 한 철 피서지나 주말 별장으로 활용하기 위해 빈집을 구하려는 도시민들이 늘 것으로 판단, 도시민들이 원하는 집을 쉽게 찾을 수 있도록 체계적인 주선사업을 펴기로 했다."고 말했다.

殺身成仁
살　신　성　인

출전 논어(論語)의 위령공편(衛靈公篇)

뜻 자신의 몸을 희생하여 인(仁)을 이룬다. 몸을 바쳐 옳은 도리를 행하는 것.

죽일 살, 몸 신, 이룰 성, 어질 인

보기

- 한 대학교수가 오랜 투병생활 끝에 세상을 떠나며 자신의 시신을 의과대학에 기증하는 '살신성인'을 실천해 잔잔한 감동을 주고 있다.
- 권율장군은 임란 당시 행주산성에서 2천300여 군사와 민간인을 이끌고 3만 왜적을 맞아 크게 승리했으며 행주산성은 민·관·군이 살신성인의 정신으로 하나가 돼 나라를 풍전등화의 위기에서 구해낸 역사의 전적지다. 행주산성관리소는 이날 오전 8시부터 무료 개방한다.

三顧草廬
삼　고　초　려

출전 삼국지(三國志)의 제갈량전(諸葛亮傳)

유사어 삼고지례(三顧之禮)

뜻 예를 갖추어 세 번 찾아감. 유비가 제갈량 집에 세 번 찾아 뵙고 그를 군사(軍師)로 모신 것.

석 삼, 돌아볼 고, 풀 초, 오두막집 려

보기

- 청와대측이 현 교총회장을 내정해 놓고 가장 고심했던 대목은 과연 그가 총리직 임명 제의를 수락할 것인지의 여부. 이 때문에 청와대측은 삼고초려의 자세로 갖출 수 있는 모든 성의와 예를 다하여 그의 승낙을 받아내기로 하고 6일 오후 김 수석이 현 회장과 통화, 그를 직접 면담한 끝에 간신히 OK를 받아냈는데, 현 회장은 김 수석이 전화로 만나자는 뜻을 전하자 "만날 필요없다."고 고집을 부렸었다는 후문.

三年不飛又不鳴
삼　년　불　비　우　불　명

출전 여씨춘추(呂氏春秋)의 심응람(審應覽), 사기(史記)의 골계열전(滑稽列傳)

뜻 3년 동안 날지도 않고 울지도 않는다는 뜻으로, 큰 뜻을 펼칠 날을 기다리는 것을 비유한 말.

석 삼, 해 년, 아니 불, 날 비, 또 우, 울 명

보기

- 개구리가 움츠리는 것은 더 멀리 뛰기 위해서라고들 한다. 지금 나의 초라한 현실을 탓하고 마냥 방황하기 보다는 삼년불비우불명의 심정으로 내일을 준비하는 자세가 더욱 필요한 때이다.

森羅萬象
삼 라 만 상

유사어 우주만물(宇宙萬物), 만휘군상(萬彙群象)

뜻 우주 안에 있는 온갖 사물과 현상.

나무 빽빽할 삼, 그물 라, 일만 만, 코끼리 상

❏ 이번 전시에는 실리콘 그림과 함께 은판화 작품도 내놓는다. 주역을 바탕으로 삼라만상의 생성원리를 점과 선을 이용해 표현한 것으로, 작가는 "보는 이들에게 복을 주기 위한 작업"이라고 말한다.

❏ 인간 역시 삼라만상의 하나로 봄 기운의 영향은 다른 동·식물과 다르지 않다는 뜻이다. K철학원 김정희씨도 "봄은 양기가 강한 시기라서 봄에는 음양의 조화로 여성이 활발해지고 화장도 잘 받게 되는 것"이라고 설명했다.

三馬太守
삼 마 태 수

뜻 청백리를 가리킨다.

석 삼, 말 마, 클 태, 지킬 수

❏ 조선 중종 때 판중추부사겸 지경연사를 지낸 송흠(1459 1547)은 사치나 호화로움을 모르고 한평생을 지냈다. 그에게는 평생 청백리를 상징하는 삼마태수라는 별칭이 붙어 다녔다. 당시에는 원님이 새로 부임하면 그 지방민들의 기둥뿌리가 흔들린 정도로 행사가 요란했다. 그러나 그가 지방수령으로 부임할 땐 언제나 말 세 마리만 이용했다.

三復白圭
삼 복 백 규

출전 논어(論語)의 선진편(先秦篇)

뜻 백규를 세 번 반복한다는 말로 말을 깊이 삼가라는 뜻.

석 삼, 반복할 복, 흰 백, 홀 규

❏ 주식투자에서도 이런 삼복백규가 필요하다. 급등세를 타는 종목을 보면 충동적으로 매매하는 경우가 있는데 아주 짧은 시간만이라도 자신의 투자를 되새겨보는 여유가 필요하다.

三生有幸
삼 생 유 행

뜻 세 번 태어나는 행운이 있다는 뜻으로, 서로 간에 남다른 인연이 있음을 비유한 말.

석 삼, 날 생, 있을 유, 행복할 행

● 현재 사랑하는 젊은 여자가 있다고 했다. 그 젊은 여인의 사진을 보니 처용의 부인이었고, 달마대사가 출가하기 전에 달마 대사를 몹시 사모했던 여인 그리고 무왕의 왕비, 이런 영혼들이 복합되어 삼생유행이라고 판단했다. 그는 자신감을 갖고 돌아갔고 얼마 뒤에 결혼하게 되었다고 두 사람이 인사차 찾아왔다. 알고 보니 그녀는 곽씨 회사의 경리를 맡아보고 있는 여직원이었다.

三省吾身
삼 성 오 신

뜻 날마다 세 번씩 자신을 반성함.

석 삼, 살필 성, 나 오, 몸 신

● 일일삼성오신이 고금 불문한 미덕임에 생각이 미치면 자신감 하나로 뭉친 오기덩어리 보다는 조신으로 포장된 자신감이 더 효율적이리란 위안을 찾고 싶다.

● 최근 중국우수청년대회 연설에서 "나는 베테랑"이라며 프로정신을 강조한 그의 좌우명은 '신독'과 '오일삼성오신'. 88년 북경 부시장시절에는 양상곤 당시 국가주석의 재혼상대라는 소문이 나돌아 북경만보를 통해 직접 부인하는 소동을 겪기도 했다.

三十六計
삼 십 육 계

출 전 자치통감(資治通鑑) 제141권
뜻 36가지 계책 중에 도망치는 것이 상책. 자신 없으면 빨리 포기하는 것이 좋다는 것. 또는 형편이 불리할 때는 도망을 쳐 화를 면하는 것이 상책이라는 것.

석 삼, 열 십, 여섯 육, 꾀 계

● 실제로 홍씨 아내 윤성숙씨는 일기장에 "우리 사회에서 치매 가족은 부모를 버리고 삼십육계 줄행랑이 살길이다." 라는 푸념을 적어 놓았다. 겉표지에 '단풍 같은 치매, 아름다운 치매' 라고 쓰인 일기장이었다.

● 최근 들어서는 해외 이민을 앞두고 은행에서 큰돈을 빌려 곧바로 비행기에 오르는 경우도 적지 않다는 소식이다. 어쨌거나, 삼십육계 줄행랑도 갈수록 지능화되어 간다는 증거다.

三位一體
삼　위　일　체

뜻 중심적인 기독교 교의의 하나. 기독교에서 성부, 성자, 성신을 동일한 신격으로 여기는 교의.

보기

➡ 이러한 삼위일체를 통해 시너지 효과를 높일 때 깨끗하고 투명한 정치의 원천인 개미군단 후원자 모집이 가능하다는 것이 서상기 의원실 사람들의 생각이다. 서 의원의 성공비결이 다른 의원들에게 타산지석이 되기를 바란다.

➡ 좋은 밥식해는 달콤, 매콤, 새콤 등 3가지 맛이 삼위일체를 이뤄야 한다. 마늘과 고춧가루가 섞여 있어 매운맛을 삭히기 위해 엿기름이나 설탕을 써서 단맛을 낸다.

三人成虎
삼　인　성　호

출전 전국책(戰國策)의 위편(魏篇)

유사어 증삼살인(曾參殺人)

뜻 여러 사람이 거리에 범이 나왔다고 하면 정말로 곧이 듣게 된다. 즉 근거 없는 말도 여러 사람이 하면 이를 믿게 된다는 것.

보기

➡ 중앙일보가 이같은 의심에서 벗어나기 위해서는 스스로가 흐트러지지 않았음을 보여줘야 한다. 그러나 그 또한 쉬운 일이 아니다. 삼인성호라는 말처럼 또 입방아를 찧어대면 그러한 노력도 헛수고가 되기 십상이기 때문이다.

➡ 말이 추해지면 정치도 정치인도 추해지게 마련이다. 천신만고 끝에 높은 자리에 올랐을 즈음엔 이미 인격적으로 만신창이가 된 다음이다. 삼인성호라고, 멀쩡한 사람도 자꾸 비난을 퍼부어 대면 그렇게 인상지어지고 만다.

三才
삼　재

유사어 삼극(三極), 삼원(三元), 삼의(三儀)

뜻 음양설에서 만물을 제재한다는 뜻으로, 하늘과 땅과 사람. 또는 관상에서 이마와 코와 턱을 일컫는 말.

보기

➡ 춘원 이광수와 육당 최남선과 더불어 '조선 삼재(三才)'로 불린 천재. 권력자들에 치중됐던 기왕의 역사소설을 혁파하며 민중적 관점의 새로운 대하 역사소설 〈임꺽정〉을 12년에 걸쳐 썼으나 그마저 미완으로 그치고 다른 소설은 전혀 쓰지 않았던 작가.

➡ 한국음악의 원형에는 '천지인(天地人)' 3재(三才) 개념에서 유래된 3분(三分) 개념이 뿌리박혀 있으며, 이는 기독교적 삼위일체(三位一體) 개념과 서로 통한다는 연구가 나왔다.

三從之道
삼 종 지 도

출 전 　의례(儀禮)

유사어 　삼종지의(三從之義)

뜻 　여자는 어려서 어버이께 순종하고 시집가서는 남편에게 순종하고, 남편이 죽은 뒤에는 아들을 따라야 한다는 관념.

석 삼, 좇을 종, 어조사 지, 길 도

보기

● 이에 따라 여성은 혼인을 하면서 삼종지도에 따라 호적을 파가야 할 필요가 없고, 혼인과 함께 친정과의 결별이자 시가의 일원이 된다는 '출가외인' 인식도 없어질 것이다. 따라서 여성의 열등적 지위도 사라지게 된다.

● 남자만이 호주가 될 수 있는 현행 제도는 여성의 입장에서 보면 '삼종지도'를 제도화하고 있다고 할 수 있다. 뿐만 아니라 이혼한 가정의 경우 자녀들은 이전 아버지의 성을 보존하게 된다.

ㅅ

三遷之敎
삼 천 지 교

유사어 　맹모삼천지교(孟母三遷之敎),
　　　　맹모삼천(孟母三遷)

뜻 　맹자의 어머니가 아들의 교육을 위하여 3번 거처를 옮겼다는 고사로, 생활환경이 교육에 있어 큰 구실을 함을 뜻함.

석 삼, 옮길 천, 어조사 지, 가르칠 교

보기

● '맹모삼천지교'는 아파트 선택 0순위(?). 최근 내신성적 비중 증가, EBS 교육방송 실시 등 정부 교육정책에 따라 열기가 식기는 했지만 여전히 부모들은 좋은 학군, 좋은 학원과의 인접 지역을 거주 1순위로 꼽는다.

● 140명이 출전하는 LPGA 정규투어에서는 한국낭자가 무려 18%다. 미국에 이어 두번째로 많은 선수가 출전한다. 한때 '맹부삼천지교'로 오해를 받기도 했지만 한국 낭자들의 골프 위상은 하늘을 찌르듯 높아만 가고 있다.

三寒四溫
삼 한 사 온

뜻 　사흘 춥고 나흘 따뜻하다는 뜻으로, 겨울철에 한국과 중국 등지에서 주기적으로 발생하는 기후 현상을 이르는 말.

석 삼, 찰 한, 넉 사, 따뜻할 온

보기

● 농경사회였던 한국의 겨울 기후를 상징하는 삼한사온은 이 곳과는 전혀 상관없는 말이다. 유럽 역시 여름에 갑자기 나타난 이상 더위와 종잡을 수 없는 겨울날씨에 의아해하며 '혹시 환경오염 때문에'라는 의문을 누구나 한 번쯤 품게 된다.

● 이번 주처럼 주중에는 상대적으로 포근했다 주말에는 추워지는 최근의 현상에 대해 전형적인 삼한사온 현상이라고 기상청은 설명하고 있습니다.

喪家之狗
상 가 지 구

출전 사기(史記)의 공자세가(孔子世家)

뜻 상갓집 개. 초라한 모습으로 얻어먹을 것만 찾아다니는 수척한 사람을 이르는 말.

초상 상, 집 가, 어조사 지, 개 구

보기

➡ 평생 꿈이었던 종정(縱政) 또한 여의치 못해 나이 56세에 14년간의 방랑생활에 나섰지만 때로 양식이 끊겨 아사직전까지 갔는가 하면, 도둑으로 몰려 곤경에 처하기도 했고, 몰골이 하도 초라해 '상가지구' 라는 비아냥까지 들어야 했다. 고생만 실컷 하고 일흔 가까운 나이에 귀국했지만 몸은 이미 늙어 있었다. 결국 그는 자신의 이상을 제대로 실현해 보지도 못한 채 5년 뒤에 죽고 만다. 그는 철저하게 실패한 정치인이었던 셈이다.

傷弓之鳥
상 궁 지 조

출전 전국책(戰國策)

뜻 활에 놀란 새. 즉 활에 상처를 입은 새는 굽은 나무만 보아도 놀란다는 뜻으로 한 번 놀란 사람이 조그만 일에도 겁을 내어 위축됨을 비유해 이르는 말. 또는 어떤 일에 봉변을 당한 뒤에는 뒷일을 경계함을 비유하는 말.

상처 상, 활 궁, 어조사 지, 새 조

보기

➡ 지금 우리나라 국민들의 마음이 상궁지조와 같다고 하여도 과언이 아니다. 문민정부가 들어서고 나서 육해공에 걸쳐 연이어 대형사고들이 터졌다. 육해공의 대형사고가 있고 난 후에 사람들은 다음번에는 지하에서 대형사고가 터질 것이라고 수군거렸다.

相思病
상 사 병

출전 진나라 천보(千寶)의 수신기(搜神記)

뜻 남녀 사이에 사랑하면서 뜻을 이루지 못해 생긴 병. 서로 생각하는 병을 말함.

서로 상, 생각할 사, 병 병

보기

➡ 부녀자들만 모여 치마 속 속옷인 단속곳을 입고 추는 이 춤은 400~500년 전 이 마을에서 주인집 딸을 사모하다 상사병으로 죽은 머슴의 영혼을 달래주기 위해 시작됐다.

➡ 미실은 지소태후의 아들 세종의 눈에 띄어 입궁하지만 지소태후와 사도왕후의 권력다툼에 휘말려 궁에서 쫓겨난다. 화랑 사다함을 통해 잔인한 운명의 상처를 치유하던 미실은 상사병에 걸린 세종의 부름을 받고 다시 입궁한다.

上意下達
상 의 하 달

뜻 윗사람의 뜻을 아랫사람에게 전함.

위 상, 뜻 의, 아래 하, 통할 달

수능

보기
➡ 포스트 재벌이란 총수 중심의 상의하달식 의사결정, 계열사간 상호지원 등 전통적 재벌체제와 다른 개념으로 이 사회 독립경영, 계열사간 투명거래 등을 통해 기업이 브랜드와 기업문화를 지키고 고객의 행복극대화를 위해 노력하는 것이라고 SK측은 설명했다.
➡ 업무추진 방식부터 상의하달식이 아닌 하의상달식으로 '푸르게' 바꾸겠다는 그는 국직제표의 맨 위에 직원들의 이름을, 맨 밑에는 국장을 써넣을 계획이다.

桑田碧海
상 전 벽 해

출전 유연지(劉延芝)의 대비백발옹(代悲白髮翁)
유사어 창상지변(滄桑之變), 창해상전(滄海桑田)
뜻 뽕나무 밭이 바다로 바뀐다. 세상이 몰라볼 정도로 덧없이 바뀜을 의미함.

뽕나무 상, 밭 전, 푸를 벽, 바다 해

보기
➡ 한국 축구는 전쟁 직후 스위스 월드컵 무대에서 헝가리에 0-9, 터키에 0-7로 져 세계의 벽은 높기만 했는데, 반세기만에 박지성 같은 걸출한 스타들을 잇따라 배출해 상전벽해를 보는 듯하다.
➡ 중국 상하이는 거의 2년 단위로 상전벽해, 천지개벽이 이뤄지는 것 같다. 상하이가 외면적인 인프라스트럭처뿐만 아니라 내면적인 세련됨까지 갖춰가고 있다는 느낌이 들어 더욱 서울의 미래가 암담하게 느껴졌다.

桑中之喜
상 중 지 희

출전 시경(詩經)
뜻 남녀 간의 밀회하는 즐거움 또는 남의 아내와의 옳지 못한 즐거움.

뽕나무 상, 가운데 중, 어조사 지, 기쁠 희

보기
➡ 사랑의 묘약으로 쓸 나방에게 먹일 뽕나무 아래에 거북이를 묻으면 그 효력이 크다 하여 부잣집들에서는 거북이 뽕나무 한 그루씩을 은밀히 가꾼다던데, 바로 거북이가 양물이라 보양효과를 상승시킨다고 알았기 때문이다. 남녀간의 음행의 즐거움을 상중지희라 하고 음풍을 상풍이라 하는데 우거진 뽕나무 밭에서 불의가 잘 저질러지기에 생긴 말로 풀이하고 있으나 바로 양기가 왕성한 뽕밭의 철학적 배경과도 무관하지 않은 것 같다.

塞翁之馬
새   옹   지   마

출전 회남자(淮南子)의 인간훈(人間訓)

유사어 고진감래(苦盡甘來), 영고성쇠(榮枯盛衰), 전화위복(轉禍爲福)

뜻 변방 늙은이의 말. 인간의 길흉화복은 변화무쌍하여 예측할 수 없다는 것.

변방 새, 늙은이 옹, 어조사 지, 말 마

보기

➡ 그가 자신의 선수인 매기에게 말하는 건 바로 '자기 자신을 보호하라' 야. 그거야말로 자식에게 부모가 해 줄 수 있는 최상의 애정 표현 아닐까. 그런데 인생은 그렇지 않잖아. 인생은 너무 모호하고 새옹지마 투성이에 부모가 대신 싸워줄 수도 없어.

➡ 주가는 쉼 없이 계속 오르기도 어렵고, 폭포수처럼 일직선으로 떨어지지도 않는다. 인생과 주식투자는 호사다마고 새옹지마다.

色卽是空
색   즉   시   공

뜻 형체는 헛것이라는 뜻으로, 이 세상에 형태가 있는 것은 모두 인여으로 생기는 것인데, 그 본질은 본래 허무한 존재임을 이르는 말.

빛 색, 곧 즉, 옳을 시, 빌 공

보기

➡ 중생은 이후사를 삶의 전부로 보는데 여기서는 수천, 수만의 가면이 나온다. 이전사는 불생불멸의 자리, 즉 색즉시공(色卽是空) 공즉시색(空卽是色)의 자리다. 반야심경은 우리의 몸과 마음을 텅 빈 것으로 보라고 가르친다. 나라고 하는 실체는 텅 빈 허공과 같은 깃으로 그 공간을 무엇으로 채우느냐에 따라 삶의 의미와 질이 달라진다고 일깨우는 것이다.

生寄死歸
생   기   사   귀

출전 사략(史略)의 권일(卷一)

뜻 삶은 붙어 살고 죽음은 돌아가는 것. 인간의 육신의 삶은 나그네처럼 죽음은 어디론가 돌아가는 것.

살 생, 붙일 기, 죽을 사, 돌아갈 귀

보기

➡ 내 살던 옛집이 밭으로 변하고 함께 뛰놀던 친구들 모두 고향을 떠난 채 내 살던 옛 모습 찾을 길 없으니 고향을 지나는 나그네의 심정이랄까. 지는 해를 바라보며 회남자(淮南子)에 생기사귀(生寄死歸), "산다는 것은 잠시 머무는 것이요, 죽는 것은 본집으로 돌아감과 같다."라는 말이 생각난다.

生 者 必 滅
생 자 필 멸

유사어 회자정리(會者定離)

뜻 생명이 있는 것은 반드시 죽게 마련이라는 뜻으로, 불교에서 세상만사가 덧없음을 이르는 말.

날 생, 놈 자, 반드시 필, 멸망할 멸

보기

➡ 찰나의 죽음이 주는 아쉬움과 서러움도 녹아버리면 다시 물이 되고 마는 '빙하'처럼 부질없다. 생자필멸, 회자정리 등의 자연법칙에 대한 저자의 시선이 인간적이다.

➡ 생자필멸 회자정리라 하였으니 이제 유명을 달리하신 최형섭 박사님께 아쉬운 작별을 고하겠습니다. 우리 과학기술계의 후배들은 한국 과학기술계의 큰 별을 떠나보내는 슬픔을 딛고, 그 높은 뜻을 계승하여 기술 선진국으로 만드는 데 전력을 다하겠습니다.

噬 臍 莫 及
서 제 막 급

출전 춘추좌씨전(春秋左氏傳)의 장공(莊公) 6년조

뜻 배꼽을 물려고 하여도 입이 닿지 않는다는 뜻으로, 일이 그릇된 뒤에는 후회하여도 아무 소용이 없음을 비유한 말.

씹을 서, 배꼽 제, 아닐 막, 미칠 급

보기

➡ 서제막급이긴 하나 아무튼 우선 부실한 치아부터 손을 볼 일이다. 치아 보수가 끝나면 이제부터라도 술과 담배를 줄이고 대신에 운동을 열심히 하고 조금이라도 천천히 늙어가려 노력하리라. 또한 내 맡은 바 생업에 더욱 투철하리라. 왜? 아직도 내 두 자녀는 가장인 나의 변함없는 보살핌과 그늘을 필요로 하는 이제 겨우 대학생과 여고생인 관계로.

西 施 嚬 目
서 시 빈 목

출전 장자(莊子)의 천운편(天運篇)

뜻 눈살을 찌푸리는 것을 흉내낸다는 뜻으로, 쓸데없이 남의 흉내를 내어 세상의 웃음거리가 됨을 비유하여 이르는 말. 또는 남의 단점을 장점인 줄 알고 본뜸을 비유하여 이르는 말.

서녘 서, 베풀 시, 찡그릴 빈, 눈 목

보기

➡ 중국의 실상을 정확하게 보고 철저한 연구를 한 후에 중국에 진출해야 한다. 지금 한국에서는 중국에 대한 환상만 과대포장 되는 측면이 없지 않다. 자칫하면 '서시빈목'이 되지 않을까 우려된다.

➡ 서시빈목이란 말이 있다. 미인 서시는 아파서 찡그리는데 추녀는 찡그리는 게 미인 되는 것인 줄 알고 찡그렸다가 비웃음을 샀던 일. 신문사 하는 게 좋아 뵌다고 너무나도 덩달아 하는 건 그 추녀꼴 되기 십상이다.

故事成語 171

書足以記姓名
서 족 이 기 성 명

출전 사기(史記)의 항우본기(項羽本紀)

뜻 글은 성명을 기록할 정도면 족하다. 학식보다 행동이요, 너무 학문만을 내세우는 것을 비웃는 말로도 쓰임.

글 서, 족할 족, 써 이, 쓸 기, 성 성, 이름 명

보기

➲ 그는 이 국난 중에 배태가 되고 이 국난을 목격하며 자라났다. 그런 고로 이 압박의 맨 밑에서 자라난 그는 나면서부터 반발성을 가졌다. 9세에 항적전(項籍傳)을 읽어 '서족이기성명 원학만인적(書足以記姓名 願學萬人敵)'이라는데 이르러 재삼 탄식하여 이것이 참 대장부의 말이라 하였다.

席卷
석 권

출전 사기(史記)의 위표팽월전(魏豹彭越傳)

뜻 명석을 말듯이 거침없이 차례로 점렬하는 것 또는 어떤 세력이나 풍조가 한 세대를 휩쓰는 일 등에 쓰이는 말.

자리 석, 말 권

보기

➲ 13일 치러진 동시 지방선거에서 '한나라당 압승, 민주당 참패'란 결과가 나오자 각 당은 향후 정국에 미칠 영향을 분석하는 등 대책 마련에 부심했다. 민주당은 박빙의 승부처였던 서울 등 수도권에서의 참패 예상이 현실화되면서 충격에 휩싸였다. 한나라당은 예상을 뛰어넘은 석권에 환호하는 분위기이며, 자민련은 침통한 기색이 역력했다.

先見之明
선 견 지 명

출전 후한서(後漢書)의 양표전(楊彪傳)

뜻 앞을 내다보는 안목이라는 뜻으로, 장래를 미리 예측하는 날카로운 견식을 두고 이르는 말.

먼저 선, 볼 견, 어조사 지, 밝을 명

보기

➲ 그는 "전문성과 어학 실력을 갖추라."고 조언한다. 또 성공하는 여성이 되기 위해서 "통념을 깨고 선견지명을 가지라."고 말한다.

➲ 이런 속내에도 불구하고 우리 집을 찾아오는 사람들은 부러움을 담은 덕담을 쏟아냈다. "좋으시겠어요. 땅값 올라가는 게 보이네, 보여. 선견지명이 있으셨지 뭐예요.", "좋긴 뭐가 좋아요. 난 하나도 안 좋아." 우리 어머니의 시큰둥한 반응은 오히려 그들을 자극할 뿐이었다.

172

先公後私
선 공 후 사

출 전 사기(史記)

뜻 사보다 공을 앞세움이란 뜻으로, 사사로운 일이나 이익보다 공익을 앞세움.

먼저 선, 공변될 공, 뒤 후, 사사로울 사

보기

➊ 정두언 의원은 "당 지도부는 '선공후사'이어야 하는데 행정수도 합의 저지를 지도력의 도전으로 인식 강행처리했다."며 "사적인 이익이 공적인 이익에 앞서 당 지도력 훼손을 초래했다."고 평했다.

➋ 전북대 고상순 교수 등은 '선공후사의 정신으로 백의종군하겠습니다.'란 제목의 성명서를 통해 "역사에 대한 책임의식에서 정권교체와 정권재창출의 요람인 새천년 민주당에 입당키로 결심했다."고 밝혔다.

善男善女
선 남 선 녀

유사어 갑남을녀(甲男乙女), 필부필부(匹夫匹婦), 장삼이사(張三李四), 초동급부(樵童汲婦)

뜻 착한 남자와 착한 여자라는 뜻으로 불교에 귀의한 남녀. 신심이 깊은 사람들을 이르는 말.

착할 선, 사내 남, 계집 녀

보기

➊ 연주되는 곡은 20곡 남짓. 서곡에서 마지막 곡에 이르기까지, 탱고의 과거·현재·미래를 서사적 구성으로 풀어낸다. 한 쌍의 나이 든 커플과 여섯 쌍의 선남선녀들이 선보이는 춤은 화려하고 에로틱하다.

➋ 지난 6일 오전 10시 30분 옥천군 옥천읍 교동리 사찰 대성사 법당안에서는 전국에서 아직 배필을 만나지 못한 선남선녀 60여명이 이 곳 혜철 주지스님의 특별 법회에 참석하고 있었다.

先始於隗
선 시 어 외

출 전 전국책(戰國策)의 연책소왕(燕策昭王)

뜻 먼저 외부터 시작하라는 뜻으로, 가까이 있는 사람이나 말한 사람부터 시작하라는 뜻.

먼저 선, 비로소 시, 어조사 어, 험할 외

보기

➊ 선거관련 명언 한마디-공명선거 선시어외(公明選擧 先始於") : 모든 사람이 선거결과를 수용할 수 있는 공명선거는 어렵고 힘들지만 우선 나부터 실천하면 공명선거는 이루어질 수 있다.

故事成語

先憂後樂
선 우 후 락

출전 범중엄(范仲淹)의 악양루기(岳陽樓記)

뜻 근심할 일은 남보다 먼저 근심하고 즐길 일은 남보다 나중에 즐긴다는 뜻으로, '지사, 어진 사람의 마음씨'를 일컫는 말.

먼저 선, 근심 우, 뒤 후, 즐길 락

보기

➡ 최 시장은 지난해 취임식 때 3만 2000 여명의 시민들에게 다짐한 "선우후락의 신념으로 열과 성을 다해 시정을 이끌겠다."는 약속을 지키기 위해 그야말로 숨 가쁘게 달려 온 365일이었다.

➡ 글씨의 외형적 화려함보다는 내적 다양성에 심혈을 기울이는 그는 이번 전시회에서 '선우후락 등 행서체의 운필을 중심으로 한문, 한글, 서각 등 70여 점을 선보인다. 작가는 "욕심을 버리고 나니 오히려 글씨가 살아난다."면서 붓을 쥘 때의 겸손한 자세를 강조한다.

先入見
선 입 견

출전 한서(漢書)의 식부궁전(息夫躬傳)

유사어 선입관(先.入 觀)

뜻 미리 들은 말로 생각이 고정되어 새 의견을 받아들이지 않는 것.

먼저 선, 들 입, 견해 견

보기

➡ 주 위원장은 "예전에 우리들에 대한 시민들의 시선은 무시와 천대 그 자체였다."며 "지금은 시대가 많이 변해 예전 같지는 않지만 여전히 남아있는 선입견이 있는 것 같다."고 말했다.

➡ 쟈끄데상쥬 압구현대점 ○○○ 디자이너는 "딘발 피미는 과거에 이줌미들의 전유물이라는 선입견이 있었지만 최근에는 발랄한 이미지를 주고 스타일 연출이 쉬워 변화된 모습을 만끽할 수 있다."고 설명했다.

先卽制人
선 즉 제 인

출전 사기(史記)의 항우본기(項羽本紀)

뜻 선수를 치면 남을 제압할 수 있다. 일을 하려면 선수를 잘 쳐야 한다는 것.

먼저 선, 곧 즉, 누를 제, 사람 인

보기

➡ 특히 국내 유동성 가세로 인해 추가 상승하는 장세가 임박해 있어 주식시장에 발을 담그는 시기를 서두를수록 유리(선즉제인)하다고 밝혔다. 오차장은 이러한 근거로 기본적으로 증시 주변 여건이 호전되고 있다고 설명했다. 미국을 중심으로 거시경제 지표들이 기대 이상으로 호전되고 있고 우리나라의 국내 총생산(GDP) 성장률도 내년까지 U자형 성장이 가능할 것이라고 전망했다.

城 下 之 盟
성 하 지 맹

출전 춘추좌씨전(春秋左氏傳) 환공(桓公) 12년

뜻 적군이 성 밑까지 쳐들어 와서 항복하고 체결하는 맹약. 굴욕적 항복이나 강화를 뜻함.

성 성, 아래 하, 어조사 지, 맹세 맹

➡ 우리도 병자호란에서 항복하자는 이들을 "주화파(主和派)"라고 하지 않는가. 중국에서도 항복을 "성하지맹"이라고 하는 걸 보면 그것은 인지상정이다. 문제는 그 종전일이 "개전일(開戰日)"처럼 바뀌고 있는 점이다.

➡ 하긴 자기네 군주가 '항복' 했다고 하기보다 '성하지맹' 이라고 하는 것이 좋지 않은가. 그것이 중국의 '문예' 이고 그것은 혁명으로 생겨나거나 망가지지 않는다. 그래서 중국문화의 목소리는 날로 커지고 있다.

成 蹊
성 혜

출전 사기(史記)의 이장군열전(李將軍列傳)

뜻 샛길이 생긴다는 뜻으로, 덕이 있는 사람은 자신을 드러내지 않아도 자연히 사람들이 흠모하여 모여드는 것을 비유하는 말.

이룰 성, 지름길 혜

➡ 이근영 금융감독위원장(금감원장 겸임)이 25일 금감원 직원들에게 고사를 인용하면서 사기를 북돋웠다. 최근 취업제한 등으로 인해 금감원 직원들 중 상당수가 풀이 죽어 있자 "남의 시선을 의식하지 말고 힘껏 일하라."고 격려한 것. 이 위원장은 이날 정례 간부회의에서 사기 '이장군열전' 편에 나오는 '桃李不言(도리불언) 下自成蹊(하자성혜)' 라는 고사성어를 인용, "현재 어려움이 있어도 열심히 일하면 외부평가는 자연히 따라온다."고 말했다.

歲 月 不 待 人
세 월 부 대 인

출전 도연명(陶淵明)의 잡시(雜詩)

뜻 흘러가는 세월은 사람을 기다려 주지 않는다. 시간을 아껴 쓰라는 것.

해 세, 달 월, 아니 부, 기다릴 대, 사람 인

➡ 그는 특히 '세월부대인' 이라는 구절로 끝나는 도연명의 '잡시' 라는 시를 좋아한다. 그 이유는 자기 삶에 최선을 다해야 한다는 강렬한 메시지가 이 시에 담겨 있기 때문이라는 것.

➡ 일 성격따라 신속한 완급조절 "세월부대인이라는 말처럼 시간은 사람을 기다리지도 기다릴 수도 없습니다. 시간도 결국 노력으로 개척할 수 있는 새로운 사업이라고 생각합니다." 현대우주항공의 김용문 사장은 요즈음 하루 25시간을 산다.

小國寡民
소　국　과　민

출전　노자(老子) 80장, 47장, 48장

뜻　적은 나라 적은 백성. 노자가 그린 이상적 사회요, 이상 국가라는 것.

적을 소, 나라 국, 적을 과, 백성 민

보기

○ '도덕경' 에서 노자(老子)가 그렸던 이상적인 나라는 사람들이 문호를 닫고 작고 오붓하게 사는 소국과민의 나라였다. 오늘날 세계의 불행은 이런 자족적인 사회가 불가능해진 데 있다.

○ '동양의 고대 철학자 노자도 소국과민을 강조했다. 작은 나라 적은 인민이 좋은 나라의 조건이라는 게 그의 인식이었다. 공자의 정치사상도 따지고 보면 소국을 전제로 한 것이었다. 그가 이상향으로 그렸던 것은 주공(周公)시대의 국가 또는 사회였다.

少年易老學難成
소　년　이　로　학　난　성

출전　주자(朱子)의 주문공문집(朱文公文集) 권학문(勸學文)

뜻　소년은 늙기 쉬우나 학문을 이루기는 어렵다는 뜻.

젊을 소, 해 년, 쉬울 이, 늙을 로
배울 학, 어려울 난, 이룰 성

보기

○ 특히, 제대로 보상도 못해 주면서 계속해서 헌신과 참여를 요구했던 저의 마음도 편치 않았습니다. 그러나 '소년이로학난성' 라는 옛 성현의 금언이 비단 학문에만 적용되는 말이겠습니까? 주어진 시간은 한정되어 있고 할 일은 많아 혁신의 속도를 한시도 늦출 수 없었음을 넓게 이해해 주시리라 믿습니다.

束手無策
속　수　무　책

뜻　손을 묶인 듯이 어찌할 방책이 없어 꼼짝 못하게 된다는 뜻으로, 뻔히 보면서 어찌할 바를 모르고 꼼짝 못한다는 뜻.

묶을 속, 손 수, 없을 무, 꾀 책

보기

○ 구대성은 4번 왼손 델가도에게 볼카운트 0-1 이후 3연속 스트라이크를 꽂아 스탠딩 삼진을 잡아냈다. 자로 잰 듯 바깥쪽 꽉 차게 들어온 138km짜리 직구에 강타자 델가도 속수무책이었다.

○ 이용수 KBS 해설위원은 "머리싸움에서 완패했다. 상대가 스리백이 아닌 포백으로 나오면 그에 걸맞은 전술 변화가 있어야 했는데 아무런 변화가 없었다. 측면 공격이 완전히 막혔고 이동국은 장신 수비수에 막혀 속수무책이었다."고 평가.

宋襄之仁
송 양 지 인

출전 춘추좌씨전(春秋左氏傳), 십팔사략(十八史略)
뜻 송양공의 어짊. 쓸데없이 어진 체 함. 무익한 인정을 비유한 말.

송나라 송, 오를 양, 어조사 지, 어질 인

보기

◐ 쓸모없는 배려, 어리석은 예를 가리키는 '송양지인'이 이에서 비롯됐다. 상대의 실력을 정확히 평가하고 그 의도를 정확히 꿰뚫으면서 그에 상응한 대비 태세를 갖추는 것이 안보의 요체다.

◐ D산업의 창업자를 칭송하면서 소개한 그 회사에 근무하는 한 경영자의 넉살 좋은 입담이다. 그렇다. 일리 있다. 그러나 어쩐지 '宋襄之仁(송양지인)' 같은 구석이 없지 않다.

首丘初心
수 구 초 심

출전 예기(禮記)의 단궁상편(檀弓上篇)
뜻 여우는 죽을 때 자기가 살던 구릉 쪽에 머리를 둔다. 근본을 잊지 않는 것. 향수 등을 일컬음.

머리 수, 언덕 구, 처음 초, 마음 심

보기

◐ 가자! 고향으로. 가서, 수구초심의 심정으로 물심양면 사랑을 심자. 덴마크 부흥의 주역 그룬트비히와 달가스 부자의 역사 이상을 우리도 이룰 수 있을 것이다. 이제, 일제하 우리 선인들이 민족 개화를 위해 했던 브나르도 운동을 오늘에 다시 펼칠 때이다.

◐ 청춘을 몽땅 한국에 바친 '푸른 눈의 교수님'이 모국 프랑스로 돌아온 것은 1997년, 그러니까 한국에 뿌리를 내린 지 꼭 41년 만이었다. 수구초심이랄까. 부인도 선뜻 따라나섰다.

首尾一貫
수 미 일 관

뜻 처음부터 끝까지 변함없이 일을 해 나감.

머리 수, 꼬리 미, 하나 일, 꿸 관

보기

◐ 이후보는 이번 토론회를 통해 안정성 및 합리성 말을 바꾸지 않는 수미일관성 준비된 이미지 등을 강조할 계획이다. 이를 통해 노후보의 급진적 면모나 '말바꾸기' 행태와 자연스럽게 차별화한다는 복안이다.

◐ 본래의 '한량무'는 굿거리와 자진모리로 구성된데 비해 조흥동의 '회상'은 청송곡으로 시작해서 진양조 중모리 엇모리 자진모리를 거쳐 장과 한과 원화를 춤 속에 용해시키고 다시 청송곡으로 환원하는 수미일관이 남다르다.

水落石出
수 락 석 출

적벽부(赤壁賦)

뜻 물이 빠져 밑바닥의 돌이 드러난다는 뜻으로, 물가의 겨울 경치를 일컫는 말. 또는 나중에 사건의 진상이 명백하게 드러남을 비유하는 말.

물 수, 떨어질 락, 돌 석, 날 출

보기
➡ 너무 너무 억울하다. 내가 저지른 일이 아님에도 불구하고 주위 사람들에게 오해받는 일은 정말이지 너무 너무 억울하다. 버섯목이라면 뒤집어 보여주기라도 할텐데……. 하지만 난 내 결백을 입증하기 위해 최선을 다할 것이다. 수락석출이라고 언젠가는 진실이 밝혀질 것을 믿기 때문이다.

首鼠兩端
수 서 양 단

출전 사기(史記)의 위기무안열전(魏其武安列傳)

뜻 쥐가 구멍에서 머리만 내밀고 나갈까 말까 망설임. 진퇴와 거취를 결단하지 못하고 관망하는 상태를 이름.

머리 수, 쥐 서, 두 양, 끝 단

보기
➡ 요즘 여의도 증시에선 '용수철 장세'와 '수서양단'이란 말이 자주 쓰인다. 그 동안 증시를 짓눌렀던 악재로 떨어졌던 주가가 제자리를 찾아가는 것을 용수철 장세라고 부른다.
➡ 결론이 뻔한 일을 놓고 권력자들의 눈치만 보면서 양비론을 일삼는 신하들을 보면서 고대 중국 전한시대의 재상이 일갈한 수서양단의 고사가 우리 검찰이 극복해야 할 과제가 무엇인지를 시사한다.

漱石枕流
수 석 침 류

출전 진서(晉書)의 손초전(孫楚傳)

뜻 돌로 이 닦고 물로 베개 삼는다. 자기가 한 말이 틀렸어도 지기 싫어 고집함.

이닦을 수, 돌 석, 베개 침, 흐를 류

보기
➡ '복원'이란 원래 모습대로 되돌려 놓는 작업, 그 이상도 이하도 아닐 것이다. 가뜩이나 어지러운 세상에 세속적, 소모적 논란만 부추기는 '평지풍파'의 현판 교체 시비는 수석침류의 어리석음과 더불어 더 이상 없었으면 하는 바람이다.
➡ 지난 3월초 '생명보험사의 투자유가증권 평가익'에 대한 보험계약자와 주주 간 분배의 적합성 여부를 놓고 정책당국과 해당 생명보험사간에 있었던 공방을 지켜보면서 필자는 '수석침류'의 의미를 다시 한번 되새기게 됐다.

袖手傍觀
수 수 방 관

뜻   팔짱을 끼고 보고만 있다는 뜻으로, 어떤 일을 당하여 옆에서 보고만 있는 것을 말함.

소매 수, 손 수, 곁 방, 볼 관

보기

- 신매탄재건축조합이 관리처분계획 인가도 받지 않고 사전철거에 나섰는데도 수원시가 수수방관하다가 민원이 제기되자 뒤늦게 철거중단 명령을 내려 물의를 빚고 있다.
- 결의대회는 사측의 부당노동행위를 비롯한 폭력적 노조탄압을 수수방관하는 노동부 규탄을 중심으로 장기투쟁을 벌이고 있는 각 현장의 투쟁보고로 이뤄졌고, "4월 1일 경고 총파업을 기점으로 연대와 단결을 통해 모든 노동현안을 해결할 것"을 결의했다.

ㅅ

修飾邊幅
수 식 변 폭

출전   후한서(後漢書)의 마원전(馬援傳)

뜻   포백(布帛)의 가장자리를 꾸민다. 외식과 내용이 다른 것, 불필요한 허식을 부리는 것,

닦을 수, 꾸밀 식, 갓 변, 폭 폭

보기

- 어느날 대통령이 「불시」에, 야당 당사를 방문하거나 야당대표를 식사에 초대하는 「사건」이 일어난다고 누가 나쁘다 하겠는가. 그 때문에 대통령의 체통이 깎이는 일은 없을 것이다. 수식변폭이라는 말이 있다. 피륙의 가장자리 같이 하찮은 곳을 괜스레 꾸민다는 뜻이다. 허식이 지나침을 비유해서 쓰이는 말로 후한말 사람 마원의 고사다.

水魚之交
수 어 지 교

출전   삼국지(三國志)

유사어   군신수어(君臣水魚), 어수지친(魚水之親), 유어유수(猶魚有水), 관포지교(管鮑之交)

뜻   물과 물고기의 사귐이란 뜻으로 임금과 신하 또는 부부 사이처럼 매우 친밀한 관계를 이르는 말. 또는 서로 떨어질 수 없는 친한 사이를 일컫는 말.

물 수, 물고기 어, 어조사 지, 사귈 교

보기

- 김종필총리와 자민련 김용환수석부총재. 공주고 선·후배라는 특수 관계에 동일한 정치적 신념으로 인해 '수어지교'에까지 비유돼온 두 사람이지만 근래 들어 예전처럼 손발이 맞지는 않는 것 같다.
- 금융과 실물경제는 수어지교의 관계여서 실물경제가 부진한 상황에서 금융시장의 발전을 바랄 수 없습니다. 정부는 정부대로 건전성 감독을 철저히 하고, 도덕적 해이를 방지하기 위한 제도 개선 등의 노력을 기울여야 할 것입니다.

守株待兎
수　주　대　토

출전　한비자(韓非子)의 오두편(五蠹篇)

뜻　나무 그루터기에서 토끼가 나오기를 기다린다. 공짜로 토끼 한 마리를 잡고는 또 나올 때까지 기다리는 융통성과 판단력이 부족한 사람을 비유함.

지킬 수, 줄기 주, 기댈 대, 토끼 토

보기

❍ 한나라당이 스스로 대안을 만들지 못하고 '외생적 불로소득'이나 바란다면 수주대토의 운명을 피할 수 없을 것이다.

❍ 지금 우리가 우리의 운명을 알고서도, 모든 가능성에 대한 세계사적 지식을 가지고 있으면서도, 또 열강의 힘을 조정할 수 있는 국제적 역량을 축적해왔으면서도 무기력하게 다시 당한다고 한다면 이것은 수주대토의 어리석음보다 더 우스꽝스러운 인류사의 코미디가 되고 말 것입니다.

水滴穿石
수　적　천　석

출전　학림옥로(鶴林玉露)

뜻　작은 물방울이라도 끊임없이 떨어지면 결국엔 돌에 구멍을 뚫는다는 뜻.

물 수, 물방울 적, 뚫을 천, 돌 석

보기

❍ 시종일관 성실한 자세와 맑은 도덕성으로 핵심역량을 다져 가는 인재들을 핵심인력이라 부르고 싶다. 요즘 '작은 것이라도 모이고 쌓이면 큰 것이 됨'을 의미하는 수적천석의 가치에 대해 한참 돌아보게 된다.

❍ 규모나 액수에 관계없이 부정은 시작부터 뿌리 뽑아야 한다고 생각합니다. 수적천석 각자의 마음속에 아주 작은 죄의 동기라도 허락지 않는 자세가 더 중요하다고 봅니다.

壽則多辱
수　즉　다　욕

출전　장자(莊子)의 천지편(天地篇)

뜻　오래 살면 그만큼 욕심도 많다는 뜻.

목숨 수, 곧 즉, 많을 다, 욕 욕

보기

❍ 우리나라는 세계에서 유래 없는 초고속 고령화 사회로 접어들고 있다. 수즉다욕이라는 의식이 사회전체 의식을 지배하고 벌써 고려장에 맞먹는 독거노인문제가 이웃의 무관심속에 아무런 죄의식 없이 사회 그늘에 피어있다.

❍ "이 모든 것은 나를 위한 것이 아니라 너를 위한 것이다. 나야 이미 수즉다욕 하였다. 이만큼 살았으면 오래 살았고, 오래 살았으니 욕된 일도 많이 있었다. 이제 나는 더 이상 오래 살고 싶지 않고, 더 이상의 영화도 바라지 않는다."

水清無大魚
수 청 무 대 어

출전 후한서(後漢書), 반초전(班超傳),
공자가어(孔子家語)

뜻 물이 너무 맑으면 큰 물고기가 살 수 없다는
말로 사람이 너무 결백하면 사람들이 가까이
하지 않는다는 뜻.

물 수, 맑을 청, 없을 무, 클 대, 고기 어

● 정치인과 그가 몸담은 사회를 물고기
와 물로 비유한 역사는 오래다. '수청
무대어'라는 후한서 명구만 해도 그
렇다. '물과 물고기론(論)'은 한국 정치
판에 오면 매우 냉소적이고 희화적으
로 바뀐다. 한강에 버스가 빠졌는데 국
회의원부터 구조됐다. 이유는? '그냥
두면 물을 오염시키니까.' '의원 꿰주
기'에 따라 당적을 바꾼 어느 의원은
'한 마리 연어가 되어 돌아오겠다.'며
연어의 신비스러운 회귀성을 엉뚱한
곳에 갖다 붙여 실소를 사기도 했다.

菽麥
숙 맥

출전 좌전(左傳)

유사어 숙맥불변(菽麥不辨)

뜻 콩과 보리를 구별하지 못한다는 말로 어리석
고 못난 사람이라는 뜻.

콩 숙, 보리 맥

● 제 깐에는 유모어랍시고 서투른 객담
을 늘어놓는 숙맥이. 대접삼아 웃어는
주지만 재미가 나서 웃는 줄 알면 오해.
그런가 하면 농담도 받을 줄 모르는 무
뚝뚝이. 말은 없는 편이 좋지만 탈옥수
처럼 것도 봐줄 수 없는 꼴.

● 6개월 만의 초고속 결혼. 주위에 결혼
소식을 전하자 한결같이 돌아온 대답
은 "사고쳤냐?"였다. 평생 결혼 근처에
도 가지 못할 것 같던 숙맥이 누구나 보
증하는 당차고 야무진 평생의 반려자
를 얻었으니까.

脣亡齒寒
순 망 치 한

출전 춘추좌씨전(春秋左氏傳)의 희공(僖公) 5년조

뜻 입술이 없으면 이가 시리다. 이해 관계가 밀
접해서 한쪽이 망하면 다른 쪽도 망한다는
것.

입술 순, 없을 망, 이빨 치, 찰 한

● 성균관대 사학과 신해순 교수는 "중국
이 임진왜란 당시 원병을 보낸 것은 요
청이 있었기 때문이기도 하지만 자기
나라의 이익이나 미칠 영향을 고려한
'순망치한'적 발상에 따라 파병한 것"
이라고 말했다.

● 내년 6월 지방선거 전 자진사퇴를 우회
적으로 권유했다. 이 시장의 이런 박 대
표 감싸기는 자칫 박 대표가 너무 빨리
내려갈 경우에는 '순망치한'의 상황이
올 수 있다는 판단 때문으로 보인다.

人

試金石
시 금 석

뜻 검은빛의 현무암이나 규질의 암석을 일컫는 말로, 역량이나 가치를 판정하는 기준이 되는 사물을 비유적으로 말함.

시험할 시, 쇠 금, 돌 석

● 그런 점에서 파주단지는 앞으로 산업 클러스터의 성공여부를 가늠할 수 있는 시금석이 될 것으로 본다. 이번 파주단지 추진 과정에서 정부와 지자체가 보여준 전례 없었던 지원과 노력을 볼 때 더욱 그러하다.

● 이란 사태는 핵 확산 금지와 미국·유럽 간 협력의 좋은 시금석이다. 우리는 유럽 측이 외교적으로 추진하는 바를 지원해야 한다. 그러나 이란 사태가 교착상태에 빠지게 되면 어떻게 해야 하는가가 문제이다.

時機尙早
시 기 상 조

뜻 오히려 때가 이르다는 뜻으로, 아직 때가 되지 않음을 이르는 말.

때 시, 틀 기, 오히려 상, 일찍 조

● 신한건설 관계자 역시 "단순히 대기업과의 경쟁력 측면 뿐만 아니라 동시분양제가 폐지되면 소비자들이 일일이 모델하우스를 찾아다니며 개별적인 상품 비교를 해야 한다는 측면에서도 아직까지는 시기상조가 아니냐."고 강조했다.

● 대우그룹 회장의 둘째아들의 사장 취임을 둘러싸고 김우중가(家)의 조심스러운 부활 날갯짓으로 보는 관측과 아직 김 전 회장에 대한 사법처리와 여론이 정리되지 않았다는 점에서 시기상조라는 부정적 관측이 엇갈린다.

是非曲直
시 비 곡 직

유사어 시비선악(是非善惡)
뜻 옳고 그르고, 굽고 곧음. 도리에 맞는 것과 어긋나는 것.

옳을 시, 아닐 비, 굽을 곡, 곧을 직

● 강 교수 같은 열정적 지식인이라면 더러 인터넷의 바다에 뛰어 들어가, 빛 좋은 개혁 담론의 안쪽으로 진입해, 사나운 욕망들의 해일에 부대끼며 예전처럼 시비곡직을 다툴 수도 있을 것이다.

● 바우처 대변인은 "그 두 가지 상황이 같다고 보지 않는다."면서 "(핵) 합의 위반의 양식이 어느 정도 비슷하기는 하지만 역사가 다르다."고 말했다. 그는 이어 "각각의 상황은 각 시비곡직에 따라 또 각각의 방식에 따라 다뤄져야 한다."고 덧붙였다.

是 是 非 非
시 시 비 비

뜻 옳은 것은 옳고 그른 것은 그르다고 한다는 말로, 사리를 공정하게 판단함을 이르는 말.

옳을 시, 아닐 비

보기
- 1920년 창간 이후 정론직필(正論直筆)로 시시비비를 가리며 '민족의 표현기관'임을 자임해 온 동아일보가 4월 1일로 창간 85주년을 맞습니다. 본보가 대한민국의 대표 신문으로 우뚝 설 수 있도록 성원해 주신 애독자들께 감사드립니다.
- 의혹이 억울하다면 당사자들은 조사를 정식으로 요청해서 억울함을 풀어야할 것입니다. 또 청와대는 조사를 해서 시시비비를 가린 후에 사표를 수리하든지 해야 할 것입니다.

視 吾 舌
시 오 설

출전 사기(史記)의 장의열전(張儀列傳)
유사어 오설상재(吾舌尙在)
뜻 '내 혀를 보아라.'라는 뜻으로 혀만 살아 있으면 천하를 움직여 뜻을 펼 수 있다는 말.

볼 시, 나 오, 혀 설

보기
- 시오설이라고 일본 또한 무모하게 벌인 미국과의 전쟁에서 괴멸적 패배를 당했지만 혀는 무사했다. 게다가 돈이란 무기까지 확보하게 되었다. 그래서 아무 말이나 내키는 대로 하고 있는 것이다.
- 시오설이란 고사성어가 있다. 지금 그 '장의의 혀'에 '우리의 두뇌'를 갈음해 본다. 금수강산이라고 자찬은 해오지만 이렇다 하고 내세울 만한 부존자원이 없는 나라. 하지만 어디 내놔도 결코 뒤지지 않는 우리의 두뇌가 있지 않은가. '근면'도 믿을 것이 못돼가니 더욱 그렇다.

尸 位 素 餐
시 위 소 찬

출전 한서(漢書)의 주운전(朱雲傳)
뜻 제사 때 시동과 공짜밥, 분수에 벗어난 높은 자리에서 하는 일 없이 공으로 녹만 먹는 사람을 가리킴

시동 시, 자리 위, 한갓 소, 먹을 찬

보기
- 우리 시대 대표적인 건축가이자 도시설계가인 김○○ 명지대 건축대학장은 그야말로 '울분'을 토로했다. "안다고 생각하는 멍텅구리들", "정치꾼들이 아무 일도 안 하고 시위소찬한다."고 자극적인 비난도 서슴지 않았다.
- 민주당 김경천 의원은 "참여정부가 이 준엄한 질타를 어떻게 받아들일지, 그 답변이 참으로 궁금하다."면서 "시위소찬과 반식재상이라는 비아냥에서 실세들은 자유로울 수 없을 것이다."며 현 정부를 비판했다.

ㅅ

故事成語183

視子蚤虱
시 자 조 슬

출전　한비자(韓非子)의 설림상편(說林上篇)

뜻　그대 보기를 벼룩이나 이처럼 할 것이다. 큰 인물을 보고 작은 인물을 보면 벼룩이나 이처럼 보인다는 것.

볼 시, 아들 자, 벼룩 조, 이 슬

➡ 일본 중년 여성들의 욘사마에 대한 끝없는 애정은 그녀들을 다시금 10대나 20대의 열정으로 빠져들게 하고 있는 듯하다. 욘사마를 보기 위해 수차례 한국을 방문하는 것은 기본이고 그의 스케줄을 꿰고는 그의 일거수일투족에 촉각을 곤두세우고 있는 실정이다. 이에 그녀들의 남편들은 찬밥 신세이며 아마도 욘사마를 한번이라도 실제로 본 여성이라면 그녀들의 남편을 시자조슬 보듯 할 것이다.

始終一貫
시 종 일 관

유사어　시종여일(始終如一)

뜻　처음부터 끝까지 한결같이 관철함.

비로소 시, 마칠 종, 하나 일, 꿸 관

➡ 그러나 알로이스 글라스너(오스트리아 빈국립음대 교수)가 지휘봉을 잡은 이날 연주회는 달랐다. 시종일관 팽팽한 긴장감이 유지되면서 청중이 음악에 집중하고 흡인되는 모습을 보여줬다.

➡ 프리스실라로 재경담당관은 기자와 만나 시종일관 자신감 있게 멘트를 쏟아냈다. "투자 유치는 그 자체로 끝나는 게 아닙니다. 기업이 제대로 자리를 잡고 커나갈 수 있도록 곁에서 도와주는 동반자 역할을 해야지요."

試行錯誤
시 행 착 오

뜻　어떤 목표를 추구하는 과정에서 좀 더 좋은 방법을 발견할 때까지 실패를 겪으면서 여러 가지 방법을 시도하는 일.

시험할 시, 다닐 행, 섞일 착, 그릇할 오

➡ 전주 KCC 신○○감독은 고집이 센 사람이다. 시행착오나 오랜 고민 끝에 옳다고 내린 판단은 끝까지 밀고나간다. 프로농구 4강 플레이오프 2차전은 그의 고집이 그대로 맞아떨어진 한판이었다.

➡ 민간영역에서 공공영역으로 진출하는 길이 차단된 우리사회의 병리가 낳은 결과다. 최근 관료 문호 개방은 그 대안이 될 수 있다. 그러나 이 제도의 정착에 시간이 걸릴 것이고, 그 과정에 시행착오도 계속될 것이다.

食少事煩
식　소　사　번

출 전 삼국지(三國志)

뜻 먹는 것은 적고 일은 많다. 즉, 몸을 돌보지 않고 바쁘게 일한다는 뜻. 요즘에는 생기는 것도 없이 헛되이 바쁘다는 뜻으로도 쓰인다.

먹을 식, 적을 소, 일 사, 번거로울 번

보기

➡ 사회활동을 활발히 벌이고 있는 이 이사장은 "식소사번이라더니 또 자리 하나만 차지했다."면서도 "어느 단체 일 못지않게 동학농민혁명재단 일만큼은 열심히 챙기겠다."고 의욕을 보였다.

➡ 아무리 좋은 비전을 제시했다 하더라도 그것을 행하지 못하고 지키지 못한다면 그것이 다 무슨 소용인가? 이제 우리 정치인들은 출사표를 다시 써야 할 것이다. 그리고 식소사번을 좌우명(座右銘)으로 늘 오른편 곁에 두고 한시라도 잊지 말도록 해야 할 것이다.

食言
식　언

출 전 서경(書經)의 탕서(湯誓),
춘추좌씨전(春秋左氏傳)

뜻 말을 먹는다. 말을 번복하거나 약속을 지키지 않고 거짓말 하는 것.

먹을 식, 말씀 언

보기

➡ 지난해 '마지막 대책'이라고 했던 정부가 식언 비판을 감수하면서 '3·23 지원안'을 제시한 것은 361만 명(2004년 말 현재)에 이르는 신불자를 그대로 두고선 경제 문제를 풀어갈 수 없다는 판단 때문일 것이다.

➡ 김 회장의 식언은 이날 오후 7시께 부산 동구 범일동 모 음식점에서 있었다. 상의 부회장 7명이 김 회장의 자진사퇴를 권고하기 위한 자리였다.

識字憂患
식　자　우　환

출 전 삼국지(三國志)

뜻 글자를 아는 것이 오히려 근심. 어쭙잖은 지식 때문에 일을 망치게 되는 것을 말함.

알 식, 글자 자, 근심 우, 근심 환

보기

➡ 언론은 '따옴표' 속에서 저주의 칼을 휘두르고, 지식인은 인터넷의 익명성 속에서, 일반인은 대중운동 속에 숨어서 자유인에게 반드시 따르는 책임을 회피한다. 심각한 식자우환의 시대다.

➡ 식자우환이란 말이 있다. 투자자산에 대해 많이 알고 있어 오히려 걱정만 하다가 타이밍을 놓치거나 떨어지는 주가를 보면서 밤잠을 설치게 되면 손 절매를 과감히 해 버린다. 그런데 알다시피 주가는 계속 반복한다. 걱정 보다는 냉정한 분석과 기다림의 인내력이 필요하다.

信賞必罰
신 상 필 벌

출 전 한비자(韓非子)의 외저설(外儲說)

뜻 상을 줄만한 훈공이 있는 자에게 반드시 상을 주고, 벌할 죄과가 있는 자에게는 반드시 벌을 준다는 뜻으로, 곧 상벌을 공정, 엄중히 하는 일.

믿을 신, 상줄 상, 반드시 필, 죄벌

보기

➡ 김대표는 윤리경영 확립을 위해 정확한 평가시스템을 도입해 철저한 '신상필벌'로 회사의 기강을 바로잡을 각오다. 이를 위해 일반적으로 경영진에게 부여되던 '스톡옵션'을 일선 팀장급에게까지 적용할 계획이다.

➡ 공사는 특히 전직원을 대상으로 부점별 경영성과를 평가하는 '부점평가'를 실시, 신상필벌을 강화하고 평가우수 부점 소속직원에 대해서 인사상 가점과 상금도 부여하고 있다.

身體髮膚
신 체 발 부

출 전 효경(孝經)

뜻 머리 끝부터 발끝까지의 몸전체.

몸 신, 몸 체, 터럭 발, 살갗 부

보기

➡ 요즘 젊은이들을 보면 귀를 뚫는 것에 그치지 않고 피어싱이라 하여 입술, 배꼽, 코도 뚫고 다니는 것을 종종 보게 된다. 한편으로 보면 개성의 표현이며 자유의 표현이지만 전통적인 유교관에서 보면 신체발부 수지부모라고 하여 사신의 신체를 자학하여 불효하는 것으로 보이기도 한다.

神出鬼沒
신 출 귀 몰

출 전 회남자(淮南子)의 병약훈(兵略訓)

뜻 신이 나타나고 귀신이 돌아다닌다. 귀신같이 나오고 들어감이 자유자재여서 예측할 수 없는 것을 말함.

귀신 신, 날 출, 귀신 귀, 숨을 몰

보기

➡ 세월 앞에 장사 없다더니 대도도 없었다. 젊은 시절 신출귀몰하는 '월담 솜씨'로 절도 행각을 벌였던 조세형씨는 한때 자신이 자문을 해줬던 S경비업체 직원 등에 의해 붙잡히는 수모를 겪어야 했다. 그는 24일에도 평소의 공식대로 움직였다.

➡ 또 64년 한·일회담 반대 시위를 이끌고 신출귀몰한 행적으로 전설이 된 학생운동 지도자 김중태를 축으로 최장집, 김덕룡, 성유보 등 학생운동의 정치세력화를 살펴본다.

實事求是
실 사 구 시

출전 한서(漢書)의 하간헌왕덕전(河間獻王德傳)
뜻 일을 참답게 하여 옳은 것을 찾음. 사실을 토대로 하여 진리를 구함.

참 실, 일 사, 구할 구, 옳을 시

보기
- 생명, 건강, 환경의 특성화 대학으로서 친환경유기농업센터를 세워 두뇌역할을 담당할 것이다. 농업, 농촌의 영생화를 위해 실사구시의 대안과 생명력을 끊임없이 불어넣는 일에 앞장서려고 한다.
- 경제도 여전히 불투명하다. 회복 기미에도 불구하고 국제유가와 원자재가격 상승 속에 각종 지표도 일진일퇴하고 있다. 노 대통령은 실사구시의 정신을 잃지 말고, 외곽 때리기보다는 본질에 접근해 현안을 해결하는 데 매진할 때다.

實踐躬行
실 천 궁 행

뜻 실제로 몸소 이행함.

열매 실, 밟을 천, 몸 궁, 다닐 행

보기
- 그는 "성공회가 비록 국내에서 작은 교단으로 취급되지만 전통예식과 실천궁행하는 말씀이 조화를 이루고, 사회적 공헌에 관심이 높은 종단"이라고 말했다.
- 서울시의회 환경수자원위원회 이훈구 위원장은 수락연설을 통해 서울시가 환경수자원 분야 총체적인 업그레이드를 실천궁행의 의정 활동을 보이고 서울시민의 삶의 질이 향상될 수 있도록 친환경적인 도입건설과 물의 소중함을 가꿀 수 있는 제도ㆍ행정의 근본 틀을 마련해 나갈 계획이라고 밝혔다.

心機一轉
심 기 일 전

출전 한서(漢書)의 예문지(藝文志)
뜻 어떠한 동기에 의하여 이제까지의 먹었던 마음을 바꿈.

마음 심, 틀 기, 하나 일, 구를 전

보기
- 이로서 팬택앤큐리텔도 이병민, 이윤열에게 집중된 부담을 분산하고 약점으로 지적됐던 저그 진영을 보강하게 됐다. 한동안 깊은 슬럼프에 빠졌던 나도현은 이적을 계기로 심기일전하겠다고 밝힌 바 있다.
- 허 시장은 또 "일부 공무원의 금품수수와 보신주의, 책임전가 등 공직기강 해이 사례로 시민들의 불신을 초래하는 요인이 되고 있다."며 "간부 공무원들부터 심기일전해 솔선수범하고 공직기강을 확립해야 한다."고 촉구했다.

心猿意馬
심 원 의 마

출전 唐 석두대사(石頭大師)의 참동계(參同契)

뜻 마음은 원숭이, 생각은 말 같다. 마음이 안정이 안 되고 이랬다 저랬다 하며 생각이 한 곳에 있지 못하는 것.

보기

➡ 그런데 사람의 번뇌와 욕심은 한없고 걷잡을 수 없다. 당나라 석두(石頭)대사는 이런 인간의 마음을 '심원의마' 라고 했다. 마음이 원숭이 같고 생각이 말과 같아 도무지 붙들어 매 안정시킬 수 없다는 것이다. 인간관계는 그리하여 이기심이 촉발하는 시기, 질투, 중상모략으로 삭막해진다. 진실은 실종되고 신뢰는 사라진다. 그것이 인간의 약점이다.

十年寒窓
십 년 한 창

뜻 10년 동안 사람이 오지 않아 쓸쓸한 창문. 바깥 출입을 하지 않고 열심히 공부한 세월을 말함.

보기

➡ 취업 문제가 심각한 요즘, 토익이니 시사니 해서 왠만한 국가고시보듯 공부를 한다. 그러나 취업에 있어서 십년한창식의 공부보다는 외부와의 교류를 통한 정보수집이 더 효과적이라고 할 수 있다.

十步芳草
십 보 방 초

뜻 열 걸음 안에 아름다운 꽃과 풀이 있다. 즉, 도처에 인재가 있다는 뜻으로 세상에는 훌륭한 사람이 많다는 것을 비유한다.

보기

➡ "오두백, 자네는 저 소년 영웅의 풍모를 보지 못했는가? 십보방초라는 말도 있는데 여기 드넓은 석천 땅에 왜 기린아가 없겠는가? 소년 영웅의 자세를 보자면 연마장양에 마부위침을 해 온 것이 분명하고, 풍모를 보자면 눈에는 정기가 가득하여 목인석심에 묵적지수가 분명하지 않은가. 또 눈에는 총기마저 엿보이니 분명 문일지십의 기재요, 익리당천의 기세마저 엿보이니 저 소년 영웅이 칼을 휘두르면 어찌 되겠는가?"

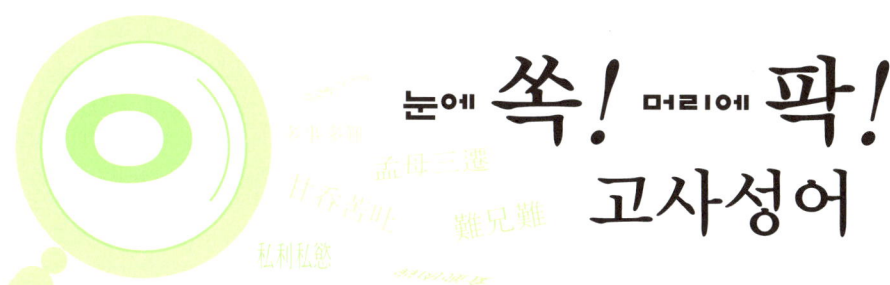

阿鼻叫喚
아　비　규　환

뜻 차마 눈뜨고 보지 못할 참상이라는 말.

언덕 아, 코 비, 울부짖을 규, 부를 환

보기

○ 돌무더기 언저리에 복수초가 올망졸망 노란 꽃망울을 뽐낸다. 그날의 아비규환이 연상되는 무시무시한 이름 같지만 실은 '복 많이 받고 오래 살라'는 뜻의 꽃이다.

○ 2003년 대구 서부소방서 구조대장으로 재직하던 고 김진근씨는 당시 아비규환의 현장에서 대원들과 함께 40여 명을 구조하고 시신 13구를 수습했다.

阿修羅場
아　수　라　장

뜻 끔찍하게 흐트러진 현장

언덕 아, 닦을 수, 비단 라, 마당 장

보기

○ 한 목격자는 "지난 91년 수십 년간의 군사독재체제를 종식시켰던 3.26혁명 이후 이런 경우는 처음이다."고 밝혔을 정도로 말리의 수도 바마코 일대는 아수라장으로 변했다.

○ 지진 발생 직후 인도네시아, 태국, 스리랑카, 인도, 말레이시아 등의 해안지대 주민들은 어둠 속에서 해일이 덮칠 것에 대비해 고지대로 서둘러 대피했으며 어린 아이들의 비명 소리 등으로 순식간에 아수라장으로 변했다.

我田引水
아 전 인 수

뜻 자기 논에만 물을 끌어넣는다는 뜻으로 자기의 이익을 먼저 생각하고 행동함. 또는 억지로 자기에게 이롭도록 꾀함을 이르는 말.

나 아, 밭 전, 끌 인, 물 수

보기

- 재계 이익단체가 발간하는 보고서는 자신의 주장을 합리화하기 위해 사례나 통계자료를 아전인수격으로 해석하는 경우가 많은 만큼 주의가 필요하다는 주장이 나왔다.
- 한국 교과서의 경우 강한 민족주의 사관에 사로잡힌 아전인수격 역사해석이 문제점으로 지적된다. 중국과의 조공 관계를 친선으로 위장하는 한편 일본과의 문화교류에서는 우월적 지위를 강조한다.

惡戰苦鬪
악 전 고 투

뜻 어려운 싸움과 괴로운 다툼이라는 뜻으로 강력한 적을 만나 괴로운 싸움을 함. 또는 곤란한 상태에서 괴로워하면서도 노력을 계속함을 이르는 말. 죽을 힘을 다하여 고되게 싸움.

악할 악, 싸울 전, 괴로울 고, 싸움 투

보기

- 부산 소극장역사의 산 증인인 셈이다. "그 동안 소극장 운동을 하면서 악전고투했고 그래서 동네방네 소문내는 식으로 재개관을 알리기 보다 조용하게 내실을 기하겠다는 생각이 지금도 큰데 잘 할 수 있을 것으로 봐요."
- 긱무에 따른 과로와 스트레스 증후군, 건강 악화 등으로 참여정부의 브레인 역할을 해온 '노무현 맨' 들이 악전고투하고 있다. 청와대와 국정홍보처 일부 국무위원 등 과중한 업무에 따른 정신적 육체적 스트레스를 호소하고 있다.

惡事千里
악 사 천 리

출전 북몽쇄언(北蒙瑣言)
유사어 북몽삼언(北夢參言)
뜻 나쁜 짓이나 못된 소문은 금세 세상에 퍼진다는 말.

악할 악, 일 사, 일천 천, 마을 리

보기

- 지난 번 새로 문을 연 대형 마트가 유통기한이 한참이나 지난 유제품을 판 사건으로 인터넷과 입소문으로 문을 닫을 지경까지 되었다. 악사천리라고 장사를 함에 있어서 항상 고객의 입소문을 조심해야 한다.
- 소문만큼 큰 무기가 없다는 것은 이미 상식. 고객이 받은 불쾌감은 '마이너스 소문' 으로 퍼져나간다. '악사천리' 라는 말처럼 단 한마디의 사과를 게을리 하여 나쁜 소문이 순식간에 세상이 알려지는 것이다.

惡逆無道
악 역 무 도

뜻 비길 데 없이 악독하고 도리에 어긋남.

악할 악, 거스를 역, 없을 무, 길 도

● 16세기 이탈리아에 프란체스코 첸치라는 악역무도한 방탕자 귀족에게 베아트리체라는 딸이 있었다. 14세가 된 베아트리체가 눈이 부실 정도로 아름다운 처녀로 성장하자 그는 아무도 보지 못하게 저택의 한방에 가두어 놓았다.

● 아들이 그렇듯 귀신 듣는데 떡 소리 하듯 하니, 압수는 그 침 발린 말에 즐거운 마음이 생겨 훤한 얼굴을 꾸미고 있었다. 둘은 신들을 잠재울 그런 악역무도한 계획을 세우고는, 뭄무는 압수의 목을 껴안았다.

惡因惡果
악 인 악 과

뜻 악한 원인에서 악한 결과가 생긴다는 뜻으로, 악한 일을 하면 반드시 앙갚음이 되돌아온다는 말.

악할 악, 인할 인, 열매 과

● 인과(因果)의 법칙을 잘 깨달아야겠습니다. 우리는 정말 이 짧은 세상에 살면서 선인(善因)을 쌓고 선과(善果)를 거두기도 어려운데 악인악과만 반복하고 있습니다.

● 그러나 우리 안에 시선을 멈추고 보다 깊은 사유(思惟)를 통한 탐색에 이르면 명료한 인과(因果)의 법칙(질서)이 보인다. '악인악과' 다. 청정하지 못한 삶과 생명에 대한 경외심을 잃은 수행자는 함부로 먹고, 함부로 훼손하는 일을 서슴지 않는다.

安居樂業
안 거 낙 업

출전 한서(漢書)의 화식전(貨殖傳)
유사어 안가낙업(安家樂業)
뜻 편안히 살면서 생업을 즐김.

편안할 안, 살 거, 즐길 낙, 업 업

● 지금까지 세상에 나온 모든 정치 사상을 모아 한마디로 표현한다면 '안거낙업'으로 요약할 수 있다. 정치의 기본 과제는 국민들이 편안하게 살고 즐겁게 일하도록 하는 것이기 때문이다.

● "그 첫째는 대만의 안전을 보장받아 안거낙업의 사회를 성취하는 것입니다. 그 둘째가 병경제, 경제에 전력을 다하는 것입니다. 그 셋째가 대개혁·대건설입니다."

眼高手卑
안　고　수　비

안고수저(眼高手低)

뜻 눈은 높으나 손은 낮음이란 뜻으로 눈은 높으나 실력이 따라서 미치지 못함. 또는 전에는 사치하게 살던 이가 가난해져 눈은 높고 돈은 전처럼 쓰지 못할 때.

눈 안, 높을 고, 손 수, 낮을 비

보기

❍ 안고수비랄까. 여권은 김 전대통령에게 자문을 구하는 몸짓을 보이기도 하고 특사론을 흘리기도 한다. 그렇게 변죽만 울리기보다는 노무현 대통령이 직접 나서 부탁할 게 있으면 하면서 역할공간을 마련해주는 게 좋겠다.

❍ 김씨는 예술가 집안에서 태어나 음악, 연기를 보고 듣는 수준은 "100단"쯤 된다. 안고수비랄까. 음악 감독, 코치가 "그만하면 됐다."고 말해주지만 스스로의 기대치에 미달한다는 느낌 탓에 자책과 노력을 병행하고 있다.

眼光紙背
안　광　지　배

뜻 눈빛이 종이의 뒤까지 꿰뚫어본다는 뜻으로, 독서의 이해력이 날카롭고 깊음을 이르는 말.

눈 안, 빛 광, 종이 지, 등 배

보기

❍ 가끔 TV를 보면 기인들이나 초능력자라고 자처하는 사람들이 나와 눈을 가리고는 책을 읽는 장면을 보게 된다. 혹은 책 한 권을 휙 한번 보고는 그 내용을 말하는 신동들도 보게 된다. 책을 만드는 사람의 입장에서 보면 그런 사람들이 많이 있어서 더 낮은 책을 읽기를 바라지만 안광지배의 독서가 더 바람직하지 않을까 생각한다.

安堵
안　도

사기(史記)의 전단열전(田單列傳)

뜻 담 안에서 편히 살 수 있다. 근심 없이 안심하고 편안하게 사는 것.

편안 안, 담 도

보기

❍ 월가에서는 그러나 이라크 호재와 전통적으로 약세장이 연출됐던 3/4분기가 끝난 데 따른 일시적 인 '안도의 랠리' 에 불과하다는 시각이 지배적이다. 전일 낙폭과대로 인한 '예고된 반등' 이었다는 의견도 나왔다.

❍ 문학상은 격려와 부담이다. '인정받았다' 는 것은 기쁨이었지만, 검증받은 작가는 안도이겠으나 나 같은 경우는 부담만 크다. 그러나 상을 타고 안타고는 한 끗 차이다. 무명과 유명도 그렇고. 거의 비슷하겠지.

安貧樂道
안 빈 낙 도

유사어 안분지족(安分知足)

뜻 구차하고 궁색하면서도 그것에 구속되지 않고 평안하게 즐기는 마음으로 살아감. 가난에 구애받지 않고 도를 즐김.

편안할 안, 가난할 빈, 즐길 낙, 길 도

○ 그는 포항으로 거처를 옮긴 뒤에는 동해가 좋아 평생 포항에서 안빈낙도의 은둔생활을 했다. 이를 두고 미당(未堂)은 "선생은 스스로 평생을 귀양살이라도 능히 해낼 수 있는 묘한 은둔의 사색가로 사셨다."고 평했다.

○ 가난하지만 삶에 찌들지 않고 마음을 편히 가지는 '안빈낙도'에서 그 방법을 찾을 수 있다. 그렇지만 마냥 먹고 논다고 웰빙이 아니다. 일도 열심히 하면서 개인의 삶을 여유롭게 꾸미는 것이다.

雁書
안 서

출전 한서(漢書)의 소무전(蘇武傳)

뜻 기러기 편지. 멀리서 전해 온 반가운 편지. 지금은 단순히 편지로 쓰임.

기러기 안, 편지 서

○ 가을에 찾아드는 기러기는 예부터 흉노땅에서 풍년의 희망을 날라다 주는 새로 알려져 있다. 그래서인지 안서(雁書)는 먼 거리에서 전해져 온 반가운 편지를 일컫는 말이다. 네트워크와 의사소통이 중요해지는 사회, 주위 사람들을 생각해 보자.

○ 북풍은 기러기를 몰고 온다(北風驅雁)는 말이 있다. 그 기러기가 안고 오는 소식은 안서라 한다. 그 '소식'이 이를테면 '통일'을 주변한 것이었으면 싶은데 그게 아니다.

安心立命
안 심 입 명

뜻 생사를 하늘에 맡기어 마음을 평안히 가짐. 하찮은 일에 동요하지 않음.

편안할 안, 마음 심, 설 입, 목숨 명

○ '살풀이춤'의 살풀이는 살의 액을 제거 소멸시켜 안심입명을 가져오고 나아가 행운을 맞이한다는 종교적 속성이 강한 춤으로, 살풀이 춤 이수자로 우리 춤의 전승, 보급에 힘써온 김명자 선생이 이번 공연에 출연, 진수를 보여준다.

○ 부처님은 공경의 대상이요, 부처님의 가르침은 실천의 대상이요, 승단은 화합의 대상이다. 자타를 융합하는 화합 정신으로 새해에는 온 세상이 대오각성하여 안심입명과 풍요로운 삶이 되도록 다함께 마음 모아 서원 정진합시다.

眼中之釘
안 중 지 중

출전 오대사보(五代史補)

유사어 안중정(眼中釘)

뜻 눈 속의 못. 눈에 못이 박힌 것처럼 괴로운 존재. 눈엣가시 같은 놈을 말함.

눈 안, 가운데 중, 어조사 지, 못 정

보기

● 노르웨이 출신의 이 프로그래머는 지난 5년 이상 엔터테인먼트 업계에서는 안중지정 같은 존재였다. 그러나 DRM 성능을 시험해보는 프로그래머들 중 가장 널리 알려진 인물이기 때문에 어쩔 도리가 없었다.

● 보수진영에게 '안중지정' 이었던 에드워드 사이드 컬럼비아대 교수가 숨지던 2003년에 칼리디를 중동문제 연구소장에 임명한 것도 문제가 있다고 지적하는 등 볼링거 총장의 교수 채용에 편향성이 있다고 비난하고 있다.

暗中摸索
암 중 모 색

출전 수당가화(隨唐佳話)

뜻 어둠 속에서 손으로 더듬어 찾는다. 확실한 방법을 모른 채 어림으로 맞히는 것.

어두울 암, 가운데 중, 더듬을 모, 찾을 색

보기

● 박영훈은 우선 실전보의 20부터 두기로 했는데……. 여기서 송태곤의 초강수가 터졌다. 혼신의 힘을 다한 어퍼컷한 방. 흑21. 여기서부터 박영훈의 비극은 시작되었다. 졸지에 허를 찔린 그는 백22 이하 42로 암중모색을 해보았지만 아무 수단도 생기지 않았다.

● 암중모색을 거듭하고 있던 시 지망생에게 든든한 동지를 만나는 일만큼 신나는 일이 또 있었겠는가. 또 그것은 자신의 작업에 긴장과 치열성을 더하는 좋은 라이벌을 만나는 일이었다.

殃及池魚
앙 급 지 어

출전 여씨춘추(呂氏春秋)의 필기편(必己篇)

뜻 재앙이 못의 고기에 미치다. 재난이 뜻하지 않은 곳에 미치는 것.

재앙 앙, 미칠 급, 못 지, 고기 어

보기

● 전일 국내 주식시장의 폭락을 보면 앙급지어의 고사를 떠올리게 된다. 주식시장을 움직이는 근본적인 요인인 경제적인 문제보다는 지정학적 위험 등 경제 외적인 요인으로 인해 주식시장이 화를 입는 것으로 비춰지고 있기 때문이다. 연이은 불확실성들로 인해 애꿎게 주가가 급락하고 있지만 장기적인 추세는 이러한 외부요인보다는 경제적인 요인에 의해 결정된다는 점은 기억될 필요가 있을 것 같다.

仰天大笑
앙 천 대 소

출전 사략(史略) 권일(券一)

뜻 하늘을 우러러 크게 웃음. 좁은 생각을 보고 어처구니가 없어 크게 웃음을 말함.

우러러볼 앙, 하늘 천, 큰 대, 웃음 소

보기

➡ 명색이 율사 출신들이 우글거리는 국회에서 간첩죄의 구성요건이 무엇인지도 모르고 앉아 나라를 다스린다고 으름장을 놓는 것을 보면서, 우리는 지도자 복을 지지리도 못 타고났다는 생각이 들어서 우리는 앙천대소를 하면서도 속으로는 울었다.

➡ 이는 어깨를 활짝 펴고 하늘을 보며 크게 웃는 앙천대소의 정반대로, 심신이 위축되면서 스윙 궤도가 작아진다. 비거리가 줄거나 탑볼을 치는 것은 이에서 비롯된다.

藥籠中物
약 롱 중 물

출전 당서(唐書)의 적인걸전(狄仁傑專)

뜻 약장 속의 약이란 말로 없어서는 안될 필요한 인물을 이르는 말.

약 약, 농 롱, 가운데 중, 만물 물

보기

➡ 사람은 크게 세 가지로 분류된다고 한다. 꼭 필요한 사람, 있으나 없으나 하는 사람, 사회에 암 같은 존재로 없어져야 할 사람. 하지만 그 누가 사람을 제대로 판단할 수 있을까? 꼭 필요한 약롱중물 같은 사람이야 쉽게 알아챌 수 있다지만 사라져야 할 사람이란 기준은 무엇이며 정말 그런 사람이 있는 것일까?

弱肉强食
약 육 강 식

출전 한유(韓愈)의 송부도문창사서(送浮屠文暢師序)

뜻 약한 자는 강한 자에게 먹힘이란 뜻으로, 생존 경쟁의 살벌함을 말함.

약할 약, 고기 육, 강할 강, 먹을 식

보기

➡ 기업이 치열한 약육강식의 글로벌 경쟁시대에 살아남기 위해서는 인적자원 기술력 마케팅 산업안전보건경영 등에 대한 종합적 역량을 갖춰야 한다. 이런 점 때문에 선진국의 기업들은 특히 산업안전보건경영을 적극 추진하고 있다.

➡ 시어도어 루스벨트 대통령은 포츠머스 조약을 들먹이며 "한국은 독립국으로 존속할 수 있음에도 자신이 그 조약을 강력히 실행할 능력이 없었다."는 냉정한 태도를 보였다. 약육강식의 세상에서 당해도 싸다는 식이었다.

良 禽 擇 木
양 금 택 목

출전 춘추좌씨전(春秋左氏傳)의
충공(衷公) 18년조,
삼국지(三國志)의 촉지(蜀志)

뜻 좋은 새는 좋은 나무를 가려서 둥지를 튼다는
말로, 현명한 사람은 자기 재능을 키워줄 훌
륭한 사람을 잘 택하여 섬긴다는 뜻.

좋을 량, 새 금, 가릴 택, 나무 목

보기

◑ '양금택목'이란 말이 있다. 유능한 직
원이라면 자기 능력을 키워줄 수 있는
기업을 찾아 헌신할 것이라는 건 당연
한 이치다. 그런데 중요한 것은 유능한
직원이 과연 누구냐 하는 점이다.

◑ 최근 방영된 SBS 특별기획 '대망'에서
금평대군은 한성판윤 윤대감에게 나무
위에 새가 그려진 그림 한 장을 선물한
다. 세자와 치열한 권력다툼을 벌이고
있는 그가 '양금택목'이라는 고사가 담
긴 그림을 통해 자기편으로 오라는 메
시지를 전달하는 장면.

羊 頭 狗 肉
양 두 구 육

출전 항언록(恒言錄)

뜻 양머리를 걸어 놓고 개고기를 판다. 좋은 품
질 걸어 놓고 나쁜 물건을 판다는 말로 광고
하는 것과 내용이 다름을 뜻함.

양 양, 머리 두, 개 구, 고기 육

보기

◑ 정치인은 그러나 그런 낭만은 커녕 툭
하면 아귀다툼이다. 진열대에 특별메
뉴로 상생정치를 선보였지만 양두구육
이 따로 없다. 그러니 국회에 뒷심이 실
릴 리 없다.

◑ 힐러리 클린턴 상원의원 등 일부 민주
당 인사들은 공화당이 전당내회의 첫
이틀간 당 주류의 색깔과는 다른 연성
인사들을 내세워 당의 노선을 호도하
는 것은 '양두구육격'이라면서 비난했
다.

梁 上 君 子
양 상 군 자

출전 후한서(後漢書), 진식전(陳寔傳)

뜻 대들보 위의 군자. 도둑을 일컫는 말이나
천장의 쥐를 말할 때도 있음.

대들보 양, 위 상, 스승 군, 남자 자

보기

◑ 국민의 혈세나 공적자금 같은 나랏돈
에 손을 대거나, 부정과 부패를 통해 냄
새나는 재물을 쌓은 우리사회의 높으
신 분들도 양상군자일 것이다. 김지하
시인은 서울을 '오적(五賊)의 소굴'이
라고 신랄히 비판했는데 지금의 상황
은 그때보다 나아진 것일까.

◑ 관공서가 양상군자들의 단골 일터로
전락하고 있다. 인천 계양구청사가 세
무과와 총무과 등 사무실 4곳이 털렸
다. 불과 20여일 만에 수도권 관공서에
서 5번이나 도난사건이 발생한 것이다.

良藥苦於口
양 약 고 어 구

출전 공자가어(孔子家語)의 육본편(六本篇),
사기(史記)의 유후세가(留侯世家)

뜻 좋은 약은 입에 쓰나 병에 이롭고, 충언(忠言)
은 귀에 거슬리나 행동에 이롭다는 것.

좋을 량, 약 약, 쓸 고, 어조사 어, 입 구

보기

➡ 과거부터의 중진들, 과거부터의 유력
자들이 계속 그 지위를 유지하겠다고
고집하는 한 한나라당에 미래는 없다.
이런 훈수조차 고깝게 들릴지도 모르
지만 예로부터 '양약고어구 충언역어
이(良藥苦於口 忠言逆於耳)' 라는 말도
있거니 여겨서 들어두시라.

養虎遺患
양 호 유 환

출전 사기(史記)

유사어 양호이환(養虎貽患)

뜻 호랑이를 길러 근심을 남긴다는 말로, 남의
사정을 봐주었다가 후에 화를 입게 된다는
뜻.

기를 양, 범 호, 남길 유, 근심 환

보기

➡ 박대통령은 말미에 일본과 북한을 오
가던 '만경봉호' 를 '이동하는 대남 적
화기지' 로, 조총련은 '일본 장래의 암
적 존재' 라고 지적한 뒤 "양호유환하지
않기를 바란다." 고 말했다.

漁父之利
어 부 지 리

출전 전국책(戰國策)

뜻 노요새와 조개가 서로 다투다가 어부에게 둘
다 잡히다. 둘이 다투다 엉뚱한 사람이 이익
봄을 말함.

고기잡이 어, 아비 부, 어조사 지, 이로울 이

보기

➡ 징계가 적용되는 경기가 오는 6월 8일
평양에서 열릴 북한−일본전이라 일본
만 어부지리를 챙기게 생겼다. 가뜩이
나 평양원정경기가 부담이 됐던 차에
호재를 만난 것.

➡ 성남중원은 3당이 얽힌 혼전상황이다.
호남정서가 다분한 이 지역에 민주당
은 올인하는 형국이고, 민주노동당도
만만치 않은 세를 과시한다. 여당도 결
과를 자신하고 있다. 한나라당은 3당의
표 분산이 심해지면 어부지리를 기대
할 수 있다는 뉘앙스다.

故事成語197

言行一致
언　행　일　치

뜻 말과 행동이 같음. 말한 대로 행동함.

말씀 언, 다닐 행, 하나 일, 이를 치

보기

- '언행일치의 생활화로 고객과 팀원들을 중하게 여기고 변화에 적극 나서라.' 라고 설명하는 비즈니스의 원리는 구구절절이 옳다. 지은이는 또 탈진과 분노, 포기, 소극성, 퇴보, 무능력, 성격장애를 직장생활의 7개 죄악이라고까지 명시한다.
- 한나라당 이정현 부대변인은 이날 논평에서 "노 대통령이 변했다는 것에 대해 국민은 언행일치로 확인하는 길밖에 없다."며 노 대통령과 이 부총리를 압박했다.

掩耳盜鈴
엄　이　도　령

출전 여씨춘추(呂氏春秋), 불구론(不苟論), 자지론(自知論)

유사어 엄이도종(掩耳盜鐘)

뜻 제 귀를 가리고 방울을 훔친다. 저만 듣지 않으면 남도 듣지 않는 줄 아는 어리석은 행동을 말함.

가릴 엄, 귀 이, 훔칠 도, 방울 령

보기

- 엄이도령. '손바닥으로 해를 가리는' 중국 언론들의 은폐보도는 향후 양국 관계에 결코 도움이 되지 않는다는 것이 이번 고구려사 문제의 최대 교훈일 것이다.
- 그러므로 아기 페르세우스를 유기하는 아크리시오스, 아기 모세를 유기하는 레위 가문출신의 어머니, 아기 오이디푸스를 유기하는 아버지 라이오스는 모두 엄이도령하는 자들이다. 운명의 방울소리는 그들 귀에만 들리지 않을 뿐이다.

餘桃之罪
여　도　지　죄

출전 한비자(韓非子)의 세난편(說難篇)

뜻 먹던 복숭아 드린 죄. 사랑을 받는 것은 죄를 받게 되는 원인도 된다는 것.

나머지 여, 복숭아 도, 어조사 지, 죄 죄

보기

- 여도지죄의 고사까지 들먹일 것도 없이 우리가 주변에서 매일 같이 겪고 보는 일이다. 고운놈 미운 구석 없고 미운놈 고운 구석 없듯이 같은 일도 보는 사람에 따라 정반대의 해석이 나올 수 있다. 북한의 김정일 국방위원장에 대한 남한 사람들의 인식 변화도 여도지죄에 해당하지 않을까 걱정이다. 부정적 이미지의 총합처럼 비쳤었던 그가 남한 TV에 모습을 드러내면서 남한 사람들의 그에 대한 이미지는 180도 바뀌었다.

廬山眞面目
여 산 진 면 목

출전 소동파(蘇東坡)의 시(詩)
뜻 너무도 깊고 그윽하여 그 진면목을 알 수 없음

오두막집 려, 뫼 산, 참 진, 낯 면, 눈 목

보기
➡ '여산의 진면목을 알 수가 없다'는 구절로 유명한 이 시를 중국에 살면서 자주 떠올리게 되는 것은 어쩌면 당연한 일인지 모르겠다.
➡ 소동파의 '여산진면목'이란 말은 바로 여기에서 유래됐다. 강서성 성도인 남창에서 버스를 타고 몇 시간을 달렸을까. 운무에 휩싸인 짙푸른 산이 앞을 가로막는다. 여산이다. 산길을 달리다 보니 한국의 장마철처럼 후텁지근한 날씨는 어느덧 서늘하게 바뀐다.

餘有綽綽
여 유 작 작

뜻 빠듯하지 않고 아주 넉넉함을 이르는 말.

남을 여, 넉넉할 유, 더그러울 작

보기
➡ "호남선은 2시간 간격의 출발시간을 맞추느라 허겁지겁하지만 영남쪽 의사들은 배차시간이 30분 간격이어서 언제든지 가면 탈 수 있기 때문에 여유작작하더라."고 말했다.
➡ 추석 연휴는 끝났다. 몇 해 전부터 명절 귀성은 피하기로 해 이번에도 귀성 대열엔 동참하지 않았다. 덕분에 밀린 잠도 보충하고, 여유작작 책을 읽는 호사도 누렸다. 그 중에서도 얼마 전 일본인 친구가 보내온 책 두 권이 특히 마음에 남는다.

逆鱗
역 린

출전 한비자(韓非子)의 세난편(說難篇)
뜻 용의 턱 아래 거슬려 난 비늘. 군주의 노여움에 비유함.

거스를 역, 비늘 린

보기
➡ 역대 정권에서 '개헌'이라는 화두를 던지기는 쉽지 않았다. 여당의원들은 역린으로 비쳐질 수 있다는 점에서 꺼렸고, 야당에서는 총재나 유력 대권주자의 눈치를 봤다. 자민련 김종필 전 총재가 내각제 개헌을 요구하는 정도였다.
➡ 미국에 대한 이라크 민중의 믿음은 이미 전부터 손상된 상태이다. 이번 학대 사건은 여기서 더 나아가 이슬람권 전체 모슬렘의 역린을 건드리는 양상으로까지 발전하고 있다.

易子敎之
역　자　교　지

출 전 맹자(孟子)의 이루상(離婁上)

뜻 나의 자식과 남의 자식을 바꾸어 교육한다는 뜻으로 부자 사이엔 잘못을 꾸짖기 어렵다는 뜻으로 쓰임.

바꿀 역, 아들 자, 가르칠 교, 어조사 지

보기

➡ '역자교지'란 말이 있다. 맹자에 나오는 말로 자식은 서로 바꿔서 가르쳐야 한다는 뜻이다. 자식을 가르치다가 뜻대로 되지 않으면 아비는 화를 내게 되고 결국은 자식과 감정의 골이 깊어지는 불행이 생긴다는 얘기다. 공부는 스스로 해야 한다는 것이 평소 나의 지론이다. 그러나 6년 전부터 자식을 직접 가르치는 '불행한' 아빠를 자처하고 말았다.

年功序列
연　공　서　열

뜻 근속 연수나 나이가 늘어감에 따라 지위가 올라가는 일. 또는 그 체계.

해 연, 공 공, 차례 서, 벌일 열

보기

➡ 내년부터 초·중·고 교장 임용방식이 현행 연공서열식에서 공모제로 바뀐다. 또 일부 학교에서 실시되고 있는 초빙교장제가 점진적으로 폐지된다.

➡ "연공서열과 같은 업무 외적인 평가가 줄었기 때문에 발탁된 것 같습니다." 이번 행자부 인사에서 화제를 불러 모은 박○○ 행정자치부 지방지원본부장과 유○○부내정보화팀장은 자신들의 발탁 이유를 이렇게 풀이했다.

緣木求魚
연　목　구　어

출 전 맹자(孟子)의 양혜왕편(梁惠王篇)

뜻 나무에서 고기를 잡으려 한다. 불가능한 일을 억지로 하려는 무리를 말함.

좋을 연, 나무 목, 구할 구, 고기 어

보기

➡ 선진국 기업들과 경쟁하기 위해 기업이 아무리 원가절감, 기술개발, 경영혁신을 기해도 기업의 사회적 책임이라는 명분 아래 정부나 공공기관에서 이렇듯 과다한 액수를 걷어 간다면 경쟁력 제고란 연목구어가 된다.

➡ 전쟁으로 인한 가장 큰 희생자는 보통 사람들이다. 그 아픔은 일본이나 한국이나 중국이나 다를 바 없다. 그러나 기억 속에 피해만 있는 일본의 모습에서 '전쟁의 세기'에 대한 교훈을 바라는 것은 여전히 연목구어인지 모르겠다.

200

燕雀安知鴻鵠之志
연 작 안 지 홍 곡 지 지

출전 사기(史記)의 진섭세가(陳涉世家)

뜻 제비나 참새 따위가 어찌 기러기나 고니의 큰 뜻을 알리요. 소인은 대인의 뜻을 헤아리지 못함.

제비 연, 참새 작, 어찌 안, 알 지
기러기 홍, 고니 곡, 어조사 지, 뜻 지

보기

○ 연작안지홍곡지지재(燕雀安知鴻鵠之志哉)=93년 개혁과 사정 한파가 몰아치자 "신한국을 창조하시려는 홍곡의 큰 뜻을 비록 연작이지만 어찌 촌탁하지 못하겠습니까"라며 JP가 한 말.

○ 그는 자신을 비웃는 사람에게 오히려 "연작안지홍곡지지재"라고 조소하며 동지들을 모아 삽시간에 군웅중 최대세력으로 떠올랐다. 그러나 그의 뜻은 6개월만에 물거품이 되고 말았다. 교만에 빠진 결과 부하들이 하나 둘 곁을 떠났기 때문이다.

吮疽之仁
연 저 지 인

출전 사기(史記)의 손자(孫子),
오기열전(吳起列傳)

뜻 종기를 입으로 빠는 사랑. 어떤 목적을 달성하기 위한 가면적인 사랑을 뜻함.

빨 연, 악창 저, 어조사 지, 어질 인

보기

○ 어떤 며느리 '효심'이 잠시 화제에 오른다. 불퉁이내며 남편 꼬득여 짐싸들고 나간 때가 언제였더냐 싶은 알랑쇠 효심. 시부모도 '감탄'하고 있단다. 이는 연저지인 고사를 생각게도 한다.

○ 미국이 북한과 마주앉아 유해찾기 협상 벌인 일을 보면서 생각해본 고사다. 존상사 것인지 조지소위 것인지 알기나 하겠는가. 하건만 적잖은 돈을 주면서까지 찾아가겠다고 협상을 벌인 나라가 미국이다. 물론 연저지인 같은 구석을 읽을 수도 있다.

榮枯盛衰
영 고 성 쇠

뜻 영화롭고 마르고 성하고 쇠함이란 뜻으로 개인이나 사회의 성하고 쇠함이 서로 뒤바뀌는 현상.

영화 영, 마를 고, 성할 성, 쇠할 쇠

보기

○ 영고성쇠. 번성하면 시들고 성하면 쇠하는 이치를 깨닫게 되면 땅을 치며 통곡하는 우는 범하지 않게 된다는 것이다. 그러나 자신의 늙음을 한탄하고 죽음에 애통해 하는 것이 평범한 사람들의 마음이다.

○ 그의 예측대로 그 후 일본은 갖은 노력에도 불구하고 쇠락의 길로 접어들었고 미국은 다시 초강대국이 됐다. 개인과 법인과 국가는 생로병사, 영고성쇠를 겪을 수밖에 없고 무릇 성공 속에 쇠망의 씨앗이 있다고 했다.

郢書燕說
영 서 연 설

출전 한비자(韓非子)의 외저설좌상(外儲說左上)
뜻 말을 억지로 끌어다 붙여 교묘하게 이치에 맞추는 일.

땅이름 영, 쓸 서, 제비 연, 말씀 설

보기
➡ 30일 금융감독원에 따르면 10대 그룹의 현금성 자산은 지난 6월 말 현재 27조1066억 원으로 1년전의 17조6941억 원보다 53.2%나 급증했다. 기업이 돈을 쌓아놓고 투자하지 않는 이유는 누구보다 정부가 잘 알고 있을 터. 정부는 기업이 투자하지 않는 이유를 다른 데서 찾지 말아야 한다. 그것은 또 다른 영서연설이요 견강부회니까.

曳尾塗中
예 미 도 중

출전 장자(莊子)의 추수편(秋水篇)
뜻 진흙탕 속에서 꼬리를 끌며 살아도 죽은 후의 호강보다 좋다는 말로 부귀롭지만 구속받는 삶보다는 가난하지만 자유로운 삶이 좋다는 뜻.

끌 예, 꼬리 미, 진흙 도, 가운데 중

보기
➡ 예미도중이라고 사람들은 누추하지만 자유로운 삶을 원한다고들 한다. 정말 그럴까? 화려하고 자유로우면 더 좋지 않을까? 그러나 삶이란 우리에게 그렇게 넉넉하지 않다. 하나를 주면 하나를 뺏어가는 것이 인생이다. 따라서 둘 다를 갖고 싶다는 것은 욕심에 지나지 않는다.

五里霧中
오 리 무 중

출전 후한서(後漢書)의 장해전(張楷傳)
뜻 오리 사방이 안개 속. 어디에 있는지 찾을 길이 막연하거나 갈피를 잡을 수 없을 때 쓰임.

다섯 오, 이 리, 안개 무, 가운데 중

보기
➡ 일단 950선의 지지력을 확인하면서 반등 가능성을 열어 놨다. 그러나 전날 급락세에도 이렇다 할 반등이 쉽지 않은 걸 보면 시장 심리나 체력 모두 예전 같지 않다. 무엇보다 외국인의 속내가 오리무중이다.
➡ 일부 컨소시엄에선 진로의 인수 회의론도 나오고 있다. 또 독도 파문이 일면서 일본계 자본이 포함된 컨소시엄에서 진로를 인수할 경우 불매운동 가능성도 점쳐지는 등 진로 인수전은 갈수록 오리무중이다.

五十步百步
오 십 보 백 보

출전 맹자(孟子)의 양혜왕편(梁惠王篇)

뜻 오십 보를 도망친 자나 백 보를 도망친 자나 행동의 차이는 있으나 본질적으로 같다는 것.

다섯 오, 열 십, 걸음 보, 일백 백

➡ 그에 이어 나온 통계청의 도시근로자 가계수지 분석 결과 뉴스도 오십보백보다. '가구주의 학력이 높을수록 과외비 지출이 많아 빈곤의 대물림이 고착화할 가능성이 있다' 는 것이다.

➡ 남의 재산을 실례했다는 죄의식도 없고, 아까운 물건을 폐품화했다는 자책감도 없다. 이를 방관하는 어른들도 무신경하기는 오십보백보다. '독자갤러리' 는 아이들이 '안전제일' 이라고 쓰인 판때기 구조물로 썰매타기를 하는 사진이다.

吳越同舟
오 월 동 주

출전 손자병법(孫子兵法)의 구지편(九地篇)

뜻 적국 사이인 오와 월나라 사람이 한 배를 타다. 서로가 사이가 안 좋은 사람이 한 자리에 있게 된 것

나라 오, 나라 월, 같이할 동, 배 주

➡ 여당도 야당도 충청권 표의 행방이 2007년 대선에 결정적인 영향을 미칠 것이라는 판단하에 오월동주를 하고 있다. 국운이 걸려 있는 수도이전 문제를 놓고 숫자놀음을 하고 있는 것이다.

➡ 일본의 제국주의 망상의 최종목표는 바로 미국이 될 것이라는 것을 알아야 한다. 미국은 이러한 일본들의 절치부심도 모르고 '오월동주' 니 '미일동주' 하면서 일본을 부추기고 있으니 그 후과는 반드시 '제2의 진주만 기습' 이 될 것이다.

烏合之衆
오 합 지 중

출전 후한서(後漢書)

뜻 까나귀 떼가 모인 것처럼 질서도 통일도 없이 모인 무리. 어중이떠중이 무리를 말함.

까마귀 오, 합할 합, 어조사 지, 무리 중

➡ 농경 시대 남녀 간의 애절한 만남을 제재로 한 이 설화에서 까막까치가 등장함은 무엇을 뜻하는 걸까? 그런 간절한 만남은 군왕의 권력이 베풀어주는 게 아니라 오합지중의 소망이 모여서 성사된다는 의미라도 있는 것일까?

➡ 지난 92년 DJ가 떠난 민주당이 9인 9색의 오합지중으로 무질서와 파벌싸움을 벌일 때 언론과 국민이 얼마나 지탄했던가를 돌이켜봐야 한다. 더구나 지금은 집권당이다.

屋上架屋
옥 상 가 옥

출 전 세설신어(世說新語)의 문학편(文學篇)

뜻 지붕 위에 또 지붕을 얹는다. 공연한 헛수고나 필요 없는 일을 이중으로 함을 말함.

집 옥, 위 상, 더할 가, 지붕 옥

보기

- 고심 끝에 두 은행도 내부 조직개편을 목표로 나란히 지주회사 설립을 선언하고 내부사무국까지 구성했지만 자회사들의 규모가 적은 데다 지주회사 자체가 '옥상가옥'이라는 지적이 제기되면서 별다른 진전을 보지 못하고 있다.
- 너무 늦기는 했지만 내각 본연의 위상과 역할 및 기능을 회복시키겠다는 김대통령의 방침은 바람직하다. 의지가 확고하다면 옥상가옥의 오랜 폐단은 극복될 수 있을 것이다.

玉石俱焚
옥 석 구 분

출 전 서경(書經)의 하서(夏書) 윤정편(胤征篇)

뜻 옥과 돌이 함께 타는 것. 선인과 악인이 함께 난을 만나는 것.

구슬 옥, 돌 석, 함께 구, 태울 분

보기

- 기업규모별, 업종별, 지역별 각각 특성에 맞는 신용평가 모델 개발이 가능한 것이다. 그만큼 옥석구분이 가능해져 우량기업은 낮은 금리로 자금조달을 할 수 있는 반면 한계기업은 자연스럽게 퇴출될 수밖에 없다.
- 동원증권 정○○ 연구원은 "연초에 정부의 IT 839 등 벤처 육성 정책과 맞물려 관련 종목들이 동반 상승했다."며 "장기적으로 '메가트렌드'임에는 틀림없으나 옥석구분이 없는 무분별한 투자는 삼가야 한다."고 말했다.

玉石混淆
옥 석 혼 효

출 전 포박자(抱朴子)의 외편(外篇), 상박편(尚博篇)

뜻 옥과 돌이 한데 뒤섞여 있다. 좋은 것, 나쁜 것이 같이 있어 호악을 구분 못함을 뜻함.

구슬 옥, 돌 석, 섞일 혼, 어지러울 효

보기

- 소화 여부가 주가흐름 좌우, 6월 증시는 호재와 악재가 섞여 있는 이른바 옥석혼효의 모습을 하고 있다. 최근 시장에서는 호재에 대한 기대와 악재에 대한 우려가 교차하고 있는 가운데 낙관이 상승 흐름을 주도하고 있다.
- 옥석혼효란 말이 있다. 요즈음 농산물 중 농약이 검출되고 맛과 질이 떨어지는 중국산이 우리 농산물이라 속여 비싼 가격으로 우리 것보다 더 많이 팔려 나간다고 하니 가짜가 진짜를 몰아내는 판이다.

屋下架屋
옥 하 가 옥

뜻 지붕 밑에 또 지붕을 만든다는 뜻으로, 독창성 없이 앞 시대인의 것을 모방만 함을 경멸해 이르는 말.

집 옥, 아래 하, 시렁 가, 집 옥

보기

○ 필요한 모든 기구를 다 만들겠다면 수백 수천 개로도 많다고 할 수 없을 것이다. 기구를 늘린다고 생산성이 높아지는 것도 아니다. 오히려 업무마찰과 기존 조직의 위축 등으로 고비용 저효율을 초래할 위험성이 더 클 수도 있다. 규모 있고 능률적인 정부가 소망스러운 때, 옥상가옥 옥하가옥을 멈추지 않는 정부의 처사가 어지럽고 답답하다.

溫故知新
온 고 지 신

출전 논어(論語)의 위정편(爲政篇)

뜻 옛것을 익히어 새것을 안다. 옛것을 온전히 앎으로 새로운 것을 발견한다는 것.

익힐 온, 옛 고, 알 지, 새로울 신

보기

○ 양반가에서 먹던 음식을 '온고지신' 하는 마음으로 후대들이 음미해 보기 위해 내려오고 있는 게 한정식이다. 전국적으로 각 지역의 특성을 간직한 한정식이 많지만 전주 한정식의 정통성이 가장 인정받고 있다.

○ 정 사장은 "평생을 '온고지신'이란 좌우명을 가지고 살았다."며 "변화와 혁신은 어느 날 갑자기 나타나는 것이 아니라 옛 것을 배우고 익혀 새롭게 하는 것"이라고 말했다.

蝸角之爭
와 각 지 쟁

출전 장자(莊子)의 즉양편(則陽篇)

유사어 와우각상지쟁(蝸牛角上之爭), 만촉지쟁(蠻觸之爭)

뜻 달팽이 뿔 위에서의 싸움. 아무런 이득도 없는 보잘 것 없는 일로 다투는 것.

달팽이 와, 뿔 각, 어조사 지, 다툴 쟁

보기

○ 그러다 보면 자신들이 지금 국내에서 사생결단하는 일들이 와각지쟁 만큼이나 하찮음을 깨달을 수 있을 것 같다. 그런 의미에서 기자는 386세대는 아니지만 노무현 대통령, 정동영 통일부 장관, 이부영 열린우리당 의장, 천정배 원내대표 등 여권 수뇌부의 최근 잇단 해외방문에 큰 기대를 건다.

○ 우리는 언제까지 달팽이처럼 갑골(甲骨)에 간혀서 탈색한 이념 타령과 지역주의와 반이성의 증오심에서 '와각지쟁'을 계속할 것인가.

臥薪嘗膽
와 신 상 담

출 전 사기(史記)의 월세가(越世家)

유사어 회계지치(會稽之恥)

뜻 섶에 누워 잔 부차와 쓸개를 맛본 구천. 복수를 위해 고난을 참고 복수심을 기르며 심신 단련함을 뜻함.

누울 와, 섶 신, 맛볼 상, 쓸개 담

◐ 2일 프로야구 개막을 앞두고 각 구단이 26명의 선수 엔트리를 발표하면서 와신상담한 선수들 사이에 희비가 엇갈리고 있다. 지난해 1승도 거두지 못한 현대 임선동은 후배 오재영이 허리부상으로 1군 합류가 늦어지면서 선발로 뛸 기회를 잡았다.

◐ 와신상담이다. '아우토반' 차두리와 '유비' 유상철이 우즈베키스탄전에서 '속죄골'을 준비하고 있다. 이들은 그동안의 실수를 모두 날려버리겠다고 벼르고 있다.

玩物喪志
완 물 상 지

출 전 서경(書經)의 여오(旅獒)

뜻 쓸데없는 물건을 가지고 노는 데 정신이 팔려 소중한 자기의 의지(뜻)를 잃는다는 뜻으로, 물질에만 너무 집착한다면 마음 속의 빈곤을 가져와 본심을 잃게 됨을 비유한 말.

장난할 완, 만물 물, 죽을 상, 뜻 지

◐ 자본주의가 무르익고 있는 오늘의 한국인에게 완물상지란 물질적 사치와 문화적 사치를 함께 경고하는 말이다. 요즘 세대에 지나친 오락과 사치를 경고하는 이 말이 제대로 귀에 들릴 리가 없을 터이니 그것이 걱정일 뿐이다.

◐ 색다른 물건은 마음을 홀리는 요물이기에(완물상지) 그것을 보고 듣고도 마음을 동요해서는 안 된다는 유교의 가르침에 투철한 분들인지라 짐짓 건기침을 하거나 돌아앉거나 천장을 올려보고 일부러 못 들은 척 했던 것이다.

完璧
완 벽

출 전 사기(史記)의 인상여열전(藺相如列傳), 십팔사략(十八史略)의 조편(趙篇)

뜻 흔히 완전무결하다는 뜻으로 사용되는 말이지만, 원래는 고리 모양의 보옥을 끝까지 무사히 지킨다는 뜻.

완전할 완, 둥근옥 벽

◐ 상무대우는 전체 직원의 1%에 불과한데, 일반 기업에서 임원수가 전체 직원의 2~3%가 되는 걸 보면, KT 임원으로 가는 길은 멀고도 험하다. 완벽한 '피라미드형' 인력구조를 갖고 있는 셈.

◐ 맞대결 가능성으로 관심을 모은 구대성과 최희섭이 1일 미국 플로리다주 포트세인트루시에서 벌어진 뉴욕 메츠와 LA 다저스의 시범경기에서 완벽투와 홈런 한방을 터뜨리며 동시에 웃었다. 둘의 맞대결은 이뤄지지 않았다.

外柔內剛
외 유 내 강

출전 진서(晉書)의 감탁전(甘卓傳)

뜻 겉으로 보기에는 부드러우나 속은 꿋꿋하고 강함.

바깥 외, 부드러울 유, 안 내, 굳셀 강

보기

- 출근은 오전 7시 이전에 하고 평소 외국어 때문에 스트레스를 많이 받는다. 업무에 만족감을 느끼는 편이다. 자신이 모시는 최고경영자(CEO)를 한마디로 표현하면 외유내강형. 이상은 우리나라 100대 기업(매출액 기준) CEO 비서들의 모습이다.

- 원만한 대인관계와 꼼꼼한 업무처리는 물론 외유내강형의 정통 세무관료라는 평이 자자한 오 청장은 등산과 고적탐방을 취미로 명산을 두루 섭렵했다.

遼東之豕
요 동 지 시

출전 문선(文選)의 주부서(朱浮書), 후한서(後漢書)의 주부전(朱浮專)

뜻 요동의 돼지라는 뜻으로 견문이 좁고 오만하여 하찮은 공을 뻐기며 자랑함을 비유한 말.

멀 요, 동녘 동, 어조사 지, 돼지 시

보기

- 중원축록이 요동지시가 되지는 않겠다. 용들의 전쟁이 거칠게 전개되고 있다. 물밑에서 부산하게 움직이던 신한국당 대선 예비주자들이 경선을 앞두고 치열한 몸부림을 하고 있다. 다시 말하면 한 나라를 이끌어갈 자질이나 품성이 모자라는 사람이 자신의 능력을 착각하여 정권을 다투면 패가망신함을 비꼰 것이다.

窈窕淑女
요 조 숙 녀

출전 시경(詩經)의 주남편(周南篇)

뜻 마음씨가 고요하고 맑은 여자 또는 마음씨가 얌전하고 자태가 아름다운 여자를 뜻함.

그윽할 요, 으늑할 조, 맑을 숙, 계집 녀

보기

- 지난해 유행했던 성숙한 느낌의 요조숙녀 스타일에 캐주얼한 감성이 더해진 것으로, 좀 더 어려지고 경쾌해졌다. ㈜밀리오레 김○○씨는 "크롭 재킷과 볼레로, 볼륨 있는 A라인 스커트가 사랑받을 것"이라고 내다본다.

- 교육계, 종교계에 일생을 바치면서 조강지처와 해로하거나 일부종사한 신사 숙녀에게 많이 있고, 전자는 난봉 건달 화냥 잡것에서 흔히 보게 된다. 요조숙녀와 노기 창녀의 노후를 보면 곧 알 수 있는 것이다.

龍頭蛇尾
용 두 사 미

출 전 벽암집(碧巖集)
뜻 용의 머리에 뱀의 꼬리, 처음 시작은 그럴 듯하지만 끝이 시원치 못함.

용 용, 머리 두, 뱀 사, 꼬리 미

보기
- 건교부는 이에 따라 내진설계가 되어 있지 않는 건물의 리모델링시 내진설계를 적용하는 방안을 검토하고 있지만 이 마저도 의무화보단 권고수준이 될 것으로 알려져 용두사미가 될 가능성이 높다는 분석이다.
- 일본의 평가처럼 정치적 이득을 의식한 정략적 판단에서 나온 '국내용'이란 오해를 사지 않기 위해서라도 실효적인 후속조치를 지속적으로 냉철하게 강구함으로써 이번 대일 선언이 용두사미가 되지 않도록 해야 한다.

用意周到
용 의 주 도

뜻 어떤 일을 할 마음이 두루 미친다는 뜻으로, 마음의 준비가 두루 미쳐 빈틈이 없음. 무슨 일에든지 주의와 준비가 완벽하여 실수가 없음.

쓸 용, 뜻 의, 두루 주, 다다를 도

보기
- 일본의 용의주도한 국수주의 책략에 대하여도 한국 사회가 그간 보여온 일정한 주관이 없는 조변석개식의 민족 감정 표출은 역사의식과 미래관이 없음을 명백하게 드러내고 있다고 하겠다.
- 정 원내대표는 특히 실용주의와 합리적 개혁노선을 내걸면서도 시종일관 본인을 전면에 부각시키지 않는 '로키(low-key)'를 유지하며, 용의주도한 원내전략과 대야 협상력을 통해 실리를 챙겼다는 점에서 높은 점수를 얻고 있다.

于公門
우 공 문

출 전 한서(漢書)의 우정국전(于定國傳)
뜻 우공의 문이라는 말로, 선한 일을 많이 한 조상의 집안의 자손은 번창한다는 뜻.

어조사 우, 공변될 공, 문 문

보기
- 우공문이라고 했는데 우리의 현실을 보면 그렇지도 않을 것 같다. 일제강점기의 쓰라린 기억을 아직도 가지고 있는 우리에게 이번 친일파 자손의 땅 소송은 씁쓸한 뒷맛을 남긴다. 과거청산, 과거청산하면서 아직도 끝나지 않은 과거의 아픈 기억들이 우리를 억누르고 있다.

愚公移山
우 공 이 산

출 전 열자(列子)의 탕문편(湯問篇)

뜻 우공이 산을 옮긴다. 남이 보기에 어리석은 일 같아도 끝까지 밀고 나가면 목적을 달성할 수 있음.

어리석을 우, 어른 공, 옮길 이, 산 산

보기

❏ 의미심장한 변화란 여유와 너그러움, 더 큰 지혜를 가지고 추진해 나가야 한다는 충고를 하고 있다. 과거에 누구보다 핍박을 받은 그가 자기의 시대적 역할은 끝났다면서 대화와 지혜를 강조하고 나오니 '우공이산' 의 우화를 연상하게 된다.

❏ 변화와 속도만이 중시되는 요즘의 한국 사회에서 우공이산의 이야기를 한다면 옛 이야기라고 치부되겠지만 장기적 안목으로 미래를 준비하는 사람들의 덕담으로 되새겨 보면 어떨까?

牛刀割鷄
우 도 할 계

출 전 논어(論語)

유사어 할계언용우도(割鷄焉用牛刀)

뜻 소 잡는 칼로 닭을 잡는다는 뜻으로, 큰 일을 처리할 기능을 작은 일을 처리하는 데 씀을 이르는 말.

소 우, 칼 도, 나눌 할, 닭 계

보기

❏ 군검찰이 현역 육군 대장인 신○○ 연합사 부사령관을 사법처리했던 경험과 군개혁 과제 수행이라는 명분 앞에서 '소 잡는 칼' 을 꺼냈으나 우도할계도 못한 셈이다. 어떤 모양새로 소 잡으려고 빼든 칼을 거둘 지 궁금하다.

❏ 미국 캘리포니아대 브루스 교수는 남아프리카 사막에 사는 전갈이 손쉬운 먹이엔 만들기 쉬운 약한 독을, 커다란 동물에게는 성분이 매우 복잡한 치명적인 독을 쓴다는 연구결과를 발표했다. 우도할계의 가르침에 충실한 셈이다.

遇事生風
우 사 생 풍

출 전 한서(漢書)의 조광한전(趙廣漢傳)

뜻 일을 보면 바람이 인다는 말로, 본 뜻은 젊은 사람들이 눈치 보지 않고 기개 있게 일을 처리함을 말하였으나 지금은 사사건건 문제를 일으킨다는 뜻으로도 쓰임.

만날 우, 일 사, 일 생, 바람 풍

보기

❏ 방탕한 척하며 선대부터 일했던 고관. 대작들의 인물됨과 충심을 시험했던 것이다. 한 기재 중에 기재니, 검을 휘두르면 우사생풍. 젊은이들의 날카로운 예기를 뜻하는 말이다. 이오, 두 번 휘두르면……

右往左往
우 왕 좌 왕

뜻 바른쪽으로 갔다 왼쪽으로 갔다하며 종잡지 못함. 사방으로 왔다갔다 함.

오른쪽 우, 갈 왕, 왼쪽 좌

- 지금은 매크로변수에 휘둘려 우왕좌왕 하기보다는 마이크로 측면에서 기업수 익기반이 탄탄하고, 경기의 턴어라운 드에 수혜를 볼 주식을 분할 매수할 때 다. IT주, 운송관련주가 투자대상으로 좋아 보인다.
- 최소한의 가닥과 줄거리라도 잡아 나 가야 하는 것 아닌가. 어느 사안에 대해 서도 제대로 된 당론으로 제1야당의 역 할을 하지 못하는 '우왕좌왕 정당', '트 집만 잡는 정당', '정체성(正體性) 회색 정당'으로 언제까지 표류만 할 것인가.

迂餘曲折
우 여 곡 절

뜻 이리저리 굽음. 여러 가지로 뒤얽힌 복잡한 사정이나 변화.

멀 우, 남을 여, 굽을 곡, 꺾을 절

- 비정규직법안이 우여곡절 끝에 국회의 논의 테이블에 오르게 됐습니다. 완강 히 버텨오던 노동계가 이 문제를 국회 에서 논의해 결론짓자는 합의를 하고 대화복귀를 전격 선언했습니다.
- 동아건설 파산채권 매각을 주관했던 회계법인과 채권단은 결국 여론에 밀 려 론스타를 배제하고 동아건설 파산 채권 매각을 다시 추진했다. 그 후 우여 곡절 끝에 '세계 1위의 투자은행' 골드 만삭스가 헐값에 동아건설 파산채권을 인수했다.

優柔不斷
우 유 부 단

뜻 어물어물하기만 하고 딱 잘라 결단을 하지 못 함. 결단력이 부족한 것.

넉넉할 우, 부드러울 유, 아니 부, 끊을 단

- 장고= 오래 생각하는 행위를 말한다. 신중한 것은 좋으나 지나친 장고는 우 유부단을 낳기 쉽다. 그래서 바둑에서 는 '장고 끝에 악수 난다'란 격언이 있 다. 바둑에서도 지나친 장고는 그다지 환영받고 있지 못함을 알 수 있다.
- 역사의 악순환은 미래에 대한 통찰력 이 부족한 나머지 어쩌면 간단히 해결 할 수 있는 것을 결단과 행동 대신 우유 부단함으로 방치할 때 생기는 필연적 인 현상이다.

牛飲馬食
우 음 마 식

유사어 경음마식(鯨飲馬食), 폭음폭식(暴飲暴食)

뜻 소가 물을 마시듯, 말이 풀을 먹듯이 많이 먹고 많이 마심.

소 우, 마실 음, 말 마, 먹을 식

보기

➡ 소변이 너무 잦아서 난처하다느니 뭐 니 하면서, 지금까지의 나쁜 생활습관 을 전혀 고치려 하지 않고 우음마식 하 면서 '옴 진동수'의 효과를 의심한다는 것은 당치도 않은 이야기인 것입니다.

羽翼已成
우 익 이 성

출전 사기(史記)의 유후세가(留侯世家)

뜻 새의 날개와 깃이 이미 자랐다는 말로 충분히 성숙해졌다는 뜻.

깃 우, 날개 익, 이미 이, 이룰 성

보기

➡ 스타를 보면서 우리가 느끼는 또 하나 의 감정은 그 스타가 데뷔하면서 우익 이성해가는 과정을 지켜보면서 느끼는 감정일 것이다. 좋은 쪽으로 성숙해지 는 경우도 있지만 그렇지 않을 경우도 있다. 그럴 때는 더욱 안타깝다.

羽化登仙
우 화 등 선

출전 소동파(蘇東坡)의 전적벽부(前赤壁賦)

뜻 번데기가 날개 있는 벌레로 변하듯 알몸뚱이 사람이 날개 돋쳐 신선이 되어 하늘로 올라가 는 것을 말함.

깃 우, 화할 화, 오를 등, 신선 선

보기

➡ 실학자 홍만종(洪萬宗)이 "신라인 김가 기가 중국에서 우화등선한 선인(仙人) 임을 모르는 이가 없는데 우리나라에 서는 식자층에서도 아는 이가 없어 중 국 사람이 와서 물어보아도 대답을 못 하니 부끄러운 일이다." 했다.

➡ 전설에 따르면, 최치원이 함양을 떠날 때에 "먼 훗날 이 숲에 소나무와 대나 무가 저절로 나면 내가 이 세상을 떠난 줄 알라."고 말했다. 그 후 함양 백성들 은 상림에 소나무와 대나무가 자라난 것을 보고 그가 우화등선했다고 믿었다.

旭日昇天
욱　일　승　천

뜻 아침 해가 떠오른다는 뜻으로, 떠오르는 아침
해처럼 세력이 성대해짐을 이르는 말.

아침해 욱, 날 일, 오를 승, 하늘 천

보기

○ 항상 문제가 되는 것은 군국주의적 야
마토다마시(大和魂)의 소지자들이다.
그들은 명치시대에 개명하여 세계를
상대했던 욱일승천지세(旭日昇天之勢)
를 그리워하고 있는 모양이다.

○ '보인다. 3연속 챔프전 진출!' 원주 TG
삼보의 광풍은 2차전에서도 계속됐다.
챔프전에서 누구와 맞붙더라도 자신있
다는 욱일승천의 기세. TG삼보가 서
울 삼성에 2승을 먼저 거두고, 챔프전
진출에 1승만을 남겨두었다.

運用之妙
운　용　지　묘

출전 송사(宋史)

뜻 아무리 좋은 제도라도 그것을 운용하는 사람
의 마음 여하에 달린 것이기 때문에 임기응변
이나 융통성의 중요함을 강조한 말이다.

운전할 운, 쓸 용, 어조사 지, 묘할 묘

보기

○ 어떤 제도이든 완벽한 제도는 없다. 따
라서 그 제도를 운용하는 사람이 어떻
게 운용하느냐에 따라 효과적인 제도
가 될 수도 있고 비효과적인 제도가 될
수도 있다. 그래서 그 제도를 운용하는
사람은 운용지묘를 살릴 수 있는 융통
성이 필요하다.

遠交近攻
원　교　근　공

출전 사기(史記)의 범저열전(范雎列傳)

뜻 먼 나라와 친교를 맺고 가까운 나라를 공격해
야 한다는 뜻으로 이해가 긴밀하지 않더라도
거리가 멀리 떨어져 있는 국가와 친교를 맺는
외교정책을 이르는 말.

멀 원, 사귈 교, 가까울 근, 공격할 공

보기

○ 외교 모략가의 경우 호탕한 언행으로
고관들의 기세를 꺾은 전국시대의 노중
련이 소개된다. 원교근공이란 고전적인
외교이론을 창안해 진의 중국 통일을
촉진한 범수, 12세의 신동 외교가 감라
등의 사연도 소개된다.

○ 중국 전국시대 사상가 한비자는 진(秦)
에서 6국을 병합하는 계책을 건의했다.
먼저 원교근공으로 6국의 합종을 깨고
한·조·위를 멸망시킨 다음 다른 제후
국을 멸망시킬 것을 제안했다. 그러나
진왕은 그를 믿지 않았다.

遠水不救近火

원 수 불 구 근 화

출전 한비자(韓非子)의 설림편(說林篇)

뜻 먼 곳에 있는 물은 가까운 곳에서 난 불을 끄지 못한다는 뜻으로 멀리 있으면 급할 때 아무 소용이 없다는 말.

멀 원, 물 수, 아니 불, 구할 구, 가까울 근, 불 화

보기

○ 15일 열린 양국정상회담이 북핵문제에 대한 완전한 공감대를 이끌어 내기보다 두 정상이 처음으로 만나 서로에게 조금씩 다가갔다는데서 의미를 찾아야 하는 것도 바로 이 때문이다. 이 대목에선 한비자(韓非子)에 나오는 원수불구근화라는 고사를 생각하게 된다. 이는 서로에 대한 이해를 통한 정신적 근접성이 문제해결에 있어 어떤 선언적 언사보다 중요하다는 얘기가 될 수 있다.

怨入骨髓

원 입 골 수

출전 사기(史記)의 진본기(秦本紀)

뜻 원한이 뼈에 사무친다는 뜻으로 원한이 마음 속 깊이 맺혀 잊을 수 없다는 말.

원한 원, 들 입, 뼈 골, 골수 수

보기

○ 시간은 오고 또 간다. 그렇게 흐르는 시간을 우리가 소홀히 보내면 그 시간은 흔적을 남기게 되고, 그 소홀한 흔적이 압축된 역사로 응집되어 되돌아와서 '시간의 보복'을 몰고 오는 것이다. 원입골수란 말이 있다. 원한이 뼈에 사무친다는 뜻이다. 그러나 '오히려 원한이 마음 속 깊이 맺혀지면 잊을 수도 있다.'라는 역설적 미학으로 다가올 수 있는 것이다.

月旦評

월 단 평

출전 후한서(後漢書)의 허전(許專)

뜻 매달 첫 날의 평이라는 뜻으로 인물평을 말함.

달 월, 아침 단, 품평 평

보기

○ 언론학자 강○○씨가 또 하나의 월단평을 쓰고 있다. 평전이름은 '인물과 사상' 시리즈. 지난 1월 첫 호에서 이건희 삼성회장, 마광수 전 연세대 교수 등을 도마에 올리며 화제를 모았다.

○ 개각이나 선거가 끝나면 으레 풍성한 화제가 뒤따르게 마련이다. 새로 떠오른 인물들에 대한 나름대로의 월단평과 승리와 패배 뒤에 얽힌 뒷얘기 등등. 표의 향방을 점치는 예측과 결과가 주는 의외성과 이변이 주는 극적인 흥미 때문일 게다.

月下氷人
월 하 빙 인

출전 속유괴록(續幽怪錄)
진서(晉書) 예술전(藝術傳)

뜻 월하노인(月下老人)과 빙상인(氷上人)이란 말을 합친 약어로 중매인을 일컬음.

달 월, 아래 하, 얼음 빙, 사람 인

➡ 그는 18일 미국 뉴욕에서 전문직 동포 남성들과 한국 여성들의 단체 미팅을 주관한다. 내년에는 현지에 지사를 설립할 계획이다. 한국의 국가대표급 '뚜쟁이'가 세계인의 '월하빙인'으로 도약을 준비하고 있다.

➡ 엄격히 제한된 결혼연령, 연인의 모습을 볼 수 없는 평양거리, 월하빙인 행세를 하는 노동당, 외국인과 내국인을 쉽게 구별하는 도구로도 쓰이는 김일성 배지 등 낯설고도 재미있는 북한 사람들의 삶이 적나라하게 펼쳐진다.

危機一髮
위 기 일 발

뜻 머리털 하나로 천균(千鈞)이나 되는 물건을 끌어당긴다는 뜻으로 당장에라도 끊어질 듯한 위험한 순간을 비유해 이르는 말.

위태할 위, 틀 기, 하나 일, 터럭 발

➡ 오후 1시 '테이프커팅'으로 시작된 이날 행사장에는 일본 여성팬 800여명과 취재진 200여명이 한꺼번에 뒤엉켜 대혼잡을 빚었다. 배용준은 한 걸음을 옮길 때마다 위기일발의 진통을 겪어야 했다.

➡ 나주시 세제면 백산리는 금천천 제방이 무너지면서 마을 전체가 침수될 위기에 처했다. 삽시간에 빗물이 마을 전체를 뒤덮었다. 순간 반대쪽 제방이 무너지면서 물길을 급속도로 바꿨다. 위기일발이었다.

韋編三絶
위 편 삼 절

출전 사기(史記)의 공자세가(孔子世家)

뜻 가죽으로 맨 책 끈이 세 번이나 닳아 끊어짐. 책을 많이 읽음을 상징함.

가죽 위, 책 끈 편, 석 삼, 끊을 절

➡ 위편삼절이란 말은 열심히 책을 읽었다는 데서 연유한 말이다. 그때 공자가 무슨 책을 읽었는지 아는 사람은 드물다. 공자가 그리도 아꼈던 그 책의 이름은 누구나 익히 들어본 고전, 주역이다.

➡ 공부가주라는 술은 다 마시고 나서 소주를 넣어도 세 번까지는 소주인지 공부가주인지 모른다는 말이 있다. 이것도 위편삼절인가? 공부가주를 마시면서 들었던 공자 부인 이야기가 그때는 왜 그렇게 배가 아프게 우스웠던지.

有教無類
유 교 무 류

출전 논어(論語)의 위령공편(衛靈公篇)

뜻 가르침에는 차별이 없다는 이 말은 배우고자 하는 사람에게는 누구에게나 배움의 문이 개방되어 있다는 공자의 말.

있을 유, 가르칠 교, 없을 무, 무리 류

보기
➡ 교육현장에 차별을 둬선 안 된다는 공자의 '유교무류'의 정신에 따른 것이다. 만일 공자의 차별없는 교육이 없었다면, 안연이나 자로 같은 제자는 길거리의 거렁뱅이나 골목대장으로 남았을지도 모른다.

➡ 학교 촌지가 근절되지 않는 것이 자기 자식만 생각하는 학부모들의 이기심 탓도 있다고 하지만, 선생님들이 유교무류한다면 어찌 선생님들을 불신하겠습니까. 그리고 전혀 촌지가 없는 학교도 분명히 있습니다.

柔能制剛
유 능 제 강

출전 황석공소서(黃石公素書), 노자(老子) 36장

뜻 부드러운 것이 강한 것을 제압한다. 병법에 있는 말이지만, 세상사에도 해당된다.

부드러울 유, 능할 능, 누를 제, 강할 강

보기
➡ 힘은 유능제강이다. 부드러움이 능히 딴딴한 것을 이긴다. 부드러움은 몸의 생리작용을 강화시켜 나이에 관계없이 항상 젊음을 유지할 수 있도록 해준다.

➡ 나무는 너무 강하면 꺾이게 마련이다. 병서인 '육도삼략'에는 "유능제강"이라는 말이 있다. 부드러움이 주는 것은 상대방에 대한 따뜻한 배려이고 화해이다. 우리 정치가 미숙한 것은 남의 주장에 귀 기울일 줄 모르는 아집과 오기 때문이다.

有名無實
유 명 무 실

출전 국어(國語)의 진어(晋語)

유사어 명존실무(名存實無), 허명무실(虛名無實)

뜻 이름만 있고 실상은 없음.

있을 유, 이름 명, 없을 무, 열매 실

보기
➡ 정부의 신용불량자지원대책의 하나인 영세자영업자에 대한 신규대출 기준이 너무 까다로워 유명무실할 것이라는 전망이 우세하다. 은행들이 저리로 2000만원까지 빌려주겠다고 하면서도 각종 제한조항을 마련해 놓고 있기 때문이다.

➡ 학교폭력을 해결하기 위해 각급 학교에 설치된 학교폭력대책자치위원회가 학내 폭력이 빈발하는 데도 소집조차 되지 않고 있어 유명무실하다는 지적이다.

有備無患
유 비 무 환

출전 서경(書經)의 열명(說命)

뜻 사전에 준비가 갖추어져 있어야 후환이 없다는 것.

있을 유, 예비 비, 없을 무, 근심 환

보기
- 신행장은 특히 "신한은행이 압축성장할 수 있었던 자양분은 바로 고객만족 경영이었으며, 저금리 시대에는 상품과 서비스 차별화가 고객만족으로 이어진다."며 이순신 장군의 '유비무환' 자세와 도산 안창호 선생의 '주인정신'을 강조했다.
- 국내 8개 역사 관련 학회가 결성한 '한국사연구단체협의회' 초대 회장을 맡은 김도형 연세대 사학과 교수는 '한일 역사 분쟁'에서 유비무환을 강조했다.

唯我獨尊
유 아 독 존

출전 장아함경(長阿含經)

뜻 이 세상에 나보다 존귀한 사람은 없다는 말. 또는 자기만 잘났다고 자부하는 독선적인 태도의 비유.

오직 유, 나 아, 홀로 독, 높을 존

보기
- 종합주가지수 1000대 진입이 '천상'이며, 900원대 환율은 '천하'를 의미한다. 천상천하 시대에 유아독존하는 세력은 어디일까. '종합주가지수 1000-환율 900원' 시대가 열리면 어떤 변화가 열릴 것인지 점쳐봤다.
- 우선 오늘날 자명한 제도처럼 전제되고 있는 대통령책임제는 사실 제헌국회에서 유아독존 이승만 박사의 옹고집으로 헌법기초위원회가 성안했던 내각책임제를 하룻밤 사이에 바꿔친 날치기 작품이었다.

悠悠自適
유 유 자 적

뜻 여유가 있어 한가롭고 걱정이 없는 모양이라는 뜻으로, 속세에 속박됨이 없이 자기가 하고 싶은 대로 마음 편히 지냄을 이르는 말.

멀 유, 스스로 자, 갈 적

보기
- 유유자적함은 자기만의 유유자적이 아니라 남에게도 관심을 기울일 줄 알며, 남들에게 속마음을 털어 보일 줄 알며 뜨겁게 대할 줄 안다.
- 어느 날 나는 내 아이에게 그림이 주는 느낌을 물었다. 대뜸 두 가지로 볼 수 있는데 하나는 엄마처럼 외로움이나 그리움, 기다림이 보이기도 하지만, 자기 자신은 유유자적한 삶 쪽으로 느낌이 기운다고 했다.

陰德陽報
음 덕 양 보

출전 일기고사(日記故事)
유사어 유음덕자필유양보(有陰德者必有陽報)
뜻 남이 모르게 착한 일을 하면, 세상이 다 알게 복을 받는다는 것.

그늘 음, 베풀 덕, 밝을 양, 갚을 보

보기
➡ 연말이 되면 유명인들이 떠들썩하게 고아원이나 양로원 등을 방문하고 그것을 매스컴에 홍보하는 것을 종종 보게 된다. 돕고자 하는 것이 목적인지 홍보가 목적인지 의심스러울 정도다. 옛말에 음덕양보란 말도 있는데…… . 조금 아쉬운 부분이기도 하다. 그러나 아예 돕지 않는 것보다는 낫다고 생각한다.

孺子可教
유 자 가 교

출전 한서(漢書)
뜻 젊은이는 가르칠 만하다는 뜻으로, 열심히 공부하는 아이를 칭찬할 때 쓰는 말.

젖먹이 유, 아들 자, 옳을 가, 가르칠 교

보기
➡ '될 성부른 나무 떡잎부터 알아본다.'는 우리 속담과 일맥상통하는 중국 고사성어로 '유자가교'가 있다. 열심히 공부해 장래가 촉망되는 아이를 칭찬하는 말. 이 말은 어디서 비롯됐을까.
➡ 이름 '가염'은 스승이 지어준 학명(學名). 이는 '유자가교 소질가염'에서 따온 말이다. 그는 중일전쟁 때 항일선전공작에 참여해 선전화를 그리다가 1945년 전쟁이 끝난 뒤 치바이스를 만나 다시 국화의 세계로 돌아와 매진했다.

有酒亡國
유 주 망 국

출전 사략(史略) 권일(券一)
뜻 술 때문에 망하는 나라가 있을 것이다. 술은 정신을 혼미하게 하고 중독성이 있어 정사를 그르칠 수 있다는 것.

있을 유, 술 주, 망할 망, 나라 국

보기
➡ 흔히들 술 권하는 사회라고 하는데 정말 사회생활은 술로 시작하여 술로 맺는 듯하다. 접대라는 명목으로 날아가는 막대한 술값은 물론이고 술이 없으면 마치 진실한 이야기 나오지 않는 듯한 사회적 분위기도 문제이다. 유주망국이라고 술보다 건전한 접대문화나 사교문화가 어서 정착되어야겠다.

六事自責
육 사 자 책

출전 사략(史略) 권일(券一)

뜻 여섯 가지로 자책하다. 탕 임금이 하늘에 여섯 가지 잘못이 있으면 용서해 달라고 비는 것.

여섯 육, 일 사, 스스로 자, 책할 책

보기
➡ 중국의 4대 성군으로 꼽히는 은나라 탕 임금은 7년 가뭄의 큰 재앙을 당하여 하늘에 기도하면서 '육사자책'으로 스스로를 채찍질했다. —정치에 절제가 없었는가 —많은 백성이 직업을 잃었는가 —궁궐이 지나치게 사치했는가 —부인의 청탁이 많았는가 —뇌물이 성행했는가 —아첨하는 자가 번창하였는가.

殷鑑不遠
은 감 불 원

출전 시경(詩經)의 대아탕편(大雅蕩篇)

뜻 은나라의 거울은 멀지 않다. 이전의 실패를 자신의 거울로 삼아 경계하라는 것.

은나라 은, 거울 감, 아니 불, 멀 원

보기
➡ 국가 안보는 절체절명의 명제이자 돈이 아주 많이 드는 과업이다. 쉽게들 '자주 국방' 운운하지만 그게 정말로 이뤄질 수 있는 일인지에 대해서는 회의적일 수밖에 없다. 은감불원의 예는 가까이 있다. 북한이 바로 그 산 증거가 아닌가.
➡ '6명의 선배들이 오늘 이 고객을 만나서 제품 하나 판매하지 못한 이유가 뭘까?' 은감불원이라고 했던가. 이번에도 실패하면 세일즈 세계에서 영원히 발을 빼야 한다는 절실한 생각이 앞섰다.

隱忍自重
은 인 자 중

뜻 괴로움을 감추어 참고 몸가짐을 신중히 함.

숨을 은, 참을 인, 스스로 자, 무거울 중

보기
➡ 국민이 흥분해도 정부는 냉정하게 대응해야 한다. 그러나 정부가 앞장서서 외교적 모험을 할 때는 성숙된 시민과 언론이라도 사려 깊은 신중한 자세를 견지해야 한다. 은인자중하자.
➡ 그들의 '내재적 접근법'으로 본다면 5·16 같은 쿠데타도 충분히 도리 없이 이해할 수밖에 없게 된다. 그런 사태도 "은인자중하던 군(軍)은 마침내 백척간두에 선 조국을 구하기 위해", "조국 근대화를 위해"라는 그 나름대로의 자기 명분을 가지고 있었으니 말이다.

218

泣斬馬謖
읍 참 마 속

출전 십팔사략(十八史略)

뜻 눈물을 흘리며 제갈량이 마속을 베다. 사사로운 인정보다 공정한 법집행을 한 것.

울 읍, 벨 참, 말 마, 뛰어날 속

보기

➡ 이들 사안에 대해선 혐의만 짙지 아직 이렇다할 물증이 없다. 당사자들이 모두 부인하고 있어서다. 하지만 강 전 장관이 참된 공복이었다면 '읍참마속'의 심정으로 자식의 취직을 말렸어야 했다. 처제의 투기도 물론이다.

➡ '읍참마속'의 교훈 음미할 때 지율 스님의 단식에 정부가 굴복했다는 소식을 듣고 가슴이 답답해졌다. 영월 동강 댐, 새만금사업 같은 대규모 국책사업과 관련하여 환경론자들에게 정부는 맥없이 굴복만 당하고 있다.

應對如流
응 대 여 류

뜻 물 흐르듯 응대한다는 뜻으로, 언변의 능수능란함을 비유하는 말.

응할 응, 대답할 대, 같을 여, 흐를 류

보기

➡ 한림이 그때 마침 마땅한 서사를 한 사람 구하던 타이므로 석낭중의 편지를 보고 즉시 동청을 불러 들여서 보매, 의표 영민하고 응대여류한지라. 한림이 크게 기꺼하야 문하에 두고 서상의 소임을 맡기니.

➡ 장수는 그 말을 옳게 여겼다. 곧 가후를 조조의 영채로 보내서 항복의 뜻을 전했다. 조조가 가후를 만나서 그 응대여류한 것을 보고 자기 수하에 거두어 모사를 삼으려 했다.

應接不暇
응 접 불 가

출전 세설신어(世說新語), 왕자경(王子敬)

뜻 아름다운 경치가 계속 나타나 인사할 틈도 없다. 여유가 없이 몹시 바쁜 것을 비유함.

응할 응, 사귈 접, 아니 불, 겨를 가

보기

➡ 93번 국도는 '천국의 도로'라는 별명처럼 캐나다 로키의 한가운데를 지나며 운전자에게 쉴새없이 절경을 선사한다. 응접불가. 아름다운 경치가 계속 나타나 인사할 틈도 없다는 뜻으로, 바로 이런 도로를 가리키는 고사성어일 것이다.

意 氣 揚 揚
의 기 양 양

출 전 사기(史記)의 관안열전(管晏列傳)
유사어 기우장대(氣宇壯大)
뜻 의기가 드높아 매우 자랑스럽게 행동하는
모양. 또는 자랑스러워 뽐내는 모양.

뜻 의, 기운 기, 오를 양

보기
➡ 네 자릿수에서 의기양양하게 출발했던
증시는 여기저기 상처만 가득 안은 채
960선대에서 한달을 마감했다. 그래도
마지막 날 외국인이 매수로 돌아섰다
는 점, 증시가 10포인트 이상 반등했다
는 점이 그나마 위안이 된다.
➡ 경비대 숙소 오른쪽 위 섬 끝자락의 초
소에서 소총을 든 채 매서운 눈매로 일
본 쪽 바다를 감시하던 초병 박○○ 상
경은 "독도 경비대원이란 게 요즘처럼
자랑스러울 때가 없다."고 의기양양해
했다.

衣 食 同 源
의 식 동 원

뜻 의약과 음식은 근원이 같다는 뜻으로, 극단적
인 식도락의 출발점을 이르는 말.

옷 의, 먹을 식, 같을 동, 근원 원

보기
➡ 한국 사람들은 예로부터 '의식동원',
즉 치료제와 음식은 같다고 믿어 건강
보조식품을 '의사의 처방전이 필요 없
는 약' 쯤으로 여겨왔다. 하지만 건강
보조식품도 궁합이 안 맞으면 '먹으나
마나' 라는 것이 전문가들의 중론이다.
➡ 옛 사람들은 체질과 음식의 조화가 병
을 주기도 하고 고치기도 한다고 믿었
으며, 여기에서 의식동원이라는 말도
생겼다. 이러한 견해에서 현대의 식품
영양학과 일맥상통한다고 볼 수 있다.

衣 食 足 而 知 禮 節
의 식 족 이 지 예 절

출 전 관자(管子) 목민편(牧民篇)
뜻 입을 것과 먹을 것이 풍족해야 예절을 알게
된다는 것.

옷 의, 먹을 식, 족할 족, 말이을 이, 알 지, 예 례, 절개 절

보기
➡ 우리 같은 서민들에게는 그저 먼 나라
의 공주님처럼 사는 할리우드 스타들의
얘기일 뿐인가요? 그렇지만은 않지요.
우리도 이제 먹고 살만해진지 오래고,
적어도 패션과 유행은 글로벌을 따라가
고 있잖습니까. 그럼에도 불구하고 관
중(管仲)의 말마따나 사실은 의식족이
지예절입니다. 이런 기사가 눈에 들어
오려면 먼저 배가 불러야겠지요. 옛날
신문을 들춰보니 국내에서는 베스트 드
레서를 뽑는 행사가 80년대 들어서 생
긴 것 같습니다.

疑心生暗鬼
의 심 생 암 귀

출전 열자(列子)의 설부편(說符篇)

뜻 의심은 암귀(판단을 흐리게 하는 정신상태)를 낳는다. 잘못된 선입관은 남을 액면대로 평가하지 못한다는 것.

의심할 의, 마음 심, 날 생, 어두울 암, 귀신 귀

➡ 소련측의 무례라고 하기에 족한 태도도 이해해 준 우리 정부이다. 국가원수끼리의 회담이라면서 한시간 이상을 지연시킨 것이나 의전절차상의 일방통행을 외협 우리 측이 변명해줄 정도로 아량과 인내를 과시했다. 그만한 마음의 넓이라면 북한을 포용하지 못할 까닭이 없다. 중요한 것은 신뢰이다. 서로 진정을 알게 되면 이해의 여지는 넓어지게 마련이다. 의심을 걷지 않으면 어떤 말도 통할 리 없다. 의심생암귀라고 하지 않던가.

異口同聲
이 구 동 성

출전 송서(宋書)의 유병지전(庾炳之傳)

유사어 여출일구(如出一口), 이구동음(異口同音)

뜻 입은 다르지만 하는 말은 같다는 뜻으로, 여러 사람의 말이 한결같음을 이르는 말.

다를 이, 입 구, 같을 동, 소리 성

➡ 진로소주 채권을 외국계 자본에 매각했을 당시에는 언론들이 이구동성으로 "유리하게 잘 팔았다."고 치켜 세워놓고는 이제 와서 그때 왜 그렇게 헐값으로 팔았느냐고 따지는 것은 문제가 있다는 주장에도 일리가 있다.

➡ 디오라마 제작 경험자들은 이구동성으로 "무엇으로 하는지는 자유다. 어떤 재료를 쓰든지 실물처럼 표현되면 그것으로 충분하다."고 말한다. 넓고 평평한 바닥만 있으면 '베이스'를 만들 수 있다.

移木之信
이 목 지 신

출전 사기(史記)의 상군열전(商君列傳)

뜻 위정자가 나무 옮기기로 백성들을 믿게 한다는 뜻으로, 남을 속이지 않거나 약속을 반드시 지킨다는 말.

옮길 이, 나무 목, 어조사 지, 믿을 신

➡ 효공을 만난 상앙은 세번째 만남에서 그를 설득하였다. 효공은 상앙을 좌서장(左庶長)에 등용하였다. 여기서 상앙은 "이목지신"의 고사를 통해 법의 개혁을 추진하고 성공한다.

➡ 백성을 위하는 정치는 믿음이 전제돼야 한다. 그래야만 백성들이 위정자들을 믿고 따르게 되는 것이다. 약속한 것은 반드시 시행함으로써 남을 속이지 않는다는 이목지신의 교훈을 다시 한 번 되새길 때다.

以心傳心
이 심 전 심

전등록(傳燈錄), 오등회원(五燈會元)

뜻 마음에서 마음으로 전한다. 말이나 글을 사용하지 않고 마음으로써 뜻을 전달한다는 것.

씨 이, 마음 심, 전할 전

보기

▶ 진보세력이 정권을 잡게 된 것은 이들이 일으킨 '나비 효과'의 덕을 본 측면이 크다. 열심히 공부하고 실력을 쌓았지만 사회 진출을 봉쇄당한 이들에게 기득권층의 부패와 무능은 커 보였다. 이심전심으로 동년배들에게도 같은 공감대가 형성된 것이다. "아직 주문이 확 늘어나는 건 없지만 좋아질 것이란 기대감이 무르익고 있는 건 사실입니다. 중소기업 사장들 모임에 나가보면 이런 걸 이심전심으로 알 수 있습니다."

利用厚生
이 용 후 생

상서우서(尙書虞書)의 대우모(大禹謨)

뜻 기구를 편리하게 쓰고 먹을 것, 입을 것을 넉넉하게 하여 백성의 생활을 나아지게 함.

이로울 이, 쓸 용, 두터울 후, 날 생

보기

▶ 발전계획에 따르면 우선 재단의 이념은 '삶의 질 제고를 위한 문화예술의 이용후생 촉진', '문화예술의 사통팔달 구축', '문화예술을 통한 법고창신의 가치 구현' 등 세 가지로 요약된다.

▶ 조선시대 선비들에게 기와는 민생구제와 이용후생이나 덕스런 통치의 상징물로 우선 받아들여졌던 듯하다. 조선 초의 대학자 김종직은 '점필재집'에 경상도 함양현감 시절 백성들의 집을 기와로 이어준 치적을 슬쩍 자랑하는 시를 적었다.

泥田鬪狗
이 전 투 구

뜻 진탕에서 싸우는 개라는 뜻으로, 강인한 성격의 함경도 사람을 평한 말 또는 명분이 서지 않는 일로 몰골사납게 싸움.

진흙 이, 밭 전, 싸움 투, 개 구

보기

▶ 과거 이전투구식 싸움으로 사망선고까지 받았던 제주시의회가 이번에는 '민의의 전당'의 얼굴인 본회의장에서 밀가루가 뿌려지는 볼썽사나운 추태를 연출했다.

▶ 2004년도 세상을 떠들썩하게 했던 장군 진급비리 사건 수사 과정에서 보았듯이 그들은 장군계급이 군 생활의 목적 전부인양 인생의 비전 자체인양 죽기 아니면 살기 식으로 마치 전투하듯이 육사출신들끼리 만인대 만인의 투쟁의 볼꼴 사나운 이전투구를 벌인다.

二桃殺三士

이 도 살 삼 사

출전 안자춘추(晏子春秋) 1권의 하편

뜻 두 개의 복숭아로 세 무사를 죽이다. 교묘한 계략으로 상대를 자멸하게 하는 짓을 비유.

두 이, 복숭아 도, 죽일 살, 석 삼, 무사 사

보기

➡ '이도살삼사'란 성어는 교묘한 꾀로 손 하나 대지 않고 상대방을 자멸시키는 일을 비유하는 말이다. 최근 국세청의 세무조사와 맞물려 행정규칙으로 신문고시를 시행하는 것은 엄연한 언론탄압이라는 주장으로 도하 각 신문은 강력하게 반발하고 있으며, 이에 정치공세까지 가세돼 언론개혁이냐 아니면 사상 유래 없는 언론탄압이냐 하는 공방은 점점 가열되고 있다.

以言取怨禍

이 언 취 원 화

출전 황석공(黃石公)의 소서(素書) 한비자(韓非子)

뜻 말로써 원한을 사는 것은 화가 된다. 단순한 말 무심코 하는 말이 칼로 찌르는 것 같아 원한을 만들고 원한을 사므로 화를 가져온다는 것.

써 이, 말씀 언, 취할 취, 원망 원, 재앙 화

보기

➡ 영화 '올드보이'를 보면서 이언취원화를 확실히 느낄 수 있었다. 무심결에 내뱉은 말 한마디에 15년의 감금 생활을 해야 했던 주인공을 보면서 나의 아무 의미 없는 말 한마디가 상대방에게 얼마나 큰 아픔이며 그것이 또한 고스란히 내게로 돌아올 수 있다는 것을 깨달았다.

李下不整冠

이 하 부 정 관

출전 열녀전(列女傳), 문선(文選)

뜻 오얏나무 밑에서 갓을 고쳐 쓰지 않는다. 남에게 의심받을 일을 미리 않는다는 것.

오얏 이, 아래 하, 아니 불, 바로잡을 정, 갓 관

보기

➡ 이하부정관이란 말이 있다. 새삼스럽게 이 말을 거론한 것은 바로 국민의 정부의 실세 중 실세였던 유력 정치인에 대한 대법원의 무죄판결을 지적하기 위함이다.

➡ 국회운영이 어려워질 것이 예상되더라도 정책대안을 통해 야당과의 연대를 모색해야지 장관직을 매개로 공조를 얻어내려는 발상은 합당하다고 볼 수 없다. 이런 분석마저도 오해라고 여권이 강변한다면 '이하부정관'하라고 권고하고 싶다.

故事成語223

離合集散

이 합 집 산

뜻 헤어졌다가 모였다가 하는 일.

떠날 리, 합할 합, 모을 집, 흩어질 산

보기

- 전대 과정에서 3계파간의 세대결이 '심화', '개혁', '실용' 논란과 계파의 이합집산 등 갈등의 표면화나 파열음도 예상된다. 소장개혁 그룹의 경우 지도부내 수적 열세를 감안하면 당분간 '장외 압박전'을 펼치며 협력과 대립을 거듭할 것으로 예측된다.
- 조직 내에는 사상의 편차에 의한 조직 전망의 차이로 정파가 형성되기 마련이다. 그러나 현재의 상당 부분은 개인의 이해관계에 따라 이합집산한 측면이 크다.

益者三友

익 자 삼 우

출전 논어(論語)의 계씨(季氏)

뜻 사귀어 자기에게 유익한 세 부류의 벗이라는 뜻으로 정직한 사람, 친구의 도리를 지키는 사람, 지식이 있는 사람을 이르는 말.

더할 익, 놈 자, 석 삼, 벗 우

보기

- 그러나 무엇보다 미쁘고 정다운 소리는 바로 두런두런 이야기를 펼치는 사랑하는 벗들의 음성이다. '논어'에 '익자삼우'라 하였다. '정직한 사람, 성실한 사람, 박학다식한 사람을 벗하라.'는 말이다. 마주보고 선 두 절벽 사이로 보일 듯 말 듯 절집이 얼비친다.
- 사람을 교화하기 위한 노력도 높게는 석가·공자·예수·소크라테스로부터 아래로 익자삼우에 이르기까지 때로는 서로가 서로의 스승이 되기도 한다.

因果應報

인 과 응 보

뜻 원인과 결과는 서로 물고 물린다는 뜻으로 과거 또는 전생의 선악의 인연에 따라서 뒷날 길흉화복의 갚음을 받게 됨을 이르는 말. 좋은 일에는 좋은 결과가, 나쁜 일에는 나쁜 결과가 따름.

인할 인, 열매 과, 응할 응, 갚을 보

보기

- 독도를 둘러싼 한일간 갈등이 고조되는 속에서 일본 후쿠오카발 지진은 양국 네티즌들에게 숱한 화제를 불러왔다. 일부 네티즌들은 '아무리 일본이 미워도 돕지는 못해도 재앙을 인과응보라고 반기는 듯한 자세는 적절치 못하다.'고 지적했다.
- 처벌의 목적은 교화에만 있는 것이 아니며, 인과응보도 하나의 목적이다. 그리고 범죄자의 인권도 중요하지만 그보다 중요한 것은 그 범죄로 인해 피해를 당한 사람들의 인권이다.

人面獸心

인　면　수　심

출전 한서(漢書)의 흉노전(匈奴傳)

유사어 인비인(人非人)

뜻 얼굴은 사람이나 마음은 짐승과 같다는 뜻으로, 남의 은혜를 모르거나 마음이 몹시 흉악함을 이르는 말. 또는 사람의 도리를 지키지 못하고 배은망덕하거나 행동이 흉악하고 음탕한 사람.

사람 인, 낯 면, 짐승 수, 마음 심

보기

- 의붓딸을 상습적으로 성폭행한 인면수심의 아버지가 잇따라 경찰에 붙잡혔다. 북부경찰서는 지난 1994년 재혼한 아내의 딸 A양을 10년 가까이 성폭행한 혐의로 김모씨에 대해 29일 구속영장을 신청했다.

- 요즘 심심치 않게 무정한 부모의 행동을 접하게 된다. 인면수심이라고나 할까. 부모 자식 간에 정이 없는 것은 고사하고 해치는 지경에 이르렀다면 인륜이 땅에 떨어졌다고 한탄해야 할 것이다.

人事不省

인　사　불　성

유사어 혼수상태(昏睡狀態)

뜻 정신을 잃고 의식을 모름이란 뜻으로, 사람으로서의 예절을 차릴 줄 모름. 의식을 잃어서 사람의 일을 알아 차리지 못함.

사람 인, 일 사, 아니 불, 살필 성

보기

- 명태는 고대로부터 뛰어난 영양·해독면에서도 평가받고 있다. 연탄독에 중독돼 인사불성인 사람도 마른명태 5마리를 푹 고아서 먹이면 회복되고, 독사에 물려 중독된 사람도 이렇게 하면 쾌차한다고 한다.

- 장 판사는 군 복무 중이던 88년 두번째 휴가 마지막 날 술을 마시고 인사불성인 상태로 집으로 가는 버스를 탔다. 그러나 버스에서 곯아떨어진 그는 다시 술을 마셨던 장소로 돌아오게 되는데 그때가 이미 밤 12시.

人生如朝露

인　생　여　조　로

출전 한서(漢書)의 소무전(蘇武傳)

뜻 인생은 떠오르는 아침 해와 함께 사라져 버리는 이슬과 같이 덧없는 것이라는 말.

사람 인, 살 생, 같을 여, 아침 조, 이슬 로

보기

- 최근 한 여배우의 자살을 보면서 인생여조로라는 말을 새삼 실감하게 된다. 눈부신 조명 아래 온갖 치장을 하고 뭇사람들의 부러움을 한 몸에 받았던 그녀에게 도대체 무슨 일이 있었길래 그렇게도 덧없이 죽음을 택했을까? 참으로 궁금하지만 이유를 캐는 것조차 그녀를 불편하게 하는 것 같아 그대로 묻어두어야 할 것 같다.

一家之言
일 가 지 언

뜻 누가 보아도 깜짝 놀랄 정도로 독자적인 학문 체계를 이룬 이를 우러러 일컫는 말.

한 일, 집 가, 어조사 지, 말씀 언

○ "하늘과 사람의 관계를 구명하고 고금의 변화에 통달하여 일가지언을 이룩한다." 사마천이 치욕스런 궁형을 당하고도 좌절하지 않고 '사기'를 쓸 수 있었던 것은 이런 신념 때문만은 아니었다. "후세에 이름을 날려 어버이를 영광되게 하는 것이야말로 효도 가운데 가장 중요한 것이니라." 아들의 손을 꼭 잡고 울면서 유언을 남긴 부정과 학술 업적에 대한 강한 욕구가 큰 힘을 주었기 때문이다.

一刻如三秋
일 각 여 삼 추

출전 시경(詩經)의 왕풍(王風)

유사어 일일삼추(一日三秋)

뜻 일각이 삼년과 같다는 뜻으로, 몹시 기다려지거나 몹시 지루한 느낌을 이르는 말.

하나 일, 새길 각, 같을 여, 석 삼, 가을 추

○ 최태원 SK㈜ 회장이 수감 7개월만인 22일 풀려남에 따라 최 회장 석방을 '일각여삼추'로 기다려온 SK의 행보가 주목된다. SK가 최 회장 석방을 계기로 지금까지와는 달리 각종 현안 해결에 적극 나설 것으로 전망된다.
○ 불펜에서 마운드에 오를 때까지의 시간은 기껏해야 1분여. 그러나 그 시간은 말 그대로 '일각여삼추'이고 이런저런 생각을 하게 된다. 길이 오직 한 길이라면 간단한데 여러 갈래이기 때문이다.

一刻千金
일 각 천 금

출전 소동파(蘇東坡)의 춘야행(春夜行)

뜻 짧은 시간이라도 천금의 값어치만큼 귀중하다. 원래는 바쁜 시간을 의미한 것이 아니라 즐겁고 한가로운 시간을 나타냈음.

한 일, 시각 각, 일천 천, 금 금

○ 봄의 초저녁은 덥지도 춥지도 않아 참으로 쾌적한 것이 일각천금의 가치가 있다. 꽃은 상긋한 향기를 내뿜고 달빛은 어슴프레하다. 바로 조금 전까지 노래며 피리 소리가 화려했던 누대도 지금은 고요하기만 하다.
○ 수필가 P씨는 봄이 사십을 넘은 사람에게도 온다는 것은 참으로 다행한 일이라고 했는데 육십 넘은 사람에게도 봄은 어김없이 찾아와 스멀스멀한 대지의 어떤 기운에 동참하게 한다. 과연 소동파의 말처럼 봄밤은 일각천금이다.

一擧手一投足

일 거 수 일 투 족

출전 한유(韓愈)의 문장궤범(文章軌範)

뜻 손 한 번 들고 발 한 번 옮겨 놓은 일, 아주 쉽게 할 수 있는 일. 하나하나의 동작이나 행동을 말함.

한 일, 들 거, 손 수, 던질 투, 발 족

보기

● 편의점은 현대인이 살아가는 데 필요한 대부분의 일을 채워 줄 수 있는 세상의 축소판이다. 별난 점이 있다면 벽에 설치된 폐쇄회로(CC)TV가 우리의 일거수일투족을 관찰하고 있다는 것이다.

● "피비린내 나는 잔인한 사람들. 이 사람들이 너무 지겹다." 두 아들과 함께 스위스에서 휴가를 보내고 있는 영국 찰스 왕세자가 31일 집요하게 일거수일투족을 추적하는 기자들에게 불만을 표하며.

一擧兩得

일 거 양 득

출전 진서(晉書)의 속석전(束石傳), 초책(楚策), 북사(北史)

유사어 일석이조(一石二鳥), 일전쌍조(一箭雙鳥)

뜻 한 가지 일로써 두 가지 이득을 얻는다.

한 일, 거동 거, 두 량, 얻을 득

보기

● 달러가 필요한 은행들에 보유액 일부를 맡겨놓으면 막대한 관리비용 일부를 줄일 수 있는데다 신규 차입을 줄여 만성적인 달러 공급 과잉에 따른 환율하락 문제를 해결하는 일거양득의 효과를 볼 수 있다는 것이다.

● 봄을 맞아 집단장에 새집증후군까지 예방할 수 있는 일거양득의 식물키우기가 각광을 받고 있는 가운데 농촌진흥청 원예연구소가 봄철 집안에서 쉽게 키울 수 있는 식물들의 효과적인 배치방법을 소개하고 있다.

一網打盡

일 망 타 진

출전 송사(宋史)의 인종기(仁宗紀)

뜻 한 번 그물로 전부 잡음. 죄 지은 자들을 하나 남김없이 잡음을 뜻함.

한 일, 그물 망, 칠 타, 다할 진

보기

● 특히 전국을 상대로 마약류를 유통시킨 밀매조직과 상습복용자를 일망타진해 군 단위 경찰서로서 드문 마약사범 검거 1위를 거머쥐기도 했다. 일선경찰서에서 전국적인 조직을 적발하기는 도내에서 처음 있는 쾌거였다.

● 강우석은 닫힌 사회를 비판하고 전복하기 위해서 너무도 쉽게 닫힌 사회의 방식을 사용하고 있다. 그러기에 공공의 적은 결코 일망타진되지 못하고 공공의 적 시리즈를 생산할 수 있는 출구만 열려 있을 뿐이다.

一鳴驚人
일 명 경 인

뜻 한 번 울면 사람을 놀래킨다는 뜻으로, 한 번 시작하면 사람을 놀라게 할 정도의 대사업을 이룩함을 이르는 말.

하나 일, 울 명, 놀랄 경, 사람 인

보기

➡ 중국 역사상 유일한 여황제 무측천(측천무후). 황제의 궁녀로 궁궐 생활을 시작한 그가 무소불위의 자리에 오르기까지 무수한 역경과 그를 뛰어넘는 모략이 있었음을 짐작하기란 어렵지 않다. 그녀가 구사한 모략을 살펴보자. 일명경인. 한 번의 울음으로 사람들을 깜짝 놀라게 만든다. 무측천은 궁에 들어온 날부터 당 태종의 기호를 관찰하며 자신을 드러낼 기회를 엿보다가 기회가 다가왔을 때 자신을 알렸다.

日暮途遠
일 모 도 원

출 전 사기(史記)의 오자서열전(伍子胥列傳)

뜻 날은 저물고 길은 멀다. 너무 늦어 뜻하는 바를 쉽게 달성할 수 없다는 것.

날 일, 저물 모, 길 도, 멀 원

보기

➡ 실은 봄까지 갈 것도 없다. 4·30 재·보선일에 앞서 선거기간이 14일, 더 앞서 입후보와 선거운동 준비기간을 두루 헤아리면 이 겨울이 채 끝나기 전에 우수는 더 짙어질 것이다. 일모도원, 아니 일모도궁(日暮途窮)이다.

➡ 이정우 청와대 정책기획위원장은 18일 참여정부의 개혁정책과 관련해 "경기가 나쁠 때는 '개혁이 당장 밥먹여주는 것도 아닌데' 라면서 외면당하기 쉽다." 며 "그러나 일모도원이라 개혁을 더 늦출 수는 없다."고 강조했다.

一瀉千里
일 사 천 리

출 전 엄산당별집

유사어 복혜전서(福慧全書)

뜻 강물이 쏟아져 단번에 천리를 간다는 뜻으로, 조금도 거침없이 빨리 진행됨 또는 문장이나 글이 명쾌함.

하나 일, 쏟을 사, 일천 천, 마을 리

보기

➡ 일부 세무사들은 "관직의 실적주의를 세무사단체에서도 보여주고 있다."면서 "지시내용과 추진업무가 일사천리로 이뤄지는 상하서열 관계의 공조직으로 착각할 경우 회 매부에서 많은 시행착오를 겪게 될 것"이라고 한마디.

➡ 면회소 설치만 합의하면 이산가족 수시 상봉은 물론 생사 및 주소 확인, 서신 교환 등 남은 과제들이 모두 일사천리로 풀릴 수도 있기 때문에 남북이 가장 첨예하게 관심을 두고 있는 대목이다.

一葉知秋

일 엽 지 추

출 전   회남자(淮南子)의 설산훈편(說山訓篇)

유사어   일엽낙지천하추(一葉落知天下秋)

뜻   잎 하나 떨어지는 것으로 천하가 가을임을 안다. 작은 현상으로 큰 근본도 알 수 있다는 것.

한 일, 잎 엽, 알 지, 가을 추

보기

● 일엽지추라는 말이 있다. 총선 이후 주가 움직임으로 작게나마 민심을 읽을 수 있다. 지금 우리 경제에서 그나마 잘 나가고 있는 게 바로 주식 시장이다. 개인들이 떠난 속 빈 강정에 불과하지만 그래도 외양만은 화려하다.

● 잎에 카로틴색소가 많은 붉나무라 단풍나뭇잎은 빨갛고 크산토필이 많으면 은행잎처럼 샛노랗게 된다. 알고 보니 엽록소를 빛으로 보호하고 광합성을 보조하던 색소들이 일엽지추라고 우리에게 가을을 알려온다.

一衣帶水

일 의 대 수

출 전   수문제(隋文帝)

뜻   옷의 띠 만큼이나 좁은 강. 육지와 육지 사이에 흐르는 강을 가리킴.

한 일, 옷 의, 띠 대, 물 수

보기

● 우리에게는 잊을 만하면 반드시 찾아오는 이상 현상이 있다. 일본 우익들의 한일 관계사를 왜곡하는 망언이 그것이다. 말로는 선린이니 일의대수니 하면서도 가슴에는 마치 비수를 품고 사는 사람들 같다.

● 일의대수란 흔히 일본과 우리나라의 관계를 이야기할 때 많이 사용하는 말이다. 이 말은 한 개의 띠처럼 되어 있는 좁은 강이란 뜻으로, 우리나라와 일본은 두 나라의 시조가 한 족속, 즉 한 뿌리에서 나왔다는 말이다.

一以貫之

일 이 관 지

출 전   논어(論語)의 이인편(里仁篇)

뜻   하나의 줄로 꿰었다. 하나의 이치로서 모든 일을 꿰뚫었다는 것.

한 일, 써 이, 꿸 관, 어조사 지

보기

● 빛을 바늘 삼아 우주와 지구, 생명의 탄생은 물론 생물과 인체의 비밀을 꿰매고, 빛을 실 삼아 아르키메데스에서 하이젠베르크까지의 과학사를 일이관지로 묶어낸다.

● 공자는 말했다: "오도(吾道)는 일이관지라." 하나의 무술만 단련해도 모든 무술을 이겨낼 수 있는 그 힘, 어떠한 상황에서도 그 힘을 발휘할 수 있는 제어능력이 모든 선수들에게 박약했던 것이다.

一字千金
일 자 천 금

출전 사기(史記)의 여불위전(呂不韋傳)

뜻 글자 한 자 빼거나 넣으면 천금 주겠다. 빼어나게 훌륭한 문장에 비유하여 씀.

한 일, 글자 자, 일천 천, 금 금

보기

➡ 정녕 작가에 뜻을 둔 문학지망생이 아니더라도 일자천금의 값어치가 있는 문장과 한 글자 한 단락에 피와 땀이 서려 있는 글을 만나고 싶은 것은 결코 나만의 생각은 아닐 것이다.

➡ 대사들은 네 글자 성어들의 행진이다. 가령 황제가 '한자를 왜 배워야 하는지'를 강조하는 대목은 이렇다. "세월은 전광석화와 같이 빠르니 일자천금의 한자를 소중히 하라."

一場春夢
일 장 춘 몽

출전 후청록(侯鯖錄)

유사어 노생지몽(老生之夢), 한단지침(邯鄲之枕), 황량일취몽(黃粱一炊夢), 남가일몽(南柯一夢), 의몽(蟻夢), 한단지몽(邯鄲之夢), 황량몽(黃粱夢), 여옹침(呂翁枕)

뜻 한바탕의 봄꿈처럼 헛된 영화나 덧없는 일이란 뜻으로, 인생의 허무함을 비유하여 이르는 말.

하나 일, 마당 장, 봄 춘, 꿈 몽

보기

➡ 나는 5월 속에서 일장춘몽과 백일몽의 처참한 시신들을 보았다. 진정한 이상도 환상이 될 수밖에 없음을 알았다. 진실과 옳음들이 너무도 무력하고 무의미하고 무가치하다는 사실을, 그것의 실체를 보았다.

➡ 시간의 유한성, 인간과 우주, 영화의 의미 등을 주제로 개성 있는 철학을 펼치는 것. 가령 '마지막 황제'의 베르나르도 베르톨루치 감독은 '물의 이야기' 편에서 일장춘몽식 우화 한 편을 들려준다.

一箭雙雕
일 전 쌍 조

유사어 일거양득(一舉兩得), 일석이조(一石二鳥)

뜻 한 개의 돌을 던져 두 마리의 새를 맞추어 떨어뜨린다는 뜻으로 한 가지 일을 해서 두 가지 이익을 얻음을 이르는 말.

하나 일, 화살 전, 쌍 쌍, 새 조

보기

➡ 독일로부터 폭격을 받은 함대는 다시 적기가 공습해 오는 것으로 판단, 일제히 대공포격을 퍼부어 많은 미군 조종사들이 얼떨결에 고기밥이 되고 말았다. '일전쌍조'는 정치모략으로써 널리 활용되고 있다. 정치가들치고 정책을 수립하면서 '일전쌍조' 나아가서는 '일전다조'의 효과를 거둘 수 있는 기발한 책략을 강구하지 않는 사람은 없다. 이 모략의 운용범위는 매우 넓어 일찍부터 사람들의 입에 오르내렸다.

日進月步
일　진　월　보

뜻 날로 달로 끊임없이 진보, 발전함.

날 일, 나아갈 진, 달 월, 걸음 보

보기
- 누구나 대북에 가서 놀라는 것은 일진월보하는 대만의 엄청난 국력이다. 국력하면 물론 인구와 국토와 자원을 말하고, 구체적으로는 군사력과 경제력으로 풀이되며, 국민의 응집력과 의지를 말한다.
- 요즈음 이공계 대학졸업생의 경우, 졸업할 때 익힌 지식의 거의 절반이 졸업 후 3년 안에 진부화해 버린다는 보고가 있었다. 계속 일진월보하는 신지식을 흡수하지 않고는 3년 안에 중고품으로 괄시받는 처량한 신세가 되고 만다.

一鍼見血
일　침　견　혈

뜻 침 한방에 피를 본다는 뜻으로, 간단한 요령으로 본질을 잡아냄을 비유한 일.

한 일, 바늘 침, 볼 견, 피 혈

보기
- 중국의 외형이 아닌 속마음의 세계와 교류를 적극 추진해야 할 것이다. 그러면 그것은 맑은 샘과 바람, 그리고 부드러운 윤활유가 되어 정치외교 경제교역에 직접적으로 좋은 작용을 할 것이다. 이번 학술회의가 갖는 현실적이고 실재적인 의미는 바로 '중국인의 심령'과의 만남을 시도했고 그것은 공자라는 동양정신의 동일성을 통해 '일침견혈'과 같은 효험을 보았다고 감히 자부하며 중국과의 진정한 교류는 이로부터 시작됐다고 자평한다.

一敗塗地
일　패　도　지

출전 사기(史記)의 고조본기(高祖本紀)
뜻 한 번 패하여 간과 뇌가 땅에 뒹군다는 것으로, 여지없이 패하여 다시 일어설 수 없음을 일컬음.

한 일, 패할 패, 더럽힐 도, 땅 지

보기
- 독자들이 얼치기 좌파 실험에 염증이 난 탓일 수도 있고, 사상 전투에서 일패도지했던 우파가 반격에 나선 신호일 수도 있다. 우파가 국가 운영의 주도권을 되찾고 싶다면 '생각의 경쟁'에서 먼저 이겨야 한다.
- 물론 엄청난 예산이 허비돼서는 안 되겠지만 변변한 항공기나 전차 한 대 없어 공산군에 일패도지했던 과거사를 돌이키면 국산 건십의 위용을 보고 싶은 마음도 어쩔 수 없다.

臨機應變
임 기 응 변

뜻 어느 때 어느 자리에서 뜻밖의 일을 당했을 때 재빨리 그에 알맞게 대처하는 일.

임할 임, 틀 기, 응할 응, 변할 변

보기

- KCC는 재능 있는 선수들로 구성됐다. 그래서 전술전략을 다양하게 전개한다. 임기응변 능력이 탁월하다. 대부분이 30세를 넘겼지만 식스맨을 순발력 있게 활용, 상대를 현혹하며 주전들의 체력 안배를 보장한다.
- 이어 민주노동당은 문제가 발생할 때 임기응변적인 대책을 세우는 것이 아니라 장기적 차원의 동북아역사재단과 동북아역사화해기금을 만들어 대응해야 한다며 정부 차원의 적극적인 지원을 촉구했다.

入鄕循俗
입 향 순 속

출전 회남자(淮南子)의 제속편(齊俗篇)

뜻 그 고장에 가서는 그 풍속에 따른다. 고장 사람 또는 대중과 같이 하면서 일을 해 나가라는 것.

들 입, 마을 향, 좋을 순, 풍속 속

보기

- 입향순속이란 말이 있다. 이 말은 주변 환경이 바뀌고 풍습과 문화가 변할 때 재빨리 적응해야만 살아남을 수 있다는 생존의 논리가 강하다. 이는 어느 사회 어떤 조직이건 동화되지 못한 사람은 도태되고 만다는 뜻도 된다.
- 물론 나쁜 관행도 있다. 양주를 맥주컵에 가득 따라주면서 단숨에 마시라고 윽박지르다 머뭇거리면 '야 임마, 너는 입향순속도 몰라?' 하면서 철컥 권총에 탄환을 쟀다니 덴겁할 일이다. 누군가 심장마비로 죽고서야 없어졌다던가.

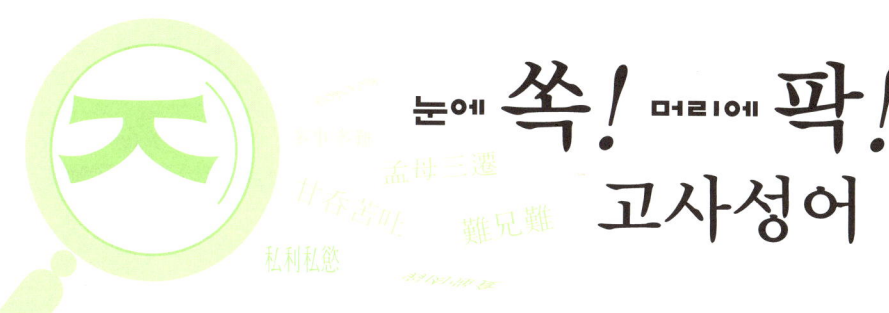

눈에 쏙! 머리에 팍!
고사성어

自家撞着
자 가 당 착

출전 선림유취(禪林類聚)의 간경문(看經門)

유사어 모순(矛盾), 이율배반(二律背反),
자기모순(自己矛盾)

뜻 자기의 언행이 전후 모순되어 일치하지 않음.

스스로 자, 집 가, 칠 당, 붙을 착

보기

➜ 즉 시장은 항상 "비록 단기적으로 하락 중이지만, 중장기적으로는 투자할 만하다," 혹은 당분간은 어렵겠지만 큰 틀에서 보면 지금이 투자의 적기이다." 라는 식의 자가당착적인 판단을 하게 된다는 것이다.

➜ 북한 국적의 인사가 일본의 인권을 논하는 것은 불합리하다는 정부 여당의 움직임에 대해 일본의 인권 관련 시민단체들은 "인권을 옹호하는 조직을 만들면서 재일 외국인을 차별하려는 것은 자가당착"이라며 반대하고 있다.

煮豆燃豆萁
자 두 연 두 기

출전 세설신어(世說新語)의 문학편(文學篇)

뜻 콩을 삶는데 콩깍지를 땐다. 골육인 형제가 서로 다투고 죽이려 하는 것.

삶을 자, 콩 두, 사를 연, 콩대 기

보기

➜ 자두연두기. 본래 한 뿌리에서 나고 자란 콩과 콩깍지. 그렇게 만나서는 안 되었다. 설령 곧 깨어날 꿈에서일지라도 그렇게 만나서는 안 되는 일이다. 그렇다. 영화 속의 6.25 전쟁은 광기와 자멸의 다른 이름이었다.

➜ 자두연두기. 변호사들은 자신들의 잘못은 인정한다면서도 스스로를 방어하는데 노련한 모습을 보여주었다. 이날 오후 기자로부터 「칠보시」를 전해들은 검찰의 화답이 걸작이었다. '부두이비두'(썩은 콩은 이미 콩이 아니다).

故事成語233

子帥以正孰敢不正

자 솔 이 정 숙 감 부 정

출전 논어(論語)의 안연편(顔淵篇)

뜻 자신이 거느리기를 바른 것으로 하면 누가 감히 바르지 않겠는가라는 말.

당신 자, 거느릴 솔, 씨 이
바를 정, 누구 숙, 감히 감, 아니 불

➡ 오늘 우리의 자녀들은 입시에 찌들고 부모들이 저지른 갖가지 부정과 비리 때문에 방황하고 있다. 세태를 원망하고 사회를 탓하기 이전에 내 자녀들에게만이라도 떳떳한 부모가 될 수 있도록 각성하고 노력해야 한다. 자녀들이 부모를 믿고 따르지 못한다면 그 가정과 사회는 황량해질 수밖에 없을 것이다. '자솔이정숙감부정'. 공자의 가르침이다.

自繩自縛

자 승 자 박

출전 예기(禮記)의 단궁편(檀弓篇)

뜻 자기의 줄로 자기를 묶는다는 말로 자기가 자기를 망치게 한다는 뜻. 즉, 자기의 언행으로 인하여 자신이 꼼짝 못하게 되는 일.

스스로 자, 줄 승, 묶을 박

➡ 노동계는 그동안 비정규직 보호법을 부정 일변도로 매도한 결과, 어떤 타협안도 도출할 수 없게끔 자승자박했다. 따라서 노동계가 먼저 결자해지의 자세를 보여야 한다.

➡ 그러나 일선 지자체들은 선거법의 규제를 피하기 위해 모든 행사에 대한 조례를 제정할 경우 새로운 행사나 복지 정책을 추진할 때마다 조례를 만들어야하는 자승자박의 결과가 초래된다며 강한 불만을 토로하고 있다.

自業自得

자 업 자 득

유사어 자작자수(自作自受), 양호유환(養虎遺患)

뜻 불교에서 제가 저지른 일의 과보를 제 스스로 받음을 이르는 말.

스스로 자, 업 업, 얻을 득

➡ 이번 공정위 과징금건은 일차적으로 담합행위를 한 업체들의 '자업자득' 이다. 그러나 이를 관리 감독해야 할 정통부가 지난 수년간 담합행위를 일삼고 있는 업체들을 방치했다는 지적도 피할 수 없게 될 것으로 보인다.

➡ 불량 청소년들이 시비를 걸어오는 자동차 장면에서 보인 과잉 대응이나 경쟁 세력 두목의 화해 요청을 거부하는 모습에서 선우는 정의롭다기보다는 '용렬한' 인물로 비쳐진다. 그의 불행도 불가항력적 상황의 산물이 아니라 자업자득처럼 느껴진다.

慈烏反哺
자 오 반 포

출전 금경(禽經)

유사어 반포보은(反哺報恩), 반포지효(反哺之孝)

뜻 까마귀 새끼가 자라서 늙은 어미에게 먹이를 물어다 주는 것에서 지극한 효성을 뜻하는 말.

사랑할 자, 까마귀 오, 되돌릴 반, 먹을 포

보기

⬁ 오는 8일이면 어버이날. 까마귀도 자오반포를 다하는데 혹 '저 새만 못함을 슬허할 줄조차 몰랐던' 사람들이 있다면 어버이날을 계기로 반성해 보자. 오래지 않아 '나무가 고요하고자 하나 바람이 그치지 아니하고, 자식이 어버이를 봉양하고자 하나 기다려 주시지 아니한다(樹欲靜而風不止 子欲養而親不待)'고 한탄하게 될지 모르는데.

自暴自棄
자 포 자 기

출전 맹자(孟子)의 이루편상(離婁篇上)

뜻 스스로 자신을 학대하고 스스로 자신을 내던져 될대로 되라고 사는 것.

스스로 자, 사나울 포, 버릴 기

보기

⬁ 어렵사리 한 학기를 마친 안 총장은 중도 귀국을 생각하며 교정을 걷고 있었다. 자포자기의 심정이었다. 이때 우연히 만난 정치학과 알프레드 클루복 교수는 "자네 박사 과정 학생이지"라며 말을 건넸다.

⬁ 견디다 못한 백씨가 경기도 안산의 대부도·인천 부평 등으로 도망갔지만 그때마다 박씨는 귀신같이 백씨의 거처를 찾아냈다. 귀의 모양이 변형될 정도로 맞은 백씨는 자포자기 심정으로 박씨에게 돈을 건넸다.

自畵自讚
자 화 자 찬

유사어 모수자천(毛遂自薦)

뜻 자기가 그린 그림을 스스로 칭찬한다는 뜻으로, 자기가 한 일은 자기 스스로 자랑함을 이르는 말.

스스로 자, 그림 화, 기릴 찬

보기

⬁ 그러나 그동안 국방부가 취한 행보를 보면 이 같은 자화자찬을 국민이 수긍하기는 어려울 것 같다. 독도 문제로 한일관계에 격랑이 이는 상황에서 97년부터 2000년까지 국방백서에 비중 있게 실렸던 독도 내용이 통째로 빠졌다.

⬁ 어찌 보면 자화자찬으로도 들립니다만 이들의 성과에 대해서는 어떤 칭찬을 해도 아깝지 않습니다. 남들이 다 외면하는 문고판을 고집하는 것은 출판사 측의 확고한 철학과 장인정신이 없이는 불가능하기 때문입니다.

作心三日
작 심 삼 일

유사어 고려공사삼일(高麗公事三日),
조령모개(朝令暮改), 조개모변(朝改暮變),
조령석개(朝令夕改)

뜻 마음먹은 지 삼일이 못 간다는 뜻으로 얼마
되지 않아 흐지부지 된다는 말.

지을 작, 마음 심, 석 삼, 날 일

보기

- 우리가 세운 조그만 연초의 결심들을
작심삼일이 안 되게 하는 데도 스스로
에게 상을 주는 방법이 효과가 있다.
1년 걸려야 되는 일의 경우 우선 한 달
동안 계속했을 때 자신에게 상을 줘 남
은 기간 동안 게으름을 못 피우게 하는
것이다.
- 민주당 김재두 부대변인은 "노대통령
의 취임 2주년 연설에서 유일하게 평가
할 만한 부동산 투기를 잡겠다는 약속
이 '작심삼일'로 끝나는 것 같다."고
논평했다.

長廣舌
장 광 설

뜻 길고 줄기차게 잘하는 말솜씨. 너저분하게
오래 지껄이는 말.

길 장, 넓을 광, 혀 설

보기

- 선가(禪家)의 최고 덕목은 묵언이다. 철
저히 깨닫기만을 강구할 뿐 말로 가르
치려 하지 않는다. "깨달은 뒤에 말할
줄 모를까 염려 말라."는 금언 그대로
이다. 그래서 선어록에서 요설이나 장
광설을 찾아보기 어렵다.
- 한 번 시작했다하면 절대 끊지 못하는
똑똑씨의 장광설이 또 다시 진가를 발
휘하는 순간이다. "순간 이동속도 시속
150km, 바퀴벌레의 감각기관이 정보
를 인식해 행동으로 옮기는 시간은 겨
우 천분에 1초라구요?"

長頸烏喙
장 경 오 훼

출전 사기(史記)의 월왕구천세가(越王句踐世家)

뜻 목이 길고 입이 새처럼 뾰족한 사람의 인상을
말하는 것으로 이런 사람은 끈기 있고 괴로움
을 함께 할 수는 있으나, 시기심이 강해서 안
락은 함께 할 수 없는 상이라고 함.

길 장, 목 경, 까마귀 오, 부리 훼

보기

- 저자는 대선 후보자의 관상을 분류하
면서 각각 적절한 충고를 곁들이고 있
다. 수긍이 가건 가지 않건 어차피 후보
자의 인물됨됨이를 판단해야 하는 것
이 유권자의 책임 아닌가. 유방(劉邦)의
관상을 '장경오훼'라 보고 그의 곁을
떠났던 장량(張良)의 경지는 못되더라
도……
- JP는 이날 '장경오훼'라는 휘호를 썼
다. 한 측근은 이를 "9일 있을 탈당 및
신당 선언에 임하는 마음을 가다듬는
것"으로 해석했다.

張三李四
장 삼 이 사

유사어 갑남을녀(甲男乙女), 필부필부(匹夫匹婦),
선남선녀(善男善女), 우부우부(愚夫愚婦),
초동급부(樵童汲婦)

뜻 장씨의 셋째 아들과 이씨의 넷째 아들이란 뜻
으로 성명이나 신분이 뚜렷하지 못한 평범한
사람들.

베풀 장, 석 삼, 오얏나무 리, 넉 사

보기

❯ 크게 보면 제로쿠폰이 채권 수요기반
을 넓히는 촉매가 될 수도 있다는 것이
다. 무늬야 어찌됐든 제로쿠폰이 부동
산 시장에도, 채권 시장에도 도움이 되
었으면 하는 게 할인쿠폰이나 챙겨야
하는 장삼이사의 소박한 바람이다.

❯ 봄을 부른 매화가 꽃비를 흩날리면 벚
꽃이 바통을 이어받아 상춘객을 유혹
한다. 진해, 경주, 합천호, 섬진강변 등
이름깨나 있는 벚꽃 명소로 장삼이사
들이 긴 행렬을 이룰 때 모처럼 좀 뛰
어보자. 서해안으로.

長袖善舞多錢善賈
장 수 선 무 다 전 선 고

출전 한비자(韓非子)의 오두편(五蠹篇)

뜻 소매가 길면 춤추기 좋고, 재물이 많으면 장
사를 잘한다. 조건이 좋은 사람이 성공하기
쉽다는 뜻.

긴 장, 소매 수, 착할 선,
춤출 무, 많을 다, 돈 전, 장사 고

보기

❯ 그는 하릴없이 어슬렁거리며 장판을
돌다 잡화전에서 여러 악기를 파는 장
꾼을 만났다. 장구를 보자, 그는 장수
선무다전선고란 말대로 밑천들이지 않
는 장사가 어디 있겠냐 싶었다.

❯ 내년도 주식시장 여건이 바로 '장수선
무다전선고'와 같다는 생각이다. IMF
가 최근 발표한 주요 국가의 경제성장
률 전망에서 확인된 것처럼 내년도 우
리 경제의 소매는 긴 편이다. 이는 주요
선진국과 아시아신흥공업국 중 가장
높은 수준이다.

才子佳人
재 자 가 인

뜻 재주 있는 젊은 남자와 아름다운 여자.

재주 재, 아들 자, 아름다울 가, 사람 인

보기

❯ 남자는 재주가 있어야 하고 여자는 미
인이어야 한다는 커플구조는 전례없이
선호되어, 중국의 청춘남녀가 재자가
인식 연애를 하도록 부추겼다.

❯ "영감께 홀딱 반했는데. 글쎄 뒷간에
가는 데를 다 따라가는구먼." 하고 샘
이나 내는 듯한 표정을 보인다. "재자
가인이라니. 재자가인이라니. 재……
자……가……인이란 말이다, 이놈들,
하하하하. 얘들아, 요새 기생년들은 돈
밖에 모르지, 응, 옳지 돈밖에 몰라"

賊反荷杖
적 반 하 장

보기

유사어 객반위주(客反爲主)

뜻 도둑이 도리어 몽둥이를 든다는 뜻으로, 잘못한 사람이 도리어 잘 한 사람을 나무라는 경우를 이르는 말.

도둑 적, 돌이킬 반, 멜 하, 지팡이 장

보기

● 석산공원을 준주거지역으로 용도변경을 승인해 준 것과 관련, "공원부지로 그대로 두고 남구가 궁지에 몰릴 것 같아 승인해 줬다."면서 "상황이 이런데도 남구가 '시가 잘못됐으면 승인해 줬겠느냐'고 주장하는 것은 적반하장"이라고 말했다.

● 반성은 커녕 본색을 드러내며 적반하장으로 도발하는 일본에 대해 단호하게 대처하지 않으면 안 된다. 독도와 과거사 문제에서는 '신독트린'의 원칙을 확고하게 지켜 나가야 할 것이다.

適者生存
적 자 생 존

뜻 생존경쟁의 결과, 그 환경에 맞는 것만이 살아남고 그렇지 못한 것은 차차 쇠퇴, 멸망해 가는 자연 도태의 현상을 일컫는 말.

갈 적, 놈 자, 날 생, 있을 존

보기

● 취임사에는 약육강식과 적자생존의 무한경쟁 시대, 외형보다는 질 위주의 성장, 연관 금융산업과의 제휴, 고객의 기호를 만족시키는 세분화된 서비스, 종합금융그룹화 등 요즘 금융권의 화두가 빠짐없이 등장합니다.

● 끊임없이 변화하는 시대적 흐름에 적응하지 못하는 기업은 성장할 수 없으며, 결국 적자생존의 법칙 하에 도태될 수밖에 없는 것이 우리의 현실이다.

適材適所
적 재 적 소

뜻 어떤 일에 적당한 재능을 가진 자에게 적합한 지위나 임무를 맡김.

갈 적, 재목 재, 바 소

보기

● 새로 제정된 직원보직관리운영지침의 주요 골자는 직원 직위 부여 및 전보에 있어서 직무 수행 능력 위주의 적재적소 원칙 확립, 장애인 직원에 대한 차별 없는 보직 부여 및 희망보직제를 실시, 여직원이 기획인사 등 주요 직위에 임용될 수 있도록 하는 것 등이다.

● 요즘 들어 우리 사회에 식목의 중요성에 대한 인식이 자꾸 줄어드는 것 같아요. 앞으로는 양질의 나무를 적재적소에 심는 등 산림의 백년대계를 새롭게 세워나가는 일에 관심을 가져야 합니다.

前車覆轍
전 거 복 철

답복철(踏覆轍), 답복차지철(踏覆車之轍),
전철(前轍), 전거가감(前車可鑑),
전차복후차계(前車覆後車戒),
복거지계(覆車之戒)

뜻 앞 수레가 엎어진 바퀴자국이란 뜻으로 앞사
람의 실패, 실패의 전례 또는 앞사람의 실패
를 거울삼아 주의하라는 교훈.

앞 전, 수레 거, 엎어질 복, 바퀴자국 철

보기

◆ 현재의 그리고 앞으로의 신교양인들에
게 말하고 싶다. 현재에 더없이 충실한
건 물론 중요하지만, 그에 못지않게 역
사를 돌이켜보는 것도 중요하다고 말
이다. 역사를 돌이켜봐야 할 이유는 물
론, 과거 지식인들을 일종의 모범으로
삼아 그것으로 돌아가는 단순한 복고
에 있지 않다. 그런 복고는 바람직하지
도 않고 가능하지도 않다. 다만 전거복
철의 거로 삼아야 할 필요 때문이다.

前倨後恭
전 거 후 공

뜻 전에는 거만했는데 나중에는 공손하다는 뜻
으로, 상대의 입지에 따라 태도가 일변하는
것을 비유한 말.

앞 전, 오만할 거, 뒤 후, 공손할 공

보기

◆ 백수시절에는 그토록 구박하던 주위사
람들이 대기업에 입사했다고 하니까
180도 달라졌다. 전거후공이라더니,
대기업에 입사했는데도 이 정도이니
돈과 명예를 거머쥐게 되면 사람들이
또 어떻게 변할까? 왠지 뒷맛이 씁쓸해
지는 기분이다.

電光石火
전 광 석 화

뜻 번갯불이나 부싯돌의 불이 번쩍이는 것처럼
극히 짧은 시간이나 신속한 동작 또는 일이
매우 빠른 것을 가리키는 말.

번개 전, 빛 광, 돌 석, 불 화

보기

◆ 그러나 한국은 전반 43분 마침내 골문
을 열어젖혔다. 온병훈의 오른쪽 코너킥
이 미국 수비수 머리에 맞고 원 바운드
로 흘러나온 것을 이용래가 아크 왼쪽에
서 기다렸다는 듯 전광석화 같은 왼발
논스톱 슛으로 결승골을 뽑아냈다.

◆ 19일 양당 법안발의 합의→20일 오후
상원 통과→21일 0시42분 하원 통과→
1시 11분 조지 부시 대통령 서명 발효.
15년을 식물인간으로 지내는 테리 시아
보를 살리기 위한 미 의회와 대통령의
노력은 전광석화와도 같았다.

戰戰兢兢
전 전 긍 긍

출전 시경(詩經)의 소아소민편(小雅小旻篇),
논어(論語)의 태백편(泰伯篇)

뜻 전전은 겁을 먹고 벌벌 떠는 것. 긍긍은 조심
해 몸을 움츠리는 것. 어떤 위기감에 절박해
진 심정을 비유한 말.

두려워할 전, 조심할 긍

보기

➡ 식목일인 5일 발생한 산불로 강원도 양
양군 낙산사의 건물 대부분이 완전히
불에 타 붕괴됐다. 당국은 불길이 설악
산과 속초로 번지는 것을 막기 위해 밤
새 전전긍긍했다.

➡ 그러나 결과 발표는 예정일인 12월 말
을 넘겨 현재까지 이뤄지지 않고 있다.
결과가 공개되면 파급효과는 엄청날
전망. 경우에 따라 병원의 순위가 새로
매겨질 수도 있어 병원마다 촉각을 곤
두세우고 전전긍긍하고 있다.

輾轉反側
전 전 반 측

출전 시경(詩經)의 국풍편(國風篇)

뜻 밤새도록 뒤척이다 잠을 못 이룸. 근심과 걱
정으로 잠을 이루지 못하는 것.

돌아누울 전, 구를 전, 뒤집을 반, 기울 측

보기

➡ 당장 일본은 6월 8일 평양 원정경기를
의식, 언론을 통해 FIFA의 제재를 요
구하고 있다. 가뜩이나 승점 3점이 급
한데다 평양 원정경기를 전전반측하며
떨고 있는 일본으로서는 호기를 만난
셈.

➡ IT업계는 중요한 현안과 결정이 줄 잇
는 6월의 밤을 전전반측하며 지새우고
있다. 6월에 분수령을 맞는 업계 현안
은 대략 3~4가지. 어느 것 하나 소홀히
지나칠 수 없는 굵직한 사안들이다.

轉禍爲福
전 화 위 복

출전 전국책(戰國策)의 연책(燕策)

유사어 새옹지마(塞翁之馬), 새옹득실(塞翁得失),
새옹화복(塞翁禍福), 새옹위복(塞翁爲福)

뜻 화가 바뀌어 오히려 복이 된다는 뜻으로, 어
떤 불행한 일이라도 끊임없는 노력과 강인한
의지로 힘쓰면 불행을 행복으로 바꾸어 놓을
수 있다는 말.

구를 전, 재앙 화, 할 위, 복 복

보기

➡ "전화위복이 바로 이런 건가?" 요즘 문
경을 찾으면 누구나 그 같은 감탄사를
발한다. 흉물스럽기만 했던 폐광 자리
에 석탄박물관이 들어섰고, 석탄을 실
어나르다 폐선이 된 철로 위로는 관광
용 자전거가 달린다.

➡ 유 청장은 이날 강원도 양양 낙산사를
방문해 "이번 화재를 전화위복의 계기
로 삼아 철저한 고증을 거쳐 신라 의상
대사가 창건할 당시에 가깝게 낙산사
를 복원토록 하겠다."고 강조했다.

前虎後狼
전 호 후 랑

출전 조설항평사(趙雪航評史)

뜻 앞문의 호랑이를 막으니 뒷문의 이리가 나온다는 뜻으로 하나의 재난을 피하자 또 다른 재난이 나타남을 일컫는 말.

앞 전, 범 호, 뒤 후, 이리 랑

보기

➡ 제대로 된 휴무 학습 활동 보고서 쓰기도 빠듯한데 전호후랑으로 월요일까지 해오라는 과목별 과제를 여러 가지 주는 이유를 모르겠다. 그러니 학부모들 사이에서 아이를 잡으려 한다는 이야기가 나오는 것이다.

➡ "또 벙커네요!" 전호후랑으로 공이 모래에 반쯤 박혀 버린 것이 아닌가? 일명 '에그(달걀) 프라이'인데, 보통 아마추어 골퍼들은 이 공의 탈출을 제일 어려워한다. 최〇〇씨도 결국은 빠져 나오지 못했다.

ㅈ

竊符求趙
절 부 구 조

출전 십팔사략(十八史略)

뜻 병부를 훔쳐 조나라를 구함. 임금의 병부를 훔쳐 위나라 군사를 이끌고 조나라를 구한 것.

훔칠 절, 병부 부, 구할 구, 조나라 조

보기

➡ 십여 개나 되는 성을 빼앗는 사건이 절부구조 사건으로 한단에 피신 중인 신릉군을 떠올렸다. 절부구조 사건은 십 년 전에 일어났었다. 당시 진나라가 조나라의 한단을 공격하자 조나라는 급히 위나라에게 구원을 요청했다.

切磋琢磨
절 차 탁 마

출전 논어(論語)의 학이편(學而篇), 시경(詩經)의 위풍편(衛風篇)

뜻 학문이나 덕행 등을 배우고 닦음을 이르는 말.

깎을 절, 갈 차, 쫄 탁, 갈 마

보기

➡ 절차탁마의 '장인 정신'으로 똘똘 뭉친 셈이다. 장인정신은 철저한 계획과 실천을 통해서 배어나온다는 게 김 대표의 소신이다.

➡ 영화 '공공의 적 2'에서 그는 한상우의 오른팔로 등장한다. 절차탁마 대기만성이라 했듯, 6년의 무명생활을 견디며 묵묵히 기다린 보람이 있었다. 세 편의 영화와 네 편의 드라마 등 주연급 캐스팅 제안이 쇄도하고 있다.

漸入佳境
점 입 가 경

출전 진서(晉書)의 고개지전(顧愷之傳)

뜻 경치나 문장 또는 어떤 일의 상황이 점점 갈수록 재미있게 전개된다는 뜻.

점차 점, 들 입, 아름다울 가, 지경 경

보기

⬭ 철도공사의 러시아 유전개발사업에 대한 의혹이 불거지는 양상이 점입가경이다. 자고 일어나면 새로운 의혹이 제기돼 '게이트' 수준으로 번지는 형국이다.

⬭ 누가 '확률게임'에서 이길까. 정규리그 2위 전주 KCC와 3위 안양 SBS가 벌이는 프로농구 4강 플레이오프가 점입가경이다. 첫판을 잡은 SBS가 사상 첫 챔프전에 오르나 했더니 지난 시즌 챔피언 KCC의 매서운 반격이 몰아쳤다.

井底之蛙
정 저 지 와

출전 후한서(後漢書)의 마원전(馬援傳),
장자(莊子)의 추수편(秋水篇)

유사어 정중지와(井中之蛙), 좌정관천(坐井觀天)
정저불가이어어해(井底不可以語於海)

뜻 우물 밑의 개구리라는 뜻으로 소견이나 견문이 몹시 좁은 것을 말함.

우물 정, 밑 저, 어조사 지, 개구리 와

보기

⬭ "아무리 눈을 씻고 봐도 평생 남의 집 종살이나 하면서 옹색하게 살 팔자를 타고난 놈인데, 곧 귀인을 만날 운이 서려 있으니 그것 참 이해할 수가 없단 말이야. 정저지와가 꽃가마에 올라 봉황을 타게 될 거라니?" 맹준도 오도자의 말을 귓전으로 흘려버렸다.

⬭ 정저지와형=우물안 개구리처럼 변화에 둔감하다. 기존 관행이나 고정관념을 탈피하지 못한다. 또 구성원들의 창조적 실험정신을 고무시키려는 노력과 의지가 부족하다.

正正堂堂
정 정 당 당

출전 손자(孫子)의 군쟁(軍爭)

뜻 태도나 처지가 바르고 떳떳함.

바를 정, 집 당

보기

⬭ 경기에만 집중해도 충분히 승산이 있는데 굳이 경기외적인 변수에 눈을 돌릴 필요가 없다는 얘기다. 최근 들어 식상한 레퍼토리인 독도문제나 교과서 왜곡 등 '억지주장'을 되풀이하고 있는 일본.

⬭ 후배 검사 300여명이 참석한 가운데 대검찰청에서 열린 퇴임식에서 그는 "국민은 검찰이 사회적 약자에게 더 없이 따뜻하지만, 잘못된 권력과 강자에게는 정정당당하길 바란다."면서 "명예로운 검찰이 되달라."고 주문했다.

諸行無常
제 행 무 상

출전 열반경(涅槃經)

뜻 인생의 덧없음. 우리가 거처하는 우주의 만물은 항상 돌고 변하여 잠시도 한 모양으로 머무르지 않음.

모든 제, 다닐 행, 없을 무, 항상 상

보기

➡ 12사도상은 여행자에게 대자연의 솜씨 앞에 인간은 얼마나 초라한지, 그리고 삼라만상은 변한다는 제행무상의 진리를 일깨울 뿐더러 참나를 찾아가는 최상의 수행처로 다가온다.

➡ 세상이 참 빨리, 많이 변한다. 예부터 불가에서는 '제행무상'이라 했고, 성경에도 '해 아래 새 것이 없다'고 할 만큼 세상 모든 것이 변한다는 인식은 동서고금의 공통적인 현상이다.

糟糠之妻
조 강 지 처

출전 후한서(後漢書)의 송홍전(宋弘傳)

뜻 지게미와 쌀겨를 먹고 고생을 함께한 아내. 가난할 때 고생을 같이한 본처를 말함.

지게미 조, 겨 강, 어조사 지, 아내 처

보기

➡ 유운재 프로듀서는 "딱딱한 퀴즈쇼를 재미있게 볼 수 있도록 기획했다."고 말했다. 그러나 함께 해온 이성 파트너를 좀더 점수가 높은 파트너로 교체한다는 설정이 한국정서에 맞지 않는다는 지적도 있다. 마치 조강지처를 버리는 듯한 인상이라는 것이다.

➡ 두 번째 여자부터 결혼하려면 조강지처인 첫째 부인의 동의를 받아야 할 뿐 아니라 법원에 모든 부인과 그 자녀들을 차별없이 부양할 수 있다는 증빙서를 제시해 허가를 받아야 한다.

朝名市利
조 명 시 리

출전 전국책(戰國策)의 진책(秦策)

뜻 조정에서 명예를, 저자에서 이익을 다투라는 뜻으로, 어떤 일이든 알맞은 곳에서 하라는 말.

아침 조, 이름 명, 시장 시, 이로울 리

보기

➡ 진나라 혜문왕 때의 일이다. 중신 사마조는 어전에서 "중원으로의 진출이야말로 조명시리에 부합하는 패업"이라며 중원으로의 출병을 주장하는 재상 장의와는 달리 혜문왕에게 이렇게 말했다.

➡ 생각해 보라. 모두가 이기밖에 모르고 모두가 명리밖에 몰라 조명시리하는 판에 남의 나라 문둥병 환자를 제 살 돌보듯 돌봄은 박애정신과 코스모폴리탄 정신의 사해동포주의가 아니면 절대로 불가능한 일이다.

朝令暮改
조　령　모　개

출전 사기(史記)의 평준서(平準書)

뜻 아침에 내린 령이 저녁에 바뀜. 지시가 일관성이 없어 갈팡질팡하는 것을 말함.

아침 조, 법 령, 저녁 모, 고칠 개

보기

● 일관성 없는 정부 정책으로 부동산 시장이 멍들고 있다. 잇따라 쏟아졌던 각종 부동산 정책이 조령모개식으로 너무 자주 바뀌는 바람에 건설업체와 소비자가 큰 혼란을 겪고 있다.

● 한국의 교육정책은 일관성이 없다. 조령모개하는 입시 제도를 허덕이며 뒤따라가던 학생·학부모 중 일부는 가쁜 숨을 참지 못하고 외국으로 떠나버린다.

朝聞道夕死可矣
조　문　도　석　사　가　의

출전 논어(論語)의 이인편(里仁篇)

뜻 아침에 사람이 참된 이치를 깨달았으면, 저녁에 죽어도 한이 없다는 것.

아침 조, 들을 문, 도 도,
저녁 석, 죽을 사, 옳을 가, 어조사 의

보기

● 수원 화성이 유네스코 세계문화유산으로 지정된 데도 그의 학문적 공로가 밑거름이 됐다는 평이 지배적이다. "독립운동하듯 학문을 해 왔다"는 그의 좌우명은 '조문도석사가의'. 참된 이치를 깨달았으면 죽어도 여한이 없다는 말이다.

● 김수영은 잘 죽고 싶었던 모양이다. 더 깊은 속내를 말하자면, 잘 살고 싶었던 모양이다. 이는 '조문도석사가의'의 세계니까. 내가 소설을 쓰면서 짐작과는 다른 일들, 납득하기 어려운 일들에 관심을 두는 이유는 그 때문이다.

朝三暮四
조　삼　모　사

출전 열자(列子)의 황제편(黃帝篇),
장자(莊子)의 제물편(齊物篇)

뜻 아침에 세 개, 저녁에 네 개. 간사한 꾀로 남을 속이고 농락하는 행위를 말함.

아침 조, 석 삼, 밤 모, 넉 사

보기

● 시중 은행들이 각종 수수료 체계를 조삼모사식으로 제멋대로 운용하고 있어 물의를 빚고 있다. 금융감독원은 지난 8일 은행 수수료 인상에 대한 국민들의 불만을 감안, '은행 수수료 부과체계 개선 방안'을 발표했다.

● 최근 당국자들의 입에서 나온 이같은 금리 안정의지는 새삼스러울 것도 없고 시장에서 물량 부담을 미루는 것은 조삼모사식 정책과 다름없다는 폄하도 있었지만, 정책당국은 조심스럽게 시장과 타협해 나가는 모습을 보이고 있다.

釣而不網
조 이 불 망

출전 논어(論語)의 술이편(述而篇)

뜻 낚시질은 해도 그물질은 하지 않고, 주살질을 해도 자는 새를 쏘지 않았다는 것.

낚시 조, 말이을 이, 아니 불, 그물 망

보기

● 고구려 소수림왕은 압록강을 거닐며 고기잡이 배들을 멋진 시로 읊어 낚시의 풍류를 남겼다. 공자도 낚시를 조이불망, 즉 군자는 낚시를 하되 그물질은 하지 않는다 했다. 서양에서도 그리스신화에 나오는 베라스라는 용사가 최초로 낚시를 했다고 전해져 온다. 300여년전 아이작 월턴은 조어대전에서 '낚시는 명상하는 사람의 레크리에이션' 이라 했다.

從容有常
종 용 유 상

출전 예기(禮記)

뜻 얼굴색과 행동에 변함이 없다는 뜻으로 군자를 비유하는 말.

마를 종, 얼굴 용, 있을 유, 항상 상

보기

● 민자당의 김종필대표는 새해가 되면 한해 좌우명으로 삼을 휘호를 써왔다. 올해 그의 신년휘호는 '종용유상'. 김대표는 4일 '무슨 일이 있어도 의연히 법도를 지킨다는 뜻' 이라고 글의 뜻을 설명했다. 김대표가 다음달 7일 전당대회를 앞두고 위상변화가 거론되는 상황에서 이런 말을 되새기는 것은 아무래도 의미심장하다.

縱橫無盡
종 횡 무 진

뜻 행동이 마음 내키는 대로 자유자재로 하다.

늘어질 종, 가로 횡, 없을 무, 다할 진

보기

● 호쾌한 무협 액션과 상단(商團) 간의 음모와 갈등, 주인공들의 삼각관계까지……. 서해와 남해를 무대로 종횡무진하는 '퓨전 사극' 은 중·장년층을 매료시키기 충분했다. 아버지, 어머니는 딸들을 제치고 TV 앞으로 당겨 앉았다.

● 2005 씨티은행 투자 박람회에서는 강의와 행사 진행을 맡아 종횡무진 활약한 웰스매니지먼트 컨설턴트들이 주목을 받았다. 웰스매니지먼트 컨설턴트(WMC)는 합병 씨티은행이 출범하면서 새롭게 만들어진 조직이다.

故事成語 245

左袒
좌 단

보기

출전 사기(史記)의 여후본기(呂后本紀)

뜻 윗옷의 왼쪽 어깨를 벗는다는 뜻으로, 남에게 편들어 동의함을 이르는 말.

왼쪽 좌, 웃통 벗을 단

⬀ 그러나 과연 이렇게 단순하게 왼손은 나쁘고 오른손은 좋다는 식으로 편가를 수 있을까. 천만의 말씀. 좌의정이 우의정보다 높고 문관은 좌측, 무관은 우측에 섰다. 중국의 경우 옷의 좌측을 벗는 좌단은 찬성의 뜻이었다. 이 책은 단순한 손 이야기가 아니다. 좌는 좌대로 우는 우대로 병존할 수 없는 공간이 전혀 없는 세태, 즉 거의 무차별적인 편향과 극단의 시대를 살아가는 사람들을 위한 '왼쪽의 변명'이다.

座右銘
좌 우 명

뜻 늘 자리 옆에 적어놓고 자기를 경계하는 말 또는 가르침으로 삼는 말이나 문구를 뜻함.

자리 좌, 오른쪽 우, 새길 명

⬀ 황우석 박사의 성공스토리가 다른 이들과 달라 보이는 건 한 과학자의 순수한 사랑과 신념에서 비롯되는 것일까. '하늘을 감동시켜라.'라는 그의 좌우명이 새삼 감동으로밀려드는 요즘이다.

⬀ '급할수록 돌아간다.' 지난해 전문가들의 예상을 깨고 3위를 차지한 두산 김경문 감독의 올시즌 좌우명이다. 병풍의 직격탄을 맞아 투수 부족으로 고민이 많지만 어려울 때일수록 선수 보호에 더욱 힘쓰겠다는 것이다.

主客顚倒
주 객 전 도

유사어 본말전도(本末顚倒)

뜻 주인은 손님처럼 손님은 주인처럼 행동을 바꾸어 한다는 것으로 입장이 뒤바뀐 것

주인 주, 손님 객, 머리 전, 넘어질 도

⬀ 기자회견 내용이 언론에 보도되자 시민단체측은 "주객전도식 궤변"이라며 반발했다. 발표 내용에 대해서도 의문을 제기하고 나섰다. 일본이 국민기금을 수령한 것으로 밝힌 위안부 출신 심달연 할머니가 실제로는 돈을 받은 적이 없다는 것.

⬀ 교육당국은 "선행학습은 공교육을 방해하는 최대의 적"이라 지적하지만 학생들이나 학부모들은 반박한다. 당연히 학교 교육은 뒷전이고 학원에 목을 매는 교육의 '주객전도' 현상이 난무한다.

周公三笞
주 공 삼 태

출전 설원(說苑) 건본편(建本篇)

뜻 주공의 세 차례의 매질이라는 뜻으로, 자식
교육의 엄함을 비유하는 말.

무루 주, 공변될 공, 석 삼, 매질할 태

● 자녀교육에 있어서 누가 소홀할 수 있
겠는가? 하지만 치맛바람이나 지나친
사교육 의존은 자녀 교육에 바람직하
지 않다. 또한 한두 명의 자녀를 둔 요
즘 오냐오냐하는 식의 교육으로 자녀
가 바르게 자라길 기대하는 것도 바람
직하지 않다. 주공삼태라고 엄할 때 엄
할 줄 아는 교육이야말로 지금 우리에
게 절실한 교육행태가 아닐까 한다.

走馬燈
주 마 등

뜻 돌아가는 대로 그림이 따라 돌아 보이는 등을
뜻하며 사물이 덧없이 빨리 변함을 비유한
말.

달릴 주, 말 마, 등잔 등

● 그런데 그날 밤은 그게 아니었다. 그 말
이 마구 가슴 속을 휘젓기 시작하는 것
이었다. 예수님이 겪으신 고난의 과정
이 주마등처럼 눈앞을 스쳐 지나가는
것이 아닌가. 그리고 그분의 그러한 고
통과 죽음까지의 과정이 머릿속을 강
하게 때렸다.

● 장가가기 빠른 나이는 아니지만 가장
가까운 사람 중에는 처음이라 그런가
보다. 그리고 바로 유학이라니……. 전
화를 끊자 지난 시간들이 주마등처럼
스쳐 지난다.

酒池肉林
주 지 육 림

출전 십팔사략(十八史略)

뜻 술로 못을 만들고, 고기로 숲을 이루게 했다.
사치하고 음란하여 폭군의 부수적 행동으로
비유함.

술 주, 못 지, 고기 육, 수풀 림

● 밤마다 펼쳐진 주지육림에서 통음난무는
다반사였다. 더욱 가관인 것은 주색에 빠
진 이자들의 게이샤 놀음이다. 이 작자들
은 무슨 공놀이하듯 애첩을 서로 빼앗는다.

● 식적 요통은 신허 요통과 원인이 비슷하
다. 주로 주지육림에 빠져드는 사람들에
게 많이 생긴다. 밤늦게까지 술을 떡이
되도록 마신 뒤 과도한 성관계를 맺어서
걸리는 요통이다.

竹馬故友
죽 마 고 우

출 전 진서(晉書)의 은호전(殷浩傳)

유사어 죽마지우(竹馬之友)

뜻 어릴 때 대나무로 만든 말을 타며 함께 놀던 친구. 같이 놀며 자란 친한 벗을 이름.

대 죽. 말 마. 옛 고. 벗 우

➡ 범한여행이 선보이는 '9일간의 유럽여행'의 일정들은 잊고 지냈던 오래된 죽마고우를 만나는 것처럼 입가에 반가운 미소를 머금게 하는 잔잔한 아름다움을 제공하는 여행 상품이다.

➡ 미 흑인 찬송계의 살아있는 신화인 돈리 화이트 박사와 죽마고우인 그는 많은 동역자가 나타나기를 기도하고 있다. "지금 이 시간 주님께서 우리에게 프로포즈를 하고 있습니다. '아멘' 해 보세요. 뭐라고 형언할 수 없는 감동을 느낄 수 있을 겁니다."

樽俎折衝
준 조 절 충

출 전 안자춘추(晏子春秋)의 내편(內篇)

뜻 술통과 안주를 놓은 상에서 적의 창 끝을 꺾는다는 뜻으로, 공식적인 연회에서 담소하면서 유리하게 외교 활동을 벌임을 이르는 말.

술통 준. 도마 조. 꺾을 절. 찌를 충

➡ '준조절충'이란 고사성어는 이처럼 안영의 탁월한 외교술에서 비롯된 말. 안영의 외교술 역시 오늘을 사는 우리들이 명심하여 가슴 속에 새겨야할 교훈일 것이다. 그 무렵 오늘날의 미국과 같은 초강대국 진나라를 상대로 '술잔과 도마 사이를 벗어나지 않고 천리 밖을 알았던' 안영. 정당하면서도 당당한 외국과의 교섭을 통해 대외압력을 이겨낸 안영의 태도는 반드시 우리들이 본받아야 할 자주정신인 것이다.

衆口難防
중 구 난 방

출 전 십팔사략(十八史略)

뜻 뭇사람들의 입을 막기는 어렵다. 많은 사람들이 마구 떠들어대는 소리는 감당하기 어렵다는 것.

무리 중. 입 구. 어려울 난. 막을 방

➡ 이달 임시국회에서의 쟁점 법안 처리의 각론을 둘러싸고도 중구난방이다. 국가보안법 개폐(改廢)를 놓고는 개혁파와 보수파, '수도 분할' 문제에 대해서는 수도권파와 비수도권파로 나뉘어 싸우고 있다.

➡ 정부와 지자체의 잦은 주택 정책 변경이 가격 불안을 초래하고 있다. 특히 재개발, 재건축 시책의 경우 중구난방식으로 규제 시책을 발표, 철회함에 따라 아파트가격을 일시에 수천만 원씩 끌어올리는 부작용이 빚어지고 있다.

衆寡不敵
중 과 부 적

출전 맹자(孟子)의 양혜왕편(梁惠王篇)

뜻 적은 수효로 많은 수효를 대적하지 못한다는 뜻으로 적은 사람으로는 많은 사람을 이기 못함을 말함.

무리 중, 적을 과, 아니 부, 대적할 적

보기

➡ 기도하다가 잠이 들었다. 따끔해서 깨어나 보니 왕모기가 가냘픈 내 몸에서 피를 빨아가고 있었다. 이놈의 새끼들! 누구 피를 빨아먹느냐고 매우 후려쳤으나 중과부적. 나는 일어나서 그들을 쫓느라 열심이었다.

➡ 재정경제부와 한국은행이 이번 주 들어 공조체제를 펴면서 구두경고와 '실탄'을 모두 동원해 환율방어에 나서고 있지만 쏟아지는 매물에 '중과부적'으로 밀리고 있다는 것이 시장의 공통된 평가다.

中石沒鏃
중 석 몰 촉

출전 사기(史記)의 이장군전(李將軍傳), 한시외전(韓詩外傳)의 권육(卷六)

뜻 돌에 화살이 깊이 박혔다는 뜻으로, 정신을 집중하여 전력을 다하면 어떤 일도 이룰 수 있다는 말.

가운데 중, 돌 석, 잠길 몰, 화살 촉

보기

➡ 정신 집중력이 얼마나 무서운지를 일깨워주는 고사로 중석몰촉이 있다. 쏜 화살이 돌에 깊이 박힌다는 뜻이다. 기업을 경영하는 사람이나 사업을 하는 사람들에게는 정신집중에 버금가는 '정성'이라는 것이 일의 성패를 좌우한다는 사실을 명심해야 한다.

中原逐鹿
중 원 축 록

출전 사기(史記)의 회음후열전(淮陰侯列傳)

유사어 축록장리(逐鹿場裡)

뜻 중원의 사슴을 쫓는다는 뜻으로, 제위를 두고 다툼을 비유하는 말로 정권을 다투거나 어떤 지위를 얻기 위해 서로 경쟁한다는 의미로 확대되어 쓰인다.

가운데 중, 벌판 원, 쫓을 축, 사슴 록

보기

➡ '중원축록'이라는 말이 있다. 예로부터 중국을 지배하려면 중원, 즉 지금의 서안(西安)을 제패해야 했다. 서안은 지리적으로 중국의 중심이다. 동부와 서부를 연결하는 거점이며, 서부 진출의 교두보이다. 옛 실크로드의 출발점이 바로 이곳 서안이다. 따라서 중국의 서부 대개발은 실크로드의 현대적 복원이라는 의미도 갖고 있다. 서부가 개발되면 내륙 교통로를 이용한 동서 교류가 크게 늘어날 것이기 때문이다.

曾 參 殺 人
증 삼 살 인

출전 전국책(戰國策)

유사어 삼인성호(三人成虎)

뜻 증삼이 사람을 죽였다는 뜻으로, 사실이 아닌
데도 사실이라고 말하는 자가 많으면 진실이
됨을 비유한 말.

일찍 증, 석 삼, 죽일 살, 사람 인

보기

➡ '증삼살인'의 명분. 문제는 이것이 진
실과는 상관없이 혐의라는 지극히 비
사법적인 추정에 따라 일어난다는 것
이다. 즉 진실의 여부에 상관없이 의심
이 제기되는 인사는 기피된다.

➡ 여론을 호도, 장악하는 능력에 관한한
신문을 따라갈 것은 없다. 조선일보의
이런 능력은 '증삼살인'과 무관하지 않
으며 시시비비를 떠나 다수의 힘이 지
배하는 원리이다.

舐 糠 及 米
지 강 급 미

출전 사기(史記)의 오왕비열전(吳王비列傳)

뜻 겨를 핥다가 급기야 쌀까지 먹어치운다는 뜻
으로, 외부의 적이 마침내 내부마저 장악하게
되었음을 뜻하거나 인간의 욕심이 끝이 없음
을 비유하는 말.

핥을 지, 겨 강, 미칠 급, 쌀 미

보기

➡ 공을 이루고 이름을 얻게 되면 그 자리에
서 물러나 몸을 한가롭게 하는 것이 하늘
의 도를 따르는 것이다. 하나 그대의 기
질은 지강급미하다. 겨를 핥다가 쌀을
먹었으니 그대의 욕심이 날로 가해진다.

➡ "그냥 두었다가는 다른 화원들한테 그릇
된 영향을 입힐 것이 분명하니, 사옹원
에 상소를 올리도록 합시다." "지강급미
라는 말도 있지 않소이까. 차후 더 큰 낭
패를 당하기 전에 미리 나쁜 버릇을 깨닫
게 함이 옳을 듯합니다.

指 鹿 爲 馬
지 록 위 마

출전 사기(史記)의 진시황본기(秦始皇本紀)

뜻 사슴을 가리켜 말이라고 우긴다. 위압으로 남
을 바보로 만들거나 그릇된 일로 남을 속여
죄에 빠드리는 일을 말함.

가리킬 지, 사슴 록, 삼을 위, 말 마

보기

➡ 곽 회장은 "제가 처음 주재하는 이사회
입니다. 밀어주세요."라며 취약한 논리
로 가결을 촉구했다. 이에 맞서 한웅수
FC서울 단장, 김광식 대전 단장 등이
"어떻게 우리가 지록위마를 좌시할 수
있습니까?"라며 강하게 반발했다.

➡ 민주당 의원은 김재철 동원그룹 회장
을 추궁했다. 이에 김 회장은 "법에 규
정하지 않은 것은 한 푼도 안냈다."고
단호하게 부인했다. 김 회장은 "어떤
저의 아래 '지록위마' 제보에 속은 것
같다."며 되레 김 의원을 공박했다.

支離滅裂
지 리 멸 렬

뜻 이리저리 흩어져 갈피를 잡을 수 없음.

지탱할 지, 떠날 리, 멸망할 멸, 찢을 렬

보기

➡ 남성 팬터지의 극단이 폼 나게 피 칠갑하는 액션의 세계라면 남성 리얼리티의 극단은 밖에서의 지리멸렬한 궁상이 가족들 앞에서 까발려지는 신파의 세계다. 이 두 세계를 드러내는 것이 '주먹이 운다' 와 '달콤한 인생' 이다.

➡ 사우디의 사막에서 지리멸렬했던 한국축구가 서울월드컵경기장에서 힘차게 살아났다. 이영표가 득점 물꼬를 텄고, 이동국은 멋진 발리 슛으로 승부에 쐐기를 박았다.

紙上談兵
지 상 담 병

출전 사기(史記)의 염마인상여전(廉頗藺相如傳)

뜻 종이 위에서 병법을 말한다는 뜻으로, 실제적인 쓰임에서는 필요 없음을 비유한 말.

종이 지, 위 상, 말할 담, 병사 병

보기

➡ 노대통령 참모들의 '연착륙' 주장에도 불구하고 노대통령이 '큰 것만 챙기고' 행정부 스스로 개혁을 알아서 챙겨 돌아가는 자동시스템을 기대하기에는 아직 무리가 있다. 설사 시스템이 완비됐다고 해도 아직 피드백(feedback)이 없어 경험도 부족하다. 국정운영 이념과 행정조직이 완비됐다고 해서 연착륙을 서두를 경우 '지상담병' 이나 '안도색기' 가 되지 말라는 보장이 없다.

池魚之殃
지 어 지 앙

출전 여씨춘추(呂氏春秋)의 필기편(必己篇)

뜻 연못 속 물고기의 재앙이라는 뜻으로, 뜻밖의 횡액을 당함을 비유하는 말.

못 지, 고기 어, 어조사 지, 재앙 앙

보기

➡ 지어지앙이란 말이 있다. 각단 없이 게걸들인 듯 먹어대면 그동안 다른 기관이 안고 있던 더 넒은 위장이 넘겨받을지 모른다는 뜻. 물론 절제 잃은 경우일 때다. 동양에서는 예부터 보깨지 않도록 적게 먹는 것을 건강장수의 요건으로 들어온다.

➡ 지어지앙의 고사입니다. 당산중학교 나무위에서 노래하던 우리겨레 신세가 이 연못의 고기신세였습니다. 우리겨레의 엉뚱한 죽음을 애도하며 우리는 웁니다. 맴맴맴맴…….

知音
지 음

출전 열자(列子)

뜻 소리를 알아듣는다는 뜻으로 자기의 속마음을 알아주는 친구를 이르는 말.

알 지, 소리 음

보기

➡ 자기 성찰적 습성을 지닌 고독한 프로이트는 지음과의 10년 서신 왕래를 통해 중년 초반의 힘든 시기를 넘길 수 있었다고 하버드대 교육심리학 교수는 말한다. 인간관계(주변의 사회적·정서적 지원)는 대가들이 지적 고립을 탈피하고 창조적 도약을 할 수 있게 만드는 중요요인이라는 것이다.

➡ 자기 성찰적 습성을 지닌 고독한 프로이트는 지음과의 10년 서신왕래를 통해 중년 초반의 힘든 시기를 넘길 수 있었다고 한다.

知者樂水仁者樂山
지 자 요 수 인 자 요 산

출전 논어(論語)의 옹야편(雍也篇)

유사어 요수요산(樂水樂山)

뜻 지혜로운 사람은 물을 좋아하고 어진 사람은 산을 좋아한다는 것.

알 지, 사람 자, 좋아할 요, 물 수, 어질 인, 산 산

보기

➡ 두타의 한 관계자는 "논어에 나오는 지자요수 인자요산(智者樂水 仁者樂山)이라는 문구가 이 대표에게 가장 어울리는 말"이라며 "어진 사람(仁者)이 정도와 상식에서 벗어난 일을 멀리하는 것과 같은 이치"라고 말했다. 이 대표는 단순경영을 펼치면 자연스럽게 투명경영을 완성할 수 있다고 생각한다. 기업이 투명한 경영을 실시하지 않으면 그 기업과 투자자 모두에게 장기적인 측면에서 큰 문제를 초래한다는 게 이 대표의 생각이다.

至楚北行
지 초 북 행

출전 전국책(戰國策)의 위책(魏策) 안리왕편(安釐王篇)

뜻 초나라에 이르려고 하면서 북쪽으로 간다는 뜻으로, 마음과 행동이 상반되는 것 또는 방향이 틀린 것을 비유하여 이르는 말.

다다를 지, 나라이름 초, 북녘 북, 갈 행

보기

➡ 충남 공주·연기, 아산 등의 공천 잡음으로 정체성이 훼손되고 있다는 지적에 대해 임 의장은 "지초북행은 마음과 행동이 상반되는 것을 비유하는 것인데, 개혁은 배 타고 내려가는 것으로 직진만 하면 좌초된다."고 덧붙였다.

➡ 현 정권은 그동안 이런저런 로드맵을 쏟아냈지만, 오히려 어디로 가고 있는지 모르겠다며 어지러워하는 사람들이 많다. 지초북행이라는 고사는 그대로 행선지를 잃어버린 한국사회에 대한 풍자다.

舐痔得車
지 치 득 거

출전 장자(莊子)의 열어구(列禦寇)

뜻 똥구멍을 핥아 수레를 얻는다는 뜻으로, 미천한 일을 하여 큰 이득을 얻음을 비유하는 말.

핥을 지, 똥구멍 치, 얻을 득, 수레 거

보기

➡ 지치득거라고 하지만 사람이 할 일이 있고 해서는 안될 일이 있다. 아무리 생계를 위해서라지만 떳떳하지 못한 일로 모은 재물이 무슨 의미가 있을까? 그것은 자식에게도 도움이 되지 않는다고 생각한다.

知彼知己百戰不殆
지 피 지 기 백 전 불 태

출전 손자병법(孫子兵法)

뜻 적을 알고 나를 알면 백번 싸워도 위태롭지 않다는 것.

알 지, 저 피, 몸 기, 자기 기
일백 백, 싸울 전, 아니 불, 위태할 태

보기

➡ 지피지기 백전불패. 재테크에서도 본인의 투자성향을 알고 투자에 나서면 돈이 보이거나 적어도 실패할 확률을 낮출 수는 있다.

➡ 지피지기 백전불패. 예비중학생이 명심해야 할 덕목이다. 초등학교 때까지만 해도 부모와 교사가 자기편에 서서 보호해줬지만 중학교 때부터는 다르다. 새로운 환경에 적응하는 것은 모두 자신의 몫이다. 학생들은 이러한 상황에 부담과 두려움을 동시에 느낄 수 있다.

知行合一
지 행 합 일

출전 전습록(傳習錄)

뜻 참 지식은 반드시 실행이 따라야 한다는 말.

알 지, 다닐 행, 합할 합, 하나 일

보기

➡ 최광식 경찰청 차장은 "수상자들이 보여준 '행동하는 용기'와 '지행합일'의 정신에 각별한 경의를 표한다."고 밝혔다.

➡ 책을 거듭 읽으며 내가 다다른 결론은 그리 거창하지 않았다. 주자학은 선지후행을, 양명학은 지행합일을 표나게 내세웠다. 앎을 행한다는 이 단순한 명제가 강화학파의 지조를 가능케 했던 것이다. 기껏 내린 결론을 스스로 미심쩍어하는데, 신영복이 〈강의〉에서 이 생각에 힘을 실어주었다.

盡善盡美
진 선 진 미

출전 논어(論語)의 팔일편(八佾篇)

뜻 착함을 다하고 아름다움을 다했다. 더 이상 바랄 것이 없이 잘 되어 있다는 것.

다 진, 착할 선, 아름다울 미

➡ 40여년간 누적된 문제가 풀린다면 4년이 걸리더라도 시도해볼 만하다고 본다. 아무리 진선진미한 개혁도 구성원의 협조 없이는 무용지물이 되며 그 폐해는 결국 모두에게 돌아가는 법이다.

➡ 교수 계약제는 직장의 불안정성으로 인해 연구 동기가 상실되고 일부 사학재단에서 교수 재임용 시 악용한다는 점에서 진선진미한 제도는 아니지만 본래 취지는 정년 보장으로 자리에 안주 문제점을 극복하기 위한 것이다.

進退兩難
진 퇴 양 난

출전 시경(詩經)의 상유(桑柔)

유사어 진퇴유곡(進退維谷)

뜻 나아갈 수도 물러설 수도 없는 궁지에 빠짐.

나아갈 진, 물러날 퇴, 두 양, 어려울 난

➡ '탈미 친중론'이 중국과 미국을 동격으로 취급하는 중립주의의 일종이라고 심히 비판했다. 이처럼 한국 안보외교는 '용과 독수리' 사이에서 진퇴유곡의 어려움을 겪는 것이 현실이다.

➡ ㈜한화 인천공장의 충북 보은 이전계획이 주민들의 반발로 진퇴유곡에 빠졌다. 주민반발은 공장 이전 계획 발표 이후부터 계속돼왔으나 지난달 25일 보은 공장에서 발생한 폭발사고(2명 사망)가 기폭제가 돼 반발 강도가 거세졌기 때문이다.

懲羹吹虀
징 갱 취 제

출전 초사(楚辭)

뜻 뜨거운 국에 데더니 냉채를 먹을 때도 분다는 뜻으로, 한 번의 실패로 모든 일을 지나치게 조심함을 비유함.

징계할 징, 국 갱, 불 취, 냉채 제

➡ 당국은 이 소문이 전혀 과학적 근거가 없는 것이라고 사태를 진정시키려 했지만 주민들은 '징갱취제'를 입증이라도 하듯이 너나 할 것 없이 가재도구를 챙겨 항구로 향했다.

➡ '징갱취제'라는 말처럼 경찰이 정기승진시험을 앞두고 보안을 강화하고 있다. 대입 수능과 대구지방경찰청 순경시험부정사건이후 경찰은 오는 16일 실시되는 경정급 이하 승진시험을 맞아 교실감독관을 증원하는 등 부정행위를 차단할 방침이다.

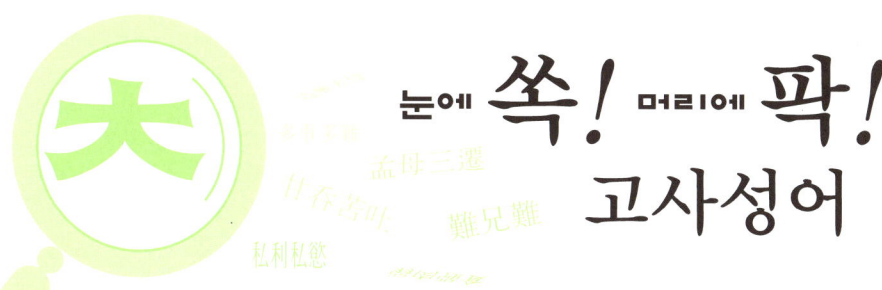

눈에 쏙! 머리에 팍!
고사성어

滄桑之變
창　상　지　변

출전 신선전(神仙傳)의 마고(麻姑)

유사어 창해상전(滄海桑田), 상전벽해(桑田碧海)

뜻 푸른 바다가 뽕밭이 되듯이 시절의 변화가 무상함을 이르는 말.

창 창, 뽕나무 상, 어조사 지, 변할 변

보기

➡ 창상지변. 소설 '난지도'를 통해 물질문명의 풍요가 가져오는 정신적 황폐함을 바로 이 공간을 통해 고발문학 형태로 풀어냈던 그녀로선 감회가 남다를 수밖에 없는 일. 서울시민이 하루 3000트럭분의 쓰레기를 내지르던 곳이 60억 지구촌 사람들의 눈과 귀를 모으게 하는 현장이 된 것이다. 그 드라마의 첫 장면이 바로 그녀의 작품 무대이다.

創業守成
창　업　수　성

출전 당서(唐書)의 방현령전(房玄齡傳), 정관정요(貞觀政要)의 군도편(君道篇) 자치통감(資治通鑑)

유사어 창업이수성난(創業易守成難)

뜻 어떤 일을 시작하기는 쉬우나, 이룬 것을 지키기는 어렵다는 뜻.

시작할 창, 업 업, 지킬 수, 이룰 성

보기

➡ 제왕학에서 나오는 창업수성의 노하우는 CEO들이 경영에 적용시켜 볼 대목이 많다. 제왕학에서 경학(철학)과 역사에 주력하여 세상이치를 터득케 했던 것은 제왕들의 통치 철학을 견고히 하기 위함이었다.

➡ 4백여 년전 율곡은 역사를 창업수성, 경장의 3기로 나누고 그의 당대를 '경장의 시대'로 규정했었다. '10만 양병설'에만 모두 귀 기울였던들 그의 사후 8년 만에 임진왜란 같은 국난을 겪지는 않았을지 모를 일이다.

滄海一粟
창 해 일 속

출전 적벽부(赤壁賦)

뜻 푸른 바다에 좁쌀 한 톨이라는 뜻으로, 아주 작고 보잘 것 없음을 비유한 말.

푸를 창, 바다 해, 한 일, 조 속

보기

- 비록 역사의 한 페이지를 장식할 만큼이 아닌 '창해일속' 일지라도 남을 위해 자신의 희생을 아끼지 않으며 보이지 않는 곳에서 묵묵히 일하는 사람들이 있다. 이들은 지금은 정반대의 평가를 받고 있는 히틀러나 레닌의 그것과는 분명 다른 점이 있다.
- 하지만 정치인들이 내놓은 책은 고민의 흔적이 별로 엿보이지 않는 「날림출판」이라는 지적이 많아 역작을 찾기란 '창해일속' 이라는 게 출판계의 한결같은 평가이다.

天高馬肥
천 고 마 비

출전 두심언(杜審言)의 시(詩)

뜻 하늘이 높고 말은 살찌다. 변방에 있는 친구에게 보낸 변방 상황을 묘사한 표현임.

하늘 천, 높을 고, 말 마, 살찔 비

보기

- 천고마비의 계절, 가을이 깊어 간다. 바람이 소슬하고 낙엽이 떨어지니 우리의 마음도 쓸쓸해진다. 전통적 세계관에서 보자면 이런 몇 가지 현상은 서로 불가분의 연관성을 가지고 있다.
- 점차 쌀쌀해지는 날씨. 천고마비의 계절도 어느덧 지나가고 입맛도 깔깔해졌다. 이번 주말엔 뜨끈하고 담백한 국물로 속을 달래고 보신까지 할 수 있는 가벼운 음식을 찾아나서 보자.

千軍萬馬
천 군 만 마

유사어 천병만마(千兵萬馬)

뜻 천 명의 군사와 만 마리의 군마라는 뜻으로, 썩 많은 군사와 말을 이르는 말.

일천 천, 군사 군, 일만 만, 말 마

보기

- 일각에선 노무현 대통령이 집권 3년차를 맞아 청와대 내에 포진한 20여명의 부산인맥들 면면과 역할을 보면 노 대통령의 '천군만마' 같은 존재로 인식될 만하다.
- 신경수는 김호철 감독의 입맛에 딱 맞는 선수다. 군에서 한껏 키운 근성과 승부욕이 남보다 한발 앞선다. 김 감독은 올시즌을 앞두고 "경수가 돌아온 것은 천군만마를 얻은 것과 같다."고 기대를 나타냈다.

千金買笑
천 금 매 소

출전 동주(東周)의 열국지(列國志)

뜻 천금을 주고 사랑하는 여자를 웃게 한다. 주지육림(酒池肉林)과 더불어 망국의 짓 중 하나임.

일천 천, 쇠 금, 살 매, 웃음 소

○ 대가를 치르고 사랑하는 여인에게서 미소를 짓게 하는 것이라죠……. 저를 위해……. 저의 미소를 얻기 위해 천금매소해주실 거죠~ 물론 이 얘기의 주인공인 포사는 나라를 위태롭게 까지 하여 웃음을 사게 했지만……. 전 그런 어리석은 여인은 아니랍니다.

千慮一失
천 려 일 실

출전 사기(史記)의 회음후열전(淮陰侯列傳)

유사어 천려일득(千慮一得)

뜻 천 가지 생각 중의 한 가지 실수라는 뜻으로 아무리 지혜로운 사람도 한번쯤은 실수가 있다는 것을 비유하는 말.

일천 천, 생각할 려, 한 일, 잃을 실

○ 김정수 제약협회장은 이에 앞서 개회사를 통해 "제약업계는 어려움 속에서도 우수의약품 생산을 목표로 천려일실도 허용하지 않으려 노력했고, 세계적 신약개발을 목표로 연구개발에 힘썼다."고 강조했다.
○ '지혜로운 사람도 천번 생각하면 한번은 잘못 생각한다.'는 천려일실 명언과 별 다를 바 없는 진리인 것 같다. 더구나 이 말은 진실을 왜곡하는 현실과 만날 경우 더욱 빛을 발하게 된다.

千變萬化
천 변 만 화

출전 열자(列子)의 주목왕(周穆王)

뜻 천만 가지로 변화한다는 뜻으로 장면, 사태, 모양 등이 한량없이 변화해 감을 이르는 말.

일천 천, 변할 변, 일만 만, 될 화

○ '삶의 대가'에서는 70대 여자 무용수, 하반신이 없거나 팔을 쓸 수 없는 무용수 등이 출연했다. 철저히 주제 중심적으로 무용수, 안무, 장치 등이 천변만화한다. '저스트 포 쇼'는 어떤 작품일까.
○ '마음이 본성을 찾으면 고요하고 영원하고 움직이지 않게 되고, 마음이 조화에 통하게 되면 천변만화하는 세상의 일에 통하게 된다.' 지은이는 마음의 고요함과 움직임을 산과 물에 비유했다.

大

千里眼
천 리 안

출 전 위서(魏書)의 양일전(楊逸傳)

뜻 천리 밖을 보는 눈이란 뜻으로 먼 곳의 것을 볼 수 있는 안력, 사물을 꿰뚫어 보는 힘 또는 먼 데서 일어난 일을 직감적으로 감지하는 능력을 말함.

일천 천, 마을 리, 눈 안

보기

➡ 버스 타기란 쉽지 않다. 오는 것을 확인하고 거리를 잘 조준해야 놓치지 않는다. 천리안이 아니니 우왕좌왕할 수밖에 없다. 경유지도 한두 곳만 표시하여 어디로 가는지 모르겠다.

➡ 소수의 장갑차, 105mm 야포, 박격포가 고작이던 국군을 패퇴시키고 입성한 붉은 군대의 탱크, 115mm 야포 등 우세한 중장비 행렬을 목격한 한국인은 허깨비 군상을 보았고, 멀리 미국의 커밍스는 천리안을 가졌더란 말인가?

天佑神助
천 우 신 조

뜻 하늘이 돕고 신이 도움.

하늘 천, 도울 우, 정신 신, 도울 조

보기

➡ 서울 지하철 7호선 전동차 방화사건으로 이야기를 시작했다. 대구지하철참사와 같은 대형사고로 비화될 소지가 다분했는데 희생이 거의 없었던 것은 그야말로 천우신조다.

➡ 이번 쓰나미 사망자 15만 명 중 3분의 1이 18세 이하 아동·청소년 해일이 덮쳤을 때 나무나 건물을 붙잡고 견딜 힘이 없었기 때문이다. 문제는 천우신조로 살아남았으되 부모를 잃고 창졸간에 고아가 된 아이들이 납치나 성폭행의 대상이 되고 있다는 점이다.

天衣無縫
천 의 무 봉

출 전 영괴록(靈怪錄)

뜻 선녀(천사)의 옷은 바느질 자국이 없다. 시문 등이 매우 자연스러워 흠 없음에 비유하는 말임.

하늘 천, 옷 의, 없을 무, 기울 봉

보기

➡ 숭고하고 장엄하다. 성당의 첨탑 위로 솟아오르는 천의무봉(天衣無縫)의 앙상블. 17일 내한공연을 펼치는 탈리스 스콜라스(Tallis Scholars)의 무반주 합창은 유럽 대성당의 엄숙하고 정결한 이미지를 떠오르게 한다.

➡ 60, 70년대의 관철동은 그야말로 '문학동네 술동네'였다. '귀천'의 천의무봉한 천상병 시인, 장면박사에게 맞서 국회의원 후보자가 되기도 했던 한국판 돈키호테 김관식 시인 등이 하루가 멀다 하고 뻔질나게 드나들었다.

千載一遇
천 재 일 우

출전 원굉(袁宏)의 삼국명신서찬(三國名臣序贊)

뜻 천 년에 한 번 만난다는 좀처럼 얻기 어려운 좋은 기회를 말함.

일천 천, 해 재, 한 일, 만날 우.

보기

➡ 이창호 9단에 비해 관록 면에서 중량감이 떨어지는 상대이기에 심적인 부담이 한결 덜하다. 생애 첫 우승컵을 품을 수 있는 천재일우의 기회가 아니겠는가.

➡ 정부는 반만년 역사상 천재일우로 처음 맞은 민족 웅비의 찬스를 망치지 않으려면 제발 이제라도 동시대를 호흡해야 한다.

天災地變
천 재 지 변

뜻 지진, 홍수, 태풍 따위와 같이 자연현상에 의해 빚어지는 재앙.

하늘 천, 재앙 재, 땅 지, 변할 변.

보기

➡ 타버린 전각들 속에서 낙산사동종(보물 479호)을 찾았지만 보이질 않는다. 낙산사 주지 정념스님은 "가슴이 턱 막힌다."며 "기도와 수행이 부족해 천재지변을 막지 못했다."고 자탄한다.

➡ 때 아닌 폭설과 이상 한파, 땅이 요동하는 천재지변 속에서도 봄은 온다. 산책길에서 만나는 나무들은 아직 헐벗은 모습이지만 봄은 이미 우리 곁에 있다. 스멀스멀 지피는 생명의 기운, 그리고 내 마음에도 어느덧 깃든 정처 없는 설렘.

千篇一律
천 편 일 률

뜻 여러 시문의 격조가 변화 없이 비슷비슷함. 또는 여러 사물이 거의 비슷비슷하여 특색이 없음을 비유하여 이르는 말.

일천 천, 책 편, 하나 일, 법 률.

보기

➡ 참교육학부모회 상담부장도 "인터넷 세대인 초등학생들에게 일기 검사 관행을 천편일률적으로 실시하는 것은 무리"라며 대안은 많기 때문에 교사들의 인식부터 먼저 바꿔나갈 필요가 있다."고 지적했다.

➡ 무대에서 오페라의 아리아나 가곡을 열창하는 사람들은 으레 화사한 연주복으로 치장을 한다. 남성의 경우, 천편일률로 연미복을 입는 까닭에 그 구분이 쉽지 않지만 여성의 경우, 모양새가 천차만별이다.

大

天下泰平
천 하 태 평

출전 예기(禮記)의 중니연거(仲尼燕居)

뜻 온 세상이 태평함. 또는 근심 걱정이 없거나 성질이 느긋하여 세상 근심을 모르고 편안함이나 그런 사람.

하늘 천, 아래 하, 클 태, 평평할 평

보기

- 소록도를 돌아보았다. 섬 안에는 환우들만 살고 있는 것이 아니었다. 아무 일도 없다는 듯이 자연의 섬 소록도는 천하태평의 세월을 누리고 있었다. 문득 제주도에서 본 빨치산의 무덤과 군경의 무덤 위에 들꽃들이 떠올랐다.
- 국회가 파행에 이르렀다고 해도 과반수 의석으로 단독 운영하면 된다고 하면서 천하태평이라면 무서운 게 없다는 의미이다. 하나 과반수 의석을 차지했다고 해서 '천둥벌거숭이'가 될 수는 없는 일이다.

徹頭徹尾
철 두 철 미

뜻 머리에서 꼬리까지 통한다는 뜻으로, 처음부터 끝까지 방침을 바꾸지 않고 생각을 철저하게 관철함을 이르는 말.

통할 철, 머리 두, 꼬리 미

보기

- 그래서 필자는 이들의 철두철미한 자녀관리 방식이 부러울지언정 비난하고 싶은 마음은 없다. 다만 걱정되는 것은 그 폐쇄적 문화이다. 대치동에서 직장주부는 경쟁력이 없다.
- 조선중앙통신에 따르면 한·미 연합전시증원(RSOI)연습과 독수리 훈련을 거론, "미국의 대조선 정책의 본질은 우리 공화국을 극도로 적대하고 말살하기 위한 철두철미 침략정책"이라고 강조했다.

鐵面皮
철 면 피

출전 북몽쇄언(北蒙瑣言)

뜻 쇠로 낯가죽을 하였다. 얼굴색 하나 변하지 않고, 아무한테나 아첨을 일삼는 파렴치한 인간을 말함.

쇠 철, 얼굴 면, 가죽 피

보기

- 시의회는 "일본 정부의 철면피한 역사왜곡이야말로 자라나는 2세들을 통해 과거에 이루지 못했던 대동아공영권의 야망을 기어이 이뤄 보려는 침략주의의 망동"이라며 "어린 자녀들에게 군국주의의 망령을 부활시키려는 범죄행각을 즉각 중단하라"고 촉구했다.
- "열린우리당은 도덕적으로 민주당에 대해 합당 요구를 할 자격이 없다. 민주당을 부패세력, 지역세력으로 매도해 놓고 이제 손을 벌리는 것은 철면피도 보통 철면피가 아니다."고 목소리를 높였다.

轍鮒之急
철 부 지 급

출전 장자(莊子)의 외물편(外物篇)

뜻 수레바퀴 자국 속의 붕어의 다급함. 다급한 위기나 처지를 말하며 급히 구해주어야 할 형편을 말함.

수레바퀴 철, 붕어 부, 어조사 지, 급할 급

➡ 노대통령은 19일의 수서관련 담화를 통해 정치권에 정치쇄신을 촉구하면서 선거제도 개선 등 구체적인 방향을 제시하기도 했다. 부패를 정치권의 문제로 돌려버리는 듯한 게다가 단호한 사건처리 의지표명도 없었다. 철부지급이라 했다. 지금 할 수 있는 일도 안하면서 훗날을 기약해서는 설득력이 없다. 더욱이 정부·여당은 걸프전의 엄호를 받으며 지자제선거로 '수서위기'에서 탈출하겠다는 의도를 드러내 보이고 있다.

靑雲之志
청 운 지 지

출전 장구령(張九齡)의 조경견백발(朝鏡見白髮), 사기(史記)의 백이열전(伯夷列傳)

뜻 신선이나 천자가 될 사람이 있는 곳에 푸른 구름과 오색구름이 떠있었다고 한다. '청운의 뜻'이란 의미로 입신출세하고 싶은 마음 또는 고결하여 속세를 벗어나고 싶어하는 마음을 비유함.

푸를 청, 구름 운, 어조사 지, 뜻 지

➡ 본격적인 입학·졸업시즌이 눈앞으로 다가오고 있다. 입시지옥의 치열한 경쟁을 이겨내고 청운지지로 대학에 진학하는 새내기들, 최악의 취업난을 실력으로 돌파하고 더 큰 세계로 첫 발을 내딛는 사회초년병들에게 그 어떤 축하와 격려도 지나치지 않을 때다.

➡ 그리스 시골 사람들이 일을 찾아, 청운지지를 이루기 위해 기차를 타고 무작정 상경하여 아테네와 제일 처음 만나게 되는 곳이었다.

靑天白日
청 천 백 일

출전 한유(韓愈)의 여최군서(與崔群書)

뜻 맑게 갠 하늘에서 밝게 비치는 해. 아무 잘못도 없이 결백한 것 또는 무죄를 의미함.

푸를 청, 하늘 천, 흰 백, 날 일

➡ 시민들은 국회청문회가 지난 92년의 수서비리사건으로부터 눈총을 받기 시작한 거대한 부패와 비리의 일부나마 청천백일하에 드러내어 정치개혁의 단초라도 주지 않을까 기대했다.

➡ 이때 개화청년 윤효정이 일어서서 좌의의 주장이 옳다고 하고 일장 연설을 했다. "가로등보다도 백촉 천촉 억만촉이나 더 밝은 청천백일하에 무고한 백성을 잡아다가 억지로 죄를 만들어 재물을 수탈하는 사모쓴 대도들을 어떻게 가로등으로 막을 수 있다는 말인가"

大

靑天霹靂
청 천 벽 력

출전 육유(陸游)의 9월4일
계미명기작(鷄未鳴起作)

뜻 맑게 갠 하늘에서 벼락 친다는 말로 뜻밖의
재난이나 변고 같은 것에 비유함.

푸를 청, 하늘 천, 벼락 벽, 벼락 력

보기

➡ 탄탄대로일 것만 같던 그의 삶은 1992년
뇌수막종 수술을 받으면서 완전히 뒤
바뀌어 버렸다. 후유증으로 인해 하반
신이 마비가 됐기 때문이다. 더 이상 자
신의 두 다리로 걸을 수 없다는 사실은
그와 가족에게는 청천벽력이었고 삶의
희망을 한순간에 빼앗아 버렸다.

➡ 송승준은 청천벽력 같은 소식을 들었
다. 토론토 블루제이스 산하 트리플A
시라큐스 스카이치프스는 2일 송승준
을 방출한다고 발표했다.

靑出於藍
청 출 어 람

출전 순자(荀子)의 권학편(勸學篇)

유사어 후생가외(後生可畏)

뜻 쪽풀에서 나온 푸른색이 쪽보다 푸르다. 스승
보다 뛰어난 제자의 실력과 평판을 말함.

푸를 청, 날 출, 어조사 어, 쪽 남

보기

➡ 이 9단에게 가장 많이 패한 기사는 스
승 조 9단으로 '청출어람' 이 딱 들어맞
는다. 조 9단은 이 9단을 상대로 299번
을 싸워 무려 181패를 기록했다. 조 9
단이 10번 싸워 6판 이상 졌다는 얘기
다.

➡ 스승은 "청출어람이라고, 나보다 훨씬
뛰어난 사람"이라고 제자 칭찬에 열심
이고, 제자는 "선생님은 인간관계나 업
적 모두에서 누구보다 훌륭한 분"이라
며 스승을 향한 존경을 감추지 않았다.

淸風明月
청 풍 명 월

유사어 강호연파(江湖煙波), 산자수명(山紫水明)

뜻 맑은 바람과 밝은 달이라는 뜻으로, 결백하고
온건한 성격을 평하여 이르는 말. 풍자와 해
학으로 세상사를 논함을 비유하여 이르는 말.

맑을 청, 바람 풍, 밝을 명, 달 월

보기

➡ 한 여름을 달궜던 아테네올림픽의 감
동에 이어 청풍명월의 고장 충북에서
열린 제85회 전국체육대회가 16일 오
후 6시 청주종합경기장에서 화려한 폐
막식과 함께 막을 내리고 1년 뒤 울산
에서 재회할 것을 약속했다.

➡ 청풍명월은 돈을 쓰는 것이 아니며, 대
울타리 두른 초가에 돈쓸 일이 없다. 자
신을 깨끗이 하고 백성을 사랑하는 데
는 돈이 필요하지 않고 사람을 구제하
고 만물을 이롭게 하는 데에 돈을 남기
지 않는 것이다.

焦眉之急
초 미 지 급

출전 오등회원(五燈會元)

유사어 소미지급(燒眉之急), 연미지액(燃眉之厄), 위여
누란(危如累卵), 누란지세(累卵之勢), 누기(累
碁), 풍전등화(風前燈火), 일촉즉발(一觸卽發),
백척간두(百尺竿頭), 누란지위(累卵之危)

뜻 눈썹이 타게 될 만큼 위급한 상태란 뜻으로,
그대로 방치할 수 없는 매우 다급한 일이나
경우를 비유한 말.

태울 초, 눈썹 미, 어조사 지, 급할 급

보기

➡ 연말 대선까지 71일 남은 현재 대선
주자들의 행보가 초미지급이다. 낙엽
을 굴리는 스산한 가을바람을 느낄 겨
를이 없다. 정치권 공방도 대선주자들
의 대리전에 불과하다.

➡ 당연합니다. 어떤 나라건 행정개혁이
초미지급인데 특히 우리나라는 정부의
개혁이 무엇보다 선행돼야 합니다. 다
른 나라는 반 이하로 줄이자고 결단을
내리고 있는데 우리도 가슴 아프지만
그런 과정을 겪어야 한다고 생각합니
다.

初志一貫
초 지 일 관

뜻 처음에 세운 뜻을 이루려고 끝까지 밀고 나
감. 처음 품은 뜻을 한결같이 꿰뚫음.

처음 초, 뜻 지, 하나 일, 꿸 관

보기

➡ 그때마다 인내와 의지로 난관을 극복
해야만 꿈을 향해 한발 더 다가갈 수 있
을 것이다. 항상 초지일관의 의미를 되
새기며 자신이 이루고자 하는 꿈을 가
슴에 품고 있어야 한다.

➡ 직장 동료들은 주택청약상품에 가입해
신도시에서 분양하는 아파트를 청약하
느라 분주했지만 필자는 무관심으로
초지일관했다. 목돈이 생기면 무리한
주식투자를 하기 일쑤였다.

寸鐵殺人
촌 철 살 인

출전 나대경(羅大經)의 학림옥로(鶴林玉露)

유사어 정문일침(頂門一鍼)

뜻 한 치밖에 안 되는 칼로 사람을 죽인다는 뜻으
로 간단한 경구나 단어로 사람을 감동시킴 또
는 사물의 급소를 찌름을 비유함.

마디 촌, 쇠 철, 죽일 살, 사람 인

보기

➡ 길이가 짧은 만큼 논리적인 이야기 전
개보다는 극적인 장면, 엉뚱한 상상력,
또는 독특한 캐릭터를 강조하는 방식
이 선호될 것이다. 일상생활에서 맞닥
뜨리는 부자연스러운 상황이 유발하는
촌철살인의 유머도 무한한 이야기를
자아낼 수 있다.

➡ 2일 선종한 교황 요한 바오로 2세의 인
기비결은 그의 유머에 있었다고 해도
과언이 아니다. 교황은 어려운 고비 때
마다 촌철살인적인 유머로 분위기를
녹였다.

推己及人
추 기 급 인

출전 논어(論語)

뜻 제 마음을 표준 삼아 남의 마음을 추측한다는 뜻

밀 추, 자기 기, 미칠 급, 사람 인

보기

○ 나의 경험을 미루어 헤아려 남들에게 까지 적용하여 실천하면 된다는 것이 다. 후대 성리학자들은 이런 내용을 '추기급인' 이라 표현하였다. 작년에 사 람들 사이에 다음과 같은 퀴즈가 회자 되곤 했다. "사과 하나를 두 사람이 공 정하게 나누어 먹는 방법은 무엇인가? 내가 나누고 상대방이 선택한다." 간단 한 질문이지만 정말 명답이다. 국론이 분열되어 있는 이 시기에 타인에 대한 배려야말로 절실히 필요하다고 필자는 생각한다.

逐鹿者不顧兔
축 록 자 불 고 토

출전 회남자(淮南子)의 설림훈(說林訓)

유사어 축록자불견산(逐鹿者不見山)

뜻 사슴을 쫓는 사람은 토끼를 돌아보지 않는다. 이욕(利慾)에 미혹된 사람은 사람의 도리를 잊어버린다는 것.

쫓을 축, 사슴 록, 사람 자, 아니 불, 돌아볼 고, 토끼 토

보기

○ 그런 천대표에게 꼭 필요한 피 같은 고 사성어가 바로 "축록자불고토"– 한 당 의 원내대표로서 – 더구나 여당의 원 내대표로서 자신의 입장은 제쳐두고 당내 여러 세력의 여러 입장을 균형 있 게 담아내려 노력했다.

○ 축록자불고토. 지금 나의 위치가 실력 이 어느 정도인지, 또 만약 그 사슴을 잡지 못했을 때 어떤 후회를 하게 될 것 인지를 생각할 여유가 있다면……. 그 시간에 차라리 한발자국 더 내딛기를 바랍니다.

春來不似春
춘 래 불 사 춘

출전 고시(古詩)

뜻 봄이 왔으나 봄답지 않다. 시절이나 기회는 왔는데 그 느낌을 느끼지 못할 때 쓰임.

봄 춘, 올 래, 아니 불, 같을 사, 봄 춘

보기

○ 춘래불사춘. 완연한 봄이지만 미국여자 프로골프(LPGA) 투어의 코리아군단에 는 아직 봄이 찾아오지 않았다. 투어가 시작된 지 벌써 두 달이 돼가지만 무려 26명에 이르는 풀시드권자를 보유한 한국군단의 성적표는 기대 이하다.

○ 경남 합천군 해인사에는 봄빛이 완연했 다. 잔뜩 물이 오른 나무들이며 꽃망울 을 터뜨린 매화와 산수유, 꽃이 터지기 직전의 벚꽃 등은 서울의 '춘래불사춘' 과는 아주 달랐다. 봄 향기 가득한 해인 사에 지난주 특별한 손님이 찾아왔다.

醉生夢死
취　생　몽　사

출 전　소학(小學)의 가언(嘉言)

뜻　술에 취한 듯 살다가 꿈을 꾸듯이 죽는다는 뜻으로, 아무 의미없이 이룬 일도 없이 한평생을 흐리멍텅하게 살아감을 비유하여 이르는 말.

취할 취, 날 생, 꿈 몽, 죽을 사

보기

◐ 왕자웨이의 주인공들은 늘 잃어 버린 기억을 찾아 어디론가 떠난다. '동사서독'의 취생몽사는 기억을 잊게 해주지만, '아비정전'의 아비는 '넌 나와 함께 있던 이 1분을 기억하게 될 것'이라고 예언했었다.

◐ 개중에는 먹고살기에 바빠 취생몽사하는 듯한 범인들보다 못한 미망(迷妄)의 철학자들도 무수히 나타났다. 흄은 "일반적으로 종교의 오류는 위험한 것이지만 철학의 오류는 우스꽝스러울 뿐"이라고 헛짚었다.

痴人說夢
치　인　설　몽

출 전　냉재야화(冷齋夜話) 권구(卷九), 황산곡제발(黃山谷題跋)

뜻　바보에게 꿈 이야기를 해준다는 뜻으로, 어리석기 짝이 없는 짓 또는 어리석은 사람이 허황한 말을 늘어놓은 일을 비유하거나 설명이 요령부득으로 이야기가 상대편에게 이해되지 않음을 비유하여 이르는 말.

어리석을 치, 사람 인, 말씀 설, 꿈 몽

보기

◐ 옥년은 입꼬리에 미소를 달았다. 중의 입심이 만만치 않다고 생각했다. "어찌 중을 귀신이라고 하오?" "스님의 말씀이 치인설몽이 아닙니까?" "치인설몽이라……." 중이 죽립을 비스듬히 위로 치켜 올리고 옥년을 살폈다.

◐ 혹자 운하되 현대는 데모크라시 시대라 학생도 사회운동에 참가하는 것이 그 이유가 정당하다 하니, 이는 치인설몽이 아니면 광자의 수설이라. 원래 민주주의는 연령의 제한과 지식의 정도를 표준하여 실현할 것이라.

七步之才
칠　보　지　재

출 전　세설신어(世說新語)의 문학편(文學篇)

뜻　일곱 걸음을 옮기는 사이에 시를 지을 수 있는 재주라는 뜻으로, 아주 뛰어난 글재주를 이르는 말.

일곱 칠, 걸음 보, 어조사 지, 재주 재

보기

◐ 나를 가장 슬프게 한 영화는 '아마데우스'이다. 나는 그 영화를 보고 오래도록 침통했다. 오, 불쌍한 나의 살리에르는 아마데우스 모짜르트의 칠보지재를 누구보다 일찍 발견한다. 그의 음악을 사랑하여 결국 그의 천재성에 좌절하고 사랑보다 무서운 질투로 모짜르트를 죽음에 이르게 한다. 나는 모짜르트는 잊어도 살리에르는 결코 잊을 수 없다. '왜 내게 재능은 안 주시고 끝없는 열정만 주셨냐'고 절규하던 살리에르를 생각하면 아직도 눈물이 난다.

大

七顚八倒
칠 전 팔 도

출전 주자어류(朱子語類)

뜻 일곱 번 넘어지고 여덟 번 엎어진다는 뜻으로, 어려운 고비를 많이 겪음.

일곱 칠, 머리 전, 여덟 팔, 넘어질 도

보기

➡ 형식 논리로 보자면 '나아가 벼슬을 취할 뜻이 있었다면 칠전팔도에 이르지 않았을 터인데 벼슬을 취할 뜻이 없었기에 칠전팔도에 이르렀다.' 는 것으로 이해될 수 있을 것이다.

➡ 석존은 사랑을 총애, 친애, 욕락, 애욕, 갈애 구분했는데 그 근원은 탄하(갈애)에 있다고 볼 수 있습니다. 갈애가 중심이 되는 곳에서 무한의 불안·고민·두려움이 발생되어 인간은 심신이 모두 칠전팔도의 고통을 맛보게 되는 것입니다.

七顚八起
칠 전 팔 기

뜻 일곱 번 넘어져도 여덟 번째 일어난다는 뜻으로, 실패를 거듭하여도 굴하지 않고 다시 일어섬.

일곱 칠, 머리 전, 여덟 팔, 일어날 기

보기

➡ '칠전팔기' 라는 표현이 그만큼 어울리는 선수가 있을까. SK 외야수 최익성. "더 이상 물러설 곳이 없다"고 말하는 그가 시범경기에서 맹타를 휘두르고 있다. 6타수 3안타 2홈런에 7타점.

➡ 칠전팔기의 인생역경을 딛고 매출 100억원을 기록한 젊은 사업가 유석호 사장이 사업을 시작해 지금에 이르기까지의 경험담을 담은 '죽어도 성공하기'를 냈다. 사업가로서 그의 첫 출발은 테니스라켓의 프레임 개발이었다.

七縱七擒
칠 종 칠 금

출전 삼국지(三國志)

뜻 일곱 번 잡았다가 일곱 번 풀어준다는 뜻으로, 상대를 마음대로 다룸을 비유하거나 인내를 가지고 상대가 숙여 들어오기를 기다린다는 말.

일곱 칠, 놓을 종, 사로잡을 금

보기

➡ 그런가하면 '칠종칠금' 은 또 다른 얘기다. 패장을 죽이는 게 능사가 아니라 숙여 들어오길 기다릴 줄 알아야 승자라는 메시지가 얹혀있다. 존 케리가 흔쾌히 승복하면서 미국 대선이 막을 내렸다.

➡ 박씨가 풀려나기는 했지만 마약에 한 번 손을 댄 사람들은 재범률이 매우 높다. 제갈공명이 맹획을 7번 사로잡아 7번 풀어준 고사에서 유래됐다는 칠종칠금을 채우지 않을지 걱정스럽다.

針小棒大
침 소 봉 대

뜻 바늘만한 것을 몽둥이만하다고 말함이란 뜻으로, 곧 작은 일을 크게 과장하여 말함을 이름.

바늘 침, 작을 소, 몽둥이 봉, 큰 대

● 많은 사람들이 그랬을 것이지만, 설마 했다. 일본 잡지에 실린 한승조씨의 글 원문 중 몇 구절을 우리 언론에서 선택적으로 인용하여 그것을 침소봉대했을 것이라 생각하고 한씨의 글을 읽었다. 그러나 예상은 보기 좋게 빗나갔다. 믿어지지 않았다.

● 임채정 열린우리당 의장도 "과거사법을 이번에 처리하지 않고 넘어가면 과거사가 미래로 바뀌느냐? 빅딜주장은 논리적으로도 맞지 않는 것을 침소봉대하고 있다."라며 거들고 나섰다.

沈魚落雁
침 어 낙 안

출전 장자(莊子)의 제물론편(齊物論篇)

뜻 물고기는 잠기고 기러기는 떨어진다. 아름다운 미인을 형용하는 말로 와전되었음.

잠길 침, 고기 어, 떨어질 낙, 기러기 안

● 문제는 유협을 한 자리에 붙들어 두려는 여자가 보통 여자가 아니라는 사실이다. 그 여자는 보통 '경국지색'이요, '침어낙안'의 용모이며, '화용월태'의 절세가인이다. 자신의 용모에 맞는 유협을 만났을 때의 그녀의 공세는 거의 치명적이다.

● 삼 척 길이의 한 자루 검을 짊어진 채 때로는 사막, 때로는 험준한 산벼랑, 깊은 산속의 절이나 도관, 경국지색에 침어낙안의 미녀가 있는 장원을 기웃거리면 그만이었다.

大

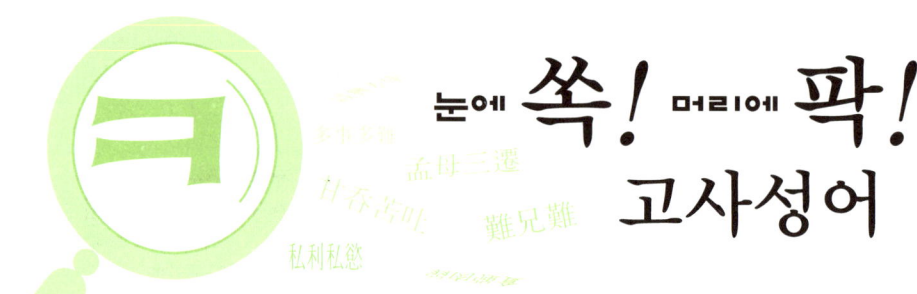

눈에 쏙! 머리에 팍!
고사성어

快刀亂麻
쾌 도 난 마

출전 북제서(北齊書)

뜻 헝클어진 삼을 잘 드는 칼로 자른다는 뜻으로, 복잡하게 얽힌 사물이나 비꼬인 문제들을 솜씨있고 바르게 처리함을 비유해 이르는 말.

즐거울 쾌, 칼 도, 어지러울 난, 삼 마

보기

◐ 콘디(Condi) 외교는 복잡한 문제를 단번에 처리하는 쾌도난마 스타일. 15일자 미 LA타임스는 라이스 장관의 몇 가지 특징을 소개했다. 우선 조지 W 부시 대통령을 꼭 빼닮은 직설적 화법.

◐ 수차례 방송의 품위나 정치 희화화가 문제되다가 결국 불명예퇴진하게 된 것. 인터넷 시사문화는 사안을 향한 직설적 화법, 쾌도난마식 결론, 분명한 당파성 등이 특징이다.

눈에 쏙! 머리에 팍!
고사성어

唾面自乾
타 면 자 건

출전 십팔사략(十八史略)

뜻 남이 내 얼굴에 침을 뱉으면 저절로 마를 때까지 기다린다는 뜻으로, 처세에는 인애가 필요함을 이르는 말.

침 타, 낯 면, 스스로 자, 마를 건

보기

● 미국 LA 딸네 집에 간 66세의 한 한국 할머니가 모욕당한 소식이 전해진다. 모녀가 버스로 라스베이가스 관광을 떠났다. 도중 휴게소에 들렀다가 와보니 할머니 자리에 흑인이 앉아 있다. 자리를 내놓으라 하자 흑인은 할머니 얼굴에 가래침을 뱉었다. LA폭동을 생각한 모녀는 참았다. 그야말로 타면자건. 귀로에는 화장실에서 담배 한대 피웠다가 도중에 강제하차 당했다. 역시 흑인 운전사에 의해서.

他山之石
타 산 지 석

출전 시경(詩經)의 소아(小雅)

뜻 다른 산에서 나온 거친 돌로 옥을 갈 수 있다. 소인도 군자의 수양과 학덕에 도움이 된다는 것.

다를 타, 뫼 산, 어조사 지, 돌 석

보기

● 물론 한두 가지 신체 증상만으로 병을 단정하는 것은 옳지 않다. 장기들이 서로 유기적으로 얽혀 있기 때문이다. 다만 타산지석이라고 다른 환자의 경험담을 통해 내 몸을 돌아보는 것은 어떨까.

● 그는 "유력한 대권후보로 거론되는 두 장관이 당권경쟁에 지나치게 개입한다는 의미냐"는 질문에 "구체적으로 말하지 않겠지만 그런 대목이 있다."면서 "차기 구도 때문에 당내 홍역을 치르고 있는 한나라당의 사례를 타산지석으로 삼아야 한다."고 말했다.

打草驚蛇
타 초 경 사

출전 수호전(水滸傳)

뜻 풀을 두드려 뱀을 놀라게 한다는 뜻으로, 을(乙)을 징계하여 갑(甲)을 깨우침을 비유하거나 또는 변죽을 울려 적의 정체를 드러나게 하거나 공연히 문제를 일으켜 화를 자초함을 비유한 말.

칠 타, 풀 초, 놀랄 경, 뱀 사

보기

○ 타초경사의 우를 범했다는 지적이 나오고 있다. 발표 후 분양권 전매를 일삼던 중개업자들은 순식간에 자취를 감춰 국세청의 발표가 세금 추징을 제대로 하자는 것인지 헷갈리게 한다는 게 주택업계의 지적이다.

○ 민자당의 한 의원은 이를 검찰의 노련한 언론 플레이로 풀이하고 있다. 말썽 많은 정치자금부분을 건드리지 않겠다고 공언함으로써 여론의 반발을 유도해 정치자금수사에 접근하겠다는 '타초경사' 가 아니냐는 지적이다.

耽於女樂
탐 어 여 악

출전 사략권일(史略券一),
한비자(韓非子)의 십과편(十過篇)

뜻 여자의 풍류놀이를 탐하다. 여악에 빠져 정사를 소홀히 하는 임금의 일을 말함.

즐길 탐, 어조사 어, 계집 녀, 풍류 악

보기

○ 옛날 사람들은 임금은 하늘에서 낸다라고 믿었다. 따라서 임금을 부모처럼 믿고 따를 수 있었던 것 같다. 또한 임금들도 자신은 백성들의 부모요 그들을 지켜주어야 한다는 강한 책임감으로 군주의 자리에 임했다. 물론 가끔 본분을 잊고 탐어여악하는 임금들도 있었지만 그래도 우리에겐 어질고 현명한 임금들이 많이 있었다.

貪天之功
탐 천 지 공

출전 춘추좌씨전(春秋左氏傳)

뜻 하늘의 공을 탐한다는 뜻으로, 남의 공을 도용함을 비유하여 이르는 말.

탐낼 탐, 하늘 천, 어조사 어, 공 공

보기

○ 직장생활을 하다보면 상사를 정말 잘 만나야 일할 맛이 난다는 생각이 든다. 너무 철두철미해서 본인이 처음부터 끝까지 참견하고 일을 처리해야 하는 스타일의 상사는 일을 배우기가 힘들고 그냥 던지듯이 일을 맡기는 상사는 일은 배우는 동안에 몸과 마음 고생이 심하다. 그래도 이 두 가지 타입의 상사는 양호한 편이다. 일이나 아이디어는 내지 않으면서 부하직원의 공을 자신의 공인양 떠벌리는 탐천지공 스타일의 상사는 정말 최악이라고 할 수 있다.

E

泰山北斗
태 산 북 두

출전 당서(唐書)의 한유전(韓愈傳)

뜻 태산과 북두칠성처럼 모든 사람들이 우러러 보는 존재. 어느 분야의 권위자를 태두라 한다.

큰 태, 산 산, 북녘 북, 별이름 두

❍ 이창호 9단은 역시 태산북두의 자리를 흔들림 없이 지켰다. 중국의 저우허양 9단을 상대로 춘란배에서 2 대 1로 승리하면서 2연패를 한 것이다.

❍ 작가 박경리라는 이름 석자는 우리 일행이 탄 버스가 강원도 원주땅으로 점점 가까워질수록 태산북두와 같은, 만년설을 머리에 이고 있는 에베레스트 봉과 동방박사가 아기예수를 만나러 갈 때 밤 하늘에 반짝이던 그 큰 별의 영롱함으로 다가온다.

泰山不辭土壤
태 산 불 사 토 양

출전 사기(史記)의 이사열전(李斯列傳)

뜻 태산은 흙을 사양하지 않는다는 뜻으로, 사소한 의견이나 인물을 수용할 수 있는 자만이 큰 인물이 될 수 있음을 비유하여 이르는 말.

큰 태, 뫼 산, 아니 불, 사양할 사, 흙 토, 흙 양

❍ 그러나 실제로 회사에는 각양각색의 사람들이 필요하다. 내가 못하는 일을 나와 비슷한 사람은 역시 못한다. 생각도 마찬가지일 것이다. 하지만, 나와 스타일이 다른 사람은 내가 못하는 일, 그리고 내가 싫어하는 일을 잘 할 확률이 높다. 그만큼 회사에는 내가 생각하는 것만큼 실제로 필요 없는 사람이 많지는 않다. 태산불사토양이라 했다. 이제부터 나와 생각이 다르다고 거부하지 말자. 어디에 쓸모가 있을까 궁금해하지도 말자.

兎死狗烹
토 사 구 팽

출전 사기(史記)의 회음후열전(淮陰侯列傳), 십팔사략(十八史略), 한비자(韓非子)의 내저설편(內儲說篇)

유사어 교토사양구팽(狡兎死良狗烹)

뜻 사냥하러 가서 토끼를 잡으면, 사냥하던 개는 쓸모가 없게 되어 삶아 먹는다는 뜻으로, 필요할 때 요긴하게 써 먹고 쓸모가 없어지면 가혹하게 버린다는 뜻.

토끼 토, 죽을 사, 개 구, 삶을 팽

❍ 한국의 보수세력은 벼랑 끝에 서 있다. 나라를 세우고 지켜 내고 경제대국으로 국력을 키웠지만 용도 폐기되고 토사구팽됐다. 두 차례 대선에서 잇따라 패배하고 17대 총선에서 참패해 지금은 행정과 의회 양쪽에서 권력을 잃었다.

❍ 거대자본을 앞세운 피자헛의 횡포로 인해 무일푼 알거지 신세로까지 전락한 경험이 있다고 말했다. 토사구팽은 다국적기업의 생리라며 "힘들더라도 SK 브랜드를 잘 지켜나가라."고 충고한 것도 이런 이유에서다.

吐哺握發

토 포 악 발

출전 한시외전(韓時外傳)

뜻 식사 때나 머리를 감을 때에 손이 오면 입안의 밥을 뱉고, 감던 머리를 쥐고 나와 맞이한다는 뜻으로, 현사를 얻기 위해 애씀을 두고 이르는 말.

토할 토, 먹을 포, 쥘 악, 필 발

보기

- 신 사장은 이와 관련, "CEO라고 반드시 전문가가 해야 한다는 법은 없다. 토포악하는 자세로 경기관광공사의 인재들과 함께 '경기관광'을 '세계관광'의 톱 수준으로 키워 나갈 계획이다."라고 말했다.
- 토포악발. 주나라 초기 섭정을 맡았던 주공은 인재를 중시했다. 상대에 대해 지극한 예를 갖추기 위해 식사를 하다가도 음식을 급하게 뱉거나 목욕을 하다 뛰어 나가는 등 그는 자신이 할 수 있는 모든 일을 했다.

推敲

퇴 고

출전 당시기사(唐詩紀事)

뜻 문장을 다듬고 고친다는 뜻. 시문을 지을 때 자구를 여러 번 생각하여 고치는 것.

밀 퇴, 두드릴 고

보기

- 암투병 중 지난 3월초 강단에 복귀해 잔잔한 감동을 던졌던 장영희 서강대 영문학과 교수가 투병 중에 퇴고를 거듭하며 완성한 문학 수필집. 2000년 출간된 '내 생애 단 한 번' 이후 5년 만에 선보이는 책이다.
- 등단 10년째를 맞는 은희경이 다섯번째 장편소설 '비밀과 거짓말'을 펴냈다. 2003년 여름부터 2004년 봄까지 계간지 '문학동네'에 연재한 작품을 다시 1년에 걸쳐 퇴고한 끝에 탄생한 작품이다.

投鞭斷流

투 편 단 류

출전 진서(晋書)의 부견재기(符堅載記)

뜻 채찍을 던져 강의 흐름을 막음. 병력이 많고 강대함을 뜻함.

던질 투, 채찍 편, 끊을 단, 흐름 류

보기

- 하지만 삭매의 의지는 단호했다. "적의 숫자가 아의 배에 이름을 두려워하기 이전에, 돌이켜 우리의 군대를 살펴보시오. 투편단류라, 우리 군의 병력으로 하면 전원의 채찍을 양자강에 던져넣기만 해도 그 흐름을 차단할 수가 있소."

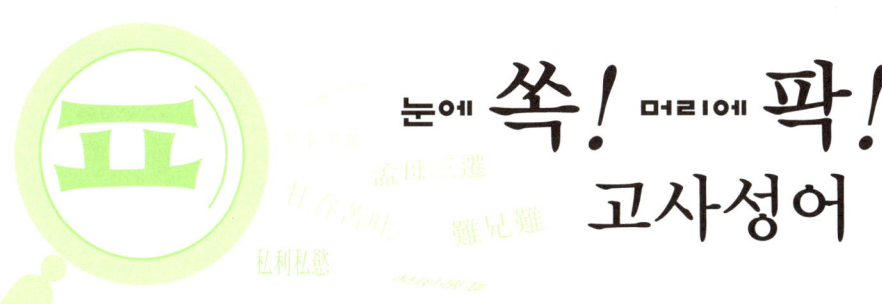

눈에 쏙! 머리에 팍! 고사성어

罷經
파 경

출전 태평광기(太平廣記)

뜻 깨진 거울. 부부 사이의 금슬이 안 좋아 이별함이나 이혼을 비유함.

가를 파, 지을 경

보기

- ➔ 기계공이자 치료사인 라이가 처음 결혼한 여성은 이웃 마을인 덴카날에서 교사생활을 하던 시바프리야라는 여성이었다. 그러나 그의 첫 번째 결혼은 신접살림을 어디에 차리느냐의 문제로 불과 보름 만에 파경을 맞게 된다.

- ➔ K부장은 4년전 기억을 더듬습니다. "모 은행의 입행 5년차 되는 김 대리라는 남자 행원이 있었는데, 결혼 2년만에 파경을 맞았죠. 그러던중 대학시절 첫사랑이던 이씨를 다시 만나게 됐다네요……."

破瓜之年
파 과 지 년

출전 손작(孫綽)의 정인벽옥가(情人碧玉歌)

뜻 여자 나이 16세를 말하는데, 첫 경도가 있게 되는 나이를 의미한다. 남자는 64세를 가리킴

깨뜨릴 파, 외 과, 어조사 지, 해 년

보기

- ➔ 파과지년에서도 왜 여자는 팔이는 십육이고 남자는 팔팔이 육십사인지 모를 일이다. 혹시 여자는 16세에 처녀가 되어 철이 들고 남자는 64세가 되어야 철이 든다는 뜻은 아닌가? 예로부터 여자는 나이에 관계없이 아이를 낳으면 철이 들지만 남자는 죽어야 철이 든다고 한 말이 파과지년을 얘기한 것일 수도 있겠다 하는 생각이 든다.

波瀾萬丈
파 란 만 장

유사어 파란중첩(波瀾重疊)

뜻 파도의 물결 치는 것이 만장의 길이나 된다는 뜻으로, 일의 진행에 변화가 심함을 비유하는 말로 쓰임.

물결 파, 물결 란, 일만 만, 길 장

○ 고아 출신인 황재규의 파란만장한 생활 속에서 소시민의 애환을 엿볼 수 있다. 10~11일에는 극단 달라가 유연숙 작 '안녕이라고 말하지마 엄마' 로 관객을 만난다.

○ 박시은이 맡은 유인실은 도쿄여대 유학시절 일본인 오가다와 사랑에 빠져 갈등하다 결국 독립운동에 나서 파란만장한 삶을 살아가는 여인이다. 상대역 오가다 역에는 탤런트 김지완이 캐스팅됐다.

破釜沈船
파 부 침 선

출 전 사기(史記)

뜻 솥을 깨뜨리고 배를 가라앉았다는 뜻으로, 싸움터로 나가면서 살아 돌아오기를 바라지 않고 결전을 각오함을 이르는 말.

깨뜨릴 파, 가마 부, 가라앉을 침, 배 선

○ 결국 원칙주의자 남 총장은 파부침선을 선택했다. 권한도 승산도 없으니 스스로 옥쇄할 밖에…… . 결과적으로 전역 5개월을 앞두고 사표를 던진 노장군의 결의를 청와대가 인정, 사의를 즉시 반려했다. 노무현 대통령이 남 총장의 군 공헌도를 높이 샀다는 후문이다.

○ 신 의장은 "넓적다리 안쪽에 살이 붙는 순간 우리당의 존재의미는 없다."면서 "파부침선의 각오로 말고삐를 다시 잡고 개혁정치 실천으로 달려가자."고 강조했다.

破邪顯正
파 사 현 정

뜻 불교에서 부처의 가르침에 어긋나는 사악한 도리를 깨뜨리고 바른 도리를 드러낸다는 뜻으로 그릇된 생각을 버리고 올바른 도리를 행함을 비유해 이르는 말.

깨뜨릴 파, 간사할 사, 나타날 현, 바를 정

○ 그는 "(정부와 여당이) 선심 쓰듯이 수도이전 후속대책을 내놓는 것은 바른 길이 아니다."면서 "지금이라도 파사현정의 길로 가기를 호소한다."고 밝혔다.

○ 불교환경연대 등 불교계 9개 환경단체들은 24일 정부의 북한산 관통공사 재개 발표에 대해 '파사현정으로 국립공원 파괴 정권을 심판할 것이다' 라는 제목의 성명을 내고 정부와 조계종 총무원을 비난했다.

破顔大笑
파 안 대 소

유사어	파안일소(破顔一笑)
뜻	얼굴이 찢어지도록 크게 웃는다는 뜻으로, 즐거운 표정으로 한바탕 크게 웃음을 이르는 말.

깨뜨릴 파, 얼굴 안, 큰 대, 웃을 소

보기

➡ 황씨는 "이봐, 사실은 말야. 인터뷰를 안하려고 했어. 그런데 손녀딸이 서울신문이라고 하잖아. 내가 서울신문에서 상(1970년 영화부문 대상)을 받았거든. 거절할 수가 없었지. 다른 데 같으면 안했어."라며 또 한번 파안대소한다.

➡ 소프라노 권해선은 파안대소와 함께 기자를 맞았다. 8일 낮, 국립오페라단의 베버 오페라 '마탄의 사수' 연습이 한창인 서울 예술의 전당 오페라하우스 내 연습실.

破竹之勢
파 죽 지 세

출전	진서(晉書)의 두예전(杜豫傳)
유사어	일사천리(一瀉千里)
뜻	대나무를 쪼개는 듯한 기세. 즉 강한 기세를 늦추지 않고 계속해서 거침없이 밀고 들어가는 형세를 말함.

가를 파, 대나무 죽, 어조사 지, 기세 세

보기

➡ 통산 26승째. 1992년 데뷔 이후 최단기간에 3승을 거둬들이는 파죽지세로 우승상금 90만 달러까지 챙긴 미켈슨은 비제이 싱(피지·269만달러)을 100만 달러 차이로 따돌리고 상금랭킹 1위(365만달러)를 지켰다.

➡ LG필립스LCD(034220)의 주가가 파죽지세다. 지난 1일 대형 정보기술(IT)주가 전반적으로 상승흐름을 탔지만 그 중에서도 6% 상승, 사상 최고가를 기록해 단연 돋보였다.

破天荒
파 천 황

출전	북몽쇄언(北夢鎖言)
유사어	미증유(未曾有), 전대미문(前代未聞), 최초(最初)
뜻	천지개벽 이전의 혼돈스러운 상태를 깨뜨려 연다는 뜻으로 이제까지 아무도 하지 않은 일을 행함을 이르는 말 또는 진사에 급제한 사람을 이르는 말.

깨뜨릴 파, 하늘 천, 거칠 황

보기

➡ 당시 공의회는 가톨릭과 분리된 기독교 일반과 재연합의 길을 모색하기 위해 소집됐고, '다른 종교의 진리를 배척하지 않고 존경한다.' 는 가톨릭 사상 파천황의 결정을 내렸다.

➡ 명청이아줌마로서는 파천황의 대사건이 일어난 것도 그 무렵이었다. 둘러앉아 낙지연탄불구이며 낙지회무침을 위시해서 평소보다 많은 안주를 시켰는데, 어느 순간부터 명청이아줌마가 좌불안석으로 우리 곁을 빙빙 돌더니 더이상 못 참고 내 옆구리를 쿡 찔렀다.

敗軍之將不語兵

패 군 지 장 불 어 병

출전 사기(史記)의 회음후열전(淮陰侯列傳)

뜻 싸움에 진 장수는 병법을 말하지 않는다. 실패자는 그 사건에 궁한 변명을 않는다는 말임.

패할 패, 군사 군, 어조사 지, 장수 장
아니 불, 말씀 어, 싸움 병

보기

➡ '패군지장불어병'은 "패군지장은 용(勇)을 말하지 않는다."는 것에서 파생되었다. 근래에 와서는 경기장에 나가 경기를 밤낮 참패만 거듭되는 선수단의 감독이 신문기자나 방송국 기자와의 인터뷰에서 "할말이 없습니다. 패군지장불어병이라고나 할까요?"하며 말을 회피하는데도 사용되고 있다.

平地風波

평 지 풍 파

출전 유우석(劉禹錫)의 죽지사(竹枝詞)

뜻 고요한 땅에 바람과 물결을 일으킨다. 공연한 일을 만들어 사태를 시끄럽게 만드는 것.

편할 평, 땅 지, 바람 풍, 물결 파

보기

➡ 작은 어촌이라서 그런지 일본 시마네현 사람들은 사는 게 별로 재미가 없는 모양이다. 그렇지 않고서야 어찌 멀쩡한 남의 땅을 자기 땅이라 우겨 평지풍파를 일으키고 하루아침에 생각지도 않은 볼거리와 일거리를 만든단 말인가.

➡ 노 대통령은 "대통령 못해 먹겠다."로부터 시작해 '불법대선자금 10분의 1이 넘지 않는다.' '재신임을 묻겠다.'는 발언으로 계속해서 평지풍파를 일으키고 있었다. 누가 풀든 꼬인 매듭을 풀지 않으면 안될 상황이었다.

炮烙之刑

포 락 지 형

출전 사기(史記)의 은본기(殷本記)

뜻 구리 기둥을 숯불 위에 놓고, 죄인이 건너다가 미끄러져 떨어지면 숯불에 타죽게 하는 형벌임.

통째로 구울 포, 지질 락, 어조사 지, 형벌 형

보기

➡ 초기에는 정기적으로 살해당했던 이집트의 왕들은 수많은 사람들을 동원해 자신의 무덤을 짓는 전제 군주로 변합니다. 부족연맹체의 수장이며 제의를 담당하던 상(商)의 왕들은 서서히 부자세습을 통해서 왕권을 강화시킵니다. 그리고 말기에 가서는 포락지형과 주지육림을 일삼는 주왕 같은 폭군이 나타납니다.

ㅍ

276

抱腹絕倒
포 복 절 도

출전 사기(史記)의 일자전(日者傳)

뜻 배를 안고 넘어진다는 뜻. 몹시 우스워서 배를 안고 몸을 가누지 못할 만큼 웃음.

안을 포, 배 복, 끊을 절, 넘어질 도

보기

- 개그맨 김용만의 닭벼슬 머리에 시청자가 포복절도했다. 괴기스런 해골티에 쫙붙는 가죽바지, 닭벼슬머리, 짙은 화장을 한 채 기타를 들고 거리를 활보하는 우스꽝스런 '닭벼슬 로커'로 변신한 것.
- 세상에 대한 날카로운 조소와 인간의 욕망에 대한 깊은 성찰이 녹아 있는 익살과 해학은 대하는 이들로 하여금 포복절도케 한다. 이처럼 패러디는 21세기에 등장한 '신인'은 아니다.

飽食暖衣
포 식 난 의

출전 맹자(孟子)의 등문공편(藤文公篇)

뜻 배부르게 먹고 따뜻하게 옷을 입는다는 뜻으로, 의식이 넉넉하여 불편함이 없이 편하게 지냄을 이르는 말.

배부를 포, 먹을 식, 따뜻할 난, 옷 의

보기

- 그는 봉건 황제이면서도 자기 자신에게 백성을 사랑하고 보살피는 것을 근본으로 삼도록 요구했다. 백성들은 먹을 것과 입을 것이 있어 포식난의할 수 있고, 곳간에 양식이 남아 있어야 비로소 예의를 알게 되며 또한 자연히 순종할 것이니, 이것이 바로 이른바 '백성은 나라의 근본이요, 식량은 백성의 하늘이다.' 라는 이치다.

ㅍ

庖丁解牛
포 정 해 우

출전 장자(莊子)의 양생주(養生主)

뜻 솜씨가 뛰어난 포정(백정)이 소의 뼈와 살을 발라낸다는 뜻으로, 신기에 가까운 솜씨를 비유하거나 기술의 묘를 칭찬할 때 비유하여 이르는 말.

부엌 포, 사내 정, 풀 해, 소 우

보기

- 〈장자〉에 나오는 이 고사를 '포정해우(解牛)'라고 하며, '신기에 가까운 완벽한 기술'을 묘사할 때 사용하곤 한다. 말하자면 사물의 이치에만 그대로 따르는 '비운 마음(虛心)'이 포정의 비법이었던 것이다.
- 포정해우라는 말이 있다. 골프에도 결이 있다. 자신의 신체조건에 맞는 스윙의 결을 자연스럽게 따르면 아름답고 힘찬 스윙이 만들어진다. 미스샷은 결을 무시한 무리한 스윙에서 비롯되는 것이다.

咆虎馮河

포 호 빙 하

출전 시경(詩經) 소아소민편(小雅小旻篇),
논어(論語)의 술이편(述而篇)

뜻 맨주먹으로 범을 잡고, 걸어서 강을 건너다.
만용을 믿고 되는 대로 행동하는 것.

맨손으로 칠 포, 호랑이 호, 도섭할 빙, 물 하

보기

➡ 그러나 이지사가 활발한 행보를 보였
음에도 많은 사람들은 그를 차차기 카
드로 보지 차기의 현실성 있는 카드로
생각지 않았다. 심지어 위장주자 아니
냐는 추측도 있었다. 그래서 이인제 지
사가 신한국당 내 예비주자 가운데 가
장 먼저 경선 참여를 선언했어도 가능
성은 거의 없다고 판단하는 분위기였
다. 말하자면 포호빙하 정도로 받아들
여졌던 것이 사실이다.

豹死留皮人死留名

표 사 유 피 인 사 유 명

출전 신오대사(新五代史)
사절전(死節傳)의 왕언장(王彦章)

뜻 표범은 죽어서 가죽을 남기고 사람은 죽어서
이름을 남긴다. 짐승도 가죽을 남겨 세상에
이익을 주는데 사람은 더 좋은 걸 남겨야 한
다는 것.

표범 표, 죽을 사, 머무를 류, 가죽 피, 사람 인, 이름 명

보기

➡ 알렉산더는 33세의 젊은 나이로 눈을
감는다. 그의 죽음과 함께 그의 욕망도
눈을 감는다. 표사유피인사유명이라했
던가. 남는 것은 '알렉산더'라는 이름
뿐이다. 그러나 죽은 자에게 사후의 영
광이란 대체 무엇이란 말인가.

➡ '표사유피인사유명'. 이탈리아 축구의
전설 루이지 리바의 이름과 등번호가
그의 전소속팀 칼리아리에 영원히 남
는다. 칼리아리는 리바의 등번호 11번
을 영구 결번으로 남기는 공식적인 행
사를 갖기로 결정했다.

風聲鶴唳

풍 성 학 려

출전 진서(晋書), 사현재기(謝玄載記)

뜻 바람소리와 학의 울음소리라는 뜻으로, 겁을
먹은 사람이 하찮은 일이나 작은 소리에도 몹
시 놀람을 비유하여 이르는 말.

바람 풍, 소리 성, 학 학, 울 려

보기

➡ '풍성학려'에 싸움을 포기하고 말았다
고 했다. 정보통신부가 지난주 대통령
에게 보고한 주요 업무 가운데 앞으로
논란을 빚을 만한 내용이 있어 주목된
다. 정통부는 연기와 축소 주장이 분분
했던 3세대 이동통신 서비스 상용화 시
기와 관련해 명확한 결론을 내렸다. 서
울지역에서는 올해 안에 상용화를 시
작하되 전국으로 확대하는 것은 당초
예정인 2006년을 고집하지 않고 업체
의 선택에 맡긴 것이다.

風樹之嘆
풍 수 지 탄

출 전 논어(論語)

유사어 수욕정이풍부지(樹欲靜而風不止),
풍수지감(風樹之感), 풍수지탄(風樹之歎)

뜻 부모에게 효도를 다하려고 생각할 때에는 이
미 돌아가셔서 그 뜻을 이룰 수 없음을 이르
는 말.

바람 풍, 나무 수, 어조사 지, 탄식할 탄

➡ 이날 유승우 이천시장은 '풍수지탄'의
마음으로 살아 생전에 효행을 강조하
였으며, 원종성시의장과 함께 노인분
들께 헌주하였다. 행사 중 여러 가지
공연을 통해 오랜만에 노인들의 환한
웃음을 볼 수 있는 자리가 되기도 하였
다.

➡ 부질없는 생각을 해보다가 정작 필자
자신은 부모님의 은공에 제대로 보답
했는지 돌아보게 됐다. 뒤늦게 가슴을
치며 '풍수지탄'을 들먹여 봐야 이미
지나간 일은 어쩔 수 없다.

匹夫之勇
필 부 지 용

출 전 맹자(孟子)의 양혜왕하(梁惠王下)

뜻 좁은 소견을 가지고 어떤 계획이나 방법도 없
이 혈기만을 믿고 마구 날뛰는 행동을 말함.

짝 필, 지아비 부, 어조사 지, 용감할 용

보기

➡ 항우는 "부인지인(婦人之仁) 필부지용
(匹夫之勇)"을 지닌 사람이라는 것이
다. 이런 사람은 불인(不仁)을 참지 못
하고, 뻔뻔하지 못해 수모를 당하면 어
쩔 줄 모른다.

➡ 하지만 결과적으로 이 시골 선비 제갈
량은 대단한 군사전략가이자 출중한
정치가라는 것이 드러난다. 이것을 보
면 군사를 다루는 것은 필부지용을 자
랑하는 무장의 일만은 아닌 것 같다. 오
히려 정치능력과 외교능력을 겸비한
인물이 더 적격일 것 같다.

ㅍ

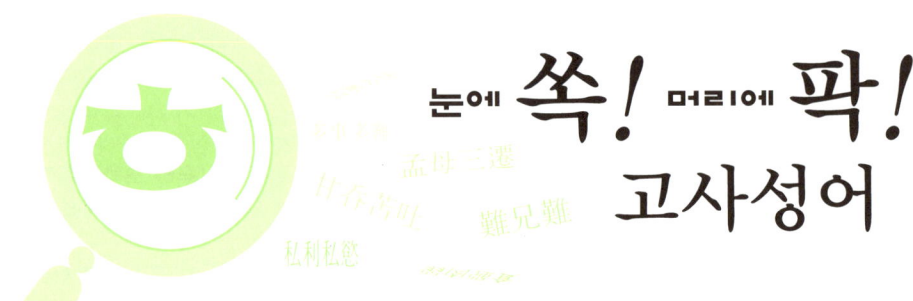

눈에 쏙! 머리에 팍!
고사성어

下剋上
하 극 상

뜻 계급이나 신분이 낮은 사람이 윗사람을 꺾고 오름.

아래 하, 이길 극, 위 상

보기

➡ 김씨 역시 "아무래도 가장 편하게 대할 수 있어 의지가 된다."면서도 "그래도 내가 '입사선배'인 만큼 '하극상'은 용서할 수 없다."며 웃는다. 박씨가 김씨를 오토바이 뒤편에 태우고 지나갈 때면 다른 사육사들은 부러운 듯 시샘을 한다.

➡ 김씨는 호남파 행동대장으로 서울과 광주의 폭력조직을 잇따라 평정했다. 김씨는 77년 서울 조선호텔 나이트클럽에서 이른바 '하극상 사건'으로 군소 폭력조직들을 제압, 거물로 부상했다.

夏爐冬扇
하 로 동 선

출전 논형(論衡)의 봉우(逢遇)

뜻 여름의 화로와 겨울의 부채라는 뜻으로, 아무 소용없는 말이나 재주를 비유하여 이르는 말.

여름 하, 화로 로, 겨울 동, 사립문 선

보기

➡ 하로동선(夏爐冬扇). 잘 닦여진 정보 고속도로에 정보도둑들이 활개치고 있단 소리다. 그 지겨운 안전불감증은 다리나 건물 뿐 아니라, 이제 온라인 보안에서도 버젓이 고개를 쳐들고 있다.

➡ 눈이 귀한 동남아 사람들에게 성공적이었던 스키 광고가 유럽인들에게는 쓴 웃음을 자아내게 할 수도 있다. 귀한 외화를 투자하여 모처럼 유럽 전역을 향해 한국관광을 진흥하는 것은 크게 환영할 일이다. 그러나 '하로동선' 식의 광고는 맞지 않는 것 같다.

邯鄲之夢
한 단 지 몽

출전 심기제(沈旣濟)의 침중기(枕中記)

뜻 한단이란 지방에서 꾼 꿈. 인생과 영화의 덧없음을 비유한 것.

조나라 서울 한, 조나라 서울 단, 어조사 지, 꿈 몽

보기

➡ 베르나르도 베르톨루치의 '물의 이야기'는 이탈리아로 이민 온 인도 청년이 나무 아래에서 물을 청하는 노인을 위해 물을 구하러 갔다가 긴 인생역정을 겪게 되고 홀린 듯 다시 나무를 찾았더니 노인은 그 모습 그대로 청년을 기다리고 있었다는 이야기다. 이 우화는 한단지몽의 결말을 짓는다.

➡ 꿈을 꾸는 일상을 사는 인생은 이승의 삶 그자체가 꿈이 아닌가 생각할 때가 있다. 장자의 호접지몽에서 출발하여 한단지몽이네 하는 말처럼.

邯鄲之步
한 단 지 보

출전 장자(莊子)의 추수편(秋水篇)

뜻 연나라 청년이 한단에서 걸음걸이를 배운다. 자신을 잊고 남의 흉내만 내면 두 가지를 다 잃는다는 것.

조나라 서울 한, 조나라 서울 단, 어조사 지, 걸음 보

보기

➡ 조기 영어교육으로 말미암아 어린이들의 정서에 심한 불안을 유발시키고 있다. 옛날부터 전해 오는 말에 '한단지보'라는 말이 있다. 조기교육을 시키려다가 내 나라 말도 제대로 못하는 서글픈 결과를 생각해야 한다.

➡ 말 우는 소리를 흉내 내고 싶어 부지런히 말 우는 소리를 시늉하던 솔개가 말 우는 소리를 배우는 것은 고사하고 솔개우는 소리조차 잊어버린다는 아이소포스의 우화는 장자의 한단지보 교훈을 그대로 들려주고 있지 않은가.

汗牛充棟
한 우 충 동

출전 당, 유종원(柳宗元)의 육문통선생묘표(陸文通先生墓表)

뜻 수레에 실으면 소가 무거워 땀 흘리고, 집에 쌓으면 대들보까지 닿게 된다. 많은 책을 가리킴.

땀 한, 소 우, 채울 충, 기둥 동

보기

➡ 한국의 현대가 격동의 연속이어서 기록이 절대 부족한 것과는 달리 일본의 근대화는 비교적 순탄했고 자연히 기록도 한우충동이다. 싣게 되면 소가 땀을 흘리고, 쌓으면 대들보까지 차오를 만큼 기록이 많다는 얘기다.

➡ "이즈음 역서 출판이 성황을 이루어 그 권수가 몇 만에 이르니 한우충동이 무색할 지경이다." 번역서의 가이드북인 '역서독법(譯書讀法)'의 밝혀두기에 나오는 이 말은 일본근대를 형성한 저력을 보여준다.

咸興差使
함 흥 차 사

출전 연려실기술(練藜室記述) 권2

뜻 심부름을 간 사람이 소식이 아주 없거나 또는 회답이 좀처럼 오지 않음을 비유하는 말.

다 함, 일어날 흥, 어긋날 차, 부릴 사

보기

➡ 일례로, 지난 10월 구립어린이집 체육대회 개최 사실이 의회에는 보고조차 되지 않아 구청장만이 내빈으로 참석 축사를 전하기도 했으며 명절 위문품 지급 시에도 구청장만 참가하고 지역 시·구의원은 함흥차사였다는 게 의원들의 설명이다.

➡ 지난 4월 5일 국가인권위원회는 과거 이들이 받았던 인권침해의 구제를 위해 특별법을 제정할 것을 국회의장과 국무총리에게 권고한 바 있었다. 그러나 아직까지 함흥차사다.

合縱連衡
합 종 연 횡

출전 사기(史記)의 맹자전(孟子傳)

뜻 소진의 합종설과 장의의 연횡설로 중국 전국시대의 최강국인 진(秦)과 연(燕), 제(齊), 초(楚), 한(韓), 위(魏), 조(趙)의 6국 사이의 외교 전술.

합할 합, 좇을 종, 잇닿을 연, 가로 횡

보기

➡ 글로벌 기업들이 국경을 초월한 합종연횡과 이합집산을 거듭하며 '신(新)기술전쟁'을 벌이고 있다. 미 국방부가 플렉서블 디스플레이 개발을 위해 한국업체들과 전략적 제휴를 추진 중인 것처럼 국가 차원에서도 첨단기술 확보에 사활을 걸고 있다.

➡ 추기경 숫자만 가지고 판단하기엔 변수가 많다. 시대적 상황과 요구가 복합적으로 작용하기 때문이다. 노선에 따라 합종연횡이 이루어질 수도 있다. 차기 교황은 오직 신만이 알고 있을 것이다.

亢龍有悔
항 룡 유 회

출전 역경(易經)의 건괘(乾卦)

뜻 하늘 끝까지 올라간 용이 내려갈 길밖에 없음을 후회한다는 뜻으로, 부귀영달이 극도에 달한 사람은 쇠퇴할 염려가 있으므로 행동을 삼가야 함을 비유하여 이르는 말.

오를 항, 용 룡, 있을 유, 뉘우칠 회

보기

➡ 항룡유회라는 문구는 높은 자리에 오른 사람이 잘못 처신하면 후회할 일이 많다는 해석이 더 적절할 것 같습니다. 물불 가리지 않고 권세를 휘두르는 현직 대통령에게 고전을 인용한 무거운 충고를 던진 셈이었다.

➡ 승객 유치를 위해 요금을 반 가까이 할인해 주고 노선 감축, 인력 감축 등 몸부림치고 있으나 활로는 보이지 않는다고 한다. 테러의 직접 손실만 70억 달러. 항룡유회. 높이 나는 용이 후회한다던 주역의 한 구절을 떠올린다.

恒産恒心
항 산 항 심

출전 맹자(孟子)
유사어 무항산무항심(無恒産無恒心)
뜻 일정한 생산이 있으면 마음이 변치 않는다는 뜻으로, 일정한 직업과 재산을 가진 자는 마음에 그만큼 여유가 있으나, 그렇지 않은 자는 정신적으로 늘 불안정하여 하찮은 일에도 동요함을 이르는 말.

항상 항, 낳을 산, 마음 심

보기
- 법전 스님은 "고인(古人)이 말하길 '항산항심'이라고 했다."면서 "빈부 격차 해소에 만전을 기하면서 그늘지고 소외된 계층을 함께 살핀다면 화합의 또 다른 방편이 될 것"이라고 당부했다.
- '곳간에서 인심 난다' 느니 '항산항심'이라는 말이 빈말이 아님을 알 수 있다. 삶의 질을 향상시키기 위해서 국민소득을 2만 달러로 높이겠다는 수량적인 목표가 결코 무의미한 것은 아니다.

偕老同穴
해 로 동 혈

출전 시경(詩經)
뜻 부부가 한 평생을 같이 지내며 같이 늙고, 죽어서는 같이 무덤에 묻힌다는 뜻으로, 부부 사랑의 굳은 맹세를 뜻함 또는 부부의 금실이 좋아서 함께 늙고 함께 묻힘을 일컬음.

함께 해, 늙을 로, 같을 동, 구멍 혈

보기
- 며칠 전 지인 모친의 칠순 잔치에 갔다. 장수한 부부를 축하하기 위해 많은 이들이 모여 덕담을 나누는 장면은 보기에도 흐뭇했다. 해로동혈의 굳은 의지로 함께 늙어가는 부부처럼 아름다운 모습이 또 있을까.
- 이 지방의 가장 중요한 전통이 이혼이 없다는 것이다. 바로 부부가 함께 늙어 해로동혈하기 위해서는 무엇보다도 부부간의 금실이 좋아야 한다는 자연의 가르침이 아닐 수 없다.

解語花
해 어 화

출전 당서(唐書)
뜻 '말을 아는 꽃' 이라는 뜻으로 '미녀'를 일컫는 말.

풀 해, 말씀 어, 꽃 화

보기
- '해어화(解語花)'. 옛사람들은 기생을 '말을 알아 듣는 꽃' 이라고 칭하기도 했다. 여성은 자기표현 수단을 가질 수 없었던 봉건사회에서 상층부 남성 문화와 교류하며 섬처럼 떠있던 이들이 기생이다. 몸은 천민이었지만 정신은 양반이었던 셈이다.
- 서울예술단 1일부터 3일까지 한전아츠풀센터에서 가무악 "해어화(解語花.부제-말하는 꽃)"를 공연한다. 한국의 전통정서를 노래와 춤,음악으로 풀어내는 새로운 장르다.

行不由徑
행　불　유　경

출전 논어(論語)의 옹야편(雍也篇)

뜻 길을 가는데 지름길이나 뒤안길을 취하지 않고 큰길로 간다는 뜻으로, 행동을 공명정대하게 함을 비유하여 이르는 말.

다닐 행, 아니 불, 말미암을 유, 지름길 경

보기

- 민주당 지도부 경선에서 두 차례나 압도적인 1위를 차지했던 그가 이번 수도권 출마를 통해 새 배지를 달 경우 명실상부한 당내 최대 주주가 될 것으로 보인다. 한 측근은 "한 전 대표의 심경은 논어에 나오는 행불유경"이라고 전했다.
- 한나라당 이회창총재가 신년 휘호로 '행불유경'을 선택, 향후 대여투쟁 및 차기 대권행보를 시사하고 있다. 이총재는 이에 대해 "편법을 쓰지 않고 정당한 방법으로 하겠다는 의미"라는 해석을 붙였다.

螢雪之功
형　설　지　공

출전 이한(李瀚)의 몽구(蒙求)

유사어 주경야독(晝耕夜讀)

뜻 눈빛과 반딧불의 불빛을 빌어 공부하여서 얻은 것. 가난과 어려운 역경을 딛고 일어서서 고학(孤學)한 성과를 말함.

반딧불 형, 눈 설, 어조사 지, 공 공

보기

- 권씨의 박사 학위를 누구보다 기뻐한 사람은 부인 방씨. 남편을 따라와 대구대에서 석사학위를 받았다. 이들 부부는 힘들 때면 손을 잡고 팔공산 갓바위에 올라 고향을 생각하며 형설지공을 다짐하곤 했다.
- 겨울밤 눈빛으로, 여름에는 반딧불로 글을 읽었다는 형설지공이나 주경야독이 생소한 단어로 들리는 현 세태. 아직도 배움이라는 열정 하나만으로 추위에 벌벌 떨면서 깜깜한 어둠을 깨고 지식의 불을 밝히는 곳이 있다.

狐假虎威
호　가　호　위

출전 전국책(戰國策), 초책(楚策)

유사어 허장성세(虛張聲勢)

뜻 여우가 호랑이의 위엄을 빌어 제 위엄으로 삼는다. 실력이나 능력이 없는 사람이 남의 권세를 빌어 위세를 부림.

여우 호, 빌릴 가, 호랑이 호, 위엄 위

보기

- 사실 우리 만화의 국외수출이 늘긴 했지만 실제 인기는 적잖이 과장됐다는 지적이 많다. 일본색 짙은 우리 만화를 나라 밖 독자들이 일본 '망가'와 뚜렷이 구별하지 못하는 데서 얻은, 이를테면 '호가호위' 형 인기가 많은 탓이다.
- 지난 대선 당시 최측근에서 보좌했던 한 인사도 "97년 대선 끝난 후에도 주위에서 그만 두라는 사람이 있었지만 이 전 총재 본인이 완전히 털어내지를 못하더라."면서 "호가호위하던 사람들은 그걸 못 잊는다."고 말했다.

糊口之策
호 구 지 책

유사어 호구지계(糊口之計)

뜻 입에 풀칠한다는 뜻으로 겨우 먹고 살아가는 방책.

풀 호, 입구, 어조사 지, 꾀 책

보기

➡ 직장에 있는 시간이 하루 서너 시간도 채 안된다면 업무의 성격으로나 급여 수준으로나 제대로 된 일자리는 아닐 것이다. 특히 이들 대다수는 번듯한 직장을 찾을 때까지 호구지책으로 취업한 것으로 봐야 한다.

➡ 중장기적으로 장애우의 자립을 지원하는 데 한계가 있다고 판단, 지난해부터 대형 상가 매입을 추진해왔다. 장애우가 당장 호구지책으로 점포를 운영하는 경우가 많아 임대계약이 끝난 뒤에는 다시 생계가 어려워졌기 때문.

虎視耽耽
호 시 탐 탐

출전 주역(周易)의 경문(經文)

뜻 호랑이가 눈을 부릅뜨고 먹이를 노려본다는 뜻으로, 공격이나 침략의 기회를 노리는 모양. 또는 어떤 일에 대비하여 방심하지 않고 가만히 정세를 관망함을 비유하여 이르는 말.

범 호, 볼 시, 즐길 탐

보기

➡ 40대 들어 담배를 끊고, 술을 줄이고 운동을 시작하는 이들이 많은 이유가 여기 있다. 또 후배들로부터 지위를 위협받는 점은 차기 주자들이 호시탐탐 기회를 엿보는 상황과도 흡사하다.

➡ '골프황태자' 어니 엘스도 미국 무대 출전이 뜸했지만 유럽투어에서 2승을 수확하면서 세계 1인자 자리를 호시탐탐 노리고 있다. 이들 외에도 US오픈을 2차례 제패한 레티에프 구센과 세르히오 가르시아, 데이비스 러브 3세 등이 '다크호스'로 손꼽힌다.

浩然之氣
호 연 지 기

출전 맹자(孟子)의 공손축편(公孫丑篇)

뜻 도의에 근거를 두고 굽히지 않고 흔들리지 않는 바르고 큰 마음. 하늘과 땅 사이에 가득 찬 넓고 큰 정기. 공명정대하여 조금도 부끄럼 없는 용기. 잡다한 일에서 벗어난 자유로운 마음.

넓을 호, 그럴 연, 어조사 지, 기운 기

보기

➡ 한일 정치지도자들은 대내 여론을 의식한 듯한 독설을 상대국에 퍼부음으로써 사태를 더욱 악화시키고 있다. 스스로 인격을 훼손함은 물론 국격(國格)을 떨어뜨리는 행위이다. 미래를 읽을 줄 아는 혜안, 상대를 품는 호연지기를 찾기 어렵다.

➡ 양정고 산악부가 만들어진 것은 일제강점기인 1937년이었다. 나라 잃은 식민지국의 젊은 학생들은 백두산, 금강산 등 잃어버린 산하를 누비며 독립을 위한 호연지기를 길렀다고 한다.

胡蝶之夢
호 접 지 몽

출전 장자(莊子)의 제물론편(齊物論篇)

뜻 장주가 꿈에 나비가 되어 몹시 즐거웠다는 일화에서 유래. 자연과 나를 잊어버리는 일 또는 자연과 내가 한 몸이 된 경지, 인생이 덧없음을 비유한 것.

늙은이 호, 나비 접, 어조사 지, 꿈 몽

보기
- '나비의 미망인'은 '장자' 제물론편에 등장하는 호접지몽의 고사에서 모티브를 얻은 작품인데, 윤이상이 이 희극 오페라를 작곡한 곳은 아이로니컬하게도 형무소 감방 안이었다.
- 매트릭스 시리즈는 동양적 액션을 현란한 테크닉으로 형상화하는 한편, '나는 존재하는가'라는 인식론적 물음과 장자의 '호접지몽' 모티프, 기독교의 구원사상을 결합해 '머리와 근육'이 공존하는 블록버스터로 만들었다.

渾然一體
혼 연 일 체

뜻 사람들의 행동, 의지 따위가 조금도 차이가 없이 한 덩어리가 됨.

흐릴 혼, 그럴 연, 하나 일, 몸 체

보기
- 김우석 한국자산관리공사(KAMCO) 사장은 "지식경영을 중심으로 한 공사의 경영혁신 노력이 최근 많은 성과를 맺고 있지만 진정한 결실은 이제부터"라며 임직원들의 혼연일체를 강조했다.
- 생극의 원리는 우리 일상생활에도 널리 확인된다. 그 좋은 본보기인 비빔밥을 보자. 다양한 재료가 각기 살아 있으면서 혼연일체를 이루어, 상극이 상생이고 상생이 상극이게 한다.

紅一點
홍 일 점

출전 당송팔가문(唐宋八家文)의 왕안석영석류시(王安石詠石榴詩)

뜻 푸른 잎 가운데 한 송이의 꽃이 피어 있다는 뜻으로 여럿 속에서 오직 하나 이채를 띠는 것 또는 많은 남자들 사이에 끼어 있는 오직 하나뿐인 여자를 일컬음.

붉을 홍, 하나 일, 점 점

보기
- "코끼리를 예뻐해 주시는 만큼 우리 막내 사육사들도 예뻐해 주세요." 서울대공원에서 가장 생기 넘치는 곳은 코끼리가 있는 대동물관이다. 동물원 78명의 사육사 가운데 '홍일점'인 김○○씨와 '막내'인 박○○씨가 20대 특유의 생기발랄함을 맘껏 발산하기 때문이다.
- 취업이라는 꿈을 이룬 주부들은 '떳떳하고 행복하다'고 입을 모은다. 인천 덕산자동차공업사의 홍일점 이○○씨도 6년 전까진 전업주부였다.

和光同塵
화 광 동 진

출전 노자(老子)

뜻 화광은 빛을 늦추는 일이고, 동진은 속세의 티끌에 같이 한다는 뜻으로, 자기의 지혜를 자랑함 없이 오히려 그 지혜를 부드럽게 하여 속세의 티끌에 동화함을 말함.

화복할 화, 빛 광, 같을 동, 티끌 진

보기

➠ '노자' 에 '화광동진' 이라는 말이 있습니다. 누구든 더러 좁쌀만한 지혜가 있다해도, 그 빛을 늦추고 세상의 먼지바람 속에 숨어 지내면 마음이 편안한 법이다. 똑같이 네모난 집과 방, 비슷한 옷과 먹거리, 공유하는 말씨들…… 그 속에 함께 하는 안도감!

➠ 해탈과 번뇌가 둘이 아니고 하나임을 체득한 용성의 선지는 거침이 없었다. 용성의 밝은 성품은 산문 안팎이라고 해서 다르지 않았다. 화광동진의 삶을 경작했다.

畫龍點睛
화 룡 점 정

출전 수형기(水衡記)

뜻 용을 그리고 마지막으로 눈동자를 그린다. 일에서 가장 중요한 부분을 끝내므로 일을 완성하는 것.

그릴 화, 용 룡, 점찍을 점, 눈알 정

보기

➠ 내년 3월 첫 삽을 뜨게 될 서울시청 신청사는 청계천복원사업, 뚝섬 서울숲 등 '이명박호' 의 대표적인 토목 · 건축사업의 화룡점정이 될 전망이다.

➠ 그러나 다행히도 두 사람은 여전히 2%를 채워주는 목소리로 건재를 과시하고 있다. 특히 나얼은 그룹 '브라운아이드소울' 의 멤버로 활동하며 최근 발표한 리메이크 앨범 '백 투 더 소울 플라이트(Back To The Soul Flight)' 로 리메이크 열풍에 화룡점정을 찍었다.

畫胥之夢
화 서 지 몽

출전 열자의 황제편

유사어 화서지국(華胥之國), 유화서지국(遊華胥之國)

뜻 중국 전설 상의 임금인 황제가 화서라는 나라에 갔던 꿈으로 좋은 꿈을 일컬음

번성할 화, 서로 서, 어조사 지, 꿈 몽

보기

➠ 눌길 화서지몽. 중국 황제가 낮잠 자다 꿈에 화서라는 나라의 선정(善政)을 보았다는 고사에서 유래된 말이다. 뜻은 '좋은 꿈'. 세상은 어린이가 독사굴에 손을 넣어도 물리지 않는 평화를 바란다. 지상에서의 평화는 선정에 의해서만 가능하다는 것이 수천 년 역사의 경험이다. 그러나 패러다임의 변화가 요구되는 21세기의 문턱에서도 이기주의와 전쟁 무지 빈곤의 악순환은 계속된다.

畫蛇添足
화 사 첨 족

출 전 전국책(戰國策)

유사어 상상안상(牀上安牀), 사족(蛇足)

뜻 뱀을 그리고 발을 더한다는 뜻으로, 하지 않아도 될 일을 하거나 필요 이상으로 쓸 데 없는 일을 하는 것.

그림 화, 뱀 사, 더할 첨, 발 족

보기

➡ 참모들의 과잉 충성 탓일까. 기왕 할 사과였다면 청와대 브리핑은 화사첨족이 너무 길었던 것 같다. 손해 보듯 덜 말하는 것, 그리고 때로는 침묵이 가장 훌륭한 언어일 수 있다.

➡ 옛말에 화사첨족이란 말이 있다. 개혁이란 것이 어렵고 힘든 것은 사실이지만 그 과정에서 이해집단의 이해관계에 얽매여 개혁의 본질이 변질되거나 개혁을 내세워 소속집단의 권한을 챙기려는 사례도 없지 않다.

和氏之璧
화 씨 지 벽

출 전 한비자(韓非子)의 화씨편(和氏篇)

뜻 화씨가 발견한 구슬. 15개 성과 바꿀 만큼 값있는 구슬로 중국에서 제일가는 구슬이었음.

온화할 화, 씨 씨, 어조사 지, 구슬 벽

보기

➡ 이런 공자 말을 떠올린 까닭이 있다. 물건을 사고팔면서 그 바탕을 따지는 게 아니라 파는 쪽에서 비싸게만 부르면 돌멩이도 화씨지벽으로 되는 오늘의 우리 콩켸팥켸 매매풍토를 보면서다.

➡ 부실공사를 제도적으로 막기 위한 감리의 강화라면 감리시장 개방에 앞서 우리 전문 인력의 발굴을 서두르고 그들이 제대로 일할 수 있는 환경부터 만들어야 한다. 보옥을 손에 쥐고도 왜 거들떠보지도 않으려는 것인가. '화씨지벽'과 같은 우는 범하지 말아야지.

和而不同
화 이 부 동

출 전 논어(論語)

뜻 남과 사이좋게 지내되 의를 굽혀 좇지는 아니한다는 뜻으로, 곧 남과 화목하게 지내지만 자기의 중심과 원칙을 잃지 않음.

화목할 화, 말이을 이, 아니 부, 같을 동

보기

➡ 현재는 51만원에서 오르내린다. 하나에 집착하는 편집증 환자는 주식투자에서 성공하기 쉽지 않다. 어울리지만 동화되지는 않는 군자의 화이부동 자세가 필요하다. 3가지 눈은 균형을 유지하기 위해 무엇보다 필요한 자질이다.

➡ 해태제과는 특히 임직원이 공유할 가치와 원칙 또한 파벌주의 타파를 통해 조화를 이룬다는 '화이부동'의 정신자세를 그 핵심으로 하고 있다고 설명했다.

花鳥風月

화 조 풍 월

뜻 꽃과 새와 바람과 달이라는 뜻으로 자연의 아름다운 경치를 이르는 말.

꽃 화, 새 조, 바람 풍, 달 월

보기

❿ 적벽을 따라 돛배가 이동하자 경기도 문화유산 해설사 조○○씨가 임진강을 소재로 한 옛 시조 한 수를 읊었다. 조 해설사는 "조선시대에는 선비들이 화조풍월을 즐기던 곳으로 '임진강 8경'은 절경으로 꼽힌다."고 설명했다.

❿ 동서 7백50m의 이 거리는 18세기 초부터 고서나 문물상점이 모이기 시작하여 청나라 때 문화골목으로 번창했다. 각 상점의 처마밑은 하늘을 나는 용이나 화조풍월 등으로 화려하게 채색되어 있어 중국 전통미를 물씬 풍긴다.

華燭

화 촉

뜻 빛깔 들인 밀초. 그림을 그리는 데 쓰는 밀초. 혼인식 따위에서 좌상의 등화 등을 일컬으나 뜻이 바뀌어 '혼례(婚禮)'를 달리 일컫는 말이 되었음.

빛날 화, 촛불 촉

보기

❿ 결혼을 화혼(華婚)이나 화촉을 밝힌다고 하는데 이것도 자작나무 껍질을 말아서 태운데서 유래한다. 자작나무 '화(樺)' 자가 꽃 '화(華)' 자로 바뀐 것이다.

❿ 한국 문화 배우기에 열중했던 요스트 케네만스 ING생명 사장이 한국 여성과 화촉을 밝혔다. 케네만스 사장은 작년 말 모국인 네덜란드에서 결혼식을 가진 데 이어 8일엔 서울 힐튼호텔에서 임직원과 재무컨설턴트(FC) 등 지인 800여명이 참석한 가운데 피로연을 가질 예정이다.

畫虎類狗

화 호 유 구

출전 후한서(後漢書)의 마원전(馬援傳)

뜻 호랑이를 그리려다 개 비슷하게 됨, 소양이 없는 사람이 호걸의 풍도를 모방하다가 경박한 사람이 됨.

그림 화, 범 호, 무리 유, 개 구

보기

❿ 자기 돈 투자도 잘못하는 증권사가 고객에게 투자조언을 한다는 게 어색하기 그지없다. 고객 구좌까지 '화호유구' 되지 않을까 하는 괜한 걱정이 든다.

❿ "우리 정당과 정치인들이 웬일인가했지. 그 생리와 습관이 어디 갈라고. 개꼬리 삼년 묵힌다고 황모될까" 그런 한탄 섞인 비아냥이 들리는 듯해서 구경꾼 주재에도 용이 쓰인다. 국민경선을 하려면 제대로 확실하게 할 일이다. 각혹유목 화호유구(刻鵠類鶩 畫虎類狗)라고 했다.

換骨奪胎
환 골 탈 태

출전 혜홍(惠洪)의 냉제야화(冷濟夜話)

뜻 뼈를 바꿔놓고 탈을 달리 쓴다. 용모가 몰라 볼 정도로 달라지거나 문장이 남의 손을 거쳐 새로움을 갖게 되는 것.

바꿀 환, 뼈 골, 빼앗을 탈, 태 태

보기

➲ 회계부정 스캔들을 일으키며 파산한 미국 언론사가 환골탈태, 완전히 새로운 기업으로 태어났다. 파산 절차를 밟고 있는 언론의 후신인 '프리즈마 에너지'의 론 해독 회장이 7일 방한했다.

➲ 앞으로 대한가족보건복지협회가 추진할 결혼, 임신, 출산, 육아를 위한 종합지원센터 등의 각종 사업은 국민의 가려운 곳을 좀 더 정확히 긁어주길 바란다. 44년 만에 출산 장려 기관으로의 변화인 만큼 현실적인 실천을 통해 환골탈태해 나가는 모습을 기대해본다.

會者定離
회 자 정 리

출전 유교경(遺教經)

유사어 생자필멸(生者必滅)

뜻 만나면 언젠가는 헤어지게 되어 있다는 뜻으로, 인생의 무상함을 인간의 힘으로는 어찌할 수 없는 이별의 아쉬움을 일컫는 말.

모일 회, 놈 자, 정할 정, 떠날 리

보기

➲ 찰나의 죽음이 주는 아쉬움과 서러움도 녹아버리면 다시 물이 되고 마는 '빙하'처럼 부질없다. 생자필멸, 회자정리 등의 자연법칙에 대한 저자의 시선이 인간적이다.

➲ 17대 총선에서 낙마한 경기도내 중진 국회의원들이 최근 씁쓸한 뒷정리를 하고 있어 '회자정리'를 느끼게 하고 있다. 이들은 17대 총선의 화두였던 '세대교체'라는 거대한 물줄기와 정치권 판갈이 기류에 밀려 말 그대로 중진 '수난시대'를 겪었다.

繪事後素
회 사 후 소

출전 논어(論語)의 팔일편(八佾篇)

뜻 그림 그리는 일은 흰 바탕이 있은 이후에 한다는 뜻으로, 본질이 있은 연후에 꾸밈이 있음을 비유하여 이르는 말.

그림 회, 일 사, 뒤 후, 흴 소

보기

➲ '회사후소.' 그림을 그리기 전에 마음바탕이 제대로 돼야 한다는 이 말을 입버릇처럼 하던 월전 장우성은 운보 김기창과 더불어 한국화단을 이끈 중추였다.

➲ 제자들은 그의 따뜻하고 정성어린 가르침을 잘 안다. 논어의 '회사후소'를 크게 써놓고 "작품은 정직하다. 그것은 바탕에서 나온다. 인간성의 문제다."라고 말하던 우렁찬 목소리를 고전을 파는 학인(學人)의 그 진지한 마음을.

嚆矢

효 시

출전 장자(莊子)의 재유편(在有篇)

뜻 개전(開戰) 신호에 쓰였던 소리 나는 화살.
모든 것의 시초나 선례를 가리킴.

외칠 효, 살 시

보기

❶ 지금과 같은 해장국은 한말 개항기 서양인과 조선 일꾼들이 많이 몰려든 인천의 특수한 사정에서 유래했다고 한다. 서양인들이 등심과 안심을 가져가면 남은 잡육과 내장, 뼈 등으로 국을 끓여 일꾼들의 빈속을 채운 것이 해장국의 효시가 되었다는 것이다.

❷ 이들이 숲생태해설사로 나선 것은 2001년 6월. 노원구 재현중학교 학생들을 대상으로 불암산에서 처음 실시했다. 숲생태해설사 활동의 효시였던 셈이다.

後生可畏

후 생 가 외

출전 논어(論語)의 자한편(子罕篇)

뜻 뒤에 난 사람은 두려워할 만하다는 뜻으로, 후배는 나이가 젊고 의기가 장하므로 학문을 계속 쌓고 덕을 닦으면 그 진보는 선배를 능가하는 경지에 이를 것이라는 말.

뒤 후, 날 생, 옳을 가, 두려워할 외

보기

❶ 열린우리당 이계안 제2정책조정위원장은 증권사 애널리스트와 정책토론회를 마친 후 "그들이 우리 미래에 대해 확신과 자신감에 차 있고 배울 점도 많았다."며 후생가외라는 말을 실감한다고 했다.

❷ 편집국 이곳저곳을 돌며 입사 신고를 하자 선배기자들은 얼굴 가득히 반색하면서도 짐짓 목에 힘을 준다. 역시 후생가외라, 후배들은 언제나 선배들에게 가장 무서운 눈이자, 활기를 주는 보배로운 존재이다.

厚顔無恥

후 안 무 치

출전 서경(書經)의 오자지가편(五子之歌篇)

뜻 얼굴이 두껍고 부끄러움이 없다라는 뜻으로, 뻔뻔스러워 부끄러워 할 줄 모름.

두터울 후, 얼굴 안, 없을 무, 부끄러워할 치

보기

❶ 숱하게 논란이 돼 온 임나일본부설에 대해 좀처럼 수정을 가하지 않는 후안무치가 또 반복됐다. 게다가 한국 및 중국 등을 침략한 일본의 과거를 정당화한 내용을 게재하였다.

❷ 이에 대해 민주당 유종필 대변인은 "열린우리당은 이미 밝혀진 불법대선자금을 국고에 헌납해야 하며, 대선 때 민주당에 진 빚 44억 원도 갚아야 한다."며 "민주당 돈으로 선거하고 이제 와서 책임을 회피하는 것도 후안무치한 행위"라고 말했다.

毀譽褒貶
훼 예 포 폄

뜻 칭찬하고 비방하는 말과 행동.

험 훼, 기릴 예, 기릴 포, 떨어뜨릴 폄

보기

⬦ 누군가를 어떠한 사람이라고 규정하는 것은 쉬운 일이 아니며, 행적과 업적에 대한 평가도 한 가지 잣대로는 불가능하다. 친일 문화인들을 비롯해 훼예포폄이 극명하게 엇갈리는 역사적 인물의 경우에는 특히 그렇다.

⬦ '최고 지도자'는 고독할 수밖에 없다. 만인지상의 높은 자리에 있으니, 관장하는 모든 일에서 '마지막 결정'은 오로지 자신의 몫이다. 그 이후의 훼예포폄도 그러하다.

喜色滿面
희 색 만 면

뜻 기쁜 빛이 얼굴에 가득함.

기쁠 희, 색 색, 찰 만, 낯 면

보기

⬦ '웃지 않으려면 가게 문을 열지 말라.' 돈 끌어 모으기로 유명한 중국인들 사이의 속담이다. 이미지 컨설턴트들이 기업인의 귀에 못 박듯 하는 말이기도 하다. 사람들은 어려울 때일수록 밝은 것을 그리기 마련. 깨끗하고 패기 넘치는 희색만면의 얼굴이 신용인 시대다.

⬦ 편의점 LG25가 '장풍' 덕에 희색만면이다. LG25가 매장 유니폼을 소품으로 지원한 영화 '아라한 장풍대작전'이 흥행에 성공하면서 간접 광고효과를 톡톡히 보고 있기 때문이다.

犧牲
희 생

출전 서경(書經)

뜻 천지, 종묘 제사 때 바치는 동물 또는 어떤 사물이나 사람을 위해서 자기 몸을 돌보지 않음을 뜻함.

희생 희, 희생 생

보기

⬦ 민청학련·인혁당 진상규명위원회와 천주교인권위원회 등 인혁당 사건 진상규명 및 명예회복을 위한 대책위원회는 8일 인혁당 사건 희생자 8명의 30주기 기일을 맞아 인혁당, 민청학련 관련자 중 숨진 21명의 추모제를 지냈다.

⬦ "심증이나 의혹만 갖고 이 의원 부분을 고의로 증폭시키는 것은 정략적이다."고 비판했다. 브리핑은 "대통령이나 주변 사람의 도덕성을 흠집내기 위해 '아니면 말고' 식의 희생양을 만들어선 안 된다."고 주장했다.

고 · 사 · 성 · 어

1. 수능에 출제된 고사성어

- 과대망상(誇大妄想) – 턱없이 과장하여 엉뚱하게 생각하는 것
- 기고만장(氣高萬丈) – 일이 뜻대로 잘 되어 신이 나서 기세가 대단함
- 녹음방초(綠陰芳草) – 푸른 나무 그늘과 꽃다운 경치, 곧 여름의 자연 경치를 가리키는 말
- 능소능대(能小能大) – 모든 일을 두루 잘함
- 동문서답(東問西答) – 동쪽을 묻는데 서쪽을 대답함. 즉, 묻는 말에 엉뚱한 대답을 한다는 말
- 사필귀정(事必歸正) – 모든 일은 반드시 바른 데로 돌아가게 마련이라는 말
- 설상가상(雪上加霜) – 눈 위에 서리가 덮임. 즉, 나쁜 일이나 불행한 일이 연달아 일어남을 가리키는 말
- 유유상종(類類相從) – 같은 무리끼리 서로 오가며 사귐
- 이열치열(以熱治熱) – 열은 열로써 다스린다는 뜻. 힘에는 힘으로 또는 강한 것에는 강한 것으로 상대함을 이름
- 일진일퇴(一進一退) – 한 번 나아갔다 한 번 물러섰다 함. 또는 좋아졌다 나빠졌다 함
- 자중지란(自中之亂) – 같은 패 안에서 일어나는 싸움
- 천양지차(天壤之差) – 하늘과 땅 사이. 즉, 현격한 차이가 있음을 뜻함
- 초록동색(草綠同色) – 풀잎과 녹색은 같다는 뜻으로, 이름은 달라도 성질이나 내용은 같다는 말. 또는 같은 처지나 같은 경우의 사람들끼리 함께 행동한다는 말
- 폐포파립(弊袍破笠) – 해진 옷과 부서진 갓. 즉, 너절하고 초라한 차림새를 이르는 말
- 허장성세(虛張聲勢) – 실속은 없으면서 허세로 떠벌림

부록

2. 내신에 잘 나오는 고사성어

- 감언이설(甘言利說) – 남의 비위를 맞추는 달콤한 말과 이로운 조건을 내세워 꾀는 말
- 거두절미(去頭截尾) – 머리와 꼬리를 잘라버림. 즉 앞뒤의 부수적인 것들은 빼버리고 요점만 말한다는 뜻
- 견물생심(見物生心) – 물건을 보면 그것이 가지고 싶어지는 욕심이 생기게 마련임
- 결자해지(結者解之) – 묶은 사람이 풀어야 한다는 뜻으로 자기가 저지른 일은 자기가 해결해야 함을 이르는 말
- 권모술수(權謀術數) – 목적달성을 위해 권세나 중상 모략 등 수단, 방법을 가리지 않고 남을 속이는 온갖 꾀
- 남부여대(男負女戴) – 남자는 지고 여자는 머리에 인다는 뜻. 가난한 사람이 살 곳을 찾아 이리저리 떠돌아다니는 것을 가리키는 말
- 만시지탄(晩時之歎) – 때가 이미 늦었음을 한탄하는 것. 기회를 놓친 것을 한탄함
- 명약관화(明若觀火) – 불을 보듯 환하는 뜻. 너무나 분명하고 뻔한 것을 가리킴
- 물아일체(物我一體) – 자연과 내가 한 데 어울려 하나가 됨
- 불립문자(不立文字) – 참된 도(불도의 깨달음)는 언어나 문자로 설명하는 것이 아니라 마음에서 마음으로 전해진다는 뜻
- 사문난적(斯文亂賊) – 유교에서 교리를 어지럽히고 사상에 어긋나는 언행을 하는 사람을 가리킴
- 사상누각(沙上樓閣) – 모래위의 누각. 기초가 튼튼하지 못해 오래 가지 못할 일이나 물건을 가리킴
- 소탐대실(小貪大失) – 작은 것을 탐내다가 큰 것을 잃음
- 아치고절(雅致高節) – 우아한 운치와 높은 절조란 뜻. 매화를 가리킴
- 역지사지(易地思之) – 처지를 바꾸어 생각함
- 오비이락(烏飛梨落) – 까마귀 날자 배 떨어진다는 뜻. 즉, 우연의 일치로 어떤 일이 일어나 억울하게 그 일의 혐의를 받거나 난처한 입장에 놓이게 되는 경우를 가리킴

- 일취월장(日就月將) - 날로 달로 나아가거나 발전함
- 주마가편(走馬加鞭) - 달리는 말에 채찍질한다는 뜻. 열심히 하는 사람을 더 잘하도록 부추긴다는 말
- 주마간산(走馬看山) - 달리는 말 위에서 산천을 구경한다는 뜻. 자세히 보지 않고 건성으로 대충 지나침을 이르는 말
- 표리부동(表裏不同) - 겉과 속이 다름
- 풍전등화(風前燈火) - 바람 앞의 등불이란 뜻. 매우 위태로운 처지에 놓여 있음을 비유하는 말
- 혹세무민(惑世誣民) - 세상 사람을 속여 미혹하게 하고 세상을 어지럽게 함

3. 경조사 겉봉에 사용하는 문구

승진, 취임, 영전 등

- 祝昇進(축승진) - 직위가 오를 때
- 祝榮轉(축영전) - 더 좋은 자리로 전임을 할 때
- 祝就任(축취임) - 맡은 자리에 처음으로 일하러 나아갈 때
- 祝轉任(축전임)
- 祝移任(축이임)] 다른 관직이나 임지로 옮길 때
- 祝轉役(축전역) - 다른 역종으로 편입될 때

개업, 창립 등

- 祝發展(축발전)
- 祝開業(축개업)] 영업시작을 축하하며
- 祝盛業(축성업) - 사업이 잘되기를 바라며
- 祝繁榮(축번영) - 일이 성하게 잘되길 바라며
- 祝創立(축창립)
- 祝創設(축창설)] 새롭게 시작함을 축하하며
- 祝創刊(축창간) - 정기간행물지를 시작했을 때

부록

故事成語 295

- 祝移轉(축이전) – 사업장을 옮겼을 때
- 祝開院(축개원) – 병원,학원 등의 설립을 축하하며
- 祝開館(축개관) – 도서관,박물관 등의 설립을 축하하며

생일

- 祝生日(축생일)
- 祝生辰(축생신)
- 祝壽宴(축수연) – 오래 산 것을 축하하며, 흔히 환갑을 이름
- 祝華甲(축화갑)
- 祝回甲(축회갑) 〕 61세를 축하하며
- 祝古稀(축고희) – 70세를 축하하며

약혼, 결혼

- 祝約婚(축약혼)
- 祝結婚(축결혼)
- 祝成婚(축성혼)
- 祝華婚(축화혼)
- 祝婚姻(축혼인)
- 祝儀(축의)
- 賀儀(하의)
- 祝華燭(축화촉)
- 祝盛典(축성전)
- 祝桼儀(축근의)
- 慶賀婚姻(경하혼인)
- 琴瑟友之(금슬우지)
- 鐘鼓樂之(종고지락)
- 鸞鳳和鳴(난봉화명)
- 天作之合(천작지합)

결혼기념일

- 祝錫婚式(축석혼식) – 결혼 10주년을 축하하며
- 祝銅婚式(축동혼식) – 결혼 15주년을 축하하며
- 祝陶婚式(축도혼식) – 결혼 20주년을 축하하며
- 祝銀婚式(축은혼식) – 결혼 25주년을 축하하며
- 祝眞珠婚式(축진주혼식) – 결혼 30주년을 축하하며
- 祝珊瑚婚式(축산호혼식) – 결혼 35주년을 축하하며
- 祝紅玉婚式(축홍옥혼식) – 결혼 45주년을 축하하며
- 祝金婚式(축금혼식) – 결혼 50주년을 축하하며
- 祝金剛婚式(축금강혼식) – 결혼 60주년을 축하하며

이사 등

- 祝入宅(축입택)
- 祝入住(축입주)
- 祝家和萬事成(축가화만사성) – 가정이 화목하길 기원하며,
- 慶祝設産(경축설산) – 집을 샀을 때

공사(건축)

- 祝起工(축기공)
- 祝竣工(축준공)] 공사시작을 축하하며
- 祝完工(축완공)
- 祝竣役(축준역)] 공사의 완공을 축하하며
- 祝除幕式(축제막실) – 동상이나 기념비 등을 완공하고 공개하기에 앞서 기념식을 가질 때

전시, 공연

- 祝展示會(축전시회)
- 祝展覽會(축전람회) 〕여러 가지 물품이나 작품을 진열해 놓고 보이는 자리에
- 祝演奏會(축연주회)
- 祝發表會(축발표회)
- 祝獨唱會(축독창회)

수상

- 祝當選(축당선) – 선거나 심사에서 뽑힘을 축하하며
- 祝優勝(축우승)
- 祝入選(축입선)

환자 위문

- 祈快遊(기쾌유)
- 祈完快(기완쾌)
- 祝回復(축회복)
- 祝快癒(축쾌유)
- 祝快差(축쾌차)
- 祝快常(축쾌상)

죽음 애도

- 謹弔(근조)
- 追慕(추모)
- 追悼(추도)
- 哀悼(애도)
- 弔意(조의)
- 慰靈(위령)

- 賻儀(부의)
- 奠儀(전의)
- 哲人其萎(철인기위)
- 千秋永訣(천추영결)

수연례

- 謹賀壽宴(근하수연)
- 南山比壽(남산비수)
- 至德延年(지덕연년)
- 大德必壽(대덕필수)
- 如南山壽(여남산수)
- 多福多壽(다복다수)

① 61세(회갑연, 回甲宴) : 謹賀回甲宴(근하회갑연)
② 66세(미수연, 美壽宴) : 謹賀美壽宴(근하미수연)
③ 70세(고희 古稀, 희수 稀壽) : 謹賀古稀宴(근하고희연)
④ 77세(희수, 喜壽) : 謹賀喜壽宴(근하희수연)
⑤ 80세(산수, 傘壽) : 謹賀傘壽宴(근하산수연)
⑥ 88세(미수, 米壽) : 謹賀米壽宴(근하미수연)
⑦ 90세(이수, 頤壽) : 謹賀頤壽宴(근하이수연)
⑧ 99세(백수, 白壽) : 謹賀白壽宴(근하백수연)
⑨ 100세(百歲) : 謹賀期壽宴(근하기수연)

부록

신년하례

- 賀正(하정)
- 謹賀新年(근하신년)
- 謹賀新正(근하신정)
- 祝元旦(축원단)

- 祝正旦(축정단)
- 恭賀新禧(공하신희)

입학, 졸업

- 祝入學(축입학)
- 祝卒業(축졸업)
- 祝螢雪之功(축형설지공)

학위취득

- (頌)祝 學位 成位(축, 학위성위)
- 斐然成章(비연성장)
- 聲重士林(성중사림)
- 揚聲中外(양성중외)
- 國門可懸(국문가현)
- 風行遐邇(풍행하이)

제사, 추도식

- 奠儀(전의)

사례

- 略禮(약례)
- 薄禮(박례)

자녀출산

- 祝弄璋之慶(축농장지경, 아들)
- 祝弄瓦之慶(축농와지경, 딸)

정년퇴직

- (頌)祝致仕(축치사)
- 謹慰勞功(근위노공)
- 桑楡佳景(상유가경)
- 國之老成(국지노성)
- 善人必壽(선인필수)

송별

- 餞別(전별)
- 餞儀(전의)
- 贐儀 (신의)
- 贐行 (신행)

명절

- 節饌(절찬)
- 奉祝 ○○節(봉축 ○○절)

판 권
본 사
소 유

눈에 쏙! 머리에 팍! 고사성어

2015년 1월 5일 1판 5쇄 발행

편저자 : 편　집　부
발행인 : 김　중　영
발행처 : 오성출판사

서울시 영등포구 영등포 6가 147-7
TEL : (02) 2635-5667~8
FAX : (02) 835-5550

출판등록 : 1973년 3월 2일 제 13-27호
www.osungbook.com

ISBN 978-89-7336-697-2